租税政策の形成と租税立法
―― ドイツ租税法学に見る租税政策論 ――

手塚貴大

租税政策の形成と租税立法
——ドイツ租税法学に見る租税政策論——

学術選書
125
租税法

信山社

はしがき

　本書は，表題にも示されているように，ドイツ租税法学に素材を求めて，租税政策論について検討を加えたものである。租税政策については，一般的には，経済学・財政学の分野において扱われるべきものであろうけれども，租税法学においても政策的観点からの研究の必要性は従前指摘されてきたところであって，先行研究も多い。本書もそれに倣うべく執筆された。私の当初の意図はドイツ租税法学において展開されている税制改正試案を基に，それを検討した上で，わが国の所得税法・法人税法に関する抜本的税制改革案を提示するという実践的な論文・試案の執筆であったが，そのような大がかりな作業は私の能力では到底できるはずもなく，詳細は本書の中身をご笑覧いただきたいが，ドイツの現実の税制改革の動向を通覧し，それに対する学説の立場を検討するという作業を中心とするものにとどまった。なお，本書は 2006 年 6 月に慶應義塾大学で博士号をいただいた博士論文『租税立法学の研究』を基にしている。そこで，学位取得後すぐに刊行することも考えたが，執筆後ドイツにおいて大きな税制改正の実施が予定され，それを付け加えて検討する必要が生じた。加えて意に満たない点がいくつかあったため，もう少し時間をかけて修正し，その上で刊行しようと考えた。しかし，生来の能力不足ゆえ，結局のところ，誤った部分や誤解を招きかねない表現，誤字脱字等についていくつかの加除修正を行ったことの他には，前叙の重要な法改正について情報を加え，その後の研究成果を若干付け加えるにとどまったため，大きな違いはない。それに伴い，引用文献については欧文・邦文ともに教科書類をできる限り最新版に改めるだけにとどまった。

　さて，多くの先行する研究業績の中において，本書の特色（と言えるほどのものはないが）を述べるとすれば次の点に求められる。一に，ドイツ租税法学を参照の対象とし，本書でも引用・参照している（断片的ではあるにせよ）先行諸業績に依拠しており，さらにはそのように把握されたドイツの議論を前提に，そこから租税政策論の理論構成に活かしうる知見の導出を試みていることである。ドイツ租税法学の特徴の一つとして，大雑把に言えば，租税原則の意味内容を憲法にも拠りつつ明らかにし，その上でそれを現実の租税制度あるいは新たに構築された租税制度に照らし合わせて，当該制度を評価するという作法がある。前叙のごとく，租税政策論は経済学のよくなしうるところであろう

はしがき

が，そのようなやり方で租税法学も租税政策論に取り組む可能性が生じるのであり，筆者は，その構造を把握し，理論的意義を解明することに関心を持った。これは第2章において行われている。二に，租税政策はその性質上租税法の制度設計のあらゆる場面に関係するが，それ故特定のテーマに限定することなく，敢えて検討素材を広い範囲にわたって選択したことである。筆者は，これにより，前叙のドイツ租税法学の基礎理論が教えるところが具体的場面において適用される際の意義，限界，発展可能性を少しでも示すことができるのではと考えたのである。それが，第3章から第6章まで，企業税法・租税手続法にまたがる検討を行うことに繋がった。前叙のごとく，租税法学においては租税原則に言及されるのであるが，そこでは，それが如何なる態様で現実の租税制度に具体化されるのか，その純化した具体化を阻害する要因は何か，学説が現実の租税立法作業に対して行う理論的提案としてはどのようなものがあるのか等，やや抽象的ではあるが，そうした問題の分析に取り組んだ。また，第7章および第8章は租税法学固有の議論からはやや離れるが，租税立法過程に係る問題は重要であると認識し，検討を行うこととした。租税立法過程についてはその意思決定のあり方が政治的であるのであろうが，ドイツ行政法学の議論をも踏まえて，それについて一定の規律を及ぼす可能性を示すことを試みた。もちろん，以上に述べたような筆者の試みの成否の判断は読者の方々に委ねたい。

　本来は，日本の租税政策についてさらに詳細かつ具体的な理論的提言がなされてしかるべきところ，若手の研究者が執筆する研究書であって，本書の内容については，それ故わが国の法律学の伝統に倣い，比較法的視点を重視しつつ執筆したものであり，本書はかような課題に応えるものではない。そもそも本来はもっと触れるべき論点もあるであろうし，別の切り口で研究することもできたかもしれず，加えて，やや乱暴な議論も含めてそうした至らない点も多々もあろう。それらの改善作業については，誠に勝手ながら，今後の課題とさせていただければ幸いである。最近は，多くの方が理論的研究に基づき，様々な実践的提言を行っておられる。私は未だに修養が足りず，その域に到達しないが，今までの作業を基にいずれはそうした世の中に直接的に活かされるような仕事を行えればと考えている。以上の残された課題については別稿に委ねたい。

　ここで本書の刊行に辿りつくにあたり，今までにお世話になった多くの方々に学恩を賜った。とりわけ指導教授として慶應義塾大学で行政法・租税法について，学部時代よりご指導を賜った八木欣之介先生，大学院よりご指導を賜った木村弘之亮先生であり，さらには，小林節先生，大沢秀介先生，小山剛先生

　　　　　　　　　　　　　　　　　　　　　　　　はしがき

には，憲法の知見の教授のみならず，学位取得の際にも審査委員をお引き受けいただいた。

　そして，私事で恐縮であるが，まず両親に御礼を言おうと思う。浅学非才の私に対する両親の理解と援助によって，一応の知見を身につけることができた。そうした両親への恩に報いるべく，今後も精進を続けていきたい。もちろん私の仕事を支えてくれる妻にも感謝したい。

　そして，信山社の今井貴氏，稲葉文子氏には，学術書出版を取り巻く環境が極めて厳しい中，営利性の低い本書を刊行していただき，厚く御礼申し上げる。

　また本書の刊行に際しては慶應法学会から出版助成を賜った。こちらについても大沢秀介先生をはじめとして幹事の先生方および関係の方々のご厚意に心より御礼申し上げる。

　2013 年 8 月

　　　　　　　　　　　　　　　　　　　　　　　　手　塚　貴　大

目　次

はしがき

第1章　租税政策の形成と租税立法──本書の検討課題と概要── … 3

1　検討の視角──問題意識の提示とドイツ租税法学を参照することの意義── ……………………………………………………… 3

2　本書の概要 …………………………………………………………… 6

第2章　租税立法における法と政策──ドイツにおける租税政策の形成と租税立法── ……………………………………………… 11

1　はじめに ……………………………………………………………… 11
　　(1)　本章の目的　(11)
　　(2)　考察の対象　(12)

2　租税法律の特色──租税政策・租税立法の傾向的特質（租税法律の無秩序とその帰結）── ……………………………………… 13

3　租税法の立法政策──租税政策・租税立法を規律する枠組みと憲法価値の実現── ………………………………………………… 16
　　(1)　租税原則と憲法　(17)
　　(2)　租税法律の目的および機能　(27)
　　(3)　租税法律の規定対象　(37)
　　(4)　小　括　(39)

4　租税政策の形成と憲法──租税法の立法技術の理論と実際── … 42
　　(1)　租税原則および租税政策・租税立法における体系思考の意義　(43)
　　(2)　ドイツにおける租税原則に係る議論の意義　(50)

5　結　語──本章における検討の総括と展望── ……………… 53
　　(1)　インプリケーション──租税政策における政治性とその抑制可能性──　(53)
　　(2)　租税法の立法過程への着目の必要性　(55)

ix

目　次

第3章　企業課税における租税政策の形成・その動態
──企業税制改革に照らしたドイツ租税法における企業課税の法構造── ……………………………………………59

1　はじめに ……………………………………………………………59
　(1)　問題の所在──ドイツにおける企業税制改革と問題──　*(59)*
　(2)　本章における検討の視角──法形態の中立性の概念──　*(62)*

2　具体的な改正点の検証 ……………………………………………72
　(1)　税率の問題──法人税率と最高所得税率との関係──　*(73)*
　(2)　企業利益の計算──透明性原則と分離原則との相克──　*(81)*
　(3)　株主・出資者に係る課税とその効果──二分の一所得免除方式を中心に──　*(86)*
　(4)　資本参加持分の譲渡益課税　*(98)*
　(5)　企業税制改革における事業税の位置付け　*(103)*

3　法形態の中立性に関する企業税制改革の評価 ………………*107*
　(1)　複雑性の増加と非中立性の存続　*(107)*
　(2)　非中立性の要因と克服可能性　*(108)*

4　結　語 ……………………………………………………………*116*
　(1)　企業税制改革における租税政策・租税立法──概括・評価・その規定要因──　*(116)*
　(2)　補　論──立法技術としての"相殺"──　*(120)*

第4章　ドイツにおける企業税提案から見た企業税制改革と租税立法──ドイツ起業税制論の一断面── ……………*131*

1　はじめに …………………………………………………………*131*
　(1)　問題の所在──近時のドイツ企業課税を取り巻く環境──　*(131)*
　(2)　本章における検討の視角　*(133)*

2　企業課税改革への要請 …………………………………………*135*
　(1)　企業活動の国際化　*(135)*
　(2)　所得課税の消費指向化　*(136)*
　(3)　法形態の中立性への要請　*(137)*
　(4)　小　括　*(140)*

3　法制度設計へのインプリケーションとしての企業税提案… *140*
　　　（1）　Lang 教授による企業税提案の概要　（*141*）
　　　（2）　Lang 教授による企業税提案への批判　（*145*）
　　　（3）　小　　括　（*148*）
　　4　結　　語………………………………………………………… *148*
　　　（1）　企業税提案に対する評価　（*148*）
　　　（2）　補　　論──二元的所得税と企業税提案との関連性──　（*151*）

第5章　企業課税と税負担
　　──租税政策論により税負担の程度は決定されうるか── …… *155*

　　1　はじめに……………………………………………………… *155*
　　　（1）　問題の所在──企業領域における税負担の妥当性──　（*155*）
　　　（2）　本章における検討の視角──所有権保障・税負担の上限およびそのあり方──　（*156*）
　　2　基本法における所有権保障と課税……………………………… *162*
　　　（1）　基本法14条のドグマーティク──歴史と現在──　（*164*）
　　　（2）　近時の学説──課税に対する所有権保障の範囲──　（*173*）
　　　（3）　補完性原則の展開　（*176*）
　　　（4）　小　　括──五公五民原則に対する批判も含めて──　（*180*）
　　3　五公五民の基準による全体としての税負担の量的制限…… *184*
　　　（1）　総税負担の中に含まれる税目　（*185*）
　　　（2）　国家の補助金等──いわゆる「負の租税」──　（*191*）
　　　（3）　総税負担に係る基準　（*192*）
　　　（4）　小　　括　（*194*）
　　4　結　　語………………………………………………………… *195*
　　　（1）　ドイツの議論から得られるもの　（*195*）
　　　（2）　税負担の決定要因
　　　　　　──応能負担原則，比例原則，そして財政政策──　（*196*）

目　次

第 6 章　行政電子化の立法政策
　　　──ドイツ租税法を素材とした税務行政法の適合・再編・革新── ·· 201

　1　はじめに ··· 201
　　(1)　問題の所在──コンピュータの普及と行政の対応──　(201)
　　(2)　本章における検討の視角　(202)
　2　税務行政手続における電子化 ·· 207
　　(1)　電子申告　(208)
　　(2)　税務行政におけるペーパーレス化の問題点　(211)
　　(3)　小　　括　(216)
　3　税務行政訴訟における電子化 ·· 219
　　(1)　税務行政訴訟におけるペーパーレス化──授権・送達を素材として──　(220)
　　(2)　テレビ会議　(221)
　　(3)　小　　括　(224)
　4　結　　語 ··· 226
　　(1)　電磁的記録における署名の意義　(226)
　　(2)　制度構築の障害とその除去──具体例の摘示と検討──　(231)
　　(3)　補　　足──行政電子化と法令の公布──　(233)
　5　補章①──コンピュータを通じた賦課処分等── ····································· 235
　　(1)　税務行政効率化への要請　(235)
　　(2)　コンピュータを通じた賦課処分とその周辺問題　(239)
　6　補章②──電磁的記録に係る税務調査── ··· 250
　　(1)　税務調査の現状と改革措置　(251)
　　(2)　電磁的記録に係る税務調査の法律問題──若干の試論的検討──　(256)

第 7 章　立法過程における政策形成と法
　　　──ドイツ立法学に係る議論の一端の概観── ······································· 261

　1　はじめに ··· 261
　　(1)　問題の所在　(261)

(2)　本章における検討の視角　*(264)*

　2　立法過程における法律の影響アセスメント——理論的根拠——
　　 ··· *265*
　　(1)　現代における法律に付着する問題点　*(265)*
　　(2)　立法学からの要請——法律の影響アセスメントの実施——　*(269)*

　3　法律の影響アセスメント——実効性および効率性——············ *273*
　　(1)　法律の影響アセスメントの基準——その多様性——　*(274)*
　　(2)　実効性概念　*(280)*
　　(3)　費用概念——効率性のアセスメントにおけるその意義——　*(283)*
　　(4)　小　　括　*(286)*

　4　政策と憲法——その適合性の審査——······························· *289*
　　(1)　憲法適合性の審査のありよう　*(290)*
　　(2)　立法過程における立法者の動態と憲法——諸義務の位相——
　　　　 (293)
　　(3)　小　　括　*(298)*

　5　結　　語·· *303*

第8章　政策過程における時限法律の運用・機能
——ドイツ経済行政法を素材とした立法学研究——············ *311*

　1　はじめに ··· *311*

　2　時限法律の運用とその機能 ······································· *314*
　　(1)　時限法律の機能　*(314)*
　　(2)　時限法律の運用状況　*(319)*
　　(3)　時限法律の統制　*(321)*
　　(4)　小　　括　*(325)*

　3　時限法律の法的問題点··· *328*
　　(1)　法的安定性原則からみた時限法律の許容性　*(329)*
　　(2)　信頼保護原則からみた時限法律の許容性　*(331)*
　　(3)　一般的平等原則からみた時限法律の許容性　*(332)*
　　(4)　小　　括　*(335)*

　4　結　　語·· *338*

目　次

第9章　本書より得られたインプリケーション——その概要——……343

　　1　企業税法（所得税・法人税）と租税手続法………………… 343

　　2　租税法に係る立法過程論…………………………………… 347

　索　引（349）

租税政策の形成と租税立法
―― ドイツ租税法学に見る租税政策論 ――

第1章　租税政策の形成と租税立法
――本書の検討課題と概要――

1　検討の視角――問題意識の提示とドイツ租税法学を参照することの意義――

　本稿は，租税政策の形成と租税立法について，ドイツ租税法学を素材として検討するものである。その属性を示す言葉としては政治性が挙げられようが，これは，様々な政治的意向で以て租税制度の構築作業である租税立法が歪められることを示すと言ってよいであろう。この現状認識を差し当たり肯定するとして，租税法学はこれに如何にして対応すべきであるのか。また，こうした政治性の貫徹を許す根拠は何処にあるのか。そもそも租税制度は我々の経済生活のあらゆる局面に関係し，影響を与えるものであることは事実である[1]。すなわち，あらゆる経済取引に租税は関係し，人々の意思決定に影響を与えるものである。したがって，租税の影響がなるべく少ない形態で租税制度が構築されるべきであることは租税理論の指示するところではあるけれども，それに対応する人間の動機は，自らの税負担が極力低い租税制度の構築を実現することにあり，政策過程におけるプレッシャー活動に繋がりうるのである。それが政治性の典型的な例であろう。

　勿論，租税法学は，公平，中立，簡素という税制改革に係る重要な租税原則を知っているのであり[2]，そうした租税原則をよく実現する租税制度が優れたそれであるということはできよう。ところが前叙の政治性を重要な理由の一つとして租税原則の実現はなされていないということである。ここで，政治性という一言で租税立法，さらにはその前段階である租税政策の形成という過程を理論的検討の対象から放擲することは必ずしも正しくない。すなわち，租税制度の構築につき正しい解答を与えるべき立場にある租税法学において議論される理論自体の中に，何らかの問題点はないのであろうか。また，それ以外にも税制改革を不首尾に終わらせる根拠はないのか。換言すれば，税制改革を阻む

---
(1)　例えば，参照，Gebhardt, Christian/Manfred Rose, Steuerforum Fulda: "Ein neues Steuersystem für Deutschland":Bericht über eine Konferenz zur Vereinfachung des deutschen Steuerrechts, StuW 2004, 84ff.
(2)　金子宏『租税法　第18版』（弘文堂，2013年）71頁。

第1章　租税政策の形成と租税立法

様々な要因を析出することが重要ではないかと考えるのである。租税政策の形成も租税立法も複雑な要因の中に置かれているのであって，こうした問題意識に対して一定の解答を与える素材がドイツ租税法学にはある。本書は右のような問題意識に立っているものである。

　その他にも，検討すべき課題はある。そもそも租税原則を実施するとはどのような作業を意味するのかという問いを問題意識の検討の前提として明確にしておく必要はあるだろう。加えて，租税原則の実施が具体的にどのように行われるか知る必要があるだろう。さらには，租税制度を構築する租税立法のもとで，租税原則がどの程度その作業を規律づけるものであるのかを明らかにすることも重要であろう。また，現実の税制改正の規定要因等を明らかにすることと並んで，純理論的に優れた税制改正案の提示を試みることも重要な作業であろう。

　その際，留意すべき点がある。一に，租税政策の形成，そしてそれに基づき租税立法を行う場合には，とりわけ「規律対象事項を分析し，応用するための科学」が必要である。すなわち，例えば，租税政策の形成および租税立法を行うに際しては，財政学をはじめとする経済学の知見と応用が特定の目的を実現するために必要である[3]。環境法のそれについては，衛生学，化学等の自然科学の知見，交通法のそれについては，自動車工学，道路工学の知見が必要となる。以上の如く，立法に際しては，法律学のみでなく，様々な科学の知見と応用が必要である。逆に言えば，立法作用，そして今ある法律に対する評価をなすためにも（それは，後の新規立法または既存の法律の改廃に資するはずである），様々な科学の知見と応用はシステマティックに必要であることが明らかとなる。

　二に，立法が現在直面する問題は幾つかある。そのうち，本稿は新技術の出現に対する立法の対処のありようを挙げたい。例えば，科学技術の発達により，それを規律する法も，例えば，使用の際の安全性，安定性あるいは確実性を確保するため，様々な仕組みを規律する必要が生ずる。その典型例として，我々の日常生活と大いに関係しているのがコンピュータ技術の発達である。コン

---

(3)　例えば，租税法は税収を獲得する上で極めて重要なものである。そして，その税収の規模は経済に大きな影響を与え，そして同時に経済情勢により大きな影響を受ける。近時様々な場で議論の対象とされている経済活性化税制について言えば，税率の水準，法人・株主間に見られる配当二重課税の調整，事業税，諸々の租税特別措置のありようは，極めて経済政策に動機付けられた形で議論されている。その構築にはまさに経済学の知見と応用がシステマティックに必要であることは容易に理解されうるところである。

ピュータの発達により遠隔地間の取引が容易になり，またデータの作成・保管が容易かつ簡素になっている。したがって，コンピュータ技術を現実の社会生活に利用することを可能にする基盤を整備する法律が必要である。また，当然，それに伴うデメリットもあるはずであり，それに対処する法も新たに定立されねばならない。

そして，そうした租税立法の内容面の議論と並んで，そうした作業が行われる過程に着目する必要がある。すなわち，租税政策が具体的に租税立法として現実の制度に引き直される過程において，適切な形態でかような作業が行われることが可能であるか否かも検討作業として重要であろう。この点，立法関係者が，法律案を企画・立案し，法令文という形で起草する一連のプロセスもある。右のプロセスは，いわば，立法関係者が，法律案を企画・立案するに際して，問題状況を分析し，如何なる内容・形式で当該問題に対処するか等のありようである。そして，このような立法手続は，基本法上明文で規律されていないので，一定程度右プロセスを構築するに際して，立法関係者には構築の自由が認められる。しかし，立法者の立法作用も憲法上の制約に服するのであり，一定の義務付けが立法者には課される余地もある。

そして，以上の如きプロセスは，前者を，ドイツでは講学上，形式的立法手続（äußeres Gesetzgebungsverfahren），後者を，同じく講学上，実質的立法手続（inneres Gesetzgebungsverfahren）と呼称されている[4]。したがって，ドイツにおいては，形式的立法手続と実質的立法手続における立法者の立法のありようを議論するのが立法学の基本的枠組みである[5]。

本稿は，以上のような問題意識とそれに対応する具体的検討課題を想定し，次に見るような素材を選択して検討することとしたい。

---

(4) この用語法につき，例えば，参照，Schwerdtfeger, Gunther, Optimale Methodik der Gesetzgebung als Verfassungspflicht, in:Stödter, Rolf/Werner Thieme（Hrsg.）, Hamburg, Deutschland, Europa:Beiträge zum deutschen und eurpäischen Verfassungs-, und Verwaltungs- und Wirtschaftsrecht;Festschrift für Hans Peter Ipsen zum 70.Geburtstag, Tübingen 1977, S.173ff.;Deckert, Martina R., Zur Methodik der Folgeantizipation in der Gesetzgebung, ZG 1996, 240ff., insbesondere 241.

(5) なお，便宜上，立法過程については，参照，本書第7章。この点は，先にも指摘した如く法律案が法律となるまで，つまり最終的な意思決定がなされるまで，如何なる政治的ファクターが右の意思決定に影響を与えたか，という分析をなす政治学の主たる研究対象であったが，法学の視角からは立法者が政策立案の過程で履行すべき義務のありようが論じられる。

2　本書の概要

　では，本書で問題意識としたことを具体化し，本章で論ずるに適しかつ必要である論点をピックアップすることとしたい。勿論，すべての問題について議論することはできないので，以下において選択された検討対象たる素材は，租税立法に対して理論的検討をするに適当な問題を選択した結果である。前節においてまとめられたように，本章ではまず第一部において租税立法の一般論を論じた後，第二部（租税立法政策論）[6]，第三部（租税立法過程論）においてその具体例を端緒的に論ずるという形を採用する。それは，前節の論述によると，凡そ次のようなものとなろう。

　まず，第一部として，本稿の主題である租税政策の形成と租税立法の基礎理論について，ドイツ租税法学を参照先として議論する。ここでは，主要内容とされている立法政策論，立法過程論に係る基礎理論について論ずることとし，議論の概要と特徴を把握したい。

　その際，租税原則を実現することは，それが実際の立法に際してどのような

---

[6]　なお，立法政策論において，租税実体法のみでなく，租税手続法をも論ずることは重要なことである。ドイツにおいては，手続法は実体法の実効性に影響を与えるものとして位置付けられている。例えば，手続法を根拠として実体法の実効性の欠如が招来されている場合には，本来的には当該手続法を違憲無効とすべきかもしれない。例えば，ドイツ租税通則法30条aを素材に右の点を論ずる近時の論稿として，Birk, Dieter, Das Gebot des gleichmäßigen Steuervollzugs und dessen Sanktionierung:Zum Urteil des Bundesverfassungsgerichts vom 9. März 2004 ――2BvL 17/02, FR 2004, 470, StuW 2004, 277ff. したがって手続法の構築は極めて重要であると言えよう。さらに，参考までに経営学の領域においては，投資家の意思決定に対する租税法の影響が問題となる。通常，実体法の効果，すなわち，税負担を基準として自己の行う経済取引に係る意思決定を行うのであろうが，しかし，手続法においても，課税庁の更正処分により事後的に税額が上昇したり，右の如き自体を避けるために，課税庁との間で取引に係る事実上の事前協議と合意をなしておくこともあろう。さらには，国際取引を行う際に，国内法あるいは租税条約により情報提供義務を納税義務者に特別に課しておくこともある。そうした手続の煩雑さ，負担の重さ等から当該取引をなすのをやめることもあるかもしれない。したがって，手続法の構築も納税義務者の意思決定に大きな影響を与えうるものである。その意味で，手続法も経営学の考察対象として積極的に取り入れるべきである，とする論稿がある。参照，Breithecker, Volker, Das Besteuerungsverfahren als Gegenstand der Betriebswirtschaftlichen Steuerlehre, StuW 2002, 326ff. 右の言明から，手続法の構築も納税義務者にとって極めて重要であり，その立法を論ずることの意義は大きい，と推論することが許されよう。

表現をとるか，が認識される（「第2章　租税立法における法と政策――ドイツにおける租税政策の形成と租税立法――」）。租税法律の特色，租税原則の意味内容を簡単に概観し（立法政策論），そして，同時に租税原則の具体化のありようおよびそれを法律に表現するそうした技術一般も同時に論じなければならない（立法技術論）。同時に，立法過程論の重要性も簡単に示唆される。

以上が第一部である。

第二部においては，現実の立法における租税原則の実現のありようが検討されねばならない。一に，それには実定法上の例を探して検討する必要があるが，近時わが国でも政策課題として挙げられる企業課税を中心に，租税原則としての中立性に着目したい。

二に，近時，ドイツにおいて実施された税制改革を素材として企業課税における中立性の概念を検討する。そこでは，企業の法形態間での税負担の差異を除去するための改革措置を素材として，租税原則の実現のありようを検討する（「第3章　企業課税における租税政策の形成・その動態――企業税制改革に照らしたドイツ租税法における企業課税の法構造――」）。ここでは，現実の租税立法が構築される際に，如何なる要因に基づいて，如何なる態様で租税原則が実現されるか，さらには，租税原則がしばしば純化した形態で実施されないという現実を直視し，その根拠を実証的に明らかにすることとしたい。

三に，直前の論点と密接に関係しているが，ドイツにおける企業課税改革に係る諸提案のうち，先の第3章で見た企業に係る法形態の中立性および担税力に適った個人課税を最もよく実現するといわれる企業税提案を概観し，問題点を指摘する（「第4章　ドイツにおける企業税提案から見た企業税制改革と租税立法――ドイツ企業税制論の一断面――」）。そこでは，企業税提案を根拠付ける理論の展開および政策環境の変化が，税制改革案に如何にして反映されているか，という租税政策の形成に係る動態性を垣間見ることができる。

四に，企業課税において近時問題となるのは，税負担の程度である。とりわけ問題となるのはその上限である。それは経済情勢等を反映して，いわば政策的に決定される傾向があるのであろうが，税負担の上限を法的に画する理論が構築されるならば，租税政策において極めて有効なツールが獲得されることとなろう。そして，如何なる税目が企業の総税負担の中心を構成するのか，も問題である。そして，企業が雇用創出・経済活性化のベースを構築しているとの前提の許，企業に係る税負担決定のありようが議論されてしかるべきである（「第5章　企業課税と税負担――租税政策論により税負担の程度は決定されうる

第1章　租税政策の形成と租税立法

か？──」)。

　そして，以上の租税実体法と並んで，租税手続（税務行政）を論ずることとしたい。ここでは，租税原則の実現としての税制の構築を手続法的視点から概観する。言うまでもなく，租税原則は決して実体法に限られたものでなく，手続法においても例外なくその実現が企図されねばならないであろう。

　具体的には，五に，新技術，具体的にはコンピュータ制度の発達，そしてその税務行政実務への導入が手続法の構築に如何なる影響を与えるか，そして，それに伴い如何なる法制度が構築されるべきか，といった議論に関する示唆を得ることに努めたい。また，近時の手続法改革の動向も参考までに概観される（「第6章　行政電子化の立法政策──税務行政法の適合・再編・革新──」)。

　最後に，第三部として，立法過程論を論ずる。確かに，叙述の内容自体は租税法と直接に大きな関連性を有してないが（但し，勿論，租税法について言及されることはある），しかし，立法過程における立法者の動態は，立法内容に極めて大きな影響を与えるし，それは，租税法についても全く異なるところではない。したがって，一般論ではあるが，それを租税法に当てはめることは十分に可能である。

　そこで，一に，そうした租税原則を政策として実現する過程である立法過程が重要である（なお，第7章では，租税原則ではなく，視点をやや拡張し，憲法価値に着目をしている)。その際，同じく租税立法のみでなく，各種法領域に妥当するそうした立法過程のありよう（立法過程論）が論じられる（「第7章　立法過程における政策形成と法──ドイツ立法学に係る議論の一端の概観──」)。詳細は，当該箇所の論述を参照されたいが，とりわけ，いわゆる"良い"立法[7]を行うために，立法者が立法過程において履行しなければならない義務が重要である。また，それは，理論的にも実際的にも近時求められている実効的かつ効率的な法律を制定する技法でもある。

　二に，また，近時，あらためて法律が政策実現の手段として再認識されていることは述べた。そこで，通常法律はその有効期間の恒久性を基本的属性としているが，そうした有効期間に制限を付し，そうした法律上の政策の実効性・効率性等を定期的に審査することを立法者に義務付ける時限法律（「第8章　政策過程における時限法律の運用・機能──ドイツ経済行政法を素材とした立法学研究──」)が論じられねばならないであろう。なお，時限法律を立法過程論の箇

---

(7) "良い"立法という概念については，参照，西村枝美「立法過程の法的アプローチ」東北学院論集法律学52号1頁以下。

所で論ずることとしたのは，時限法律の一つの重要な機能として，法政策に係る実効性・効率性の評価の制度化があるということである。すなわち，右の作業は，いわゆる立法過程において必要とされていることに他ならない。

　さて，右の項目が本稿における考察の対象である。冒頭の繰り返しとなるが，租税法を素材として，いくつかの租税原則の実現のありようが明らかにされる。とりわけ，平等，中立，法治国家原則，さらには効率性の原則といったそれが具体例とともに明らかにされる。

第2章　租税立法における法と政策
――ドイツにおける租税政策の形成と租税立法――

1　はじめに

(1)　本章の目的

わが国租税法における租税政策論あるいは税制改革論について、最大公約数的には、公平・中立・簡素を基準として具体的な租税制度について構築・評価を行うというあり方が認識される。かような租税政策について、法学的な観点からの分析の枠組みを構築するという作業は魅力的であり、わが国でもいわゆる法と経済学を適用することにより、それが試みられていると言えよう。

本稿は様々な制約から必ずしもそうしたアプローチを採るものではないが、ドイツ租税法学における基礎理論の中から、そうした作業に適用可能なものを選択し、それに分析を加えることによって、一つのありうべき枠組みを詳細かつ完全にというわけではないが、今後の手掛かりになるものだけでも呈示することを試みたい。これは租税法における立法学を論ずることを意味する。特に、租税法においては、税負担の公平な配分を創出し、複雑性あるいは難解性を排除する形での立法が求められる。本章においては、後章で触れる近時のドイツにおける租税政策の動向を出来るだけ踏まえつつ、議論を行うこととしたい。なお、議論の対象は租税法に止まらず、他の法領域へ若干の拡張を見せることがある。

そこで、本章は、ドイツの議論を、前述した如く租税立法を参考にして鳥瞰し、租税立法学のわが国への導入とその構築の礎としたい[1]。加えて、本章で

---

(1) 例えば、租税法における立法学の可能性を導けるものを挙げると、Hill, Hermann, Steuerreform als Chance zur Verbesserung der Steuergesetzgebung, ZG 1988, S.238ff.;Metz, Horst, Das Köperschaftsteuergesetz 1977 Eine Kritik aus gesetzgebungstechnischer Sicht zugleich ein Beitrag zur juristischen Steuertechnik, Bad Doberan/Mecklenburg 1981;Lang, Joachim, Reformentwurf zu Grundvorschriften des Einkommensteuergesetzes, Köln 1985;Lang, Joachim, Entwurf eines Steuergesetzbuchs, Bonn 1993 等がある。さらに、所得税を例とした最近の論稿として、Elicker, Michael, Entwurf einer proportionalen Netto-Einkommensteuer:Textentwurf und Begründung, Köln 2004;Lang, Joachim u.a., Kölner Entwurf eines

第 2 章　租税立法における法と政策

は，近時のドイツ税制改革（特に企業税制改革）およびそこに関係する基礎理論の動向を踏まえつつ，租税立法・租税政策についての包括的評価を行うための方法論構築を試みるため，主として，租税法律に係る立法学を展開したい。特に，租税法については，公平かつ適正な税負担の実現と簡素化という視点を重視したい（詳細については次節を参照）。

　以上を要するに，本章は，租税立法に係る法理論につき，ドイツ租税法学の代表的教科書[2]に拠りつつ，ドイツ租税立法学の議論の一端を，資料をベースとしつつ，併せ客観的に論述することを通じて紹介し，加えて，別の箇所で論じられるべき事項を試論的に提示することによって，いわば租税政策論の体系を構築するため議論を展開する。また，叙述の内容は租税法に関する事項に限られず，前叙のごとく，他の法領域も視野に入ることを付言しておく[3]。

(2)　考察の対象

　ここで本章の構成を具体的に示しておく。

　まず，2 において，租税法律の現状の持つ租税法上の意味を明らかにするため，ドイツの議論を紹介し，検討する。それを通じて問題点およびその解決の方向性が明らかになる。3 において，立法に際して立法者が斟酌すべき法的フレームワークを論ずる。それは基本法や EC 法・EU 法であるが，その枠内で立法作用が営まれ，すなわち政策立案の際には，法的枠組みを遵守し，その価値を実現する形で立法作用は営まれると考えられる。特に，ドイツにおいては租税原則は憲法上の原則と重ね合わされる。4 において，租税立法を具体的に

　　Einkommensteuergesetzes, Köln 2005;Mitschke, Joachim, Erneuerung des deutschen Einkommensteuerrechts:Gesetzestextentwurf und Begründung, Köln 2004; Rose, Manfred u.a., Reform der Einkommensbesteuerung in Deutschland:Konzept, Auswirkungen und Rechtsgrundlagen der Einfachsteuer der Heidelberger Steuerkreises, Heidelberg 2002 等がある。なお，これらについては，手塚貴大「所得税改革と租税政策論」村井正先生喜寿記念論文集刊行委員会編『租税の複合法的構成』（清文社，2012 年）571 頁以下において考察をした。

(2)　Lang, Joachim, in:Tipke, Klaus/Joachim Lang（Hrsg.）, Steuerrecht 20. Aufl., Köln 2010. さらに，Hey, Johanna, in: Tipke, Klaus/Joachim Lang（Hrsg.）, Steuerrecht 21. Aufl., Köln 2013.

(3)　本章における租税法以外の立法学に係る議論については，参照，Lücke, Jörg, Die Allgemeine Gesetzgebungsordnung:Zu den verfassungsimmanenten Grundpflichten des Gesetzgebers und der verfassungsrechtlichen Notwendigkeit ihrer gesetzlichen Konkretisierung und Ausgestaltung, ZG 2001, 1ff. 等。

構築する際に，3で言及する憲法上の原則が如何にして具体化されるか，について論ずる。最後に，5において，議論を総括する。

なお，わが国では，小林直樹教授が立法学を，立法政策論，立法技術論，立法機関論，立法過程論というように，その内実を識別しておられる[4]。右のそれぞれの立法学を構成する諸領域のうち都合上は主として立法政策論を見る。また，本章は，立法機関論をとりたてて論ずることはしない。立法機関論については，十分な資料を未だに参照しておらず，また，別の箇所で論じる立法過程論の許で，端緒的に論じる予定である[5]。したがって，本章は，それを割愛することとした。

また，既に冒頭においても若干言及したが，本章は税制改革，そして，広くは，政策を立案し，それに法的衣装を纏わせるための原則および技術を論じることを通じて，別の箇所で詳しく検討される現実の立法あるいは政策に対する評価を行おうとするものである。したがって，本章での論述は，いわば租税政策論の概論と言うべきものであることをお断りしておく。

2　租税法律の特色
——租税政策・租税立法の傾向的特質（租税法律の無秩序とその帰結）——

ここでは前提作業としてドイツ租税法学における代表的教科書[6]を選択して，それに拠りつつ，ドイツにおける租税法律に係る特色とされるところの内容を把握することとしたい。

まずドイツにおいては租税政策・租税立法につき，次のような指摘がある。「…租税法は法の素材として（Materie des Rechts）扱われるのではなく，政党政治の立ち位置およびグループ利益の媒体とされる。それらは多元的民主主義において公共善を排除するものである」[7]。

---

(4)　小林直樹『立法学研究——理論と動態——』（三省堂，1984年）1頁以下，32頁以下。
(5)　なお，立法過程においては，様々な機関がそれに参加することが予定されている。とりわけ，例えば，連邦議会，連邦参議院をはじめ，そこで問題とされる法律の実効性・効率性を審査する機関を如何に構築するか，は重要な問題とされている。Hoffmann, Gerhard, Das verfassungsrechtlicher Gebot der Rationalität im Gesetzgebungsverfahren: Zum "inneren Gesetzgebungsverfahren" im bundesdeutschen Recht, ZG 1990, 97ff.
(6)　前掲注(2)の文献。
(7)　Hey, Tipke/Lang (Hrsg.), Steuerrecht (Fn.2), §3 Rz.1. なお，直前の版である，Lang, in:Tipke Lang (Hrsg.), Steuerrecht, §4 Rz.1 では，「…政党ごとに主張される極めて非常に多くの社会的利益が持つその見通しのきかないほどの多様性はいわゆる"租税カオ

第2章　租税立法における法と政策

　以上の引用文からは，凡そ租税法の性質として，その内容が政治的に決定されるものであること，租税法に対して影響を与えるそうした政治的諸見解は多様を極めるために，租税法の内容自体も計り知れないものとなりかねないこと，また一歩進めて改正の頻度も極めて高いことを，少なくとも租税法の現状認識として読み取ることができよう。

　そこで，こうした現状を直視して，Lang 教授は，「…課税が適正な秩序および安定性を備えた法として理解され，そして構築されることに本来皆の関心がなければならない。それは経済秩序の効率性についての法的な観点のみならず，経済的・秩序政策的観点からの関心でもある。国家のエージェントおよび代表者（租税政策家，課税庁職員，租税裁判官）にとって，法治国家が日常的に市民と接触し，そしてその際彼らから何かを取り去る場において，その活動を正当化するという要請が生じている。市民の租税"法"意識について，法治国家が彼らに対して他人の税金を支払う必要はないという確信を与えることが不可欠である。」[8]と。このように租税制度自体が秩序立って構築されていないと，租税制度に対する信頼が失われ，課税が円滑に行われ得ない。そこで，租税政策・租税立法に係る何らかの規律づけを与えることを試みるのが，4で見る租税政策・租税立法における租税原則の実施に係るドイツ租税法学の営為である。

　また，法律の洪水（Gesetzesflut，または Normflut（規範の洪水））と呼ばれる現象があり，これは，法律の「過多」と同義である[9]。あまりに多くの法律，その他政省令，通達，条例等が公布され，法律その他の認識・理解が困難な状況を示す。多くの法領域にそのことは妥当する。例えば，民法も，民法典のほ

　ス"，課税の無秩序を決定づける。その中では，如何なる社会的グループの，如何なる利益が，いつ，如何なる程度に，如何なる租税法律の改正に影響を与えるかということが天気のように不確定であり，確定不能である。その結果は，租税"不"法だけでなく，大幅な租税"不"安定性である。課税に係る制度的不安定性は計画の不安定性を生み出し，そして納税者に対して課税は思いのままに操作可能であるとの感情を与える。」と続けられていた。

(8)　Lang, in:Tipke/Lang（Hsrg.），Steuerrecht（Fn.2），§4 Rz.10.
(9)　参照，手塚貴大「立法技術の基礎理論 ——法律の認識可能性を達成するための方法論——」法学政治学論究52号（2002年）373頁以下。一般論として，Hug, Walther, Gesetzesflut und Rechtssetzungslehre, in:Klug, Urlich/Thilo Ramm/Fritz Bittner/Burkhard Schmiedel（Hrsg.），Gesetzgebungstheorie, Juristische Logik, Zivil——und Prozerecht, Berlin/Heidelberg/NewYork 1978, S.5;Noll, Peter, Gesetzgebungslehre, Hamburg 1973 S.165, S.167;Simitis, Spiro, Informationskrise des Rechts und Datenverarbeitung, Karlsruhe 1970, S.33ff.

かに，特別法の数が増加している。本章の主対象たる租税法もその例外ではない。総じてドイツ租税法学によると，租税法に関しては，従来から次の様に言われてきた[10]。租税法では，各税目ごとに一つの法律が存在し，その他にも，施行令，施行規則，税務に係る諸判決があるために，法適用に当たって斟酌すべきものが多い。通達も数限りなく発遣されている。加えて，一つ一つの条文に関しても，文，単語数が多く，難解である。そして改正の頻度も高く，租税法律は政治的妥協の産物であることが多い。その結果，そうした状況が改善されないまま存続しているので，租税法の姿は，従来次の様な標語を以って呼称されてきた。それは，「租税のジャングル，租税のカオス，使い捨て商品，生まれつきの障害，立法の無政府状態」であった[11]。これは前叙の租税法の無秩序から生じる。

そこで，ドイツ租税法学は，かような状況に対して理論的に抗すべく，後に見るように租税原則を憲法上の原則に重ねつつ，その平等原則を基軸として，それを首尾一貫して実施するという作業を租税立法に要求した。この点につき詳細は4で検討するが，その前段階作業として租税立法を規律づける租税原則の意味内容をドイツ租税法学の議論に拠りつつ3で明らかにする。

---

(10) 参照，Hill（Fn.1），ZG 1987, 239.;Karl-Bräuer-Institut des Bundes der Steuerzahler e.V.（Hrsg.），Steuervereinfachung:Notwendigkeit, Grundlagen, Vorschläge, Bonn 1986, S.34ff.;Knobbe-Keuk, Brigitte, Wieder ein Tritt für die Finanzrechtsprechung:Die Finanzverwaltung demoralisiert das oberste Steuergericht, BB 1985, 820f.;Benda, Ernst, Die Wahgrung verfasungsrechtlicher Grundsätze im Steuerrecht, DStZ 1984, 162;Hill（Fn.1），ZG 1987, 238f. その他にも，引用文に係る意見表明を行うものとして，参照，Kreile, Reinhold, Die Steuergesetzgebung in der Bundesrepublik Deutschland aus der Sicht des Parlamentariers, StuW 1977, 1ff., 4f.;Raupach, Arndt, Der Niedergang der Neubesinnung, in:Raupach, Arndt/Klaus Tipke/Adalbert Uelner（Hrsg.），Niedergang oder Neuordnung des deutschen Einkommensteuerrechts?, Köln 1985, S.22ff.

(11) ドイツ租税法の複雑性を指摘する見解として，Tipke, Klaus, Steuerrecht —— Chaos, Konglomerat oder System?, StuW 1971, 2ff.; Hill（Fn.1），ZG 1987, 238f.;Vogel, Klaus, Perfektionismus im Steuerrecht, StuW 1980, 206. 本章は，特に詳しく言及しないが，租税立法に係る政治過程も租税法律を複雑化させる要因である。これについては，Hill（Fn.1），ZG 1987, 245f.;Folkers, Cay, Zu einer positiven Theorie der Steuerreform, in:Hansmeyer, Karl-Heinrich（Hrsg.），Staatsfinanzierung im Wandel, Berlin 1983, S.202. 金子宏「財政権力」芦部信喜他編『岩波講座基本法学6　権力』（岩波書店，1983年）152頁以下。

3　租税法の立法政策
――租税政策・租税立法を規律する枠組みと憲法価値の実現――

　立法者は，法律を制定することにより，ある目的を達成しようとする[12]。民法においては取引の安全または紛争の解決，刑法においては，犯罪の抑止，それとともにいくつかの法益の保護がその一例であろう。それに伴い，制定法は，様々な機能を有する。しかし，こうした制定法は，無制約に立法されるわけではない。例えば，刑罰があらゆる犯罪について死刑であるというわけにはいかない。こうしたことが，租税法において，どのように現れるのかを本節は鳥瞰する。

　実体法は法律関係の内容を規律する法，そして手続法は実体法において規律された法律関係を実現する手続を定める法，というように定義される。立法に際して，実体法と手続法との間で考慮すべき事項が異なっているのか，または異なる原則が支配するのか，という問題が提起されるかもしれない。しかし，実体法および手続法については，原則として共通の法原則が妥当するものと思われる。すなわち，平等原則を例とすれば，租税実体法においては応能負担原則，租税手続法においては法適用の平等を実現する法制度を構築し，法治国家原則を例とすれば，租税実体法については明確かつ理解可能な規律，できるだけ改廃が行われない恒久的な規律（勿論，これらは租税手続法にも同時に妥当しよう）がなされ，租税手続法については，自己の権利を主張できる機会の保障，手続進行の際の書面を通じた自己の手続上の地位の明確化等が挙げられうる。

　したがって，租税立法のありようを論じる際には，実体法および手続法の双方を論じる必要があり，かつ双方の領域について租税原則の具体化のありようが論じられるべきである。

　前叙のごとく租税原則は憲法と重ね合わせ議論される。なお，租税法上重要である憲法上原則はいくつか認識されえようが，ここではそれらすべてに言及するのではなく，適宜いくつかをピック・アップして論ずる（本章では，直前で指摘した基本権の保護と並んで，平等原則，租税法律主義（法治国家原則），中立性原則および効率性原則を論ずる。しかし，社会国家原則等も重要であるが本章では都合上触れない）。

---

[12]　山田晟『立法学序説』（有斐閣，1994年）37頁。

3 租税法の立法政策

(1) 租税原則と憲法

① 基本法という枠組み

租税法律の成立および発効の条件は，ドイツでは基本法，つまり憲法を斟酌してのみ理解できる。すなわち，ドイツの租税立法者は基本法の枠内で，その価値を実現する形で租税法律の立案を行わねばならない。その限りで，まず，ドイツ連邦共和国の国家構造から重要な影響が生じてくる。

一に，基本法において規律されている基本権を保障し，憲法価値を実現する立法が求められる[13]。平等課税の原則の実現，過剰な税負担を課することがないように過剰課税の禁止がその代表的な例である（なお，過剰な課税の禁止は，個人・法人の持つ自由権侵害することを侵害することなく，その税負担に上限を設けるべく比例原則の適用を通じて実効化されることになる）[14]。したがって，国家によって定立された諸々の法制度はそれ自体運用のプロセスにおいて基本権を侵害する契機を含んでいる。したがって，かかるプロセスにおいて，立法者は基本権侵害を生じさせないように，立法作用を営む義務がある。基本権侵害を救済する法制度を創設する義務のみの履行を以って，基本権侵害を防止するのではなく，かかる義務を実体的にも発生させない義務を立法者は負っている，と解するのが事物の本性である。単に国家が国民の自由を保護するために諸法制度を定立[15]すればよいだけでなく，法制度の内容自体も自由権保護に資するものでなければならないと解すべきである。

二に，EC・EUの構成国として，ドイツは，EC法およびEU法の基準を斟酌しなければならない[16]。例えば，ヨーロッパにおいて妥当するEC域内で

---

[13] 近時の論稿として，参照，Mellinghoff, Rudolf, Steuergesetzgebung im Verfassungsstaat, Stbg 2005, 1ff. 言い換えると，「合憲な選択肢の中からの選択を単純に立法政策に委ねるのではなく，何が憲法の価値に適合する選択であるかを示していく政策評価もあるのではないか」ということである。参照，戸波江二『憲法〔新版〕』（ぎょうせい，1998年）131頁。その他にも，参照，青柳幸一他「第一部会 憲法解釈の方法 討論要旨」公法研究66号180頁（戸波江二発現）。さらに，成嶋隆「憲法解釈と立法裁量・立法政策」公法研究66号118頁も参照。

[14] 詳細は，参照，Seer, Roman, Verfassungsrechtliche Grenzen der Gesamtbelastung von Unternehmen, in:Pelka, Jürgen (Hrsg.), Europa- und verfassungsrechtliche Grenzen der Unternehmensbesteuerung, Köln 2000, S.87ff. 木村弘之亮『租税法総則』（成文堂，1998年）123頁。

[15] 参照，クリスチャン・シュタルク／小山剛訳「基本権保護義務」名城法学49巻1号185頁以下，189頁も参照。

[16] Hansmeyer, Karl-Heinrich, Umbau des Steuersystem?, Berlin 1979, S.100

第2章　租税立法における法と政策

の経済活動の自由を促進する意味で EC 条約上規律されている資本・サービスの移動の自由，労働者の異動の自由等がそれである。右の如き自由化を促進するためには租税制度もそれに適合させることを構成国の立法者には義務付けられる。

②　税源の配分

憲法による連邦国家としての国家形態に係る構成は，租税の徴収権限，そして州が連邦の租税立法に参加できるという効果のみを有するのではなく，税収の分配についても影響を与える[17]。よって，一定の税目の廃止または財政調整の新たな枠組みを創設することは，既に触れたように，関係者のエゴイズム，唯我独尊的な発想またはパイの取り合い競争的発想によって挫折すると認識されている[18]。したがって，右の意味でも立法者は立法の際には，後に指摘する限界は措くとしても，憲法上の基準を遵守する義務を負うことになる[19]。

③　租税立法高権

立法者の立法権は基本法において規律されている。また，租税法について，若干の特別な規定が置かれている。

ここで租税法を離れて，一般的に，連邦と州との立法高権の行使のありようについて論考する。

Hoffmann 教授によると[20]，立法者は，立法過程において，当然に州の権利義務に係る立法を行うことがある。その際，連邦は，憲法上の原則たる"連邦忠誠"に則って立法をなさなければならない。すなわち，連邦および州はその権限を行使するに際しては，相互に配慮することを義務付けられている。それとともに，例えば，連邦については，連邦法による州への侵害は，憲法が許容する目的の範囲内においてのみ，許容されることとなる。

また，右に見た立法高権の問題として，立法高権の競合の問題がある。それ

---

(17)　Hill（Fn.1），ZG 1987, 243.

(18)　古くは，参照，Kirchhof, Paul, Das Hervorbringen von Normen und sonstigem Recht durch die Finanzbehörden Zugleich zu:Papier, Die finanzrechtlichen Gesetzvorbehalte und das grundgesetzliche Demokratieprinzip, 1973, StuW 1975, 365. 最近の包括的研究として，Tipke, Klaus, Ein Ende dem Einkommensteuerwirrwarr!? : Rechtsreform statt Stimmenfangpolitik, Köln 20006.

(19)　なお，小山剛『基本権保護の法理』（成文堂，1998 年）52 頁以下，小山剛『基本権の内容形成――立法による憲法価値の実現』（尚学社，2004 年）222 頁以下によると，ドイツでは基本権保護義務の第一次的な名宛人として立法者が観念されている。

(20)　Hoffmann（Fn.5），ZG 1990, 110f.

は，連邦制という国家構造上必然的に生じ得る。競合の際の調整がその際重要であるが，そのための手段として，いわゆる同時立法（Simultane Gesetzgebung）が提唱されている[21]。すなわち，例えば，連邦全体にわたって影響が及び得る政策を立案し，実施する際には，連邦レベルでのみ政策の企画・立案，実施がなされるだけでは不十分である。州レベルでもそれに対応した政策を採用し，結果として連邦と州とが歩調を合わせた行動をとらないとすれば，かかる政策の実効性はなく，また到底効率的でもない。

したがって，政策形成過程において，連邦および州の政策責任者が調整をしつつ政策の企画立案を展開することが望ましいとされているのである。

④ 租税法律主義（法治国家原則）

(i) 意　義

租税は，法律が納税義務を結び付けているそうした課税要件が充足されるときのみ徴収されうる。これを課税の法律適合性の原則という。それは，一般的に承認されている法原則であり[22]，かつては法治国家原則から導き出され[23]，今日では，一層基本権に根拠を持つことになっている[24]。そして，その根拠条文はドイツ租税通則法3条，38条，85条であり，それらは，その意味内容として租税法律主義を規律している。そうした条文は，議会立法者の立法義務を根拠付けることになる[25]。租税法は，古典的な定式が示すように，立法者の命令（Diktum des Gesetzgebers）から構成されている[26]。法律の留保は，ただ法律上課税要件が規律されることのみを以ってそれ自体十分な役割を果すのではなく，明確性の原則によって補われている。納税義務を発生させる規範

---

(21) 詳細については，参照，Klappstein, Walter, Möglichkeiten und Grenzen einer Simultangesetzgebung:Darstellung am Beispiel der Verwaltungsverfahrensgesetze, ZG 1996, 126ff.

(22) 租税法律主義について，包括的には，例えば，参照，Tipke, Klaus, Steuerrechtsordnung Ⅰ 2.Aufl., Köln 2000, S.118ff., 128ff.; Hey, in:Tipke/Lang（Hsrg.）, Steuerrecht（Fn.2）, §Rz. その他にも，参照，Brinkmann, Johannes, Tatbestandsmäßigkeit der Besteuerung und formeller Gesetzesbegriff, Köln 1982. S.8. 木村・前掲注(14) 77頁。

(23) Hill（Fn.1）, ZG 1987, 243.

(24) Hey, in:Tipke/Lang（Hsrg.）, Steuerrecht（Fn.2）, §3 Rz.232;Kirchhof, Paul, Besteuerung und Eigentum, VVDStRL 39, Berlin 1981, S.215ff., ders., Diskussion（1.Teil）(Leiter:Vogel, Klaus), in:Tipke, Klaus（Hrsg.）, Grenzen der Rechtsforbildung durch Rechtsprechung und Verwaltungsvorschriften im Steuerrecht, Köln 1982, S.147.

(25) Hill（Fn.1）, ZG 1987, 243.

(26) Hill（Fn.1）, ZG 1987, 243.

は，内容，対象，目的および範囲について十分に明確で，そして範囲を画することができるものでなければならず，その結果，税負担は，測定可能で，そして国民にとって一定程度予測可能，計算可能なものとなる[27]。このことは，経済取引の複雑性に鑑みて，とりわけタックス・プランニングについて極めて重要である。

　課税の法律適合性の原則は，実体面でも，手続面でも租税法上の義務の成立には法律の根拠を必要とするため，まず，とりわけ（納税義務者の不利益になるような形での）法律の拡大および修正を禁止する。次に，ある行為と結びついた租税法上の義務を根拠付けるそうした租税法律を，当該行為がなされた時点（このとき，その租税法律は未だに存在しない）まで遡及的に適用することは禁じられる[28]。以上のことを直視した上で逆にいえば，それ故，偶然であるが，課税の法律適合性という原則も，租税法における法律の洪水ということについて責任を負うことになろう[29]。

(ii) 立法の機能化

　しかし，その際，立法者の義務は，課税について基本権と関連性を有し，かつ重要である基本的事項，例えば，納税主体，課税客体，課税標準等を規定することであり，決して租税法上のあらゆる個別事情でないことが一般に見逃される傾向にある（この問題は別の箇所で論じる）[30]。このことから，法律と下位の法令との間での規律対象事項の範囲の画し方が問題となる[31]。

---

(27) Hey, in:Tipke/Lang（Hrsg.), Steuerrecht（Fn.2), §3 Rz.243ff.;Brinkmann, Tatbestandsmäßigkeit（Fn.22), S.8. 木村・前掲注(14)108頁。

(28) 包括的には，参照，Tipke, StRO I（Fn.30), S.146ff.;Hey, in:Tipke/Lang（Hsrg.), Steuerrecht（Fn.2), §3 Rz.260ff. また，木村弘之亮「ドイツ連邦憲法裁判所2010.7.73決定は遡及租税立法を一部違憲：予測可能性ではなく法律公布日を基準時に」税法学565号17頁以下，ヨアヒム・ラング／木村弘之亮訳「租税法規遡及立法の禁止法理と新展開──信頼保護による法的安定性」税法学563号189頁以下。

(29) Karl-Bräuer-Institut（Hrsg.), Steuervereinfachung（Fn.10), S.83.

(30) Kreile（Fn.10), StuW 1977, 4;Raupach, Der Niedergang（Fn.10), S.38ff.;Söhn, Hartmut und Trzaskalik, Christoph, Diskussion（2.Teil), in:Tipke（Hrsg.) Grenzen（Fn.24), S.369, 374.

(31) Hey, in:Tipke/Lang（Hsrg.), Steuerrecht（Fn.2), §3 Rz.234. また，さらに，体系を意識した，そして発展することに対して開放された立法は，行政および司法へ明らかな法の具体化のための役割を与えている。参照，Kirchhof, Diskussion（2.Teil), in:Tipke（Hrsg.) Grenzen（Fn.24), S.375f. 特にボン基本法107条7項がその根拠である。

3 租税法の立法政策

　この点，租税法律主義については，法治国家原則から要請されることは勿論であるが，そして，民主主義的な観点からも要請される。しかし，ここで，機能的観点からも議論する必要がある。すなわち，議会があまりに詳細な事項にまで，意思決定をすることとなると，議会に負担過重が生ずるし，さらに，議会が正しい意思決定をするための知見を有していない場合もある[32]。これは，しばしば，専門的・技術的な意思決定をする際には，行政権に大きな判断の余地を認める，という実務として周知である。しかし，これには批判があることも周知である。さらに，施行令，施行規則，通達等において様々な詳細な事項が規律され，これらは実質的に法律を補うものとなっている。しかし，議会がすべてを規律することはその負担過重であり，また議会にそれだけの人材および物的資源がないならば，それもやむを得ない，と解することができる。しかし，Schuppert教授も述べるように，今後の課題は，議会の意思決定事項，さらに行政立法の可能な範囲の明確な画定である[33]。この問題は他日を期す他なく[34]，問題提起に止めるが，しかし，立法の機能化を強調する立場からは，租税法律主義も一定程度緩和の途を歩むかもしれない（例えば，税率の決定も基本的には議会による意思決定によるとしても，一定の範囲であれば，経済情勢に応じて行政府が機動的に変更することができる，という政策も有り得ないことではない）。

　加えて，行政権，司法権という双方の権力はともに，個別案件における独自の解釈を行うという作業を通じて，必ず，租税法における法制定に貢献している[35]。すなわち，とりわけ法典編纂に係る議論の中で言及される如く，一つの法典が，その規律対象事項とするところをすべて規律し，規律そのものの相互に矛盾なく，完結した体系を構築している，というのはフィクションに過ぎず，現実には多くの欠缺を伴い，規律に用いられている概念には多義的な不確定概念が多く，名宛人（法適用者も含む）による解釈が必要とされる場面が少なくない[36]。そして，少なくとも，行政立法については，それが法律を補

---

(32) Schuppert, Gunnar Folke, Gute Gesetzgebung:Bausteine einer kritischen Gesetzgebungslehre, ZG 2003（Sonderheft）, 44f.
(33) Schuppert（Fn.32）, ZG 2003（Sonderheft）, 44.
(34) この問題については別稿が予定されている。
(35) 参照，Schneider, Hans-Peter, Gesetzgebung und Einzelfallgerechtigkeit:Zum Verhältnis von Legislative und Judikative im sozialen Rechtsstaat, ZRP 1998, 323ff., 324.
(36) クラウス・ウィルヘルム・カナリス／木村弘之亮（代表訳）『法律学における体系

第 2 章　租税立法における法と政策

充・具体化するという点で，法律と並んで，政策を実現する重要なツールの一つである，ということができる。そして，さらに――その当否はさて置くとして――とりわけ裁判官が補充的立法者の役割を果たしていることになる。

⑤　平等原則

既に述べたが，ドイツ租税法学が租税立法を論ずる上で，平等原則は極めて重要である。例えば，所得税法の領域では，基本法において規律されている一般的平等原則から客観的純所得課税原則および主観的純所得課税原則[37]が導出される。特に，基本法においては，ワイマール憲法と異なり，租税平等主義も，さらには，自由主義の観点から認められる税負担の上限も規律されていない[38]。したがって，基本法においては，いずれも立法者あるいは法適用者によって具体化されねばならない。要するに，租税立法者は，立法作用を営む際に，その他の憲法上の基準と並んでとりわけ平等原則を斟酌しなければならない（基本法 3 条 1 項）[39]。租税法における中心的原則を構成する右の諸原則が平等原則から導出される，という事実に鑑みて，憲法上の原則，とりわけ平等原則の重要性が認識されうる。Klaus Tipke 教授[40]は，租税立法者には，その立法の際に，広い形成の自由が認められているが，しかし，かかる自由に制限がないわけではなく，立法者はとりわけ平等原則に拘束される，としておられる。すなわち，一国の租税体系においては，複数の税目があり，それが納税義務者に負担を課している。そして，それらが何らの調整もなされずに並存することとなると，それは租税法のカオスを構成する[41]。したがって，各税目が如何なる程度の負担を納税義務者に課し，そして，それらすべてが合計でどの

　　　思考と体系概念』（慶應義塾大学出版会，1996 年）。
(37)　Hey, in:Tipke/Lang（Hrsg.）, Steuerrecht（Fn.2），§3 Rz.123. クラウス・ティプケ／木村弘之亮他（訳）『所得税・法人税・消費税』（木鐸社，1988 年）29 頁以下．木村弘之亮『租税法学』（税務経理協会，1999 年）206 頁以下，213 頁以下．
(38)　Birk, Dieter, Steuerrecht 7.Aufl., Heidelberg 2004, Rz.143., 152f.
(39)　Hey, in:Tipke/Lang（Hrsg.）, Steuerrecht（Fn.2），§3 Rz.110ff, ;Tipke, StRO I（Fn.30），S.282ff., S.479ff.Schneider, Möglichkeiten, in:Hansmeyer（Hrsg.）, Staatsfinanzierung（Fn.11），S.127ff.;Kirchhof, Paul, Steuergleichheit, StuW 1984, 297. 示唆に富むものとして，参照，平井宜雄『法政策学［第二版］』（有斐閣，1995 年）106 頁以下．さらに，わが国の税制改革との関連で，参照，加藤寛監修『わが国税制の現状と課題　21 世紀に向けた国民の参加と選択』（大蔵財務協会，2000 年）65 頁．
(40)　Tipke 教授の言明について，参照，Tipke, Klaus, Steuerrechtsordnung II 2.Aufl., Köln 2003, §11.
(41)　Tipke, StRO II（Fn.40），S.580ff.

程度の負担を課すのか，について平等原則の観点から調整されねばならない，とされる[42]。そこで，後にも述べるように，体系を担う原則たる応能負担原則が首尾一貫して実現されねばならない，とされているのである。

さて，続けて，例えば，右の原則から，所得計算に際しては，各納税義務者の個別事情を斟酌することが要請される。言い換えると，個々の経済的成果を獲得するための投入したあらゆる費用を控除することが認められねばならない。しかし，課税の平等を創出する努力は，しばしば，個別的正義を過剰に強調することになりうる。すなわち，立法者が，各納税義務者の個別事情を斟酌しようと企図し，特別規定を多く設けると，それだけ一層複雑で見通しの利かない藪の中へ入り込んでいくことになる[43]。何故なら，課税要件を精密にすることは，さらなる複雑性の増加，そして新たな個別化の必要性を生み出すからである[44]。それは，新たな平等化の要請の誘因となり，新たな解釈の困難性および租税回避の可能性を創出する[45]。

以上を要するに，最大限の個別的正義を実現しようとする試みは，体系を複雑にするのみでなく，法令文をも複雑にする[46]。具体的な条文の構造に係る問題として，Hill 教授は次のように例示している。「例外および例外の例外は，副文の中に置かれ，そして言葉の上でもとてもわかりにくくなる。こうした形で個別的正義を求める努力は，一定のレベル以上となると，自由を制限することとなり，不正義をもたらす」ということである[47]。そこで，後にみるように，簡素化目的規範が税務執行の考慮から重要性を有する。

⑥ 中立性の原則
（i） 中立性概念の意味内容

平等原則と並んで重要である原則が，中立性の原則である。ドイツ租税法学における中立性は基本法3条1項から導出されるのが一般的である[48]。つまり水平的公平と中立性とが同義に解され，両者の意味内容からそれは首肯可能

---

(42) Tipke, StRO II (Fn.40), S.573ff.
(43) Püschel, Hanns, Der beunruhige Bürger ——Symptom eines komplexen Steuerwesens, DStZ 1978, 250f.;Vogel（Fn.11), StuW 1980, 206.
(44) Hill（Fn.1), ZG 1987, 244.
(45) Hill（Fn.1), ZG 1987, 244f. したがって簡素化は追求される。参照，加藤・前掲注(39)83頁以下。
(46) Kreile（Fn.10), StuW 1977, 5.
(47) Hill（Fn.1), ZG 1987, 245.
(48) 例えば，参照，Hey, in:Tipke/Lang（Hsrg.), Steuerrecht（Fn.2), §13 Rz.169ff.

第2章　租税立法における法と政策

である。そして，租税法における中立性の原則としていくつかの類型が指摘されている。とりわけ企業課税の領域においては，①法形態の中立性，②資金調達の中立性，③利益処分の中立性という言い方がなされる[49]。右のいずれについても，租税法が原因となって，法形態の選択，資金調達（自己資本または他人資本）または利益処分（配当または未配当）に係る意思決定が歪曲されてはならない，ということを意味している。企業活動は，その経済的規模およびその意義に鑑みて，租税法に基因する意思決定とそれによる「ゆがみ」ができるだけ少なくすべきものである[50][51]。

　ここで，特に，法形態の中立性という概念について言及しておく。右の法形態の中立性は近時のドイツにおける税制改革の中で中心的公準とされた（本書第3章を参照）。ドイツにおいては，私法上の法形態と課税方式とが結びついているが（人的企業には所得課税が，法人には法人課税がなされる），かかる課税方式は企業の経済的実態と適合していない。したがって，私法上の法形態に関係なく，企業課税のありようが再構築される必要性があると考えられた[52]。右の企業税制改革の枠組みにおいて，いくつかの改革措置（法人税率の引き下げ，インピュテーション方式の廃止と二分の一所得免除方式の導入等。詳細な点は本書第3章で論じられる）が実施されたが，結局，法形態の中立性は実現されなかったと解されている。

　しかし，ここで重要であることは，右に論じた如く，中立性という公準が現実の税制改革の中で公準とされている事実を認識することである。

　なお，資金調達の中立性も重要である。他人資本に係る利子のみが所得計算上控除できるとすると，それは，企業による自己資本調達を税制上不利にし，差別扱いをなすこととなる。資金調達の中立性を実現する改革案として

---

[49]　その他にも，様々な中立性の概念が経済学・経営学においては主張されている。詳細については，参照，König, Rolf, Theoriegeschützte betriebswirtswirtschaftliche Steuerwirkungs-und Steuerplanungslehre, StuW 2004, 260ff., 264f.
[50]　例えば，投資の意思決定に与える租税法の影響については，参照，König (Fn.49), StuW 2004, 262.
[51]　また，投資の意思決定に関して生ずる課税の影響について，参照，König (Fn.49), StuW 2004, 263.
[52]　例えば，木村弘之亮「出資者税構想の提唱とその契機」法学研究53巻12号1931頁以下，同「出資者税構想とそのメカニズム」法学研究五四巻九号1604頁以下。

CBIT[53]がよく知られている[54]。また，利益処分の中立性の実現如何については，企業のみでなく，その持分権者をも斟酌する必要がある。すなわち，持分権者に対する配当および分配を十分に行わない企業に対して投資家はあまり出資したがらない。右の如き状況が租税法が原因として生じているのであれば，企業の配当性向が租税法によって歪曲され，それに基づき投資家の経済的意思決定も連鎖的に歪曲されていることとなり，経済的に非中立的である。

そこで，中立性は，既に概要を指摘した如く，できるだけ納税義務者の意思決定に租税法が影響を与えないことを要請し，それが同時にその意味内容である。右の意味内容から租税法ができるだけ租税特別措置を帯有するべきでないという要請が推論される。一般的に承認されていることであるが，租税法は侵害規範であり，もし租税法がまったく存在しない場合と比較すれば，現実に存在する租税法は必ず納税義務者の意思決定に影響を与える。目下，国家が無産国家，そして租税国家であるならば，租税制度の存在は国家にとって不可欠であり，それとともにその存在は当然の前提とする他ない。

しかし，既に述べた如く，租税を通じて，納税義務者をして一定の作為・不作為に向かわしめることも一つの政策手段として定着している。右の如き租税特別措置は，それが適用される納税義務者とそうでない納税義務者との間で税負担に差異が生ずる。その際，それが租税軽課措置であった場合，特に問題である。もし，かかる差異が客観的理由によって正当化されないのであれば[55]，右の租税特別措置は非中立的であることは勿論平等原則に違反することになる。

⑦　その他の原則——効率性——

以上，いくつか租税立法において斟酌されるべき諸原則について検討してきたが，ここで取り敢えず挙げておくのは，効率性の原則である[56]。

勿論，租税法のみならず，経済制度の構築にあたっては，効率性が最も重要視される原則であることは周知である。これは，直前で指摘した中立性の原則と同義である。本章は，既に中立性を企業課税の領域を素材として言及に言

---

(53) CBITの概要については，参照，水野忠恒『租税法〔第5版〕』（有斐閣，2011年）309頁。
(54) また資金調達の中立性について重要であるのが，ACEである。参照，木村弘之亮「法人税体系と所得税体系の統合」武田昌輔編著『改訂版　企業課税の理論と課題』（税務経理協会，2000年）173頁以下，188頁以下。
(55) Hey, in:Tipke/Lang (Hsrg.), Steuerrecht (Fn.2), §3 Rz.124.
(56) 参照，Tipke, StRO I (Fn.22), S.347ff., S.359ff.;Birk, Steuerrecht (Fn.38), Rz.41ff; Hey, in:Tipke/Lang (Hsrg.), Steuerrecht (Fn.2.), §7 Rz.3ff.

第 2 章　租税立法における法と政策

し，凡そその意味内容が明らかにしたので，ここでは，いわば，費用対効果といった意味での効率性に触れることとし，特にドイツにおいて議論されるところの①徴税，②税務行政における効率性について簡単に言及することとする。近時，わが国の行政法学において，行政作用の効率性が法原則として主張され[57]，定着の様相を見せつつある。その際，効率性の原則を援用することの根拠は，法制度設計の際の指針とすることにも認められるであろう。したがって，本章でも一応検討しておく。

　まず，①徴税について，例えば，かつて Neumark 教授は，「租税法体系およびその諸要素の技術的構築は，賦課，徴収および統制に伴い生ずる費用が，課税庁のものであれ，納税義務者のものであれ，課税という経済・社会政策上の最重要の目的を勘案してなお必要であると解される最低限度を越えないようになされねばならない」とした[58]。これは現在ドイツ租税法学でも受容されている[59]。次に②効率性についてであるが，平等原則と関連付けられる[60]。そもそも，課税の平等のために，"同一の事実関係には，同一の法適用がなされなければならない"というのであり，そして，それと並んで，"個人に係る個別的事情を斟酌した形での課税"も要求されている。すなわち，原則として，あらゆる個人の所得を把握し，それを稼得するために要した費用も正確に把握し，前者から後者を控除する，という形で課税所得の計算がなされねばならない。しかし，実際上，課税庁の人的・物的資源の有限性から，右の如き，課税実務はなされえない。すなわち，課税庁は，あらゆる納税義務者の個別的事情を正確に把握することは物理的に出来ない。仮に，課税庁にあらゆる納税義務者の個別的事情を正確に把握することを強いるとすれば，課税庁の事務は最早遂行できなくなり，税務行政に実効性がなくなり，結局，平等課税が実現されなくなることは十分に想定できる。したがって，例えば，費用のうち一定額を概算化する，という立法がありうる。右の如き立法措置によって，平等課税は一定程度制約を受けるが，しかし，効率性に着目し，それを斟酌した立法を行

---

(57)　実定法上の根拠も含めて，参照，大橋洋一『行政法──現代行政過程論〔第二版〕』（有斐閣，2004 年）49 頁以下，宇賀克也「ベーシック行政法　第二章　行政法の基本原則」法学教室 284 号 28 頁。

(58)　参照，Neumark, Fritz, Grundsätze gerechter und ökonomisch rationaler Steuerpolitik, Tübingen 1970, S.372.

(59)　Hey, in:Tipke/Lang (Hrsg.), Steuerrecht (Fn.2), §7 Rz.15.

(60)　以下については，参照，手塚貴大「税務行政に係る効率性の意義とその実態──ドイツ租税法における抑制的法律執行の理論を参考に──」税研 141 号 111 頁以下。

うことを通じて，結果的に制度の運用を実効的にしているのである。
　以上の検討からすると，正義（ここでは，平等課税）と効率とは対立または矛盾するというよりも，相互に補完しあって，一つの法制度を構築すると見るべきであろう。右の"複数原則間での相互補完のメカニズム"については4でもう一度触れる。

(2) 租税法律の目的および機能
　以上では，特に，租税立法に係る租税原則・憲法上の基準を論証したが，ここでは，それが，現実の立法に如何にして当てはめられるかを概観しておく。法律が特定の目的達成のために立法されることは既に述べたが，その目的の合理性や目的実現手段の合目的性も定期的な審査に服するのがよいであろうことも論証しよう。
　さて，通常，租税法においては，三つの規範グループが区別されている。財政目的規範，社会目的規範，および簡素化目的規範である[61]。一つの租税規範によって二重又は多重の目的が追求され得る[62]。

① 財政目的規範
　当初，租税は，国家の財政を充足させるという目的に資していた（財政目的規範または財政税）[63]。この規範は，専ら，国庫のための収入を獲得するということだけを目的とする[64]。これらは，任意の国家事業を行うための資金調達に資する。但し「税収の獲得」という目的が持つその抽象度の高さを直視して，この目的は課税の合憲性の基準にはなり得ない[65]。何故なら，ある規範が，税収を獲得するという目的を有していることのみを以って合憲であると考えると，いかなる態様で課税がなされるか，または税負担がどの程度創出されるのかという視点が問題とされることがならず，ひいては，適正な税負担を決定する基準が導かれないからである。法律が民主的に成立したことも，その一

---
(61)　Tipke, StRO I（Fn.22），S.73ff., S.77. わが国では，参照，木村・前掲注(14)65頁以下。
(62)　Hey, in:Tipke/Lang（Hsrg.），Steuerrecht（Fn.2），§3 Rz.19.
(63)　Hey, in:Tipke/Lang（Hsrg.），Steuerrecht（Fn.2），§3 Rz.20;Hill（Fn.3），ZG 1987, 246.
(64)　Hey, in:Tipke/Lang（Hsrg.），Steuerrecht（Fn.2），§3 Rz.20;Hill（Fn.1），ZG 1987, 246. 参照，木村・前掲注(14)71頁。
(65)　Hey, in:Tipke/Lang（Hsrg.），Steuerrecht（Fn.2），§3 Rz.130;Hill（Fn.1），ZG 1987, 246.

第2章 租税立法における法と政策

般性も，過剰な課税という形での介入に対する十分な保護をもたらさない[66]。したがって，いわゆる財政目的規範に係る実質的憲法上の基準および限界は，基本権によってのみ具体化され得る[67]。右の言明を敷衍すると，次のようになる。すなわち，先にも指摘した憲法上の基準をベースにして，具体的には，基本法3条1項により税負担の平等な配分を企図したり，基本法14条において規律されている所有権保障をベースとして，納税義務者の所有権が過剰な課税によって侵害されないように立法者は租税法を構築しなければならないということであろう[68]。この点，Hill 教授によると，例えば，将来の私的利用のために用いる課税済みの資産が原則的に私的な利用が可能であることと並んで，当該資産への課税の結果として必ず求められる公共のための一般的有用性と，その逆の，個別的な私的利用可能性の間に適正な関係が存在するか否かが問われねばならない（いわゆる比例原則）[69]。この方法において，財政目的規範に係る税収の獲得という目的を憲法上の視点から限定することが可能とされることになる。なお，従来，課税を通じて生ずるメルクマールとして，凡そ「課税によって（過重な税負担によって）納税義務者の所有権が処分不能になる」というそうしたメルクマールが妥当していたが，Kirchhof 教授の憲法解釈論に基づき，"税負担は標準収益の半分程度でなければならない"といういわゆる五公五民原則が主張されるようになったことを付言しておく（本書第6章を参照）。

財政税の国家政策上の機能は，国家的支出を賄うために税収を確実にすることである。したがって，財政目的規範は財政需要を賄うという役割をその目的とする[70]。税収を確実にすること，租税の計算および徴収の費用（行政実行可

---

(66) Kirchhof (Fn.39) StuW 1984, 302;Friauf, Karl Heinrich, Steuergleichheit, Systemgerechtigkeit und Dispositionssicherheit als Prämissen einer rechtsstaatlichen Einkommensbesteuerung Zur verfassungsrechtlichen Problematik des §2a EStG, StuW 1985, 309.

(67) Hey, in:Tipke/Lang (Hsrg.), Steuerrecht (Fn.2), §3 Rz.130;Hill (Fn.1), ZG 1987, 246.

(68) Hey, in:Tipke/Lang (Hsrg.), Steuerrecht (Fn.2), §3 Rz.9ff.;Hill (Fn.1), ZG 1987, 246.

(69) Kirchhof (Fn.39), StuW 1984, 300;ders., Der verfassungsrechtliche Auftrag zur Betseuerung nach der finanziellen Leistungsfähigkeit, StuW 1985, 321f.

(70) Tipke, Klaus, Die Steuergesetzgebung in der Bundesrepublik Deutschland aus der Sicht des Steuerrechtswiisenschaftlers ——Kritik und Verbesserungsvorschläge, StuW 1976, 296.

能性），そしてその税収は大きな意味を有する(71)。体系性という観点は，財政需要の充足という目的の背後に後退してしまうこともあろう(72)。ここで，「大蔵大臣は，第一に歳入大臣としての役割が大きく，第二の役割として税制大臣として活動する」(73)と揶揄されることがあるように，財政目的規範の構築に係る基準は重要であり，その際そうした第一次的な基準は憲法であるが，憲法の規律が必ずしも租税立法に厳格に作用するわけではなく，その原因の一つとして直後に見る社会目的規範としての租税特別措置の増殖があったり，さらには自由権的基本権が結局のところ課税の限界を明確に画し得ない点等に認められるのである。

② 社会目的規範

財政目的規範と並んで，多くの，いわゆる社会目的規範（嚮導税）が数多く存在する。これは，社会政策，経済政策，文化政策，健康政策，雇用政策等に動機付けられていて，税収の獲得という財政目的は二次的目的である(74)。それらは，あらゆる法領域において（例えば，環境法において）導入可能であり，そして，政策の重要なツールの一つとなっている(75)。それにより，租税は，一定の形で，その本来の目的から離れて，そして嚮導の手段として濫用されることがある(76)。

それにも拘らず，そうした社会目的規範についての憲法上の原則的な許容性

---

(71) Uelner, Adalbert, Über Niedergang oder Neuordnung des deutschen Einkommensteuerrechts aus der Sicht der Gesetzgebungspraxis, in: Raupach/Tipke/Uelner (Hrsg.), Niedergang oder Neuordnung (Fn.10), S.184.
(72) Hill (Fn.1), ZG 1987, 247.
(73) Gaddum, Johann Wilhelm, Steuerreform:einfach und gerecht!:für ein besseres Einkommensteuerrecht, Bonn 1986, S.49.
(74) Hey, in:Tipke/Lang (Hrsg.), Steuerrecht (Fn2.), §3 Rz.21;Tipke, StRO I (Fn.22), S.77f. 木村・前掲注(14)72頁以下。
(75) わが国でも，頻繁に指摘される。例えば，参照，中里実「経済的手法の統制に関するメモ(上)・(下)――公共政策の手法としての租税特別措置・規制税・課徴金」ジュリスト1042号（1994年）121頁以下，同1045号（1994年）123頁以下，村井正『公害課税論』（関西大学出版部，1975年），金子宏「経済政策手段としての租税法――景気調整税制とその憲法上の限界」法律時報46巻7号39頁以下。
(76) Hill (Fn.3), ZG 1987, 247. 村井・前掲注(75)24頁，拙稿「環境税の法構造――ドイツ租税法における議論の一端」『納税者保護と法の支配――山田二郎先生喜寿記念』（信山社，2007年）497頁以下，同「環境税の法と政策(一)，(二)――ドイツ租税法に見る公共政策実現手段の構築――」広島法学32巻4号77頁以下，同34巻4号75頁以下。

は，最早争われない。かなり以前より，既に連邦憲法裁判所は，税収の獲得が租税の二次的目的でありうることを確認していた[77]。そして，その法律上の根拠は，ドイツ租税通則法3条1項後段である[78]。個々の社会目的規範の合憲性は，追求される目的充足のための相当性（Geeignetheit）を以って測られるが，そこでは，連邦憲法裁判所は，立法者に対して，その相当性の有無に係る判断につき，かなり広い余地を認めている[79]。その他にも，この目的が過重負担を課すこと，またはその反対に過少負担を課すことを正当化するとういう作業だけでなく，獲得された所得・利益の分配に係る基準をも正当化なければならないことも要求される[80]。さらに，Osterloh教授によると，"社会目的規範については，その介入目的が法律要件により実現されていなければならない"という[81]。この点，当該箇所において，Osterloh教授は，旧ドイツ所得税法32条cを挙げておられる。右の規定は，所得税法上の事業所得の稼得者について，事業所得者のみに課される事業税の負担を，他の所得類型の稼得者との間での負担調整をなす目的の許，最高所得税率を引き下げる。そして，曰く「立地条件としてのドイツの国際的競争という正当で，緊要なマクロ経済の側面は，せいぜい，資本量の点で十分に競争力を持ち，したがって，国際的に異動の容易な納税義務者を，その他の労働集約的に所得を稼得する者と比べて，せいぜい一時的に優遇することを正当化するに過ぎない」[82]。したがって，右の言明を敷衍すると，介入目的とそれを達成するための手段との間に実質的かつ合理的関連性が求められ，当該目的達成のために資するものでない手段が法律上規律された場合には，当該租税特別措置は，違憲であると解することとなる[83]。

(77) BVerfG-Beschl. v. 24. 9. 1965——BvR 228/65——, BVerfGE 19, 119 (125) ; BVerfG-Beschl. v. 9. 3. 1971——2BvR 326, 327, 341, 342, 343, 344, 345/69——, BVerfGE 30, 250 (264). わが国の事情については，金子・前掲注(75)45頁。
(78) Hill (Fn.1), ZG 1987, 247.
(79) 例えば，Kirchhof (Fn.39), StuW 1984, 300. なお，租税特別措置の合理性に係る判断について，参照，金子宏『租税法 第18版』（弘文堂，2013年）85頁以下，佐藤英明「租税特別措置」碓井光明他編『岩波講座 現代の法8 政府と企業』（岩波書店，1997年）168頁以下。
(80) v.Armin, Herbert, Besteuerung und Eigentum, VVDStRL 39, Berlin 1981, S.311.
(81) Osterloh, Lerke, in:Sachs, Michael (Hrsg.), Grundgesetz Kommentar 3.Aufl., München 2003, §3 Rz.167.
(82) Fn.81を参照。
(83) なお，参考として，例えば，参照，BVerfGE 28, 227ff., 241.

また，嚮導税により実現される租税介入主義は，租税を通じた統制である[84]。それは，批判の対象となっている。とりわけ，複数の異なる目的が，しばしば重なっていて，そして規範の解釈および適用を困難にしていることがその理由である[85]。そうした社会目的規範の立法が，法律の洪水の一因となっていることが論者により指摘されている[86]。他方で，租税法の領域におけるこうした嚮導は，しばしば，例えば，一国の経済的再生にとって有効でありうるという事実が厳然として存在する[87]。

③　簡素化目的規範

税制簡素化の要請は常に提起されている。しかし，その要請が充足されたという評価は与えられていない。租税法の複雑性は多くの論者の指摘するところである。

加えて，税制簡素化という要請自体，複数のアプローチが可能である。租税法律においては法令文が冗長であったり，法令用語が難解であったり，租税法律を認識・理解することが困難であったり，または自己に課される税負担を計算して申告・納付したり，あるいは自己の投資活動のベースとしたりする際に複雑な計算を要する，自己に課される税目のすべてを正確に認識する，様々な帳簿の作成・管理・保存を義務付けられる，といったことに基因するコンプライアンス・コストの増加がある。また，さらには，課税庁にとっても右に指摘した如き租税法律の複雑性は法律の執行を困難にする。課税庁の許での人的・物的資源の有限性という事情とも相俟って，税制簡素化の要請は税務行政についても妥当する。例えば，Hey教授曰く「税収とその獲得のための費用は適正な関係に立っていなければならない」[88]。すなわち，税収とその費用との間には釣り合いが保たれていなければならない。

---

(84) Karl-Bräuer-Institut（Hrsg.），Steuervereinfachung（Fn.10），S.73ff. この議論を紹介するものとして，参照，中里・前掲注(75)（上）123頁以下。

(85) Hey, in:Tipke/Lang（Hrsg.），Steuerrecht（Fn.2），§3 Rz.21;Hill（Fn.1），ZG 1987, 248.

(86) Hill（Fn.1），ZG 1987, 248.

(87) Posser, Diether, Begrüßungsansprache, in:Raupach/Tipke/Uelner（hrsg.），Niedergang oder Neuordnung（Fn.10），S.12. 最近のわが国の税制改革も景気の上昇を志向したものであったことにつき，参照，加藤・前掲注(1)64頁。さらに，嚮導税の有効性につき，参照，中里・前掲注(85)124頁以下，ポール・マリー・ゴドメ／小早川光郎（訳）「経済計画実現のための税制上の誘導措置」自治研究58巻2号6頁，18頁。

(88) Hey, in:Tipke/Lang（Hrsg.），Steuerrecht（Fn.2），§3 Rz.145.

第2章　租税立法における法と政策

　右の煩瑣な諸事情は，租税の徴収・納付が国家機能の維持にとって重要であることに鑑みて，避けられねばならない。すなわち，右に挙げた諸事情を避けるために税制簡素化は提唱される[89]。なお，本章は法令文の簡素化については別稿に譲り，一例として，税額計算等の簡素化を論ずる。

　以下，便宜 Schön 教授の整理に依りつつ論述を紹介し，検討することとしたい[90]。同教授によると，税制簡素化を論じる際の視点として，"ある租税体系を立法者が選択することに伴い生ずる，そうした体系特有の簡素化への要請"が認識されうる[91]。具体的には所得課税を例とすると，①総合所得税，②消費型所得税についてそれぞれ独自の問題点，つまり簡素化への要請が認識されるのである。まず，①について(1)から(7)まで，次に②について(8)を論じることとする。なお，以下に若干の設例を示す簡素化については，その必要性は一般的には疑義がないにせよ，特に税務執行の観点からくる平等との相克は，租税政策・立法上の重要な問題を提起するのであり，特に本書第6章5を参照されたい。

(ⅰ) 所得の時間的帰属と資産の評価[92]

　総合所得税を採用した場合，一定の時間的区切りを伴う賦課期間ごとに課税がなされることとなる。したがって，一定の賦課期間に如何なる収入および必要経費が発生したかを正確に確定する必要がある。それに基づき所得の時間的帰属が決定される。しかし，その際，いわゆる利益計算法か，または収支計算法のいずれかが所得計算法として採用されねばならないが，そのいずれかに応じて帳簿作成のありようも異なる。また，その際，帳簿上に記載される資産の価額の変化を如何にして租税法上所得計算に反映させるかも問題である。

　そして，授受される金銭の価額を真実の価額に基づいて計算しなおすことも必要であるし，フリンジ・ベネフィットの評価といった問題もあることも指摘できる。また，所得の実現の時期について，未実現の所得をも課税するか否か，

---

(89) 税制簡素化の定義は多様である。例えば，租税法律の改正頻度を下げ，法令文の意味内容を明確かつ明白にし，以って法治国家原則（法的安定性をも含む）を実現すること，とも定義付けられよう。右の意味の税制簡素化は別稿で検討する。参照，Jachmann, Monika, Grundthesen zu einer Verbesserung der Akzenptanz der Besteuerung, insbesondere durch Vereinfachung des Einkommensteuerrechts, StuW 1998, 193ff.

(90) 参照，Schön, Wolfgang, Vermeidbare und unvermeidbare Hindernisse der Steuervereinfachung, StuW 2002, 23ff.

(91) Schön（Fn.90），StuW 2002, 30.

(92) Schön（Fn.90），StuW 2002, 31.

32

の問題もある。

(ii) キャピタル・ゲイン課税[93]

キャピタル・ゲインについては，その事業者と個人との間での譲渡所得課税についての不平等扱いが指摘されている。すなわち，ドイツ租税法に内在している所得源泉説の名残により，個人について譲渡所得課税は原則として非課税であることは周知である。しかし，Schön教授によると，最早，右の如き差別扱いは合理性を有しない。たとえ個人としての資格であっても，最早実質的には事業と異ならない規模の取引を行う者は少なくない（例えば，日本国でも個人投資家の旺盛な投資意欲の出現への期待があり，それとともに個人の投資規模も拡大していくであろう。それは一定程度の個人資産の蓄積のある主要先進国においては，凡そ看取されうる傾向であろう）[94]。したがって，右の差別扱いは撤廃されるべきである。しかも，不動産取引において，現在でも，連邦財政裁判所は"ある納税義務者が不動産を最低二年間保有し，過去五年間に当該不動産を三つ以上譲渡しないならば，当該譲渡益についてはなお譲渡所得税は課されない"といういわゆる三上限説（Drei-Objekt-Grenze）を確立してきた。この三上限説は譲渡所得課税を行うか否かの判断に係る基準は，Homburg教授の指摘[95]するとおり，例えば，ある納税義務者が保有する四つの不動産のうち二つを巨大なスーパー・マーケットとして建築し，譲渡すれば，三上限説の適用は回避されうる。すなわち，Homburg教授の指摘から，現行の判断基準は現実に合致せず，納税義務者の取引構築を通じて容易にその適用回避が可能であり，また，譲渡所得課税の適用の有無を個別ケースごとに課税庁あるいは裁判所が判断するのは煩雑である，ということが分かろう。

しかし，仮に，個人の譲渡益についても所得課税を実施する場合には，譲渡益課税に関連性を有する譲渡取引を課税庁が把握することが不可欠であり，さらに，納税義務者が譲渡の客体に係る取得価額およびその管理に要した費用等を適正に記録しなければならない。この点で，大きなコンプライアンス・コス

---

(93) Schön (Fn.90), StuW 2002, 31.
(94) Ault教授はアメリカの例を挙げておられる。参考までに，以下に要旨をまとめる。以上につき，参照，Ault, Hugh J., Steuervereinfachung im internationalen Vergleich, in:Fischer, Peter (Hrsg.), Steuervereinfachung, Köln 1998, S.120f.
(95) Homburg, Stefan, Soll die klassische Einkommensteuer wiederbelebt werden?, in, Rose, Manfred (Hrsg.), Standpunkte zur aktuellen Steuerreform:Voträge des Zweiten Heidelberger Steuerkongresses 1997, Heidelberg 1997, S.109f.

トの上昇は避けられない。

　他方で，現在の法制度にも問題は残る。すなわち，譲渡対象が事業用資産か，または個人用資産かの識別を行う必要があり，その判断は課税庁にとって煩雑である。

　(iii)　所得の主観的帰属[96]

　ドイツ所得税法において，個人の許で生ずる資産増加を如何にして所得税法上その帰属を判断するかは重要である。例えば，人的企業（信託についても当てはまる，とされる）の場合，当該企業が稼得した所得が誰に，何時，帰属するのかは（とりわけ，その出資者との関係において），とりわけ重要である。すなわち，ドイツにおいては，夫婦組合，持分権者が一人の有限合資会社，さらには大規模な法人等というように，規模や構成の異なる様々な法形態が存在するが，それらについて"人的企業または法人"という外観によって課税方式が決定されている。しかし，Schön教授の見解によれば，それは経済的実態を無視している。他方で，企業の許で稼得された所得を，あるゆる法形態について，その株主・出資者に即座に帰属させる，ということもなされえない，と所論はいう。これらの，法形態と課税方式の識別との関係を簡素化を指向しつつ，考えねばならない。

　また，株主・出資者と企業との間での取引を独立当事者間でなされたものと同じように課税することとなるが，その認定も取引が個々に細分化し，複雑化になると課税庁，裁判所にとって，その認識，法律関係の再構成は容易ではない。

　(iv)　個人領域と事業領域との識別[97]

　特に，個人事業者について問題になることかもしれないが，ドイツ所得税法4条4項に規律されている，いわゆる基因主義（相当因果関係説）によって，個人事業者が個人としての活動から稼得した損益なのか，または事業者として稼得した損益なのかが識別されることが予定されている。しかし，右の基因主義で以って，個別のケースについて損益の帰属を判断することは容易ではない。

　さらには，特に，法人の許での隠れた利益配当，隠れた出資についても同様に問題となる。

---

(96)　Schön（Fn.90），StuW 2002, 32.
(97)　Schön（Fn.90），StuW 2002, 32.

(v) 必要経費の概算化[98]

必要経費の概算化については別稿に譲る。

(vi) 資本性所得[99]

資本性所得については，一般的に，その把握が困難である。租税競争が議論されている昨今，国際的に資本が移転すると，その移転があまり可視的であるとは言えない。また，国内においても，例えば，金融取引に際して申告を義務付けたり，取り扱う金融機関の許での源泉徴収を義務付けたるといった選択肢はあるが，十分に実効性を持って機能するか否かどうかに係る解答は一様でない。

その際，とりわけ，国際的租税情報交換，資本性所得を稼得する者に対して一律に類型的清算税（Abgeltungssteuer）を課す，という方法もありうるが，それは個人の担税力を十分に斟酌するものではないので，今日の租税体系の許では積極的には採りえないかもしれない。

(vii) 累進課税[100]

累進税率は，比例税率と比べて，計算が煩雑であり，コンプライアンス・コストを高めるものである。さらに，先の資本性所得等，あらゆる所得について総合累進課税すること自体に疑問が呈せられている。したがって，その意味で，二元的所得税が提唱されたことは周知である。

(viii) 消費型所得税とその問題点[101]

近時の税制改革論において，消費型所得税が再評価されている。消費型所得税の採用を通じて中立性に大幅に改善が，投資と消費との間の非中立性を度外視すれば，見られることがその大きな根拠となっている。すなわち，ある個人が，個人所得（＝消費＋貯蓄・投資）を稼得して，そのうち消費に充てられる部分と貯蓄・投資に充てられる部分とを識別せずに，稼得時点で課税されるとすると，ある試算によると，累進課税により，生涯を通じて稼得される所得に係る所得税負担が過重なものとなる。そこで，ある個人の担税力を示すのは生

---

[98] Schön (Fn.90), StuW 2002, 32f.
[99] Schön (Fn.90), StuW 2002, 33.
[100] Schön (Fn.90), StuW 2002, 33f. 特に，ドイツにおける近時の所得税率論については，参照。手塚貴大「所得税率の比例税率化の可能性――ドイツ所得税法における議論の一端――」税法学564号99頁以下。
[101] Schön (Fn.90), StuW 2002, 34f.

涯所得であるという仮定に立って，生涯所得に対する所得課税を論ずる傾向が生み出された。そこで，個人が所得を稼得した際に，貯蓄・投資に充てられる部分を課税せずに，後に，消費に充てられた段階ではじめて課税する，というように理論構成がなされる。なお，このことは，企業領域では，いわゆるCash-Flow税という形で議論される。その際，企業領域においてCash-Flow課税がなされると，資産評価の問題が解決されることは周知である。

しかし，右の消費型所得税に対しては，消費をする者のみでなく，貯蓄・投資をする者にも課税がなされるべきである，という見解も表明されている。また，個人については，所得を処分するある行為について，それが消費に該当するのか，あるいは貯蓄・投資に該当するのか，が明らかでない場合も見られ，その識別について課税庁，裁判所が困難に直面することもありうる。

また，消費型所得税と関連させて，企業課税の領域において税務会計法の改革も指摘されている。すなわち，純資産増加説に基づく財産比較法は複雑であるゆえ，収支計算法に基づく所得計算に改めるべきであるという。収支計算法に基づく所得計算のほうが真実の担税力を反映しやすいからである。但し，①獲得された利子所得については，それに係る必要経費の控除は許されない，②一定の資産については減価償却を認めるべきである，③債権および一定の資産の簿価をベースに一定の債務を控除することによって計算される自己資本について観念上生ずる基準利子（Normalzins。またはSchutzzinsとも呼称される）を右の自己資本から控除する，といった作業が要求される[102]。

④　時限法律・説明責任条項

一般的に，法律の影響を審査することは，特に，経済発展についての予測を必要とするそうした租税法上の社会目的規範や補助金法をその対象とする[103]。そうした審査のためのツールとして時限法律が挙げられる。時限法律とは，公

---

(102) なお，右の③については，かかる基準利子の設定は恣意的になるおそれがある，という批判もある。

(103) わが国における租税特別措置に関する指摘として，参照，水野勝『租税法』（有斐閣，1993年）94頁以下，特に96頁の注(3)。現在のわが国の租税特別措置の改革の論点に付き，参照，加藤・前掲注(1)136頁以下，168頁以下，中里実「大島訴訟」編者不詳『戦後重要租税判例の再検証──実務に影響を及ぼした重要判例の総点検──』（財経詳報社，2003年）18頁。さらに，一般的に，規範の実効性，有用性等の視点から，その改廃の是非についての定期的な検討を推奨するものとして，参照，Noll, Gesetzgebungslehre (Fn.9), S.239ff.

布・施行時において法律の妥当期間を予め限定し，その妥当期間の経過後に当該法律に託された政策の合理性・実効性等を審査し，それら肯定的に評価されれば，更にその妥当期間を延長するという属性を持つ法律である[104]。その他に，Hansmeyer教授は，租税法における説明責任条項（Transparenzklausel）の導入を提唱している[105]。それは，立法者に対して一定期間ごとに税率の効果を審査することを義務付けるのである。このことは，例えば，定期的に税率報告書を提出することを連邦政府に義務付けることにより可能になる[106]。さらに，租税法における政策税制の効果について実効性・効率性を検討し，それを議会に定期的に報告する，という政策評価も考えられるであろう。

(3) 租税法律の規定対象
① 租税法律の規律対象の複雑性

法律の規律対象はあらゆる社会事象に及ぶといっても過言ではない。特に，租税法・経済法は，社会・経済の発展およびそうした意味で予想もつかない変化にも服するそうした経済的事実に結びついている[107]。したがって，往々にして「経済的所与の偶発的変化は，誤った改正の必要性のみを惹起するの短期的かつ一時的な立法誘因である」[108]とすら言われる。加えて，租税法律が嚮導目的を追求するのであれば，当該租税法律は，通常，一定の時間が経過した後に事後的な改善のためのチェックが予定されているそうした予測によって担保されている[109]。したがって，租税法律は，ある意味では，実験的性格を有しており，租税法上の嚮導措置から名宛人のリアクションを惹き起こす。そのため，場合によっては，立法は，場当たり的な立法となることがある[110]。

以上のことは，次のような影響を立法に与える。すなわち，現実の経済取引

---

(104) Hill（Fn.3），ZG 1987, 257. 時限法律について，詳細は，参照，手塚貴大「政策過程における時限法律の運用・機能——ドイツ経済行政法を素材とした立法学研究——」法学政治学論究56号281頁以下。

(105) Hansmeyer, Umbau（Fn.16），S.95.

(106) Hansmeyer, Umbau（Fn.16），S.95. 邦語文献として，参照，谷口勢津夫「西ドイツにおける租税補助金の法的統制」租税法研究18号30頁以下。

(107) Kirchhof（Fn.18），StuW 1975, 362;Püschel（Fn.43），DStZ 1978, 251.

(108) Hill（Fn.1），ZG 1987, 248.

(109) Papier, Hans-Jürgen, Ertragsteuerliche Erfassung der "windfall-profits", StuW 1984, 324.

(110) Knobbe-keuk, Brigitte, Der neue §15a EStG——ein Beispiel für Gesetzgebungsstil unserer Zeit, StuW 1981, 103. 村井・前掲注(75)14頁以下。

第2章　租税立法における法と政策

について課税をする際に，そうした取引を課税要件として法令文に表現しなければならないが[111]。しかし，それは，必ずしも，現実に社会に存在する取引をあますところなく包摂するものではなく，課税要件は一定の抽象度を持つこととなる。したがって，そこに解釈が必要となる。また，租税法律主義を強調する立場からは，個々の取引ごとに法律上課税要件を規律することを求めるので，それだけ，法律は複雑化し，また，法律の見通しは悪化する。それは，本章4で後に述べる法律の体系的な構築によって，改善が図られねばならない。

② 立法における類型化

さて，既に指摘したように，課税のベースとなる事実関係の多様性は，一定程度，租税法の複雑性を発生させる。それにも拘らず，このことは，無制約に甘受され得るのではない。かような複雑性を減殺させる根拠となるのは，法適用の平等，見通しやすさ，行政実行可能性である[112]。それらは，租税法の莫大な多様性および私法上の取引行為を巧妙に仕組むことによる課税要件の充足の回避の可能性に限界を敷くのである[113]。法律は，すべての者および事実関係について，適用可能でなければならないから，原則として，ある程度抽象的でなければならない。将来に発生する事実関係についても適用可能であるために，法律は一般的でなければならず，そして，個別の事実関係を基準として立法化された規律および例外的規律も，原則として，一般的なものでなければならない[114]。課税手続に代表されるような大量事案処理手続（Massenverfahren）における執行可能性を確実にするために，法律の規律は標準的事実関係をベースとして立法されなければならない[115]。法律要件のそうした一般化の他に，しばしば，いわゆる類型化（Typisierung）が必要とされる[116]。類型化とは，Isensee教授によると，それ自体異なる解決が要請されるそうしたケースを平

---

(111) この点，Hill教授は，「租税法は一定の法的メルクマールに従い，生活事実関係を分解・整理し，それにより，かかる生活事実関係をベースとする法形式，つまり課税要件を作り出す」と述べておられる。参照，Hill (Fn.1), ZG 1987, 248.
(112) Kirchhof (Fn.39), StuW 1984, 307.
(113) Hill (Fn.1), ZG 1987, 249.
(114) Hill (Fn.1), ZG 1987, 249.
(115) Hill (Fn.1), ZG 1987, 249.
(116) Isensee, Josef, Die typisierende Verwaltung:Gesetzesvollzug im Massenvergfahren am Beispiel der typisierenden Betrachtungsweise des Steuerrechts, Berlin 1976, S.52f.

等に扱うことである(117)。類型化は，所与とされる個別性を損う(118)。それは，規範の法律要件または法律効果の面に関係し得る(119)。法律上の類型化の例は，控除の概算化，平均税率による課税等である(120)。連邦憲法裁判所は，類型化を，行政実行可能性を根拠にして原則として許容している。但し，それにより得られるメリットが類型化と必然的に結びつく個別的不平等および不正義と適正な関係に立たないときは，類型化は許容されない(121)。以上の議論は簡素化の限界にも通ずるものがある。

(4) 小 括

ここで，以上において概観したドイツの学説から得られるインプリケーションおよびパースペクティブをいくつかまとめておく。

一に，憲法上の原則としていくつかの原則を挙げたが，それらは租税法制度設計において最も重要な諸原則であり，その規範性は否定されないであろう。しかし，重要であることはそれら原則相互間の優劣である。しばしば平等原則が他の原則と比較して優越的立場に立つと考えられるが，詳細な点を見ると必ずしもそうではない。すなわち，平等原則と（それに相克すると考えられる）中立性の原則とは，ある側面においては，同じ意味内容を持ち，また現実の租税立法においては相互補完的である。そして，税目によっては平等原則よりも中立性の原則が妥当すると考えられうるもの（例，法人税）もあり，政策形成過程において諸原則の相互作用を通じて租税立法はなされるのである。また，4で示すように，そうした憲法上の原則による租税立法に対する完全な規律づけは現実にはなされておらず，それは実際上の立法作業を正確に示しているとは言い難い。

二に，直前の私見と関連するが，租税法上の原則による租税立法の評価について述べる。財政目的規範，社会目的規範，簡素化目的規範という租税法における規範類型の識別は，租税法における各規範が財政目的，社会目的，簡素化目的といったようにそれぞれ目的を追求する。したがって，規範類型ごとに租

---

(117) Isensee, Die typisierende Verwaltung (Fn.116), S.96ff.,insbesondere S.97.
(118) Hill (Fn.1), ZG 1987, 249.
(119) Arndt, Hans-Wolfgang, Praktikabilität und Effizienz, Köln 1983, S.41.
(120) Isensee, Die typisierende Verwaltung (Fn.116), S.97.
(121) Arndt, Praktikabilität und Effizienz (Fn.119), S.43;Hey, in:Tipke/Lang (Hsrg.), Steuerrecht (Fn.2), §3 Rz.147.

第 2 章　租税立法における法と政策

税立法の評価基準は異なる。財政目的規範については平等原則，社会目的規範については中立性の原則といった具合である。したがって，各規範の類型を明らかにすることは，当該規範によって実現が企図される租税政策を評価する端緒となる。しかし，各規範がいずれの規範類型に属するか明らかでない場合もある。

　三に，直前の政策評価と関連して，租税法律の構築を行う際に，ある租税法律の持つ法律効果あるいは影響がどの程度のものであるかを立法者が把握することが重要である(122)。すなわち，租税法律が適用された際の税負担はどの程度であるか，そしてそれが納税義務者の行動（＝経済取引）にどの程度の影響を与えるか，その影響が立法者の意図することと同じであるか，あるいは法原則と相克しないか，ということが立法者にとって明らかでなければならない。そのような法律の運用状況に係るデータを以って立法者は後の租税立法，税制改革の際に合理的な租税政策を定立することが可能である。

　四に，右に指摘した"租税法における規律対象たる社会的事実の複雑性・可変性"という属性から，簡素化を実現する立法のありようについて重要な示唆が得られる。Schön 教授(123)によると，そもそも租税法の複雑性があり，それが簡素化を要請する大きな要因であるが，それと並んで，社会的事実関係および政治環境の可変性もその一因である。例えば，確かに，経済環境の変化，そして，右の変化に対応する政策判断によって租税法律の改正，つまり税制改革はなされていく。しかし，実際には，大幅な租税正義の実現，政策税制の許で立法者により企図された目的の実現はなされることなく，税制改革の実施に係る意義が疑問視される状況がしばしば生じている。かかる状況において，租税

---

(122) 参照，Jacobs, Otto H., Stand und Entwicklungstendenzen der Betriebswirtschaftlichen Steuerlehre, StuW 2004, 251. なお，参照，Wagner, Franz W., Gegenstand und Methoden betriebswirtschaftlicher Steuerforschung, StuW 2004, 237ff., 248. Wagner 教授は，経済学者は経済人の意思決定の基準の一つとして税負担の額（Steuerbarwert）を位置づけるが，租税法学者は税負担の額と租税法体系を支える基本原則と関連付けることとなる。しかし，ここで税負担の額とかかる基本原則との間には直接の関連性を見出すことができないので，経済学の方法論と租税法学の方法論との間に乖離があるとする。しかし，租税による意思家決定に与える影響に対する納税義務者の反応が法原則（およびその実現）に適合するか否かを検討するという方法を採用することにより，事実を研究する経済学と価値判断的租税法学との間に思考法の融合を見出せるとする。右の作業は租税立法の際に租税法律の持つ効果および影響を予測するために必要であろう。また右の点に法学と経済学との協働の一例を見出すこともできる（協働の形は右に尽きない）。

(123) 以下の叙述について，参照，Schön (Fn.90), StuW 2002, 35.

3 租税法の立法政策

法律の改正の頻度が高いという状況により租税法の複雑性がさらに増加している。この点、Ruppe教授によると、次の如き議論がオーストリアの租税法専門家の間で交わされている。すなわち、「如何なる要素が租税法の複雑性の要因となっているか、という問いについて、実質的側面については、あらゆるグループは個別的規律があまりに多すぎることにより法状況の見通しが悪くなっていることを挙げ、他方で、形式的（立法技術的）側面については、あまりに法改正の頻度が高すぎることを挙げている」[124]。

そして、Schön教授は次のように指摘する。租税法律の改正に際して立法者が考慮しなければならないことは、従来の法状況を十分に斟酌した形で法改正を行うべきである、と[125]。従来までの法状況を激変させる改正法は十分な実効性・効率性を持たない。尤も、激変を避けるということは、決して政治的妥協による解決が望ましいことを意味していない。

さらに、Schön教授は、イギリスの元財務大臣Geoffrey Howe氏の言明に依りつつ、次のように主張する。曰く「租税体系がシンプルに構築されることを追究することと、租税体系を安定的に構築することは、その重要性において何ら変わるところがない」と[126]。すなわち、租税体系が安定であることは、課税庁の事務執行、投資家が行うタックス・プランニング、税理士等の職業専門家、租税法の効率性について、租税体系が明確性および理解可能性を有していることと同程度に重要である。最後に、租税法律の改正あるいは税制改革に際しては、立法者は改正・改革を通じて従来の法状況が如何なる形で、そして如何なる程度改善されるのか、を示す義務を負っている[127]とする指摘もある。

以上がSchön教授の言明であるが、文脈上（法律上に規律される公共政策の内容そのものというよりも、むしろ法律の数の増加あるいは法令文が影響を与える）租税立法技術に関わるものであって、概ねそれは首肯されうる。すなわち、経済取引が活発化した段階では、それに対して税制が持つ影響は無視できないものであり、加えて、租税制度が取引を大幅に規律しているということすらでき

---

(124) 参照、Ruppe, Hans Georg, Steuergerechtigkeit als Grenze der Steuervereinfachung, in:Fischer, Peter（Hrsg.）, Steuervereinfachung, Köln 1998, S.29ff., S33.
(125) Schön（Fn.90）, StuW 2002, 35.
(126) Schön（Fn.90）, StuW 2002, 35.
(127) Schön（Fn.90）, StuW 2002, 35. なお、本文で示した納税義務者による租税立法に係る理解については、事前照会にも関わる。参照、手塚貴大「租税手続における事前照会——ドイツ租税法に見る制度と理論、およびその示唆するもの」租税法研究37号45頁以下。

よう。したがって，複雑な租税制度が短期的かつ頻繁に改正されれば，それだけ納税義務者の予測可能性，ひいてはタックス・プランニングは阻害される。何故なら，新しい税制を十分に認識・理解するために時間を要するからである（その意味では，立法者による新政策の広報活動が求められるところである）。租税制度の存在が，取引の機動性を阻害することは性質上望ましいことではない。加えて，4で一定の限定を加えるけれども，租税原則に適った租税制度の構築を行い，かつ，それが経済情勢に適合するものであれば，一般論ではあるが，大幅かつ頻繁な税制改正の実施による納税義務者のもとで前叙のデメリットは生じないと言いうる。ここにも3で検討した事項の意義が見い出されうる。

4 租税政策の形成と憲法
―― 租税法の立法技術の理論と実際 ――(128)

公共政策のあり方を論ずる際には，一定の基準を定立し，それとの適合性の有無あるいはその程度に着目しつつ評価し，それが必ずしも肯定出来ない場合には，それを目指して別の公共政策を提示するという作業が行われるのであり(129)，これは確立されていると思える。つまり，一般的には，基準の定立・確定と実際の公共政策との関係で公共政策のあり方は評価されるのである。

ここで租税法について考えた場合，当然に一定の基準があり，それに当てはまるあるいはそれに適った租税制度が望ましいとされる。その際には租税原則の適用が想定される(130)。租税原則として少なくとも公平，中立，簡素はレーガン税制改革以降諸国の税制改革に係る公準として確立したものと言えるが，その内実には実のところ多義性あるいは抽象性という特徴を与えることができよう。すなわち，右のうち公平を参照しつつ議論を試みれば，垂直的公平において累進税率に係る累進度を強め，それを強力に実施し，所得再分配を実施することが特に追求されることもあれば，その逆もある。これは一見して経済社会情勢あるいは政権の政策大綱等に応じて相当程度に影響を受けることであろう。そしてそれについて多くの者はとりたてて理論的に問題視しないし，奇異

---

(128) 本節については，参照，手塚貴大「公共政策における租税政策および租税立法に係る特質――ドイツ租税法学（所得税）に見る租税政策・立法の理論」広島大学マネジメント研究13号97頁以下。

(129) 例えば，足立幸男『公共政策学入門』（有斐閣，1994年）55頁以下，平井・前掲注(39)69頁以下。

(130) 金子・前掲注(79)71頁以下，81頁以下。

に感じない。むしろ経済社会の情勢に応じて租税政策をそれに適合させることを可能にするという点で積極的にそこに柔軟性を見い出すことさえできよう。ところが，逆に言えば，租税原則という租税政策の基準のうち，最も重要な租税原則である公平についてさえ，その意味内容は一義的ではなく，特に，具体化の必要性に言及がなされる。

このように考えると，租税原則の重要性は一般的に否定できないが，それが純粋に実際上の租税政策・租税立法において実現されないということは無視できない。それ故，租税原則の構造および政策形成・立法上の意義を改めて確認および検討しておく必要はあろう。そこで本稿は租税原則に係るかような問題について，極めて限定的ではあるが，学説が触れるところの基礎理論に立ち返って検討することとしたい。

そして，本節は，かような問題について，特に，ドイツ租税法学における学説の議論を参考に検討するものである。後述するようにドイツ租税法学は憲法と併せ租税原則の意味内容を議論する傾向があり，その点でドイツ租税法学を参照の対象とする意義がある。しかし，周知のように租税原則が様々な政治的妥協により純粋に実現することなく税制改革は実施されている。とするならば，現実の租税立法過程のみを分析することの意義は租税原則の純粋な実施が困難であるという前叙の問題意識の再認識に止まる。また，特に憲法を以て現実の具体的な租税政策の形成・租税立法に係る詳細な部分まで規律づけることが困難であることは以前にも指摘した[131]。それ故筆者は，右の根拠および資料的制約という消極的根拠と並んで，租税原則の意味内容，その具体化のありよう，さらには複数の租税原則の関係をそれぞれ理論的に明確にする作業を行う学説に着目し，それを中心に議論したほうが，租税原則の理論構造に一層接近することを可能とするように思える。この点，次に見るように，ドイツ租税法学は租税原則に具体化の必要性を承認しつつ，そうした具体化の作業を行ってきた。

(1) 租税原則および租税政策・租税立法における体系思考の意義

① 租税原則——平等原則を中心に——

ドイツ租税法学において，租税原則としては，まず，平等原則（基本法3条1項）が挙げられる。これは租税理論でも，連邦憲法裁判所[132]でも一般的に

---

(131) 詳細は，手塚貴大「法人税改革と租税政策論」記念論文集刊行委員会編『行政と国民の権利』（法律文化社，2011 年）601 頁以下。

(132) 例えば，BVerfG-Beschl. von 17. 1. 1957 ——1 BvL 4/54——, BVerfGE 6, 55ff.

第 2 章　租税立法における法と政策

承認されているが，それは応能負担原則として観念され，担税力に従った課税を要求する。ドイツ連邦憲法裁判所は，第二次世界大戦後，平等原則を参照した租税法に係る違憲審査基準を定立するものの，応能負担原則を純粋に実現すべき義務を立法者は負わないとして立法者の広い裁量を認めてきた[133]。しかし学説上これが租税法における最上位原則とされる[134]。ここで最上位とは凡そ以下のことを意味する。そもそも平等原則をはじめとして合法性の原則，過剰禁止，社会国家原則等が租税法における重要な原則として観念されるが，右原則の意味内容は多義的（vielduetig）であるとされ，租税制度の構築に際してはその具体化が求められる[135]。具体化という作業を必要とする根拠は，かような原則は一般的な法観念あるいは法思想の発現であって，具体的な法効果を規定するものではなく，その点で規範あるいはルールと異なっているということである。その際，特に，平等原則の具体化としての応能負担原則が重要であり，それが先に挙げた過剰禁止，社会国家原則等の他の諸原則と相まって実現されていくという。そして，平等原則から導出される応能負担原則に係る具体化の過程としては，憲法上のサブ原則があり，これにより所得税法を例とすれば，総合課税の原則，全世界所得課税の原則，個人課税の原則，主観的および客観的純所得課税原則が導出されるという[136]。そして，次の段階として，制定法上の原則があり，具体的には，市場所得原則，名目価値原則，会計原則が挙げられている[137]。要するに，特に，平等原則から応能負担原則が導かれ，また基本法 1 条 3 項および同 20 条 3 項が租税立法者に対して平等原則への拘束を指示しているので，総じて言えば，"法制定の平等（Rechtssetzungsgleichheit）の原則"[138]が租税立法者に対して基本法の価値を実現したうえでの立法活動を指示すると理解できる。

したがって随所で応能負担原則につき"体系を担う原則（systemtragende Prinzip）"と言われる[139]。租税正義（Steuergerechtigkeit）という言葉も随所に

---

(133)　例えば，BVerfG-Beschl. von 23. 11. 1976 ──1 BvR 150/75──, BVerfGE 43, 108ff., 120.
(134)　Hey, in:Tipke/Lang（Hsrg.），Steuerrecht（Fn.2），§3 Rz.41.
(135)　Hey, in:Tipke/Lang（Hsrg.），Steuerrecht（Fn.2），§3 Rz.16.
(136)　以上，Hey, in:Tipke/Lang（Hsrg.），Steuerrecht（Fn.2），§3 Rz.14.
(137)　Hey, in:Tipke/Lang（Hsrg.），Steuerrecht（Fn.2），§3 Rz.15.
(138)　Hey, in:Tipke/Lang（Hsrg.），Steuerrecht（Fn.2），§3 Rz.116.
(139)　例えば，Hey, in:Tipke/Lang（Hsrg.），Steuerrecht（Fn.2），§3 Rz.18.

現れる[140]が，文脈上，これも平等原則をその意味内容として含むものであり，それが実現されつつ構築された租税制度を形容するものと言って差し支えなかろう。

② 租税法の体系性

次に，ドイツ租税法学における議論の特徴としては，かような租税原則の意味内容の確定およびその具体的な租税政策・租税立法への当てはめに尽きるのではなく，次に述べるように，大まかに言えば，"租税法の体系性を維持するために，租税原則を首尾一貫して実施する"ことが目指されているのである。右の言明の法政策的意義を明らかにするため，その意味するところを以下に探る。

（i）外的体系

外的体系の概要として以下の叙述がある。すなわち「外的体系は，素材に係る形式的な配列の方法，見通しが良くて然るべきそうした素材に係る技術的構成および秩序付けに関するものである。外的体系の要素は，法律に係る秩序概念，法律の構成および法律の編成における個々の法命題の位置である。」[141]と。これは法律の体系的解釈と大いに関係しているという。曰く「外的体系から得られる法認識（Rechtserkentnis）は適用される法律の法的成熟度に拠る。…制定された法律（Gesetzeswerk）に係る概念および編成が成熟した法的ドグマに基づいて立法者の意図した法律効果が一層明確に明らかになり，そして法および法ドグマーティクの合理的発展がさらに一層許容されるのであれば，それに対応して法律家は外的体系を以て法解釈を論ずるようになり，そしてそれが可能となる。」[142]と。

以上を要するに，法律の解釈適用を行うに際して，優れた立法技術のもとに立法された法律であるならば，法適用者がスムーズにその作業を行うことが可能であるということであろう。本稿は都合上外的体系に関する叙述をここで止める。

（ii）内的体系

内的体系の概要として以下の叙述がある。すなわち，「…法秩序のルールは，法共同体がその諸関係を秩序づけるそうした特定の価値づけ（Wertung）に依

---

(140) 例えば，Hey, in:Tipke/Lang（Hsrg.），Steuerrecht（Fn.2），§3 Rz.4.
(141) Hey, in:Tipke/Lang（Hsrg.），Steuerrecht（Fn.2），§3 Rz.5.
(142) Hey, in:Tipke/Lang（Hsrg.），Steuerrecht（Fn.2），§3 Rz.5.

第2章　租税立法における法と政策

存している。こうした価値づけは法秩序に係る内容上または内的体系を形作る。内的体系は原則として，様々な価値づけが相互に調整され，そして法秩序のルールの中で首尾一貫して実施されるときにのみ，成立する。内的体系のかような規範的首尾一貫性は法秩序の無矛盾性をも根拠づける。」(143)と。さらに続けて曰く「次いで，適正な，法共同体によって一般的に承認された法システムは，適正な価値づけに基づいてのみ発展するのであり，そうした価値づけとは，一つには法共同体に係る法倫理的なコンセンサス（rechtsethiische Konsens）を表し，二つには規律対象の事物論理性（Sachlogik）に適ったものであり，それ故，事物関連性（sachbezogen）または事物適正性（sachangemessen）を備えているものである。課税という経済的な規律対象を直視して，経済的合理性（ökonomischer Rationalität）が事物正義（Sachgerechtigkeit）に係る決定的要素である。…それに従えば法的価値づけは"価値自由に"獲得された経済学に係る知見との関係で閉じたものであるべきでなく，むしろ経済的な影響のメカニズムおよび合理的経済人（homo economicus）に係る自然の行動態様を考慮に入れるべきである。」(144)と。以上の引用文からは，内的体系とは，現実に構築される租税制度の内容に関わるものである。換言すれば，ある価値づけに基づき個別具体的な租税制度が構築される。加えて，租税制度の構築に際しては，ある価値づけが第一段階の作業であり，その首尾一貫した実施が必要であること，その際には経済学の知見を利用することも必要であることが明らかとなる。なお，前叙の価値づけ作業は，租税制度の構築のために平等原則を中心に据えることであろう。

　なお，所論が言うところの体系について，そのベースとなるのはCanaris教授のそれである(145)(146)。詳細は省くが，租税法に当てはめると，既に述べた

(143) Hey, in:Tipke/Lang（Hsrg.），Steuerrecht（Fn.2），§3 Rz.9.
(144) Hey, in:Tipke/Lang（Hsrg.），Steuerrecht（Fn.2），§3 Rz.10.
(145) 特に，参照，Canaris, Claus-Wilhelm, Systemdenken und Systembegriff in der Jurisprudenz:entwickelt am Beispiel des deutschen Privatrechts 2.Aufl., Berlin 1983, S.125ff.
(146) 尤も，目下，本文中で触れた体系論には批判が提起されている。私見によれば，いずれも通説を覆すものではないと考えられるが，一応触れておく。Degenhart氏は制定法と憲法との相互影響という事象に言及し，立法者が制定法の構築を行い，それが憲法の領域に継続的に入り込み，実定法上の原則として承認されるという（Degenhart, Christoph, Systemgerechtigkeit und Slbstbindung des Gesetzgebers als Verfassungspostulat, München 1976, S.87ff.）。Peine教授は，"体系を閉じたものと理解すれば新たな目的の挿入は許されないが，実際には立法者はそれを行うが，これは立法

ように，その目的として財政目的規範，社会目的規範，簡素化目的規範が識別され[147]，価値判断としての平等原則（応能負担原則）に適う形で実現されねばならないとなるのである。ここで平等原則に違反する規範がすべて即座に違憲と判断されるわけではなく，例えば，原則は必ずしも純化した形で実現されるのではなく，内在的制約に基づく制約には服するとされるし，後に述べるような平等原則違反に対する正当化根拠の有無を探るという連邦憲法裁判所の考え方とも整合性はなお確保されよう。

そして，以上の基本認識に拠れば，内的体系については，平等原則の具体化の過程が重要である。すなわち，具体化の過程で具体的租税制度が構築されるわけであるが，その際に価値づけが厳密に，換言すれば，首尾一貫して実施されれば，租税制度は平等原則に適う優れた体系性を備えることとなるという点で首尾一貫性のドグマが活きてくる。しかし，前叙の首尾一貫性のドグマは必ずしも厳格に実施されていない。例えば，憲法上の原則がある程度厳格に及ぶのは憲法上のサブ原則までであって，Hey 教授も「制定法上の原則は最後に租税法の内的体系を，憲法上の要請に必ずしも合致しない形態で，詳細化する。」[148]とするように，制定法上の原則には必ずしも及んでいない。確かに，当該箇所でも触れられているが，いわゆる市場所得原則との対比において，相続・贈与も含める形態での純資産増加説に基づく所得税もありうるところであるとされ，同じく名目価値原則については，応能負担原則に一層適合するのは現実価値原則であるとする[149]。これによれば制定法上の原則に至り具体的租

に係る政治性ゆえである。そして新たな目的を実現する手段の創設も行われが，その際，新たな目的と新たな手段との間の相当性関係があれば，新手段の創設も許容される。"（Peine, Franz-Joseph, Systemgerechtigkeit:Die Selbstbindung des Gesetzgebers als Maßstab der Normenkontrolle, Baden-Baden 1985, S.229.）とする。Kischel 氏は，"立法者が自身が構築した体系に新たな規定を付加すると，当該規定も体系を構成する要素の一つとなったり，または新たな当該規定が体系上重要な（例，新たな目的を付与する）規定となれば，従来の体系上重要な規定が新たな体系の中で異質物となる可能性を有する。その判断は平等原則を基準として行われる"（Kischel, Uwe, Systembindung des Gesetzgebers und Gleichheitssatz, AÖR Bd.124（1999）, 174ff., 207.）とする。以上について，Degenhart 氏の立場は措くとしても，後2者は，体系が持つある種の柔軟性を指摘し，その独自の意義を否定するかのようであるが，特に Kischel 氏については結局平等原則違反を議論の俎上に乗せる点で，Hey 教授らの立場と大きくは異ならないと理解できるかもしれない。

(147) Hey, in:Tipke/Lang（Hsrg.）, Steuerrecht（Fn.2）, §3 Rz.19ff.
(148) Hey, in:Tipke/Lang（Hsrg.）, Steuerrecht（Fn.2）, §3 Rz.15.
(149) Hey, in:Tipke/Lang（Hsrg.）, Steuerrecht（Fn.2）, §3 Rz.15.

第 2 章　租税立法における法と政策

税制度の構築について立法者に指示するその力は弱まる。所論は「制定法上の原則は特に租税法の部分領域を法ドグマ上首尾一貫してさらに発展させることについて意味を持つ。」(150) という。おそらく右の言明の意味するものは，制定法上の原則のレベルになると，租税制度の具体的構築に際しての，立法者の制度構築の余地が広まり，特に，租税法の個別領域ごとの属性を意識しつつ，それを出来る限り憲法上の原則を厳格に実施するか否かが立法者の判断に拠っていることになるというものであろう。尤も，憲法上の原則からの乖離がすべて論難されるべきではなく，税務執行の要請，経済理論がよく支配することもありうるのである。これは先の注(144)の引用文で言及があった租税法と経済学との関係に着目すれば，むしろ当然のことと言えるかもしれない。

　以上に示したところによると，現実の租税制度のありようも示すように，憲法上の原則の実施は必ずしも常になされるものではない。何故なら租税立法者にはなお原則の具体化の余地が承認されているからである。ここで租税原則は"最適化原則（Optimierungsgebote）"(151) と理解されているが，そもそも最適化とはある租税原則の意味内容を最もよく実現する作業を意味しよう。曰く「…法原則は方向を示す価値（Richtwerte）として内在する法倫理上のコンセンサスを最適に実現することを要請する。」(152) と。しかし所論は現実的に租税政策の形成過程に着目し，租税立法の際には一つの原則を最適に実現するよりは，むしろ複数ある諸原則の調整作業が必要であるとする。曰く，「…法原則はそれぞれ異なる程度に充足されることを以てその特徴とするが，何故なら法秩序は原則一元主義ではなく，原則多元主義的に組成されているからである。それ故異なる法原則は通常共に作用し，補い合いまたは相互に矛盾しうるものである。法原則は形成的内容（konstruktive Inhalt）か禁止的内容（prohibitive Inhalt）かのいずれかを有している。その際形成的および禁止的原則は共に作用する（例えば，過剰な課税を担税力に照らして禁止すること）。」(153) と。

　右の引用文の示すことは，おそらく文脈上憲法上の原則を念頭に置いているのであろうが，個々の原則の最適化ではなく，それら複数の原則が相互に（矛盾も含めて）影響し合って，具体化され，現実の租税制度の構築に行き着くと

---

(150)　Hey, in:Tipke/Lang (Hsrg.), Steuerrecht (Fn.2), §3 Rz.15.
(151)　Hey, in:Tipke/Lang (Hsrg.), Steuerrecht (Fn.2), §3 Rz.12.
(152)　Hey, in:Tipke/Lang (Hsrg.), Steuerrecht (Fn.2), §3 Rz.12.
(153)　Hey, in:Tipke/Lang (Hsrg.), Steuerrecht (Fn.2), §3 Rz.12.

4 租税政策の形成と憲法

いうことであろう[154]。この言明は性質上憲法レベルのみではなく，憲法上のサブ原則，制定法上の原則についても同様に妥当すると言うことは不可能ではなかろう。なお，この点，論者によっては，特に憲法上の原則（これも文脈上租税原則と考えられている）を"総合調整の上適用する（Aufladung）"[155]という言い方がされる。所論は，複数の租税原則が適用されることを以て，立法者の裁量を狭めることを企図しているのである[156]。以上のことは，例えば，「原理としての基本権は「未決定性，流動性，力動性」と結合しており，あらゆる異質の法的作用を取り込み，また吐き出すことができる」[157]と言われることとも符合し，その意味するところは，租税立法における基本権重視という立場の再認識に止るのではなく，憲法上の諸価値の衡量が立法過程において行われるべき作業であるということもあるであろう。

但し，原則間での相互作用（これは租税政策の形成・租税立法の作業に他ならない）について性質上それを認識するとしても，それに一定の規律づけがなければ租税政策・租税立法は合理化しない。そこで，ドイツ租税法学および判例において展開しているのが，平等原則に係る首尾一貫性（Folgerichtigkeit）のドグマである。首尾一貫性とは，連邦憲法裁判所が採る立場に拠りつつ明らかにするならば，要するに平等原則は等しきものを等しく，等しからざるものを等しからざる扱うことを求め，そこから乖離する場合には，"事物の性質から導かれる合理的な，またはさもなくば客観的に明らかな根拠を以て法律上の差別扱いまたは不平等扱いが正当化できないとしたら，かような扱いは恣意的な

---

(154) 同旨か，例えば，Walz, Rainer, Steuergerechtigkeit und Rechtsanwendung: Grundlinien einer relative autonomen Steuerrechtsdogmatik, Hedelberg・Hamburg 1980, S.155.
(155) Stenger, Christian Phillip, Die Auergewhnliche Belastung im Steuerrecht: Verfassungsrechtliche Grundlagen und Reformperspektiven, Baden-Baden 2008, S.97f., S.114. その他にも，Liesenfeld, Andrea, Das steuerfreie Existenzminimum und der progressive Tarif als Bausteine eines freiheitsrechtlichen Verständnisses des Leistungsfähigkeitsprinzips, Berlin 2005, S.79;Lang Joachim, Die Bemessungsgrundlage der Einkommensteuer : rechtssystematische Grundlagen steuerlicher Leistungsfähigkeit im deutschen Einkommensteuerrecht, Köln 1981/88, S.125ff.
(156) 例えば，Stenger, Die Auergewhnliche Belastung im Steuerrecht（Fn.155），S.97f., S.114f.
(157) 参照，ロベルト・アレクシー／小山剛（訳）「主観的権利及び客観規範としての基本権（一）・（二・完）」名城法学43巻4号179頁以下，同44巻1号321頁以下。特に，44巻1号333頁──334頁。最適化原則につき，参照，木村・前掲注(14)68頁。

49

ものとみなされ，平等扱いに反する"[158]ということである。そして首尾一貫性の欠如は前叙の体系性を損なっていることと同義である。したがって，首尾一貫性の欠如があれば，それは同時に平等原則に違反することの"兆候（Indiz）"を示す[159]とされ，そこでその正当化事由の有無が問題となる。そして，本稿で参照したHey教授も理論上それを容れるのである[160]。

また，これは換言すればグループの平等扱い（Gleichbehandlung von Gruppen）を実現するというのであるが，すなわち，法律の名宛人集団につき何らの合理的根拠なく差別的扱いをすることを平等原則は許さないということになる。こうした平等原則に係る理解が租税制度に対する政治的影響を防止するという帰結を導くがゆえに，そしてドイツ租税法学の出発点で意識された問題解決のために主張されたものであることは明らかであろう。しかしこうした見方にも次で言及するような理論的限界が認識されている。

(2) ドイツにおける租税原則に係る議論の意義

このような言明の示唆することは，ドイツ租税法学における租税原則に係る機能として実際の租税政策・租税立法を体系立て，政治的影響によるその歪みを排除することにあったと言えよう。そして，以上のような枠組みは"良い租税立法（gute Steuergesetzgebung）"にも当然不可欠の前提を構成するという[161]。

しかし，ここでなお，租税法の特殊性に着目しなければならない。すなわち，学説も認識するところであったが，前叙の本章2における引用文にもあるように，租税法はその性質上政治的影響のもとに制定され易いのである。例えば，Lepsius教授は租税原則の首尾一貫した実施は19世紀における"非"政治的な法典編纂期の思考に繋がるとし[162]，さらには連邦憲法裁判所による租税法

---

(158) 例えば，BVerfG-Beschl. von 7. 10. 1980 ――1 BvL 50, 89/79, 1 BvR 240/79――，BVerfGE 55, 72(88); BVerfG-Beschl. von 8. 6. 2004 ――2 BvL 5/00――, BVerfGE 110, 412(432).
(159) 例えば，BVerfG-Urt. von 13. 10. 1964 ――1 BvR 213, 715/58 u. 66/60――, BvefGE 18, 315(334); BVerfG-Beschl. von 7. 11. 1972 ――1 BvR 338/68――, BVerfGE 34, 103 (115); BVerfG-Beschl. von 10. 11. 1981 ――1 BvL 18, 19/77――, BVerfGE 59, 36(49); BVerfG-Beschl. von 22. 2. 1984 ――1 BvL 10/80――, BVerfGE 66, 214(223f.).
(160) Hey, in:Tipke/Lang (Hsrg.), Steuerrecht (Fn.2), §3 Rz.116.
(161) Hey, in:Tipke/Lang (Hsrg.), Steuerrecht (Fn.2), §3 Rz.26.
(162) Lepsius, Oliver, Anmerkung, JZ 2009, 260ff., 262.

4 租税政策の形成と憲法

の"憲法化"は政策的に望ましくなく、憲法上必要でもない[163]とする。勿論、端的には租税立法に対する法的規律が相当程度に弛緩する傾向および可能性を有するLepsius教授の立場に与することはできないように思われる。しかし、租税原則の重要性は否定されないが、租税立法の現実に着目しつつ、例えば応能負担原則の首尾一貫した実施を主張することによって租税政策の形成過程を論じ尽くすことは極めて不十分であるという認識が導出可能であろう。その根拠は大きく分けて以下の2つがある。

　一に、立法過程の属性である。すなわち、例えば、Schober氏は「…連邦議会および連邦参議院は立法者として憲法によるその利益多元的な配置構成（Besetzung）を通じて立法の枠組みについて事前の（ex-ante）予測を規定する機関である」[164]とする。この引用文から読み取れることとして、立法機関は多元的利益の相克の場であり、その枠内で将来に向けての公共政策を定立する作業を担っていること、それに加えて、そうした多元的利益の調整の場としての立法過程という理解は憲法自体が承認していることである。この立場について、例えば、Meßerschmidt氏は、立法者に性質上立法活動の際広い裁量が承認されること[165]と並び、憲法の厳格な実施は民主主義を空洞化する[166]としており、さらにBryde氏も、連邦憲法裁判所であっても民主的立法者がもたらすことのできない首尾一貫性を求めることはないし（これは直後に述べることとも関係する。）、オール・オア・ナッシングで原則の実施を立法者に対して強要することは、公共政策の改革可能性が失われる旨[167]を述べる。したがって立法過程の実態をも直視しつつ議論を展開することは認識論としては首肯することができよう。以上の見方によれば、租税立法の実体について厳格な憲法の規律を及ぼすことは理論的に必ずしも望ましくなく、実際上も無理であって、立法過程における調整作業が大きな役割を担うことになる。ましてや主として応能負担原則のみを以て租税制度のありようを論じ尽くすことはできない[168]。

---

(163) Lepsius (Fn.162), JZ 2009, 263.
(164) Schober, Tibor, Verfassungsrechtliche Restriktion für vereinfachenden Einkommensteuergesetzgeber:Eine Überprüfung verfassungsrechtlicher Grundsätze an ausgewählten Vereinfachungsideen, Baden-Baden 2009, S.143.
(165) Meßerschmidt, Klaus, Gesetzgebungsermessen, Berlin 2000, S.130ff.
(166) Meßerschmidt, Gesetzgebungsermessen (Fn.165), S.93ff., S.163ff.
(167) Bryde, Brun-Otto, Sondervotum zum Urteil des Bundesverfassungsgericht vom 30. Juli 2008, 1 BvR 3262/07 u.a., NJW 2008, 2409ff., 2420.
(168) Thiesen, Thomas, Steuerverfassungstheorie, Berlin 2008, S.294ff. なお、これは、

第2章　租税立法における法と政策

これを制度設計という現実的場面における租税法に係る制度的柔軟性の獲得の契機と積極的に評価すること，または憲法による規律の弛緩と消極的に評価することもできようが，いずれにせよ，憲法上の原則を首尾一貫して実施することが不可能である点を改めて確認することはできよう。Schober 氏は立法過程の実態について，凡そ以下のように述べる。すなわち，立法は利益多元的な立法機関が担うために，租税原則の実施も相対性を帯びる。加えて立法は憲法上の原則の機械的あるいは単純な具体化であるそうした単なる"憲法の執行（Verfassungsvollzug）"ではなく，人的事情，権力的地位，妥協可能性に依拠する性質を有する。立法府の議員は選挙民の意向をも汲みつつ立法活動を行うゆえ，租税原則の純粋な実施は行い得ないとする[169]。したがって法律学は租税制度の内容について細部に憲法の規律を及ぼすことを試みるのではなく，憲法上の原則と立法の民主性とのバランスを確保するべく[170]，もう１つの視覚として立法過程統制に係る理論の構築可能性を探るべきかもしれない。

　二に，ドイツにおける憲法裁判所の役割についての見方がある。曰く「…租税法におけるグループの不平等扱いの程度が連邦憲法裁判所を繰り返し岐路に立たせている。すなわち，同裁判所が形式的法治国家的権力分立を援用し，裁判官抑制の原則（いわゆる司法謙抑主義）を使用し，立法者に許された構築の余地の幅を強調することもありうる。…（または・筆者注）立法者が法および自身に配分された活動余地についての責任を果たさないときには，連邦憲法裁判所は"司法積極主義"的に行動することを要求される。」[171]とされる。これはドイツにおいては憲法裁判所による租税立法に係る違憲審査が積極的になされることがあることを示すのではないか。すなわち，ドイツにおいては租税立法の質を担保する機関は立法府のみではなく，司法府もある。そして，立法府の性質上そこに政治性あるいは政治的妥協に基づく意思決定という要素が入り込まざるを得ない以上，司法府は立法府以上に厳格な形で租税立法の質を審査することが可能となろう。ドイツにおいて憲法を参照した上で，それと関連づけつつ租税原則の議論が展開されることの根拠はここにあると見るべきかもしれない。

　しかし，この言明の背後の１つとして，具体的な租税制度につき違憲と積極

　　Tipke 教授の見解に対する批判の意味を有する。
(169)　Schober, Verfassungsrechtliche Restriktion（Fn.164), S.138f.
(170)　Schober, Verfassungsrechtliche Restriktion（Fn.164), S.136f.
(171)　Hey, in:Tipke/Lang（Hsrg.), Steuerrecht（Fn.2), §3 Rz.100.

的に提言することは租税法学者の役割であるという，前叙の Hey 教授の立論のベースになっている Lang 教授の認識[172]があると推察することはできる。したがって，これはあくまでも Lang 教授による１つの見方であって，逆に，学説においては，Hesse 教授が，連邦憲法裁判所は租税立法機関ではなく，それ故裁判所は言わば積極的に制度形成機能を持つものではなく，受動的に立法統制を行うに過ぎないとするが[173]，これが一般的な理解である。さらに Böckenförde 教授も連邦憲法裁判所の積極的違憲審査によりそれが政治機関化すると批判する[174]。加えて，Bryde 氏は違憲の法律があれば，国民がそれを知覚し，次回の選挙における投票行動を通じてそれを是正すべきと言う[175]。学説の指摘に照らすと，特に租税法のような政策領域においては憲法判断が必ずしも積極的に行われるとは限らず，総じて理論的にも実践的にも連邦憲法裁判所に租税政策・租税立法の質の担保を求めることは必ずしもできない場合もあると見るべきであろう。この点，応能負担原則の首尾一貫した実施を軸に議論を展開するドイツ租税法学の通説に係る射程および位置付けには慎重さが要求されよう。

5　結　語
——本章における検討の総括と展望——

(1) インプリケーション——租税政策における政治性とその抑制可能性——

本章は，租税法，特に税制改革に係る立法学の構築をドイツ租税法学に係る議論を参照しつつ試みた。本章では，専ら，そうしたものに係る端緒的アプローチを，租税法の特殊性，加えて簡素化並びに適正な税負担の実現という視点から，示しえたに留まる。しかし，本章で展開された議論を，私見を交えてその特色に触れつつ，次のようにまとめたい。本章で参照したドイツの見解に

---

[172] Lang, Joachim, Verantwortung der Rechtswissenschaft für das Steuerrecht, StuW 1989, 201ff., 207.

[173] Hesse, Konrad, Verfassungsrechtsprechung im geschichtlichen Wandel, JZ 1995, 265ff., 267. 他にも，同旨として，Wahl, Rainer, Der Vorrang der Verfassung, Der Staat Bd.20（1981），485ff., 505.

[174] Böckenförde, Ernst-Wolfgang, Zur Lage der Grundrechtsdogmatik nach 40 Jahren Grundgesetz:erweiterte Fassung eines Vortrages gehalten in der Carl Friedrich von Siemens Stiftung am 19. Oktober 1989, S.62.

[175] Bryde, Brun-Otto, Verfassungsentwicklung:Stabilität und Dynamik im Verfassungsrecht der Bundesrepublik Deutschland, Baden-Baden 1982, S.346.

第2章　租税立法における法と政策

は，若干の留意点が必要であり，改善の余地があると考える。

①　租税法律の属性・現状とその克服可能性

ドイツ租税法学が租税立法の質を確保するために議論をしてきたこととして，租税原則と重なる憲法上の原則を首尾一貫して実施することがあった。特のその基点となるのが，平等原則であり，租税政策の形成過程はその具体化作業であった。その背景には租税特別措置の投入およびその防止の要請があった。それにより税負担の公平が害されることとなったので，それを防止するためには改めて平等原則の強調を行う必要性が認識されたのであった。尤も現実の立法過程は勿論のこと，学説により理論的に導かれるその属性により，租税原則の厳格な首尾一貫した実施は無理であり，またナンセンスなことかもしれない。

そこでかような点を直視して，租税政策の形成について現実的な分析視角を別途設定する必要があろうが，これは第3章において具体例とともに示すことを試みる。但し，現在のところ，それは従前より言われた租税原則の厳格な首尾一貫した実施を可能とするものでもなく，またそれに代わるものでもない。

また，租税法律の洪水現象を解決するために簡素化が目指されねばならない。これは凡そ法律の認識可能性あるいは理解可能性の獲得に置き換え議論することが可能であり，法解釈に資しよう。そして，これは同時に，法治国家原則にその根拠を持つという明確性の原則（Gesetzesbestimmtheit）からの要請である。この要請は，本章では十分に触れられなかったが，一般論として，法命題の他，一般条項，定義規定，目的規定，推定規定，擬制規定を適宜配備することにより充足され得る。

さらに，法律の洪水の防止は，前叙の内的体系，外的体系の識別，後者を前者に従属させること，そうした体系を首尾一貫して構築することにより，ある程度改善・達成される。ひいては，本章では詳細には触れなかったが，そうしたことは，法律レベルにのみ妥当するわけではない。施行令，施行規則，通達，告示レベルにも妥当する，と解すべきである。

またこうした法律の洪水の原因として，租税特別措置の濫造に示されるような租税政策の形成過程における政治性がその原因であるとすることも不可能ではない。

②　憲法上の原則の具体化の必要性——租税制度の多様性と憲法の定性性——

次に，適正な税負担を実現する立法に関して言えば，①の繰り返しになるが，基本法3条，同6条，同12条，同14条等に係る基本権を援用することにより

5 結　語

その実現が期し得る。この背後には租税政策の政治性への対処がある。すなわち平等原則を実現する租税法は政治的影響による租税制度の局所的歪曲を防止でき，典型的には租税特別措置の濫造が除去される。但し，何が「適正」であるかは一義的ではないし，立法府に広い判断余地が認められ，その結果ありうる（むしろ憲法が参照されているがゆえに"あるべき"とすら言えるかもしれない）租税制度は複数生じうる。確かに，これは，憲法との関係での租税制度の多様性を示すものと言えるが，しかし，立法府の活動が行われる際には，憲法上の原則と重なる租税原則の実現・具体化に，第一のプライオリティーが置かれることは確認できたと思われる。とはいえ，それを原則的に首肯するとしても，平等課税の原則，応能負担原則等の抽象性および具体化の必要性は論者の指摘するとおりであり，そうした最上位原則を具体化したサブ原則（所得税の領域で言えば，客観的・主観的純所得課税原則，全世界所得課税原則等），さらには制定法上の原則が必要となろう。ところが既に見たように制定法上の原則に至ると，租税制度における仔細な点についての立法者の裁量は広まり，具体化作業の帰結としての具体的な租税制度は一義的には導かれないこととなる。租税政策における租税原則の重要性は肯定できるが，それのみを単純に強調するのでは議論は不十分なものとなる。これは結局租税原則の定性性と理解できるだけでなく，むしろ次に見るように，現実の租税政策の形成に際しては，とりわけ税務執行の考慮が入り込むのである。例えば，取得型所得概念と消費型所得概念との関係に照らすと明らかになるように，所得税における平等原則の意味内容として共有される消費指向性が実定法においては税務執行の考慮から純化して実現されることはない。これも租税原則を強調することの不十分さの一例と位置付けられよう。そこで筆者の一つの仮説的提言としては租税政策の形成過程における租税立法過程に係る理論枠組みを可能な限り構築することを試みることを挙げたい。

　したがって，租税原則の純粋な具体化は，制定法上の原則に至ると実際には極めて困難であり，この意味で，4で論じた立法過程において立法者が規律対象事項を如何にして把握し，政策に反映させ，そして同じく序章1において強調した如く，規律対象事項に係る科学的知見を応用することが現実の立法作用において極めて重要になる。

(2)　租税法の立法過程への着目の必要性

　本章では詳細に触れることはしなかったが，前叙のごとく，私見によると租

第2章　租税立法における法と政策

税政策の形成についてはそのプロセスたる立法過程にも着目する必要がある。すなわち，租税政策の形成過程はまさに租税原則の具体化のプロセスでもあるため，既に述べた立法過程の研究について認められる効用の他にも，本章で検討した租税原則を首尾一貫して実施することの意味するものを一層明確に可視化することが可能となることが指摘できよう。

　さて，ここで現実の租税政策に係る立法過程に目を向けると，再び直前にみた租税原則の定性性が重要になる。すなわち，租税原則自体が抽象的であり，その具体化には立法者が裁量を以って具体化することが求められる。しかし，抽象的であればこそ，立法者の裁量が認められるのであり，如何なる法制度を構築すれば租税原則が具体化されたかを定量的に決定することは困難である。その点で，現在ある法制度のみを以って立法活動に対する当否の評価を行うというのではなく，仮にある法制度に問題が生じた場合には立法者がその都度適宜修正することが求められる。一般論としては，立法者は憲法上の原則（本書の扱う租税法学では，租税原則がこれに当たる）あるいは基本権の内容を様々な法制度の構築を以って具体化（積極的側面としての創造，消極的側面としての制約の双方が具体化である）していくのであるけれども，それらの意味内容を不動のものとして理解したり，それに対応して目指すべき租税制度として唯一の制度像を措定するという意味で立法活動を点的にのみ捉えるのではなく，立法者は時間の経過とともに変化する社会的事実や承認されている様々な法的価値を総合衡量し上で憲法上の原則等を最もよく具体化するように常に立法活動を行かねばならないと解される。その際，ある法制度を設計する際の技術的限界の克服の有無への配慮も重要である。すなわち，技術的進歩の法制度への漸進的反映である。このように立法者の動態は決して個々の立法活動ごとに画されるべきものではなく，まさに Plan-Do-See という連続性を持った作業であると理解すべきである。

　加えて，かような作業には立法に対する事後的評価が重要な作業の一つと言えそうであるが，そうした事後的評価を行う手段として，例えば，時限法律・説明責任条項の導入が挙げられたが，立法時における政策上の代替肢の検討と並んで，立法の実質面に係る合理性・相当性等を担保する手段として，その必要性・有効性は肯定できよう。すなわち，繰り返しになるが，法律上の政策の実効性・効率性をその実施に基づくデータをベースに審査すれば，立案当時に得られなかった（予測不可能な）事情が見出せるかも知れず，または当初予測されたような実効性・効率性が得られない可能性もある。さらに，実際の運用

5 結　語

に基づいて新たなデータが得られ，政策の修正により実効性・効率性を高めることもできよう。または，その逆に，当該公共政策を廃止することもありうる。右の如く，政策の定期的な審査は，規律対象たる事実の可変性に鑑みて，必要かつ合理的なものである。そして，立法過程という政策形成過程においても，そうした規律対象事実の十二分な斟酌の必要性が理解できる[176]。まさに立法過程における立法者の動態が政策の内容の質を決する大きな要因である。

但し，時限法律は，別の箇所でも論述するが[177]，理論的側面からは，運用の過程に問題を指摘できる。すなわち，有効期限経過前の時限法律の改廃が，原則として許容されない。したがって，時限法律はあらゆる法領域に妥当するものではないであろう。また，逆に，そうであるべきではない。その意味で，時限法律を実際に利用する際には，当該適用分野の属性を十二分に検討する必要がある。

また，法典編纂[178]についても，論じなければならないが，ここでは触れず，別稿で扱うこととする。

加えて，租税法に止まるものではないが，立法過程における政治性にも若干触れておく必要があろう。すなわち，繰り返すが，この政治性によって，租税法が歪められているという認識がドイツ租税法学を規定しているものの一つであり，それを是正するために租税原則に係る首尾一貫した実施という理論的対応がなされたのであった。しかし，前叙のようにそれを純化した形で実施することは実際には困難であった。さらに付言すると，租税立法過程という政策過程において租税立法者は利益集団の影響のもとにその作業を行わざるを得ないゆえに，租税政策に歪みが生じるという現象が指摘される。それは官僚，政治家，企業等によるいわゆる Rent-Seeking によるものであって，その結果，利益集団およびそうした集団としての組織化可能な社会構成員の追求する利益が反映された租税立法がなされる[179]。そのため租税立法過程において憲法上の

---

(176)　参照，本書第7章。
(177)　参照，本書第8章。
(178)　租税法の成果にとして，Lang, Joachim, Entwurf eines Steuergesetzbuchs, Bonn 1993. また，他の法領域におけるそれとして，Kloepfer, Michael, Zur Kodifikation des Umweltsrechts in einem Umweltgesetzbuch, in:Merten, Detlef/Waldemar Schreckenberger（Hrsg.), Kodifikation gestern und heute:Zum 200.Geburstag des Allgemeinen Landrechts für die Preußischen Staaten, Berlin 1995, S202ff.
(179)　Esser, Clemens, Pluralistisch-demokratische Steuerpolitik in der globalisierten Welt:Die Rolle der Unternehmens- und Einkommensbesteuerung, München 2008.

原則という属性を持つ租税原則を強調し，それを以て社会に分散する局所的利益の租税政策への反映を回避・防止する意図がそこに示されている。これはひいては租税制度自体に政治統制機能・選好表明機能を持たせることに繋がりうる。この点，具体的なあり方としては筆者は未だに不明な点があるが，差し当たり，立法過程統制の強化を以て前叙の局所的利益の排除の実現が企図されるべきものである。

Esser, Clemens, Pluralistisch-demokratische Steuerpolitik in der globalisierten Welt:Die Rolle der Unternehmens- und Einkommensbesteuerung, München 2008. 右論文につき，参照，手塚貴大「政策過程と租税政策の形成——ドイツ租税政策論を素材として——」論究ジュリスト3号（2012年秋号）235頁以下，同「租税政策と財政政策——ドイツ租税法学における租税・財政制度論を素材として——」税法学569号137頁以下。

第3章　企業課税における租税政策の形成・その動態
——企業税制改革に照らしたドイツ租税法における企業課税の法構造——

1　はじめに

(1)　問題の所在——ドイツにおける企業税制改革と問題——

　ドイツ企業税法の特徴として企業の私法上の形態に応じて課税方式が異なり，その結果わが国との比較では法人税の納税義務者の範囲が狭く，法人税（物的会社），所得税（人的会社，個人）の課税といういわゆる二元主義が妥当している。加えて，ドイツの企業形態においては，人的会社・個人が圧倒的に多く，企業税制における法形態に応じて税負担が異なっているのである（歴史的経緯も含めて，1(2)③を参照。）。

　ここで，法形態の中立性は，特に，ここでは，"同一の担税力を有する人的企業（人的会社及び個人企業を指す）及び物的会社の間における，税負担の平等"を意味する[1]。換言すれば，後にもあらためて触れるが，租税法（租税制度）を原因として，経済的意思決定の変更がなされない，ということでもある[2]。20世紀末より行われているドイツ企業税制改革の目的として，法形態の中立性を達成することが企図されていた。右の目標を達成するため，具体的な，かなり大きな改正が企てられた。この意味で，法形態の中立性は，ドイツ企業税制改革の鍵概念かつ中核概念であるといえる。さて，ドイツの主要な研究者によると，その目的は達成されなかったとされる。その実態を検証してみるのが，本章における課題である。特に，2000年減税法（Steuersenkungsgesetz）[3]およ

---

(1)　参照，Hey, Johanna, in:Tipke, Klaus/Joahchim Lang, Steuerrecht 21.Aufl., Kln 2013, §7 Rz.35, §13 Rz.168ff.;dies., Besteuerung von Unternehemnsgewinn und Rechtsformneutralität, in:Ebling, Iris（Hrsg.), Besteuerung von Einkommen, Köln 2001, S.155ff.

(2)　Homburg, Stefan, Allgemeine Steuerlehre 5.Aufl., 2007, S.256ff.

(3)　なお，右の減税法のベースとなったドイツ大蔵省学術諮問委員会の報告書として，参照，Wissenschaftlicher Beirat der Bundesministerium der Finanzen, Brühler Empfehlungen, Bonn 2000. さらに，右のBrühler Empfehlungengに収められているLang, Joachim, Perspektiven der Unternehmensbesteuerung も参考になる。また，Brühler Empfehlungengを検討した，Löhr, Dirk, Die Brühler Empfehlungen——Wegweiser für eine Systemreform der Unternehmensbesteuerung?, StuW 2000, 33ff. も参照。

第3章　企業課税における租税政策の形成・その動態

び2008年法における，次の諸改正点を論じる[4]。

　まず，①事業所得に対する最高税率を47パーセントに制限していた旧ドイツ所得税法32c条の廃止，そして法人税率と所得税の最高税率の乖離がさらに広まったこと，②法形態に依存した課税をもたらす諸要因の分析，そして③配当所得に対するインピュテーション方式の廃止，それによる二分の一所得免除方式の導入，二分の一所得免除方式は，法人レベルで配当利益及び留保利益に対して，統一的に25パーセントの法人税率を適用する。そして，個人持分権者レベルでは，配当の半額が課税所得とされるというものである。加えて，2008年以降，部分免除方式（Teileinkunfteverfahren）が導入され，法人税率は15パーセントにまで引き下げられた。その他にも，ドイツ所得税法34a条により，人的会社の非払出利益（nicht entnommene Gewinn）について特別税率の適用がなされることになった。④譲渡益に対する納税主体の要件として適格資本参加率の下限を従来の10パーセントから新たに1パーセントへ下げたこと，最後に⑤ドイツ所得税法35条の枠組みにおける事業税の位置付けである。事業税は，法人および事業所得者にのみ課される税目であるため，その点でも租税法上の納税義務者間で異なる税負担を生み出す要因として把握されている[5]。

　さて，2000年法は，従来の様に事業税自体を事業支出そして控除することに加え，事業税の課税所得計算中間金額（Messbetrag）[6]の1.8倍の額を所得税債務

---

(4) 参照，PriceWaterHouseCoopers, Unternehmenssteuerreform 2001, Freiburg 2000; Schaumburg, Harald/Thomas Rödder, Unternehmenssteuerreform 2001, München 2000; Hey, Johanna, Einführung in die Köperschaftsteuer, in:Herrmann, Carl/Heuer/Arndt Raupach, Kommentar zum Eikommensteuer und Köperschaftsteuer, Köln 1999 (Loseblatt). さらに，Lang, Joachim, Die Unternehmenssteuerreform-eine Reform pro GmbH, GmbHR 2000, 453ff. も改革内容の概観に有益である。本章で取り上げたドイツ企業税制改革の背景には，ドイツにおける構造的失業の克服と，国際的経済競争への対応がある。ドイツにおいては，従来から税負担の高さが問題視されており，税負担を下げ，そして企業活力を強化して国際経済競争と雇用問題を解決することが企図されている。その手段は，税率の引き下げと課税ベース拡大であるとされる。この点，我が国において，近時議論されている税制改革論議とも共通点が大枠において認められる。参照，加藤寛監修『わが国税制の現状と課題　二一世紀に向けた国民の参加と選択』（大蔵財務協会，2000年）165頁以下。

(5) 現行の事業税（事業収益税）の他にも，かつては財産税および事業資本税という物税（Realsteuer）もあり，企業に係る税負担について憲法問題が提起されていた。

(6) 2000年法によると，課税所得計算中間金額は，人的企業については次の様に計算される。まず，事業所得額を100000ユーロと仮定する。次に，100000ユーロから四24000ユーロを控除する。そして，残った金額を24000ユーロごとに1パーセント，次

から控除することを許容する⁽⁷⁾。これは 2008 年法により，3.8 倍に改正された。

　これらについて，学説上論じられている諸説を引用しつつ，特に，如何なる問題点を孕んでいるのか，そして法形態の中立性は，改革の結果，除去されたのか否か，そうした視点から今回のドイツ企業税制改革に関する評価を試みたい⁽⁸⁾。なお，法人とその他の人的企業との間で課税方式が異なるために，前叙の問題が生じているので，後にも触れるが，企業に対する法人税の存在意義も問われうる。

　ここで，租税政策を評価する際には，いくつかの手法が存在する。例えば，計量経済学を用いて現在の経済構造の許ある政策目標が実現されうるのか否かを検討することがありうる。または，端的に，事後的に特定の経済指標について一定の値に達したか否かを認識することもあろう。以上の例に見る政策評価はマクロ的かつ定量的なものである。しかし，右のごときマクロ的な政策目標を実現するためには，例えば規制緩和等といったいわばミクロ的な政策が実施されねばならない。そうしたミクロ的な政策は法律の制定・改廃をも含むものである。すなわち，ドイツにおいては，本章で扱う法形態の中立性を以って，ひいてはドイツの経済成長を達成するというマクロ的な政策目標の実現如何が議論されている。ここで法形態の中立性はあくまでも中間目標であり，結局のところ企業税制改革の諸措置によって実現が企図されているのは経済成長，雇用回復というマクロ的な指標である。したがって，右の改革諸措置はミクロ的

　　に 2 パーセントと，4 パーセント分まで乗じていく。このパーセンテージ数値を事業税指数（Steuermesszahl）と呼ぶ。そして，12000 × 4 = 48000 を 76000（= 100000 ユーロ──24000 ユーロ）から差し引いた結果のそして残った分である 28000 には，五パーセントを乗じる。そして，それぞれ 120，240，360，480，1400 を加算する。その和が，課税所得計算中間金額である。さらに，この課税所得計算中間金額に，各市町村の調整率を乗じて事業税債務を確定する。なお，法人については，事業税指数が一律五パーセントである。2008 年法により，事業税指数を法人および人的企業について 3.5 パーセントとされた。但し，控除額が法人については 5000 ユーロ，人的企業については 24500 ユーロとされた。参照，Montag, Heinrich, in:Tipke, /Lang（Hrsg.），Steuerrecht（Fn.1），§12. さらに，邦語文献として，参照，吉村典久「地方における企業課税──ドイツ事業税改革論議からの示唆──」租税法研究 29 号 19 頁以下，特に 21 頁以下。

(7)　PwC, Unternehmenssteuerreform（Fn.4），S.95ff.
(8)　また，2000 年改正については，参照，手塚貴大「ドイツ税制改革の概要」企業活力研究所編『最近のドイツ税制改革の動向に関する調査研究報告書』（企業活力研究所，2002 年）5 頁以下で論じた。

第3章　企業課税における租税政策の形成・その動態

な政策手法である。本章では実質的にミクロ的な政策手法を評価することとなるが、それは、法的・経済的評価が可能であると思われる。まず、特定の経済モデルがあり、その合理性が実現された場合、かかるモデルを最もよく反映・表現する法制度が構築されるべきであることになり、その際、構築された法制度（案）と経済モデルとを照合し、その当否を問うことができる。さらには、ある法原則（それは憲法上の原則である租税原則であることが多い）と構築された法制度とが適合するものであるか否かも当該法制度（これは政策そのものである）を評価する手法である。本章では、右のようなありようとしての法的評価手法を採用することとしたい。そして、それには、次に法形態の中立性が法原則として承認されていることに係るドイツにおける論証、さらにはその意味内容を明らかにすることをなさねばならない。

(2) **本章における検討の視角**——法形態の中立性の概念——
① 法形態の中立性概念の明確化

法形態の中立性の概念[9]を、ここで明確にしておく必要がある。その詳細を論証することは、別稿に譲るとして、以下では、ドイツにおける議論の現状を簡単に素描する。

なお、租税における中立性は様々である。例えば、以下に述べる資金調達の中立性、利益処分の中立性の他に、税制改革による制度変更前と変更後の税収が同一である"税収中立性"[10]、組織変更時における課税を差し控える"組織変更における中立性"[11]、国家が配備するインフラストラクチャーの程度により国際投資に係る立地条件の選択が阻害されるべきでないと論ずる取引費用の中立性（Neutraltät staatsinduzierter Transaltionskosten）[12]等が挙げられる[13]。

---

(9) 参照、Seer, Roman, Rechtsformabhängige Unternehmensbesteuerung –Kritische Bestandsaufnahme der derzeitigen Rechtslage, StuW 1993, 114ff.;Schneider, Dieter, Investition, Finanzierung und Besteuerung 7.Aufl., Wiesbaden 1992, S.206ff. わが国の議論については、例えば、参照、岸田雅雄『会社税法』（悠々社、1997年）186頁以下、水野忠恒「税制改革と商事法制」ジュリスト948号187頁以下。
(10) 宮島洋『租税論の展開と日本の税制』（日本評論社、1987年）222頁以下。
(11) 木村弘之亮「国境を越える会社分割税制度」租税研究99・5号46頁以下。
(12) Vogel, Klaus, Harmonisierung des Internationelen Steuerrechts in Europa als Alternativen zur Harmonisierung des (materiellen) Köperschaftsteuerechts, StuW 1993, 380ff., 387.
(13) その他にも、財政学、経営学の領域においては、次の様な中立性が議論される。以上につき、参照、Elschen, Rainer/Michael Hüchtebrock, Steuerneutralität in

1 はじめに

　そもそも，法形態の中立性は，経済学・経営学上の議論の俎上にあった[14]。但し，中立性一般については，経営学的については，企業の意思決定者の判断およびそれに与える課税の影響が重要であり，財政学的については，政府の政策が市場のプレーヤーの意思決定に与える影響が重要である，と視点の差異が見られる[15]。加えて，右のような経営政策および財政政策のみでなく，しかし，これは法的な側面にもおいても議論される[16]。その意味するところは，経済的に同一の価値判断を与えられる法形態間の選択の判断は，税負担が異なることを理由として歪曲されるべきではない，というものである[17]。それは，主として，基本法3条1項，それと並んで，基本法12条，14条，2条1項にその根拠を持つ[18]。法形態の中立性の原則は，客観的担税力に従った課税の原則と一致する。すなわち，右の原則は納税義務者について，同一の経済的成果に対しては，同一の税負担が課されるべきだ，という推論の導出をその論理的帰結としている。

　しかし，法的にも，経済的にも，税負担の完璧な同一性までも要求されてはいない[19]。法形態中立性は，法形態に係る正義（Rechtsformgerechtigkeit）として，"諸々の法形態間の租税法に関連する差異を租税法上描写する（abbilden）"ことをその意味内容としているのことは見誤られてはならないのである[20]。

　では，ここで右の点をLang教授の叙述によりつつ[21]，明らかにしておく。所論によると，「民事法上の異なる法形態が，それに対応して異なる担税力を決定するのに適している一方で，（しかし・筆者注）他方で法人や人的企業といった民事法上の粗いカテゴリーが法ドグマ上正しいとされる分離原則および透明性原則の妥当領域を明確に区別することに適していない。このことは，一

　　　　Finaznwissenschaft und Betriebswirtschaftslehre——Diskrepanzen und Konsequenzen, FinArch 41, 253ff., insbesondere 257ff.
（14）　Hey, Rechtsformneutralität（Fn.1），S.155ff.
（15）　Elschen/Hüchtebrock（Fn.13），FinArch 41, 253f.
（16）　Hey, Rechtsformneutralität（Fn.1），S.156f.
（17）　Hey, Rechtsformneutralität（Fn.1），S.181f.
（18）　Grass, Arno, Unternehmensformneutrale Besteuerung, Belrin 1992, S.50ff.
（19）　Alexy, Robert, Theorie der Grundrechte, Frankfurt a.M. 1996, S.75f.
（20）　Hey, Rechtsformneutralität（Fn.1），S.180.
（21）　Lang, Joachim, Prinzipien und Systeme der Besteuerung von Einkommen, Iris （Hrsg), Besteuerung（Fn.1），S.98ff.

63

人有限会社（Einmann-GmbH）に係る例が示している。逆に，公開株式会社のように資本を充実している様相を呈している民事法上の意味における人的企業は本来法人税を課されねばならないはずである。公開株式会社については，分離原則に基いた課税が事物の本質に適っていると言える」[22]。

すなわち，法形態が異なることを理由として，経済的事実関係を異にすれば，税負担は，異なるし，法形態が異なることによっても，経済的事実関係が同一であれば，その際，税負担が異なることは正当化されない。それとは逆に経済的事実関係が同一であれば，同一の税負担が課されねばならない。

なお，その他にも，何らかの嚮導目的等によって，税負担が優遇されたり，過重されたりすることもあり得る。その際，当該規範は社会目的規範又は簡素化目的規範としての正当性が問われることとなる[23]。

② 法形態の中立性と実務[24]——判例および EC 法——

（i）判　例

最近の裁判例において，法形態の中立性は如何に解されているのか，を見ておこう。結論から先に述べると，判例においても，法形態の中立性は承認され，凡そ，平等原則をベースとして議論が構築されている。

事案は以下の如し[25]。ある医療経営者（療養所）Aが，自己の供給する医療サービスに係る売上税の非課税を税務署長Bに申請したが（1986年賦課期間），Bは却下した。その根拠は，"売上税の非課税が認められる医療サービスは，医師が提供するそれであり，本件の許でAは有限合資会社形態でかかるサービスを供給する事業者である"ことである。Aは，その資格が事業者または医師であると問わず，売上税の非課税措置が医療関係者に適用されるべきであるとして出訴した。そして，連邦憲法裁判所に憲法異議が申し立てられた。以上の事実関係の許，連邦憲法裁判所は，Aの異議を認容した。連邦憲法裁判所は，その際，凡そ "本件で問題となっている売上税の非課税措置の適用を拒否する根拠を貫くと，Aが単に有限合資会社であるということのみを以って，当該措置の適用が拒否されることとなる"，"売上税法上の事業者によって医療サービスの給付がなされる際の法形態は，売上税の非課税措置の適用について

---

(22)　Lang, Prinzipien und Systeme（Fn.21），S.99f.
(23)　Hey, Rechtsformneutralität（Fn.1），S.174ff.
(24)　参照，Krichhof, Paul, Der Karlsruher Entwurf und seine Fortentwicklung zu einer Vereinheitlichten Ertragsteuer, StuW 2002, 3ff., 11f.
(25)　参照，BVerfG-Besch. v. 10. 11. 1999 ——2 BvR 2861/93——, BVerfGE 101 151ff.

1　はじめに

差別扱いを行う十分な根拠にはならない。売上税の負担根拠は，あらゆる企業に対して売上税を課すことを想定しており，そうした企業は様々な企業形態でありうる。"，"売上税を非課税とする根拠は，社会保障の担い手に売上税を課さないことであり，それは，法形態に関係ない"[26]と述べた。

以上の論述より，先に論じた学説の展開と実務とは凡そ同一のものと解されてよく，法形態の中立性を実現する立法は一般的に承認されているといってよいであろう。

なお，最近の連邦通常裁判所の判決（事実関係：手形訴訟が原告から民法上の組合およびその出資者に提起された）において，「民法上の組合も，それが法的取引に関与することを通じて自己の権利義務が根拠付けられるのであれば，権利能力を有する」，「その枠組みにおいて，民法上の組合は同時に民事訴訟において当事者能力を有する」と判示されたことも付言しておく[27]。その根拠のいくつかを挙げると[28]，"ドイツ民法典の制定過程においては，民法上の組合に関する包括的かつ完結的な規律はなされていない"，"かように規律が不完全であり，具体的な規律をなすことを避けるという明確な立法者の努力は，合有主義に則った民法上の組合の法的性質に係る判断を実現する余地を創出している"，"右の如く合有主義に則って民法上の組合の法的性質を理解することは，会社財産を出資者の個人財産から区別すること（ドイツ民法典718条ないし720条）と矛盾せず"，"民法上の組合について，独自の権利能力を認めることは，仮に，出資者の構成に変化が生じても，それによって組合に係る法律関係には何らの変動も生じさせず，出資者の変化が生じるごとに新たに組合契約を締結する必要がないので，実際性がある"，"ある実定法においても民法上の組合は権利能力が認められることもある（ドイツ破産法11条2項1，ドイツ民法典14条2項）"が数例として挙げられうる。このように判例の一部では，二元主義のベースである企業形態に係る私法上の法構造の違いは相対化の傾向を見せてはいる。

---

(26)　BVerfGE 101, 156f.
(27)　BGH, Urt. v. 29. 1. 2001-Ⅱ ZR 331/00, NJW 2001, 1056. なお，Dreier教授の整理によると，今日では，ボン基本法19条3項の"法人"は，狭義の法人のみではなく，特定の領域において，部分的に権利能力を有するそうした社団も法人と解される，とされている。さもなくば，そうした社団についてのみ，基本権保障が及ばないこととなり不合理だからである。右の点，学説の一致がある，とされる。以上につき，参照，Dreier, Horst, in:ders (Hrsg.), Grundgesetz-Kommentar Bd.1, Tübingen 2004, §19 Ⅲ Rz.46.
(28)　NJW 2001, 1056ff.

第 3 章　企業課税における租税政策の形成・その動態

　しかし，ドイツ連邦憲法裁判所の判決は次の判示を行った[29]。事実関係は簡潔にまとめると次のごとし。原告はいわゆる事業分割（Betriebsaufspaltung）を行い，有限会社（GmbH）たる事業の保有企業の一人持分権者であり，係争年度である 1994 年に 9,598,296 マルクの利益を得た。加えて当該有限会社は原告に 2,247,935 マルクの配当を行った。その際当該有限会社は原告のもとで控除可能な法人税額を 963,400.71 マルクと原告に伝えた。これらを含めて原告は事業所得として申告を行った。その際，原告は，旧ドイツ所得税法 32c 条に規定される事業所得に係る最高所得税率の優遇措置の適用を求めた。この規定は，本来人的会社等の形態で事業活動を営み，それに基づき事業所得を稼得する者に適用されるものであった。そこで 1996 年 4 月 23 日に課税庁は利益配当および控除可能法人税額に係る部分については前叙の旧ドイツ所得税法上の優遇措置の適用はなされないとした。原告は不服申立の後，出訴したのであるが，当該訴訟の争点の一つとして，法人という法形態に基づき性質上ドイツ所得税法でいうところの事業所得を稼得するが，旧ドイツ所得税法 32c 条の適用はなく，株主は法人税のみでなく事業税負担をも含んだ上で配当所得を稼得するので，ここで事業税負担を配当所得者のもとで調整する必要性の有無，換言すれば，株主と事業所得者との間の不平等の有無，そしてその不平等の正当化可能性があった。これについて連邦財政裁判所（第 10 部）は前叙の旧ドイツ所得税法 32c 条について理由を詳述した上で違憲と判断した。その概要のみ言及すると次のようになる。"旧 32c 条は確かに法人段階で配当に充てられる利益に係る事業税負担の配当所得の段階での斟酌を予定していない。しかし事業分割に係る課税が問題になる場合には事業遂行企業（Betriebsunternehmen）と保有企業（bezitsunternehmen）との間で適用可能性のあるいわゆる両企業間配当非課税制度のもとでドイツ事業税法 9 条 2a 号により，事業遂行企業および保有企業の二重の事業税負担は解消される。ところがこれでは保有企業から配当を得る納税義務者は保有企業段階での事業税負担を調整なしで実質的に負担することとなる。これは 1977 年法人税法上のインピュテーション方式を採用した立法者の判断に反する。また法人と株主との間で二段階課税が予定されていること（Undurchlässigkeit）もこれを正当化しない。何故ならインピュテーション方式は法人株主間を一段階（"Durchgriff durch Kapitalgesellschaft"）として扱うからである。" ここで連邦憲法裁判所以外の裁判所がある法律の条文を

---

(29)　BVerfG-Beschl, v. 21. 6. 2006, 2 BvL 2/99, ——2 BvL 2/99—— BVerfGE 116, 164.

違憲と判断し，それを適用しない場合には，連邦憲法裁判所に呈示する必要がある。2006年6月21日決定はそれにこたえる呈示決定である。

　この2006年6月21日決定は以上の事実関係のもとにおいて旧ドイツ所得税法32c条が所得税法上の事業所得についてのみ適用され，右所得類型およびその稼得者にのみ税負担軽減効果を持つことが法人の株主との関係で法形態の中立性を欠くのではないか，という問いについて法解釈論上の解答を与えたものである。その決定内容によると，「基本法3条1項は法人の配当利益が株主のもとで人的会社の分配利益と所得税法上同じように扱われるという意味での法形態の中立性という一般的な憲法上の原則を有してない。その他に，事業税による利益配当に係る前段階税負担をもたらす規範の法律上の構築からは，平等に適った首尾一貫性の原則という基準に基づいて，ドイツ所得税法32c条の構築をする際に事業税負担を株主に係る自己の事業税負担のように処理するというそうした強制力を伴う立法者の義務は生じない」(197)，「ドイツ所得税法32c条は人的会社の分配利益に比して法人の配当利益を不利に扱う。優遇される利益に係る課税額（Bemessungsbetrag）（ドイツ所得税法32c条2項）の中には事業所得——それは個人事業者としての自然人または人的会社の共同事業者が稼得するものである——も，もし利益が分配される，つまり営業用財産の領域から出る場合に，含まれる。その反対にドイツ事業税法9条2a号と結びついたドイツ所得税法32c条2項2文による優遇は持分権者が最低10パーセント資本参加するそうした法人から利益配当に基づいて受け取る利益については適用されない。」(197f.)「……法人と株主との間の法的分離が視野に入るときには別の評価ができる。そうした一層形式的な，法形態を指向した見方をすると，法的に独立して，そしてその背後にいる者と離れて活動するそうした法人が前面に出てくる。経済企業の持つ様々な現実の類型の幅広いスペクトラムの中で二つの極端なものがこうした異なる見方に対応する。一方の一人社員有限会社であり，他方の公開法人である。」，「企業税法の構築に際して立法者はあらゆる状況について妥当な解決を発見するという困難の前に立たされる。……その際，一般的平等原則（基本法3条1項）という基準に照らして判断するためには，企業活動が人的会社または法人という形態において行われるか否かに応じて，それを租税法上異なって扱うことについて十分な客観的根拠があるか否かである。……租税法は，それとともに，担税力の異なる帰属主体を決定する際には憲法上疑義なく私法上の基本的判断を受け入れている。それによると，人的会社のもとでは会社財産が持分権者に帰属するが（ドイツ商法105条三項，同

161条2項と結びついたドイツ民法718条），その反対に法人の財産はその株主の財産との関係で原則として独立している」（198f.),「……法人に係る隔離された財産領域の中に独自の，客観的担税力が発生するが，しかし個人事業者および人的会社についてはそうではないというそうしたドイツ租税法を伝統的に刻印づけている前提は，一つのありうる差別化の基準を構成する。そうした基準は営業用財産の増加を通じた担税力の負担根拠と整合性があり，そして収益課税または所得課税のもとで法形態に基づき異なった扱いをすることを確かに立法者に強制しないが，しかしそれを原則として禁ずるものでもない」(200) とする。

なお既に法形態に依存した課税について否定する1999年11月10日の決定があったことは先に述べた。では1999年11月10日決定と2006年6月21日決定との関係はどうか。先の判決を本判決の事実関係のもとに適用すれば判断は異なったかもしれない。2006年6月21日決定は1999年11月10日決定が売上税に係るものであり，消費者への転嫁が予定されていること，非課税規定はかかる消費者との関係で問題となる点で事実関係のもとにおいては比較可能性を欠くとしている（199）。以上のように2006年6月21日決定を前提とすると法形態に中立的な課税は必ずしも憲法の要請するところではないこととなる。またそうであるがゆえに租税法学者および財政学者により提案されたラジカルな改革は要請されないと結論付けることとなる。

(ii) EC法

次に，EC法における法形態の中立性を概観する。EC法においては，労働者の異動の自由，資本・サービス取引の自由が構築されており，右の諸々の自由を享受する主観的範囲が問題である。

EC法は，この点，企業課税の領域においても基本的自由が妥当することは言うまでもなく，そして，その際，当該企業の準拠法国における法形態は関係がない，とされる[30]。すなわち，法人と，例えば，ドイツにおける合名会社，合資会社との間で，右の点について，何らの差異はない。

また，逆に，ある EC 構成国は，納税義務者が立地条件の選択をなすに際して，特定の法形態を選択させるような誘引を納税義務者に与えるそうした規律を設けてはならない[31]。

---

(30) Kirchhof (Fn.24), StuW 2002, 12.
(31) Kirchhof (Fn.24), StuW 2002, 12.

(iii) 法形態の中立性に係る租税政策上の意義

以上に簡単に通覧したが，学説においては，法形態に中立的な課税についての要請が明確にされているが，実務上は必ずしもそうではない。この点がもたらすものについては本章4(1)②を参照されたい。

③　ドイツ企業税法の展開——法形態の税率に着目して——

ここでドイツ企業税法について，別個でも触れたが[32]，法人税を中心に，再度二元主義の形成過程を簡潔に振り返っておこう。

まず，19世紀において，ドイツにおいて従来法人税は所得税法において規律され，所得税の補完的租税とされた。すなわち，例えば，プロイセン所得税法においては，有限会社を除いて，株式会社には0.6パーセントから4パーセントで課税されたが，その根拠は，法人も自然人と同じように市場で競合的に経済活動を行っているというそうした競争中立性であった[33]。二重課税については，法人に係る名目資本の3.5パーセントに相当する金額が，法人のもとで控除された。有限会社については1892年から設立が可能となった。有限会社はその出資者が株式会社と異なる属性を持ち，有限会社の所得のほとんどが配当に充てられていたが，後に，内部留保を通じた節税に利用されるようになったため[34]，1906年以降に課税が始まった。税率はやや異なり，0.78パーセントから5パーセントであり，二重課税については出資者のもとで配当所得は非課税とされた。

ところが，19世紀末に所得概念理論に変化が生じ，制限的所得概念から包括的所得概念へ転換があり，法人の有する資産に係る増加益も担税力を構成すると考えられた結果，法人の所得課税における独立性が承認されはじめ，実際には，第一次世界大戦後，ワイマール共和国成立，そしてそれに伴うワイマール憲法（8条）により，租税立法権がライヒに属することとなったので，1920年にライヒ共通の法人税法がはじめて所得税法から独立した。法人税率は当初10パーセントであり，1922年には20パーセントとされた。その際，法人は個

---

[32]　以下の歴史的展開については，手塚貴大「法人税改革と租税政策論——ドイツ企業税法に係る税制改革の法構造と限界についての制度と理論の示唆——」『行政と国民の権利　水野武夫先生古稀記念論文集』（法律文化社，2011年）601頁以下，606頁以下に負う。

[33]　Desens, Marc, Das HalbeinkünfteVerfahren:Eine theoritische, historische, systematische und verfassungsrechtliche Würdigung, Köln 2004, S.31.

[34]　Desens, HalbeinkünfteVerfahren（Fn.33），S.31.

第3章　企業課税における租税政策の形成・その動態

人と異なるので，所得税法によって同一の課税方式に服することはできないともされた。つまり，法人による独自の法人格の保有をもその根拠として法人と個人との異質性が強調され，結局その文脈において法人株主間の二重課税も当然視された[35]。しかし，法形態の中立性は実現されていない結果，学説から批判が提起された。加えて，1925年に中小の有限会社（その資産が25000ライヒマルク以下）等に優遇税制が導入され，法人税率を10パーセント，株主の配当所得税の計算に際して法人税の控除が可能とされた。その結果中小の有限会社等の法形態が選好されたので（"有限会社への逃避"[36]），1931年以降人的企業にも特別準備金の制度を創設してその内部留保の優遇措置を行ったが，その流れを止められなかった。

また，1934年以降，法人税制に一定の変化があった。すなわち，企業の法形態に関わりなく，企業活動を行う納税義務者には税負担軽減が行われたが，一般的には，最終的に法人税率は20パーセントから55パーセントまでの段階税率になった（1942年時点）。この根拠は戦時体制のもとでの企業の内部留保の促進と税収確保である[37]。また，前叙の有限会社に係る優遇税制は廃止され，二重課税の排除も行われなくなった。そして一定額超の配当には100パーセントの税率で課税がされたので，実質的には高額の配当は禁止された[38]。これにより，結果として，40パーセントから60パーセントという所得税率の態様に接近することとなり，少なくともこの点では一見両税間での中立性は一定程度実現されたが，これはあくまでも結果に過ぎない。

次に，第二次世界大戦後，占領期を経て，1946年から1950年には最高所得税率は95パーセントであり，1953年には80パーセントとされた。それと並行して法人税率は60パーセントとされたが，1949年には50パーセントとされたが，1951年には再び60パーセントとされた。そして，1953年には法人税率について，配当所得分については30パーセントとされ，1958年にはそれがさらに15パーセントとされた。他方で，内部留保分についての法人税率は60パーセントであり，1955年に45パーセントに，1958年には51パーセントと

---

(35)　Desens, HalbeinkünfteVerfahren（Fn.33）, S.41.の Fn.95.
(36)　Desens, HalbeinkünfteVerfahren（Fn.33）, S.44.
(37)　Potthast, Thilo, Die Entwicklung der Köperschaftsteuer von den Vorformen bis zur Unternehmenssteuerreform 2001:Eine Untersuchung köperschaftsteuerlicher Entwicklungstendenzen in Steuergesetzgebung und Steuergestaltung, Frankfurt a. M. 2007, S.67f.
(38)　Desens, HalbeinkünfteVerfahren（Fn.33）, S.47.

された。これは二重課税の排除のためのものであったが[39]，法人課税の場面における法人の独立性は承認されたままであった。なお，一連の過程で立法者による法形態の中立性の実現は企図されていた[40]。

　そして，1977年においてインピュテーション方式（Anrechnungsverfahren）が導入され，これにより，法人株主間の二重課税は完全に排除されることとなった。しかし，法人課税そのものについては，法秩序の統一性を根拠に，人的会社にまでそれを拡張することは行われなかった。そしてインピュテーション方式のもとでは，法人の内部留保所得および配当所得についてそれぞれ法人税率を異にしていた。前者の法人税率は，1977年から1990年までが56パーセント，1990年から1993年までが50パーセント，1994年から1998年までが45パーセント，1998年から2000年までが40パーセントとされた。後者の法人税率は，1977年から1993年までが36パーセント，1994年から2000年までが30パーセントであった。この税率改正のうち当初のそれ（56パーセント）は法形態の中立性の実現が企図されていた[41]。そして一連の法人税率の引き下げはドイツ企業の国際競争力への配慮であった。なお，この間，最高所得税率は，税収喪失を防止するため[42]，56パーセントから53パーセントに一度だけ引き下げがあったのみであった。この点，一定期間においては，法人税率と最高所得税率とが平仄を保っていた時期があったが，後述のように企業競争力という経済政策上の考慮がそれを許さなくなった。なお所得税法上の事業所得者については，事業税負担を考慮して最高所得税率は47パーセントとされていた。

　次に，本章の検討対象の1つである2000年の税制改革により，その複雑性，非居住者に係る税額控除請求権がない等という理由でインピュテーション方式が廃止され，後に触れる二分の一所得免除方式が導入（Halbeinkünfteverfahren）された。これは法人課税を行われたあと，配当がなされる際には，その半額について個人所得課税がなされるものである。この結果，法人税率は25パーセントに引き下げられたが，最高所得税率は結局42.5パーセント（2005年段階）とされたため，事業所得者に係る事業税負担の減免措置が導入され（ドイツ所得税法35条），最高所得税率の法人税率並みへの引き下げが見送られたの

---

(39)　Desens, HalbeinkünfteVerfahren（Fn.33），S.54.
(40)　BT-Drucks. 2/481, S.107.
(41)　BT-Drucks. 7/1470, S.330.
(42)　BR-Drucks. 1/93, S.27.

第3章　企業課税における租税政策の形成・その動態

は税収喪失をおそれてのことであった⁽⁴³⁾。そして法形態の中立性の実現が企図されていたにも拘わらず⁽⁴⁴⁾、両者の乖離は広がった。なお、このとき、既に直前の②(i)で触れた1999年に連邦財政裁判所は2000年改正前の前叙の事業所得に係る最高所得税率の軽減措置について連邦憲法裁判所に呈示決定を行ったが⁽⁴⁵⁾、後に連邦憲法裁判所により合憲とされた⁽⁴⁶⁾。加えて、2008年に二分の一所得免除方式が廃止され、法人税率が15パーセントに引き下げられ、後に触れる部分免除方式（Teileinkünfteverfahren）に代わった。これは、法人段階で法人課税が行われた後で、当該所得が配当に充てられる際には、その60パーセントについて配当所得税が課されるというものである。加えて、源泉徴収型調整税（Abgeltungssteuer）が配備され、配当所得について、一定の要件のもとで株主について25パーセントの税率で課税され、それを以て配当所得に係る課税関係が終了する（ドイツ所得税法20条1項1、2号、同32d上4項）。

　以上限定的な鳥瞰ではあったが、このように、最近の2008年改正に至るまでに、経済のグローバル化に伴い、ドイツ企業の競争力強化のための税制改正が行われてきた⁽⁴⁷⁾が、同時に、かような経緯を辿り、二元主義は企業税法に根付いたのであった。

2　具体的な改正点の検証

　本節では、企業税制改革の枠組みにおいて実現された企業税法における改正措置を法形態の中立性の実現という視点から検討する。ここでは前節で見た二元主義というドイツにおける租税政策に係る与件のもとで、近時企業税制改革

---

(43)　Lang, Joachim, Perspektiven der Unternehmenssteuerreform, in:Bundesmnisterium der Finanzen, Brühler Empfehlungen zur Reform der Unhernehmensbesteuerung, Bonn 1999, S.6.
(44)　BT-Drucks. 14/2683, S.4.
(45)　Vorlagebeshulß des BFH v.24. 2. 1999, X R 171/96, BStBl. II, S.450.
(46)　BVerfG v. 21. 6. 2006, 2 BvL 2/99, ――2 BvL 2/99―― BVerfGE 116, 164.
(47)　Höreth, Ulrike/Brigitte Selzer/Christoph Welter, Unternehmensteuerreform 2008 ――Die Vorschlge der Bund-Lnder-Arbeitsgruppe――, BB 2006, 2665ff.,2669;Hey, Johanna, Verletzung fundamentaler Besteuerungsprinzipen durch die Gegenfinanzierungsmaßnahmen des Unternehmensteuerreformgesetzes 2008, BB 2007, 1303ff.

がどのように展開されてきたかについて，実証的に通覧した上で分析を行うこととしたい。なお，ドイツの学説の整理[48]に従いつつ，必要な範囲で現行法の法状況にも必要な限りで言及がなされる。

(1) **税率の問題**──法人税率と最高所得税率との関係──

目下のところ激しく議論されている基本問題は，法人税率及び最高所得税率の乖離である[49]。従来より，ドイツにおいては企業課税の領域において民事法の法形態が課税の基準として妥当していたために，人的企業には個人所得税が課され，それ故，比例税率である法人税率よりも高い累進税率が適用されていた。そこで，最高所得税率と法人税率を一致させることが法形態の中立性の実現，すなわち，あらゆる企業形態間の平等原則を実現する手段であると支配的学説は考えていたことは周知である[50]。

この点，しかし，以下に見るように法人税率と最高所得税率との間の平仄が打ち破られたのであった。この改正を如何に評価するかが問題となろう。

① 税率の乖離の程度

法人税率は，2001年以降に25パーセントになる。そして最高所得税率は，2001年度の48.5パーセントから段階的に下がり，2005年度には42パーセントになる。これで，17パーセントの開きが生じる[51]。さらに2008年法により，

---

(48) 本章2，3の論点導出につき，Seer (Fn.9), StuW 1993, 115ff.; Hey, Rechtsformneutralität (Fn.1), S.181ff.; Montag, Hey, in : Tipke/Lang (Hrsg.), Steuerrecht (Fn.1), §13 等が参考になる。

(49) Seer (Fn.9), StuW 1993, 117f.;Voss, Reimer, Unternehmenssteuer- und Einkommensteuertarifreform 2000, ZRP 2000, 253ff.

(50) Dorenkamp, Christian, Spreizung zwischen Köperschaftsteuer- und Spitzensatz der Einkommensteuer, in:Pelka, Jürgen (Hrsg.), Unternehmenssteuerreform, Köln 2001, S.61ff.

(51) Erle, Bernd/Thomas Sauter, Reform der Unternehmensbesteuerung, Köln, 2000, S.30f.;Breithecker, Volker/Ralf Klapdor/Ute Zisowski, Unternehmenssteuerreform, Bielefeld 2001, S.10. この点に関連して，我が国でも法人税率は，企業活力を配慮して過去10年間は，引き下げられてきた。目下基本税率は25.5パーセント，中小法人（所得800万円以下の部分について）及び公益法人等・協同組合等の軽減税率は19パーセントである。この点につき，参照，金子宏『租税法 第18版』（弘文堂，2013年）373頁以下，さらには，加藤・前掲注(4)161頁。さらに，所得税率は最高所得税率が37パーセントとなっている。ここでも，法人税率とは，やや開きが残る。これは，注(189)で述べる，いわゆる法人成りの一因でもあった。なおドイツにおける中小企業税制については，参照，手塚貴大「中小企業の特例」税研160号58頁以下。

第3章　企業課税における租税政策の形成・その動態

法人税率は 15 パーセントとなり，同じく最高所得税率は，特に 250000 ユーロ超について 47 パーセントとなった。これにより，法人税率と最高所得税率との乖離が広がることとなり，二元主義は企業税法において深化したこととなる。

このように，税率を引き下げたことの根拠は，一般的には，ドイツ企業の競争力の強化，そして，それとともに経済活性化を実現し，雇用回復をもたらすことである[52]。そして，とりわけ法人税については，投資環境の改善を国際的にもアピールするシグナル効果がある[53]。

（ⅰ）税率と事業税

企業課税の領域において，その主要な税目であり，かつ法形態に基く税負担の差異を生み出す最も大きな要因として事業税の存在が挙げられる。事業税は，先にも計算方式の一部を叙述したが，所得税法上の事業所得者および法人の利益をベースとして課税標準が計算される[54]。すなわち，所得税および法人税と並んで事業税はそれに付加する形で徴収される。したがって，事業税は事業を営むことに着目して，文字通り"事業（Gewerbebetrieb）"に対して課される租税である。

さて，Hey 教授によると，従来は企業税負担を比較する際に，所得税と法人税とが比較対照とされ，その反対に，事業税は比較対象とされていなかったという[55]。その根拠は，所得税および法人税は法形態ごとに課税方式のうちに様々な相違点があるが，事業税の負担は凡そ利益の額に比例していたため，法形態を根拠とする租税法上の差異が明確でなかったことである[56]。尤も，企業に係る総税負担を計算・比較する際には，事業税もカウントされることは言うまでもない[57]。

しかし，先にも論述した通り，2000 年の企業税制改革の許では，事業税の

---

(52) BT-Drucks. 14/2683, S.92.
(53) BT-Drucks. 14/2683, S.95.
(54) 詳細については，例えば，参照，Knobbe-Keuk, Brigitte, Bilanz- und Unternehmenssteuerrecht 9.Aufl., Köln 1993, S.;Birk, Dieter, Steuerrecht 7.Aufl., Heidelberg 2004, Rz.1120ff.
(55) Hey, Rechtsformneutralität（Fn.1）, S.183.
(56) Hey, Rechtsformneutralität（Fn.1）, S.183.
(57) Seer, Roman, Verfassungsrechtliche Grenzen der Gesamtbelastung von Unternehmen, in:Pelka, Jürgen (Hrsg.), Europa- und verfassungsrechtliche Grenzen der Unternehmensbesteuerung, Köln, 2000, S.87ff., S.111.

2 具体的な改正点の検証

概算的控除が所得税納税義務者に関してのみ許容されている[58]。何故なら，法人税率のみが大幅に引き下げられたことを通じて，それとともに人的企業に対して競争上不利益が発生するかもしれないため，法人税率と最高所得税率との乖離の結果生じる右の負担の差異を減少させることを企図しているからである。右のような事業税に係る措置を直視すれば，事業税をも企業税負担を測る対象として斟酌することが相当であるか，それだけでなく，むしろ必要であると言えることになるのであろう。

なお，Hey 教授によると，2000 年の企業税制改革を通じて，物的会社にとって事業税は，"地方法人税"としての性質を有することになるとされる[59]。右の Hey 教授の言明は，人的企業には事業税負担軽減措置が規律されたことにより（後にも指摘されるが，殆どの人的企業にとって事業税負担が負担軽減措置を通じて生じないこととなる）[60]，法人税が実質的には法人にのみ課されることとなる法状況を直視したものと評することができる。

さらに，Hey 教授によると，多くの論者は立法者による立法の自由の範囲内にあることを理由として，右の措置を平等原則違反であると解してはいないという[61]。加えて，この概算的控除方式は，事業税を課される殆ど全ての人的企業に関して，完全な負担軽減に行きつくとされている[62]。この点，後に指摘される批判を度外視すれば，確かに，右の措置は法形態の中立性を実現するために寄与する措置であると評価される余地がある。

さて，人的企業にのみ適用される事業税の負担軽減分を考慮すると，法人税及び最高所得税率の格差は，実質的に見て，2001 年には 12 パーセントに，2005 年には 6.5 パーセントになるとされる。前叙の 2(1)①で見た目下の法人

---

(58) PriceWaterhouseCoopers, Unternehmenssteuerreform（Fn.4），S.95f.;Oppenhoff &Rädler Linklaters&Alliance（Hrsg.），Refrom der Unternehmensbesteuerung -Steuersenkungsgesetz, Stuttgart 2000, S.127ff.

(59) Hey, Rechtsformneutralität（Fn.1），S.183.

(60) なお，事業税の負担軽減措置は，調整率が 360 パーセントの調整率を基準として，立案されているという。すなわち，360 パーセントの調整率を境に，負担軽減の超過，不十分な負担軽減の両者が生ずる。参照, Bundesverband der Deutschen Industrie e.V. u.a., Verfassungskonforme Reform der Gewerbesteuer:Konzept einer kommunaken Einkommen- und Gewinnsteuer, Bundesverband der Deutschen Industrie e.V. u.a., Köln 2001, S.14.

(61) Hey, Rechtsformneutralität（Fn.1），S.185.

(62) ドイツの企業の大半が人的企業の形態を採用する中小企業であり，それ故，最高所得税率を適用されるものは殆どないことがその根拠であろう。

税率と最高所得税率との関係で，それは現在さらに広がっている。なお，確かに，この点で，人的企業と法人との間で税負担に差異が生ずる余地が残されているが，人的企業の多くが最高所得税率が適用される所得額よりもかなり低い事業所得を稼得しているのであるから，今回の改正措置で人的企業は税負担の軽減による恩恵を受けるという試算もある[63]。右の試算をベースとすれば，ドイツ企業の大半が人的企業[64]で，今回の企業税制改革による法人に対する一方的な税率引き下げの恩恵をそうした人的企業は受けられない，という批判はかわされうるものと考えることになろう。

(ii) 最高所得税率の引き下げの持つ意味

ここで，経過期間について，法人税率と最高所得税率との間で大きくなっている乖離を，基本法上正当化できるのか否か，という問題がある[65]。この点，連邦憲法裁判所は，平等に適合させようとする立法者の態度を認識でき，そして，実際に，最高所得税率が2001年度の47.5パーセントから（このように，予め，数年先の税率まで前もって公表しておくことは，投資家にとって租税政策の信頼性を高める効果を有するとされている[66]），2005年度の42パーセントという形で段階的に低下されているから，基本法上の問題は乗り越えられるという姿勢を採っているとされる[67]。

なお，右の立法者による段階的な税率の引き下げは，法状況の激変の回避，税収の一時の大幅な落ち込みを避ける，という点で，一応は租税政策的にも妥当なものと評価でき，税制改革の一つのあり方として参照すべきものであろう。

(iii) 法人税率の最高所得税率への適合に係る必要性と可能性

しかし，法形態中立性の公準が，法人税率を，なお最高所得税率に適合させることを要求するか，という問題は残る[68]。右の問題については，最高所得税率と法人税率との一致はなお必要であると解することが相当であるとされて

---

(63) 詳細については，参照，Thiel, Jochen, Die Ermässigung der Einkommensteuer für gewerbliche Einkünfte:Das Basismodell des StSenkG zur Entlastung der Personenunternehmen, StuW 2000, 413ff., 416f.

(64) Hey, Johanna, Die Brühler Empfehlungen zur Reform der Unternehmensbesteuerung, BB 1999, 1192ff., 1196.

(65) Hey, Rechtsformneutralität（Fn.1），S.185.

(66) BT-Drucks. 14/2683, S.92.

(67) BT-Drucks. 14/2683, S.94.

(68) Hey, Rechtsformneutralität（Fn.1），S.185.

いる。すなわち，学説の一部においては，平均所得税率と法人税率を比較することによって，その両者の一致を論ずれば足りる，という見解も採用されているようである。しかし，通常平均所得税率は最高所得税率よりも低いこと，投資家は通常最高所得税率の高さを判断の基礎として投資活動を行うことを直視して[69]，なお，最高所得税率と法人税率との一致を必要と解することが相当となる。

しかし，租税競争下にある他のヨーロッパ諸国においても，法人税率は最高所得税率と比較して，低いものとなっているので，右の如き状況は決して特殊ドイツ的な事情ではないことは付言されねばならない[70]。

(iv) 配当税率と内部留保税率——法人税負担と出資者の税負担——

とはいえ，先にも指摘したように，二分の一所得免除方式の構造を直視すると，確かに，内部留保税率は相当程度の引き下げが認められるが，他方で，配当課税，つまり株主課税の側面に着目すると，直後の(3)①(i)で言及されるように，最終的には，人的企業の出資者とほぼ同様の税負担が創出されることもありうることが明らかである。したがって，この点に着目すれば，なお，法形態の中立性は維持されたものと評価される余地があるのか否か，も議論されている[71]。しかし，中立性の充足の判断に際しては，企業についての法形態を問題とする以上，出資者とは独立した企業に係る税負担が基準とされると考えれば，当然にそのような見方を首肯できるであろうし，筆者が見る限り，ドイツの多くの議論はそれを前提としていると思われる。加えて，企業レベルの税負担と出資者レベルの税負担は経済的事実関係を異にするゆえ，比較できないと解すべきであるとするのが自然であるのかもしれない[72]。

ここで筆者は別稿でも指摘したことがあるが，企業とその出資者に係る課税は一体的に考察する必要性を認めるものである。例えば，個人を例として考えてみよう。筆者は「納税者が自己の稼得した所得を貯蓄・投資する際に，その主たる形態は（特に金融機関への）貯蓄，つまり狭義の貯蓄のみであると観念することは最早相当ではない。勿論，自己の老後の生活を金銭面で担保する年

---

(69) Müller-Gatermann, Gert, Grundentscheidungen der Unternehmenssteuerreform Entlastungswirkungen und Gegenfinanzierungsmassnahmen, GmbHR 2000, 650ff. 654; Hey, Rechtsformneutralität（Fn.1）, S.185.
(70) Lang（Fn.4）, GmbHR 2000, 455.
(71) Hey, Rechtsformneutralität（Fn.1）, S.186.
(72) Hey, Rechtsformneutralität（Fn.1）, S.186f.

第3章　企業課税における租税政策の形成・その動態

金も実質的には貯蓄の一形態であることは言うまでもないが，今後は株式をはじめとする投資性を有する有価証券の購入も自己の所得のうち消費に充てない部分の代表的なものになりうる。あるいは自己が共同事業者としてパートナーシップの出資者となるかもしれない。とりわけ右に挙げたうちの企業投資たる性質を有する所得使用形態およびそれに付着する課税問題は個人所得課税のあり方は勿論，さらには企業課税のあり方も大きな影響を与え得るものである。

加えて，今後は個人も事故の貯蓄・投資形態について諸々の選択肢の中から，よりリターンの大きいものを選別していくであろう。それ故，複数の貯蓄・投資形態の間で課税方式を異にした場合，租税法の影響が貯蓄・投資の意思決定に作用する可能性がある。

したがって，企業領域および貯蓄・投資媒体に対する課税方式をできるだけ統一化する努力がなされてしかるべきである。それは（経済）政策的要請でもあり，法的要請でもある。それ故，かかる企業領域および貯蓄・投資媒体に対する課税方式を個人課税と一体的に考察する必要性が認められるのである」[73]との見解を採用する。

右の私見を敷衍すると，確かに，企業レベルにおける税負担は異なっても，出資者間の税負担が平等であれば，法形態の中立性は実現された，との結論を導き得る余地はあるかもしれない。しかし，筆者が強調したいことは貯蓄・投資課税の統一化そのものであり，加えてドイツの論者が指摘するように，かような一体的見方が企業レベルでの税負担の差異を正当化するものではない。むしろ，出資者レベルでの税負担の平等を実現するためには企業レベルでの税負担の平等を実現する必要があることは理解可能であると解する。

したがって，ドイツの議論および私見によれば，企業レベルでの税負担の差異を出資者レベルでの税負担の平等を以って正当化することは原則として妥当でないと解すべきである。

②　税率の乖離の正当化──平等原則の損壊──

企業税制改革において，法人税率の大幅な引き下げはその最も大きな改革の成果である。しかし，平等原則の観点からはなお問題があることは明らかである。本章の視角から述べると，民事法上の法形態の差異が，担税力のベースと

---

[73] 参照，手塚貴大「企業・投資課税における経済学的中立性と租税法（一）──企業税制改革に係る基礎理論の分析──」広島法学29巻1号101頁以下。

なる稼得される所得の量に影響させないということである[74]。先に指摘した法人税率および最高所得税率の乖離は何らかの正当化を必要とする余地があると解することが自然である。本書第2章で見たドイツの議論によれば，その正当化には法的なもの，経済的なものを含めて，社会目的規範として正当化が可能か否か，が問われることとなる（そうした租税特別措置は平等原則を侵害することがまず想起されねばならない）。その正当化の際には，別の箇所でも指摘したが，凡そ①右規範の目的を実現するに相当かつ必要である手段が用いられること，②かかる措置が公共の福祉の実現に役立つものであること，である[75]。

まず，一に，Voss氏によると，その乖離は，社会目的規範としても説得的でない[76]。この点，当該箇所において，Voss氏は凡そ"雇用回復のために税率の引き下げを行うことは確かに有効な経済政策ではあろうが，しかし，過去において既に税負担の引き下げは同様の企図の許行われてきているにも拘わらず，さほど成果はあげていない。したがって，企業活動のありようは租税法以外の要素によって大きな影響を受けていると言わざるをえず，税負担の重さは企業活動に影響を与える要素としては二次的なものである"と述べている。

しかし，一部の経済学者には，企業活力促進という経済政策が諸々の社会的・経済的与件等に照らして正当であるならば，市場の歪曲も許される余地があると解し，そして本章の整理によるところの憲法上の公準として承認される競争中立性が侵害されることも止むを得ないと考える傾向も見られる。例えば，Neumark教授は"現実には，分配正義のみを指向した経済政策あるいは租税政策はありえない"[77]と述べておられるようである。

確かに，右のNeumark教授の言明は社会目的規範の正当化のための論証をたどるものであり，法的議論としても妥当すると解する余地はある。しかし，社会目的規範としての正当化は，原則——例外関係を厳密に解した上でなされる必要があることは言うまでもない。すなわち，立法者は立法作用を営む場合には，諸々の与件の許で最適と解される政策を選択する義務を負うと解することが相当であることになろう。こうした立場は，"立法者は諸々の価値を調整する義務を負っている"という第2章で見たドイツの議論とやはり符号するの

---

(74) Schön, Wolfgang, Zum Entwurf eines Steuersenkungsgesetz, StuW 2000, 153.
(75) Voss (Fn.49), ZRP 2000, 256f.
(76) Voss (Fn.49), ZRP 2000, 256ff.
(77) Neumark, Fritz, Grundzüge gerechter und ökonomisch rationaler Steuerpolitik, Tübingen 1970, S.34f.

第3章　企業課税における租税政策の形成・その動態

である。

　右の言明を敷衍すると，仮に企業税制改革の立法者が，国際競争の中における企業活力促進を通じたドイツ経済の浮揚を企図しているとしても[78]，その目的は若干具体性を欠いており，それ故，法的な論証が不可能である手段が採用されるおそれがある。目的が正当であれば，その手段の合理性を問う必要はない，という立場は採ってはならないであろう。

　したがって，二分の一所得免除方式のもとで言うなれば，一方的に法人税率を25パーセントに下げることよりも，妥当な手段を構築すべきだという点に議論は帰結する。例えば，租税競争における投資家，特に非居住者は，自らの投資に係るリターンの多寡がその意思決定につき最も重要であることになるはずである。したがって，例えば従来のインピュテーション方式を維持しつつ，配当税率のみを下げれば，基本法上正当化する余地があったと評することができよう[79]。加えて，私見によると，それは法形態の中立性の原則に一層合致すると言える。何故なら，人的企業と（取り敢えず株主を度外視した）法人そのものとの間の税負担の平等は凡そ維持され得るからである（尤も，直後に論ずるように，新法によっても企業レベルでは"凡そ"中立性が維持されていると評価可能である。）。

　したがって，法人税率と最高所得税率が，新法による様に乖離していることについて，基本法上正当化することは難しいと評することができるとされている[80]。また，さらに，法人税率と比較して相対的に高くなっている最高所得税率により税負担が重くなる余地を有する人的企業について事業税負担を低くする調整措置が講じられているが，これについても，今回の改革はあくまでもセカンドベストであると解することに繋がる[81]。加えて，2008年改正による

---

(78)　Hey, Rechtsformneutralität（Fn.1）, S.189;BT-Drucks. 14/2683, S.93.
(79)　Maiterth, Ralf/Birk Semmler, Kritische Anmerkungen zur geplanten Substitution des körperschaftsteuerlichen Anrechnungssystem durch das sogenannte Halbeinkünfteverfahren im Zuge des Steuersenkungsgesetzes, BB 2000, 1383.
(80)　また，一般的に，中立性の観点から法人税率と最高所得税率との一致を求める見解として，参照，Wendt, Rudolf, Spreizung von Köperschftsteuersatz und Einkommensteuerspitzensatz als Verfassungsproblem, in:Wendt, Rudolf/Wolfram Höfling/Urlich Karpen/Martin Oldinges（Hrsg.）, Staat, Wirtschaft, Steuern:Festschrift für Karl Heinrich Friauf zum 65.Geburtstag, Heidelberg 1996, S.859ff., S.862. なお，Pelka, Jürgen, Rechtsformneutralität im Steuerrecht, StuW 2000, 390ff., 394.
(81)　詳細については，3(2)および4(2)を参照。

法人税率15パーセントへの引き下げについても同じことは言えるかもしれない。

　また，Elicker 氏は，人的企業について，その構造上やむを得ず，社会国家原則の観点から累進税率を適用し，法人については比例税率を適用する，という点に問題を見出しておられ，それにつき，法人についても人的企業についても比例税率を適用し，人的企業について，主観的な担税力を斟酌するために，特別控除の適用を認めることによって，法形態の中立性を実現し，同時に，主観的純所得課税原則も実現でき，憲法問題も解決できる，としておられる[82]。

(2) 企業利益の計算——透明性原則と分離原則との相克——

　ドイツ租税法においては企業利益の計算方法にも大きな違いが見られる。それは，いわゆる透明性原則と分離原則との相克である。前者は凡そ「出資者に直接企業上の損益が帰属し，それ故出資者の許で課税がなされる」ことを意味し，人的企業に妥当する。そして，後者は凡そ「企業利益が直接出資者に流入することなく，企業の許で課税され，配当等によってはじめて出資者の許に流入し，そこであらためて課税がなされる」ことを意味し，法人に妥当する。

　右のような課税方式の差異が生じる根拠は，民事法上前者は権利義務の主体でなく，後者は逆に権利義務の主体として承認されていることである[83]。

　したがって，税率の乖離の背後に退いているが，法形態中立的な課税を歪曲しているさらなる原因は，法形態の差異による所得の帰属に係る差異，さらには，各所得類型に係る異なった所得計算方法[84]である。そのうちの幾つかを取り上げてして論じる。特に，①債務法上の報酬関係，②退職年金引当金，③損失等の扱いが論じられる[85]。

① 債務法上の報酬関係

　まず，ここでは，次のような設例を設定する。企業への出資者・株主が，同

---

(82) 以上につき，参照，Elicker, Michael, Kritik der direct progressiven Einkommensbesteuerung:Plädoyer für die "flache Steuer" -aus rechtswissenschaftlicher Sicht, StuW 2000, 3ff. 8f.

(83) しかし，既に見た2001年1月29日判決（注(27)）に見られるように，かかる識別が厳密に貫徹されているわけではない。

(84) Jachmann, Monika, Steuergesetzgebung zwischen Gleichheit und wirschaftlicher Freiheit, Stuttgart 1999, S.89.

(85) 以下の①～③の叙述について，Hey, Rechtsformneutralität（Fn.1），S.189ff. に負うところが多い。同

時に当該企業の使用人・従業員である,というそうしたケースである。すなわち,使用人・従業員としての役務提供の報酬(Leistungsvergütung)が問題である。それに関する租税法上の異なった扱いは,特に,事業税の枠組みにおける負担の差異をもたらす。それは次のようなメカニズムである。物的会社が持分権者に対して支払う報酬は,法人税及び事業税の課税標準を減少させる[86]。右の報酬は,ドイツ所得税法18条の許で独立労働所得になる。しかし,それとは異なって,ドイツ所得税法15条1項1文2号第二選択肢によって,共同事業者[87]の報酬は,ドイツ事業所得に分類される[88]。したがって,事業所得である以上,右の共同事業者については,事業税も課税されることとなる(共同事業者については,所得の帰属がいわゆるパススルー方式であるため,事業税負担も実質的に従業員たる出資者の許で生ずる)。さらに,例えば個人事業者について言えば,彼は,自ら営む企業が独自の法人格を有しないため,自身と契約締結ができないため,報酬を企業レベルで報酬を控除できない[89]。そのような法形態への依存を除去するため,立法者は,既に,人的企業に対して,事業税の課税標準から24000ユーロの控除を許容する(ドイツ事業税法11条1項3文1号)[90]。これは,ドイツ所得税法35条の適用のみによる負担軽減が不完全であるため,必要である,とされる(また,事業税の負担軽減措置に関する注(6)および注(173)も参照)[91]。

いずれにせよ,ドイツの学説からすると,以上の如き差異は法理論上正当化できない,ということとなろう。すなわち,こうした差異は,人的企業の出資者からすると,法人と比較して,税負担が客観的理由もなく重くなる余地があるのである。すなわち,後にも,そして別の箇所でも言及されるが,企業活動という同一の事実関係の許での税負担が問題であるにも拘わらず,そのように

---

(86) Pelka (Fn.80), StuW 2000, 390f.;Hey, Rechtsformneutralität (Fn.1), S.189.

(87) 共同事業者概念については,注(95)。

(88) Pelka (Fn.80), StuW 2000, 390.

(89) Hey, Rechtsformneutralität (Fn.1), S.189. この点を,わが国では,いわゆるみなし法人課税制度で解決しようとした時期があった。その導入及び廃止の経緯につき,金子・前掲注(51)頁,さらに詳細については,佐藤英明「みなし法人課税制度に関する一考察(上)(下)」神戸法学雑誌39巻1号103頁以下・39巻2号411頁以下,北野弘久『現企業税法論』(岩波書店,1994年)247頁以下。

(90) Reiss, Wolfram, Rechtsformabhängigkeit der Unternehmensbesteuerung, in:Wassermeyer, Franz (Hrsg.), Grundfragen der Unternehensbesteuerung, Köln 1994, S.3.

(91) Hey, Rechtsformneutralität (Fn.1), S.190.

2　具体的な改正点の検証

税負担が異なるのは理論上原則として許容されないからである。

②　退職年金引当金に対する扱い

退職年金引当金の扱いも租税負担の差異をもたらす[92]。この点を考えるにあたって，Hey教授は，次のような設例を挙げて論じておられる。自然人が，物的会社に資本参加することによって，老後の生活費を得るという場合と，人的企業に出資して老後のための費用を得る場合を比較して考える。その場合，物的会社の持分権者が，老後の生活に備える費用を，非課税所得から積み立てることができる一方，退職年金を支払うことは，法人税も事業税も減少させる（法人税法八条一項，所得税法5条1項1文，同6条 a)[93]。そして，退職年金を実際に受け取った時点で，持分権者は初めて課税される（ドイツ所得税法19条1項2号，同11条1項1文)[94]。しかし，人的会社の社員の下では，特別会計（Sonderbilanz）において，退職年金引当金類似の措置を講じるため，課税所得からそれを構築することになる[95]。そのため，物的会社の持分権者は，事実上の課税繰延べによるメリットを受ける。これも，民事法上の法形態の差異によるジレンマであるが，それによっても差異は正当化されない。この差異を克服するためには，個人事業者をも含めて考えるべきであるが，ここでも，個人事業者は，ドイツ民法181条（個人事業者の営む事業は，例えば物的会社と異なり，会社・企業レベルについて独自の権利・義務主体たる資格を認められないために，個人事業者は自己の営む事業について自己の名で権利・義務を負うこととなる）により退職年金引当金の計上義務を負えない[96]。そのため，この問題は，特別法により統一的な扱いが望まれる。退職年金には一律に事後的な課税が行われるべきである[97]とされる。

---

(92)　Hey, Rechtsformneutralität（Fn.1), S.191.
(93)　Hey, Rechtsformneutralität（Fn.1), S.192.
(94)　Hey, Rechtsformneutralität（Fn.1), S.192.
(95)　Hey, Rechtsformneutralität（Fn.1), S.192. さらに，詳細について，参照，Hallerbach, Dorothee, Die Personengesellschaft im Einkommensteuerrecht, München 1999, S.224ff. 特別会計等，いわゆる共同企業体のメカニズムについて，参照，谷口勢津夫「ドイツにおける人的会社（共同事業者）課税」日税研論集44号85頁以下。
(96)　Tipke, Klaus, Zur Ploblematik einer rechtsformunabhängigen Besteuerung der Unternehmen, NJW 1980, 1081.;Jachmann, Steuergesetzgebung（Fn.68), 94;Hallerbach, Die Personengesellschaft（Fn.95), S.225.
(97)　Hey, Rechtsformneutralität（Fn.1), S.192.

第3章　企業課税における租税政策の形成・その動態

この点についても，2000年改正の改革で対応措置は施されていない[98]。

③　損失に対する扱い

但し，物的会社及び人的企業の間で，企業における損失に対する取扱いを異にすることは，批判されない[99]。すなわち，人的企業の許では企業の許で発生した損益が直接出資者に帰属するので，損失をも自己の事業所得の計算上控除できることは当然である。所論によると，人的企業の許での損失の直接的帰属は，人的企業の許で，特に当該損失について，人的に他の正の所得を充てることによって責任を負っているときのみ，正当化され，そして必要であると解されている[100]。何故なら，当該自然人は，無限責任性を根拠に，その稼得したその他の所得を企業上の債務を弁済するために投入されねばならず，その結果，当該自然人の担税力の減少を意味するからである[101]。

しかし，人的企業の許での損失の直接的帰属によりタックスシェルターが発生する可能性がある。例えば，商法上自己の出資持分以上の損失は自己に帰属することはない合資会社の有限責任社員が，商法上会社契約を通じて自己にそれ以上の損失を帰属させることが可能である。それによって右の会社契約を通じて有限責任社員は自己に損失を帰属させ，それとともに，自己の他の正の所得と損益通算することが可能となってしまう。

さて，右のようなタックスシェルターは租税法上否認される必要があり，ドイツにおいてはドイツ所得税法15a条[102]を設けることにより，負の資本勘定を租税法上も有効なものとして扱う代わりに，そうした自己の出資分を超える損失は将来（＝次期事業年度以降）発生する利益のみと損益通算することが可能であると規律された。したがって，右の法状況は，①企業レベルの損失を企業レベルに止めることに成功しており，②将来生ずる利益が過年度の損失で相殺されるために，将来発生する利益を出資者が出資持分に基き稼得することを時間的に制約していることにもなる。

④　相続税

近時，法形態の中立性に関して，大きな問題とされているのは相続税であ

---

(98)　Horlemann, Heinz-Gerd, Gesetzgebung der 14.Legislaturperiode zur Besteuerung von Altersbezügen, StuW 2001, 101ff., 105.
(99)　Hey, Rechtsformneutralität（Fn.1）, S.193.
(100)　Tipke（Fn.96）, NJW 1980, 1081.
(101)　Hey, Rechtsformneutralität（Fn.1）, S.193.
(102)　これについては別の箇所で詳しく検討する。

る(103)。本章ではその指摘だけに止め，本格的議論は他日を期す。

⑤　まとめ

　以上の如き，民事法が租税法に対して基準となっているので，それを克服し，企業という事実関係を基準とした企業課税を構築すべきことが，実定法を若干概観しただけでも，明らかになったように思われる（詳細は，本書第4章で論じられる）。そして，実定法は先に見た如く，かなり複雑であり，それも，克服されるべきことであることになろう(104)。

　しかし問題はそれだけではない。まず，あらゆる企業に，まさに企業である，ということのみを根拠として統一的な課税方式を適用すれば，それで最善の政策であるとは言えない，ということである。すなわち，確かに，第4章で論ずる企業税（売上税法上の企業概念をベースに，それに当てはまるものに，帳簿作成を要件として統一的な課税方式を適用する，というもの）がドイツにおいては理論的に優れていると解されるが，しかし，それでも，本書第4章で触れられるように，個人事業者については，企業税の適用をなさない，という政策選択肢が用意されている。それは，帳簿作成の可否ということもあろうが，企業規模が小さい場合には，企業税という法人課税をなすことは，当該企業の"経済的実態"を反映していない，という評価がなされるからである。すなわち，個人事業という企業の法形態が企業の実態を反映し，それが課税方式のありように影

---

(103)　Lang（Fn.4），GmbHR 2000, 461.

(104)　例えば，法形態の非中立性により，有限合資会社（GmbH & Co.KG）の出現がもたらされ，事業分割（Betriebsaufspaltung）のありように影響を与えている，と言われる。以下では，Montag, in:Tipke/Lang（Hrsg.），Steuerrecht（Fn.1），§13 Rz.70ff. から引用することにより論述する。まず，有限合資会社は次のごとき構造を有する。合資会社の無限責任社員（彼は，有限合資会社の許で唯一の無限責任社員である）が有限会社であり，当該有限会社の持分権者でありかつ合資会社の有限責任社員は自然人である。この会社形態のメリットは，有限会社の許で直接的に合資会社の損失が帰属する一方で，有限会社についてその責任が有限である点である（Rz.72）。次に事業分割について。自然人または社団（保有企業。Besitzunternehmen）が自己の有する固定資産を人的会社，物的会社（事業企業。Betriebsunternehmen）に賃貸あるいは別の方法においてその利用に供するという形態をとる。なお，事業分割が成立する要件は，物的結合および人的結合が保有企業と事業企業との間に必要であるとされる。物的結合は，固定資産が事業企業の用いる資産の根幹をなす場合に認められる。人的結合は保有企業と事業企業とに出資する者が同一である場合に認められる。この企業形態のメリットは，保有企業の損失が出資者に直接帰属し，事業企業の取締役報酬が事業支出として控除でき，さらに退職金引当金を計上することができること等である（Rz.81ff.）。

響を与えることもあるのである。

　また，法人と人的企業とを比較して，前者が完全な分離原則，後者が完全な透明原則に基づいて実定法上構築されているわけではなく，とりわけ租税法上後者を前者の如く扱う余地は既にある，と主張する見解もある[105]。すなわち，Heinnrichs 氏の整理によると，法人格は決して先天的に与えられるものではなく，立法者によって付与されるものであり，また現在のドイツ実定租税法においては人的企業にも法人格を付与する規定がある，とされ，人的企業にも法人と同様の課税方式を適用することが許されないとする必然性はない，とされる[106]。

　したがって，法形態の中立性は，決して，あらゆる企業に統一的課税方式を適用することを以って実現されるのではなく，経済的実態に即した課税方式を適用することである，と論じられる余地がある。したがって，問題は，そうした企業形態が経済的実態を反映するものは如何なる企業形態であるか，を識別する基準が必要となる。しかし，それは本章の検討の範囲を超えているので，別の機会に詳細は譲り，ここでは問題の指摘にとどめたい。

(3)　**株主・出資者に係る課税とその効果**——二分の一所得免除方式を中心に——

　企業課税の問題については，株主および出資者に対する税負担も重要な要素である。何故なら，企業投資活動は，投資者，最終の納税義務者は自らの租税負担に極めて敏感だからである[107]。企業税制改革による大改正の中心と位置付けられているのが，二分の一所得免除方式である。まず，二分の一所得免除方式とは，凡そ「法人の利益は法人の許で25パーセントの税率で課税され，その後配当に充てられ個人の許に流入した配当所得はその半額分についてのみ個人所得税が課される」そうした法人・株主間の課税方式である[108]。右の税制の採用根拠は凡そ次のようなものである。極めて大雑把ではあるが，とりわけ，①インピュテーション方式は複雑でありかつ濫用の可能性を有すること，したがって②簡素な税制を構築する必要があること，勿論③法形態に中立的な

---

(105) Hennrichs, Joachim, Dualismus der Unternehmensbesteuerung aus gesellschaftlicher und steuersystematischer Sicht:Oder:Die nach wie vor unvollendete Unternehmenssteuerreform, StuW 2002, 201ff., 206f.

(106) 詳細は，参照，拙稿「企業課税の現状と再構築の可能性——ドイツ租税法における法人税を素材とした一試論——」広島法学34巻1号61頁以下，74頁以下。

(107) Hey, Rechtsformneutralität (Fn.1), S.194.

(108) 図解も含めた詳細については，参照，手塚・前掲注(8)9頁。

2 具体的な改正点の検証

税制を構築すること，も含まれ，さらに，④企業内部での投資活動を活発化させること（企業に係る税負担が低くなると，それだけ内部留保される利益が多くなり，それをベースとして企業は投資を行うこととなる。今回の法人税率の引き下げでかかる環境が整えられたと言えよう），⑤EC法と適合する税制を構築すること（資本取引の自由，異動の自由がそれである。例えば，インピュテーション方式の許では，税額控除請求権は非居住者に与えられなかったが，二分の一所得免除方式の許では，その構造上，居住者と非居住者との間で配当課税はまったく同じである），である(109)。

なお，特にインピュテーション方式への批判は別の箇所で論述するとして，ここでは二分の一所得免除方式，さらには部分免除方式が法形態の中立性を実現するのか否か，の点に議論を絞ることとする(110)。

それ故，ここでは特に批判的検討を行うこととするが，①負担歪曲効果とその正当化の可否，②株主の許での必要経費控除の問題を論じることとする。加えて，③現行の部分免除方式にも触れておく必要があろう。

① 二分の一所得免除方式による負担歪曲効果
（i） 負担歪曲効果の実際

二分の一所得免除方式(111)は，確かに，インピュテーション方式の許における自己資本の複雑な区分がなくなったことを以って，簡素な税制が構築されたという評価はできる(112)。しかし，法人段階での法形態の中立性は実現されないのではないか，という見解が非常に多い。法人との比較対照である人的企業およびその出資者との比較を行ってみる。まず，先にも指摘したが，法人税率を25パーセントへと引き下げたことにより，たとえ人的企業についても最高

---

(109) 以上につき，参照，BT-Drucks. 14/2683, S.94f. さらに，二分の一所得免除方式は隣国オーストリアの制度を模倣したものであると言われており（いわゆる，Halbsatzverfahren。詳細は，手塚貴大「企業・投資課税における経済学的中立性と租税法（二・完）——ドイツ企業税制改革に係る基礎理論の分析——」広島法学29巻3号11頁以下を参照），それは，いわゆるRuding報告において，EC法の要請を満たすものであると結論付けられている。右の点につき，参照，BT-Drucks. 14/2683, S.95.

(110) この二分の一所得免除方式のメカニズムに関しては，参照，PwC, Unternehmenssteuerreform（Fn.4），S.42ff.

(111) 二分の一所得免除方式の採用の背景等に係る一次資料として，参照，Wissenschaftlicher Beirat des Bundesministeriums der Finanzen, Brühler Empfehlungen（Fn.3），S.49ff.

(112) 企業税制改革における簡素化はまさにインピュテーション方式の改革に向けられていた。参照，BT-Drucks. 14/2683, S.97

第3章　企業課税における租税政策の形成・その動態

所得税率の引き下げ，そして事業税債務の控除という措置を講じたとしても，なお税率に乖離があることは否めない（本章2(1)①を参照）。加えて，事業税債務の控除という政策が税制の複雑性を招き，かつそれにより事業税負担が人的企業のもとで殆どなくなるのであれば，事業税負担をそのまま課することにしておくことは政策として最適な選択肢ではないという批判も考えられよう。

次に，法人の株主と人的企業の出資者との間（本章2(5)①を参照）の税負担を比較してみる。Schön 教授によると，インピュテーション方式の許では，納税者が配当所得を稼得した際の配当所得に係る総税負担が，配当所得以外の各種所得を稼得した場合と同一である[113]。これを通じて，各種所得類型に係る租税法上の差異を除外することが可能となる。それ故，インピュテーション方式が複雑であるという批判はありつつも，なお最も優れた課税方式であると論じられることがある[114]。

しかし，二分の一所得免除方式の許では，先に見たインピュテーション方式の許におけるような税負担の平等は創出されえない。Hey 教授の試算によると，二分の一所得免除方式は，40パーセントの個人所得税率を適用される者にとっては，従来のインピュテーション方式と同様の効果が期待できるのであるが，40パーセント超では，会社からの給与を稼得する時と比べて負担軽減，その反対に，40パーセント未満であると，過重負担に行きつくという致命的な欠点を持っている[115]。ここでも，物的会社に対する投資のリターンとしての所得と，労働によって稼得された所得との間での税負担の差異を正当化する積極的な根拠は見出せないことが，その最大の根拠であるとされる[116]。

(ii) 類型化を通じた負担歪曲効果の正当化

しかし，租税法は主観的適用範囲の量が多い大量法（Maßenrecht）であるため，その適用のみでなく立法も一定程度の概算的処理が許容され，あるいは必要とされるということは既に指摘されているところである。

(113) Schön (Fn.74), StuW 2000, 152. なお，インピュテーション方式の概要についてはわが国でも紹介がある。参照，木村弘之亮「西ドイツ型法人税株主帰属方式とそのポリシー：配当所得の総合課税」ジュリスト679号108頁以下。
(114) 参照，金子宏「シャウプ勧告の歴史的意義」租税法研究28号25頁。水野教授もわが国の配当控除方式をインピュテーション方式に変換することも考えられてよい，と指摘しておられる。参照，水野・前掲注(9)191頁。
(115) これについて詳しくは，Peter Bareis, Das Halbeinknfteverfahren im Steuervergleich, StuW 2000, 135ff.
(116) Hey, Rechtsformneutralität (Fn.1), S.194f.

ここでは，Isensee 教授[117]もかつてその教授資格論文において論じた類型化が問題である。その意味内容は，凡そ「立法者は，ある事実関係につき，一定の目標を達成するために，類型化（Typisierung）作業を通じて，当該措置のごく一部の名宛人に対してのみ不利益が生じるように全体のシステムを構築する場合にのみ，当該立法は正当化される」というものであり，二分の一所得免除方式についても Pezzer 氏があてはめを行っているところである[118]。右の"ごく一部の者にのみ類型化措置が適用される"という要件については，本例でいえば，二分の一所得免除方式下における 40 パーセント未満の所得税率が適用される者である。しかし，ここでは，右の要件に当てはまる者の数は，全所得税納税義務者のうち相当な数にのぼると思われる。よって，ここでは，立法者は許容される構築の枠組みを超えていると評価されるであろう[119]。

(iii) コーポレート・ガバナンスの視点[120]

コーポレート・ガバナンスとは，凡そ"誰が企業の所有者であるのか"という観点から議論されることのあるものである。それを定義づけるとすれば，"（大）企業において，意思決定が如何になされるか，を刻印付けるそうした事実関係および規律の総体"となる[121]。そして，実際上は，例えば，企業の意思決定をなす際に（そこには，投資の意思決定，配当・内部留保の意思決定等が含まれる），誰が意思決定をなし，そして，如何なる目的でそれがなされるか，が問題となる。端的に考えると，それは，企業の経営者が，配当と投資のいずれを優先させるか，と考える場合，株主の利益を優先させるのであれば，配当をなし，企業の利益を優先させれば，配当をなさず，利益を投資に充てるであろう。したがって，企業税制改革の措置としての二分の一所得免除方式が，経済活性化に資する構築を有してるか否か，をコーポレート・ガバナンスの視点から検討しておくことは有意義である。

さて，ドイツにおいては，企業は株主のためにある，という命題は自明とは言えない。すなわち，後に引用される"企業それ自体（Unternehmen an sich）"という考え方が伝統的にあり，それによると，企業の利益は株主・出資者のそ

---

(117) Isensee, Josef, Die typisierende Verwaltung, Berlin 1974.
(118) Pezzer, Hans-Jürgen, Kritik des Halbeinkünfteverfahren, StuW 2000, 144ff., 147.
(119) Hey, Rechtsformneutralität (Fn.1), S.197.
(120) 参照，Wagner, Franz W., Unternehmenssteuerreform und Corporate Governance, StuW 2000, 109ff. 以下の(iii)の叙述は引用箇所も含めて原則として右の文献に拠る。
(121) Wagner (Fn.120), StuW 2000, 110.

れとは別個に切り離されたものである，とされる。そして，企業は公共の福祉に役立つものであり，その存在は維持されねばならない，と考えられている。右の立場は第二次世界大戦後においても，なお主張され，1965年株式法においても採用された。したがって，この立場を貫徹すると，企業の税負担と株主・出資者の税負担は取り敢えず，関連性を失うこととなる。

しかし，現在では，"企業それ自体（Unternehmen an sich）"の理論は，支持を失いつつある。すなわち，資本市場のプレーヤーとしての株主は，そこでのパフォーマンスを通じて企業の利益に影響を及ぼす存在になっているからである。加えて，ストック・オプション等の登場もあり，企業経営者と株主との利益が相対立するものとは必ずしも観念されえなくなってきている。したがって，最早企業も株主・出資者の利益にも配慮した経営をなさざるを得ない。それ故，企業課税のありようを検討する際には，とりわけ，企業と株主・出資者との間の課税関係も斟酌する必要がある。

では，企業税制改革に照らして，右の点を検討する。まず，企業レベルのみを考えると，法人を例とすると，従前の税負担と比較すると，およそ10パーセント強の負担軽減が実現されている[122]。右の法状況を直視すると，①確かに企業に係る税負担は引き下げられているが，株主レベルのそれは未だに斟酌されていない，②税負担の軽減によって増加した利益を企業経営者が投資に充てるか否か，は必ずしも明らかではない（場合によっては，他社の株式購入，債券購入といった金融投資に充てるかもしれない），という点が指摘できよう。

では，次に，株主レベルを含めて考えてみる。利益配当がなされる場合には，ある試算によると[123]，直前で述べたことではあるが，高所得者たる株主に負担軽減効果が期待され，その反対に低所得者たる株主には負担増加が期待される。これによって，多くの投資家にとって株式購入は魅力的とは言えない投資対象となりかねない。また，利益の内部留保がなされる場合には，将来に利益配当が確実でないと，投資家は同じく株式購入をしないであろう。

以上を要するに，Wagner教授の立場によれば，二分の一所得免除方式は，企業レベルはともかく，株主も含めてその構築を考えると，必ずしも，現在のコーポレート・ガバナンス理論を反映したものとは言えないように思われる。

---

(122)　試算例として，参照，Wagner（Fn.120），StuW 2000, 117.
(123)　試算例として，参照，Wagner（Fn.120），StuW 2000, 119.

2 具体的な改正点の検証

② 配当利益を獲得するための必要経費控除の問題点

さて，配当所得を稼得するために要した費用は当然控除されるものである。従来までは配当所得を稼得するのに要した費用は全額控除が可能であった。しかし，今回は立法担当者の説明によると，二分の一所得免除方式の採用により，株主の許で配当所得が半額とされ，それをベースに税負担が計算されるため，控除される費用も半額と規律することが首尾一貫している，という（ドイツ所得税法3c条2項）[124]。

一見合理性を持った説明であるが，学説の多く（あるいは殆ど）は右のドイツ所得税法3c条2項に批判的である。すなわち，配当所得を稼得するための費用については依然として全額控除が必要であるという。ここで先の立法担当者の見解をもう一度参照すると，"一回課税の原則"の実現が提唱されている。一回課税とは，インピュテーション方式の許で，法人税は所得税の前取りとの位置付けがあり，それ故，配当所得に関しては法人段階で課税された法人税は所得税債務から控除される必要があった（これにより，配当所得については法人税が当初より課税されなかった場合と同じ税負担が創出される）。言い換えると，配当所得と他の同額の所得が所得税を課された場合と同じだけの税負担（すなわち，税負担が一回だけ課されたときと同じだけの税負担）が創出される必要がある。右の一回課税の原則はそれを公準として肯定してよいものと考える。すなわち，法人・株主間の二重課税の完全な排除は理論的に要請される最も理想的な課税方式と位置付けられている[125]。

では，一回課税の原則を実現するために配当所得の稼得のために要した費用の控除は半額であることが首尾一貫しているか否かをここで検討する必要がある。立法担当者の思考によると，おそらく配当所得が半額とされるゆえ，必要経費を全額控除すると控除額が多くなりすぎてしまうという配慮があったという推察は可能であろう[126]。しかし，批判的見解を採用する者が援用するのは

---

[124] BT-Drucks 14/2683, S.113.

[125] ドイツについては，法人，持分権者がそれぞれ法的に独立した人格を有していることのみではなく，法人は法的・経済的に独立して企業活動を営んでいるため，競争中立性の観点から法人段階での課税をすることとされている。しかし，右の事情が法人・株主間での配当に係る二重課税が行われねばならないかを説明するものではないともいう。参照，Hey, in:Tipke/Lang, Steuerrecht (Fn.6), §11 Rz.6f. なお，わが国でも，金子宏教授が全部インピュテーション方式を最も優れた法人・株主間課税方式であると解しておられる。参照，金子・前掲注[114]25頁。

[126] 同旨，参照，Staringer, Claus, in:Raupach, Arndt (Hrsg.), Kongress zur

第3章　企業課税における租税政策の形成・その動態

二分の一所得免除方式による体系変更（Umgestaltung des Systems）である。すなわち，所論によると，二分の一所得免除方式によって，法人と株主との間は租税法上分断された，という。言い換えると，法人レベルでの法人税負担を所得税の前取りと考えずに，財政学でいうところの"法人を独立した担税力の主体と捉える"独立法人税(definitive Köperschaftsteuer)になったと考えられている。それとともに——大雑把でかつ砕けた表現ではあるが——法人段階の負担は個人所得税とは何らの関係も有さないから，株主が受け取る法人税引き後の配当所得が株主の許での税負担のベースとして把握されることとなる。したがって，右の配当所得そのものを稼得するために要した費用が控除の対象とならねばならない，と観念される。すなわち，必要経費の全額控除が首尾一貫しているのである，と[127]。

しかし，右の批判的見解にも理論的疑問が提起される。確かに，最早株主の段階で法人税は控除の対象ではないが，配当所得はその半額についてのみ所得税の課税の対象となるのであるから，仮に独立法人税方式を採用したと考えられるかもしれないが，実は（法人の許での）前段階税負担を斟酌する場面・方法を変えただけであり，実質的にはインピュテーション方式の許と同じような税負担を創出することが企図されている，と言えるのではないであろうか[128]。この点，ドイツにおいては，右の疑問には以下のような回答が与えられている。すなわち，仮に独立法人税の採用がなされたからといって二重課税の調整を行わない場合には，法人の株式を購入しようとする動機が大きく阻害されてしまい，そのことは法人が資金を獲得して活動するという根源にマイナスの影響を与えることとなるため，妥当でない，と判断されているのである[129]。したがって，個人株主の許では配当所得は半額とされる必要が生じたのである。しかし，右の立論は配当に対する半額扱いが租税特別措置としての性格決定がなされる可能性を生じさせる余地があると言えよう。

なお，インピュテーション方式の許での配当利益に係る課税の核心は，既に

Unternehmenssteuerreform:Fallbesprechung Referate Podiumsdiskussionen 26. und 27. Oktober 2000, Frankfurt/Main, Köln 2001, S.26.

(127)　例えば，Hey, Johanna, Reform des Körperschaftsteuersystems, ih : Pelka, Jürgen, Unternehmenssteuerreform, Köln 2001, S.20f. また，独立法人税の用語については，参照，重森暁他編著『Basic 現代財政学』（有斐閣，1998 年）185 頁（鶴田廣巳執筆）。

(128)　Sigloch, Jochen, Unternehmenssteuerreform 2001 -Darstellung und öknomische Analyse, StuW 2000, 166; Pezzer（Fn.118), StuW 2000, 149f.

(129)　Dorenkamp, Spreizung（Fn.50), S.76.

2 具体的な改正点の検証

見たように，①インピュテーション方式の適用を通じて配当に充てられる法人の利益に（既に見たように，株主にとっては）あたかも法人税が課されていない効果を持つこと，②法人税は所得税の前取り（Vorsteuer）と観念されていること，であった。インピュテーション方式の許では，株主が配当所得（ドイツでは，所得税法上は資本財産所得）を稼得する際の必要経費の控除に何らの限定も付されていなかった(130)。ドイツの議論を念頭に置きつつ，右の前提を敷衍すると，後に配当に充てられる利益を法人が稼得する際に当該法人の許で右の配当利益を稼得するために要した事業支出は全額控除され，加えて，株主の許でも配当所得を稼得するために要した費用は全額控除できるので，かなりの暴論のきらいもあるが，法人および株主のレベルを横断的に見ると，一単位の配当利益（・所得）を稼得するのに法人と株主が一体としてそれを目指すものと実定法の立法者は考えていると解することができるのではないであろうか(131)。したがって，インピュテーション方式が妥当していたときと異なり，独立法人税が採用されため，株主の段階でも法人レベルの税負担と独立して税負担の計算をすることが首尾一貫していると解することができる。それ故，株主の許でも事実として"株主の手元に流入した"，"まさにそうした"配当利益を稼得するための費用は全額の控除を認めることが妥当であるということも立論はできよう。

いずれにせよ，以上のドイツの議論から，ドイツ所得税法3c条2項は，所論のごとく客観的純所得課税原則に違反して，違憲であると位置付けることになった(132)(133)。加えて，なお，人的会社への出資持分を有することに係る借り入れは出資に基く分配利益を稼得する差異に全額控除できることも，ここで付言しておく。仮に，株式に基く配当所得に係る利益を稼得するのに要した費用を半額のみ控除できるとすると，両者は企業投資家という経済的属性を同じ

---

(130) 詳細については，参照，Bittner, Gerhard/Aloys Heidkamp/Urlich Schaaf, Einkommensteuer 5.Aufl., München 2000, Rz.140ff.

(131) このことは，法人税を所得税の前取りと考えることと矛盾しないと考える。つまりは，株主が法人を利用して配当を稼得するのであるから，結局，株主は法人も利益・所得を得るべく要した費用は存在し，いずれのもとでも，それは控除されるべきであると立論するのである。

(132) この点について，参照，Schön, Wolfgang, Die Abzugsschrankendes §3c EStG zwischen Verfassungs ——und Europarecht, FR 2001, 381ff.;Hey, Rechtsformneutralität (Fn.1), S.196.

(133) Schön (Fn.74), StuW 2000, 154f.;Pezzer (Fn.118), StuW 2000, 149f.

第3章　企業課税における租税政策の形成・その動態

くするにも拘らず，人的会社の出資者との間で不平等が発生することとなろう。

③　部分免除方式

次に，現行の部分免除方式に係る税負担のメカニズムを簡単に見ておこう。まず，前叙のように，法人段階で15パーセントの法人税率で法人課税が行われた後の事業者としての株主のもとでの配当課税は法人税引後の受取配当の40パーセントが非課税扱いとなる（ドイツ所得税法3条40号1文）。そして個人株主のもとでは15パーセントの法人課税後に配当に充てられる利益につき，25パーセントの源泉徴収型調整税（Abgeltungssteuer）が配当所得税として課され，課税関係が終了することがある。尤も個人所得税率が25パーセント未満の株主にとっては通常の賦課課税が選択可能であって，以下に見るように税負担の点で有利な点がある（ドイツ所得税法20条1項1号，同32d条1項，43a条1項の1の1号，同52a条）。すなわち，仮に，法人段階で100の配当を行うとすると，法人税等を通じて法人段階で29.8の税負担が生じ，残りの70.2が配当に充てられる。次に株主段階での課税に移るが，個人所得税率を，0, 10, 20, 30, 40, 45と仮定すると，部分免除方式を適用する場合には，税負担は前叙の税率に対応させると，それぞれ0, 4.2, 8.4, 12.6, 16.8, 18.9となる。同じく源泉徴収型調整税を適用する場合には，税負担はそれぞれ0, 7.0, 14.0, 17.5, 17.5, 17.5となる。その結果，株主段階での税負担は，部分免除方式の適用の場合には，それぞれ29.8, 34.0, 38.2, 42.5, 46.7, 48.8となり，源泉徴収型調整税の適用の場合には，29.8, 36.8, 43.8, 47.3, 47.3, 47.3となるのである[134]。

これを如何に評価するかであるが，Hey教授は次のように指摘する[135]。まず，確かに，前叙の連邦憲法裁判所判決においては，法人の遮断効を通じて配当所得と他の所得との課税方式の違いは正当化可能であるとされている。しかし，源泉徴収型調整税の適用がなされる場合と通常の賦課課税の適用（部分免除方式の適用）を受ける場合とを比較すると，高い所得税率が適用される場合と比して，部分免除方式のほうが有利である。何故なら，源泉徴収型調整税のもとでは，①配当所得につき全額課税の対象となり，②必要経費控除が801（夫婦合算課税の場合には1602ユーロ）超は認められない（ドイツ所得税法20条4項1文）。部分免除方式を適用すれば，収入金額と経済的に関係する必要経費

---

(134)　Hey, in:Tipke/Lang (Hrsg.), Steuerrecht (Fn.1), §11 Rz.19.

(135)　Hey, in:Tipke/Lang (Hrsg.), Steuerrecht (Fn.1), §11 Rz.20.

の6割を控除できる（ドイツ所得税法3c条2項）からである。さらには，最低10パーセント資本参加している者またはその近親者に利子を支払う場合には，源泉徴収型調整税の適用可能性はなくなる（ドイツ所得税法32d条1文1b号）。これが他人資本調達に有利に作用しえるので，その結果資金調達の中立性違反をもたらしうるとされるのである。

以上に見ると，持分権者たる個人所得税率の高低に応じて税負担の選択可能性が納税義務者に残されていることとなり，前叙の二分の一所得免除方式と同様の問題が生じうることとなる。

④　法人税改革とEC法

ドイツにおいては，競争政策の観点から，税負担（税率）が高いため，立地条件として不利であると説かれてきた。それ故，2000年の企業税制改革の実施によって，法人税率が大幅に引き下げられた。そして，二分の一所得免除方式が導入されたのであった[136]。

ドイツはECの構成国であるから，EC条約上の基本的自由を斟酌した国内立法を行わねばならない。周知のことではあるが，EC域内において市場統合が進み，そして1992年の時点でそれが完成した。加えて昨年のユーロ導入により通貨統合まで完成した。それとともに，EC域内における人・モノ・サービスの移動が容易になり，加えてそれは資本にも当てはまる。すなわち，通貨統合により国際投資に伴う為替リスクがなくなった以上，投資阻害要因の最も大きなものは税制となったのであった[137]。

右のような推移とパラレルに，（調和を経て）税制の調整（競争もありうる）が目下現実的な政策選択肢として議論されている[138]。その中で先にも指摘したように，ドイツは特に個人最高所得税率および法人税率ともにEC域内においてもっとも高い国の一つと位置付けられている。勿論，学説の整理によると[139]，国家の課税権は各国の主権事項であり，一定の留保を除けば[140]，原

---

(136)　詳しくは，参照，本章1(2)③。

(137)　村井正・岩田一政著『EU通貨統合と税制・資本市場への影響』（日本租税研究協会，2000年）。

(138)　詳しい事情については，参照，谷口勢津夫「ECにおけるTax Harmonizationの動向」水野忠恒編著『二訂版 国際課税の理論と課題』（税務経理協会，2005年）295頁以下。さらには，参照，Vogel (Fn.12), StuW 1993, 380ff.

(139)　水野忠恒「国際課税の理論と課題」同編著・前掲注(138)4頁。

(140)　例えば，国際租税法における"経済的帰属"の必要性，憲法上の防御権的自由権に基く税負担の上限等。なお，前者については，参照，水野・前掲注(120)五頁。

則として制約に服することはない。しかし，投資政策および EC 法による経済自由化政策に着目した場合，租税政策に先に指摘したような一定の留保が伴うのである。

さて，ドイツが右のような EC 構成国であることに伴って要請される租税政策の一つに，居住者および非居住者の差別扱いの原則禁止がある。これは，ドイツにおいて配当所得を稼得する非居住者にもインピュテーション方式を適用し，法人税の税額控除請求権を認めるべきであるとの理論的結論に行き着く。しかし，現実の税制がそうでないことは周知であった[141]。そこで，二分の一所得免除方式を新たに採用すれば非居住者にとっての税額控除請求権を論ずる意味はなくなるため，ドイツの居住者と非居住者の両者にとって，少なくともドイツにおける配当所得に係る税負担は同一になるのである。

しかし，二分の一所得免除方式には，先に指摘した税負担歪曲効果が認められるため，応能負担原則の観点からは合理性を欠くと評価することも出来なくはない。少なくとも，インピュテーション方式を維持しつつ，額控除請求権を非居住者にも付与することで，EC 法上の租税政策に係る要請は実現できるはずなのである。これは，部分免除方式にも当てはまりうることである。

⑤　人的企業に係る内部留保利益についての特別の課税方式

2008 年改正により立法化されたドイツ所得税法 34a 条は，人的会社（農林業，事業，独立労働の各所得）の内部留保利益について 28.8 パーセントの優遇税率の適用を規定する（同 34a 条 1 項 1 文）。但し，当該内部留保利益（同法 34a 条 3 項 1 文）が事後的に払い出された場合には，25 パーセントの税率による取戻課税（Nachversteuerung）の適用がある（同 34a 条 4 項）。具体的には，試算によると，以下のような税負担が創造される[142]。まず人的会社のもとで完全払出がなされる場合の税負担であるが，100 の利益があるとすれば，事業税で 14.00，所得税（40 パーセントとする）で 45.00 が税負担となり，事業税の控除で利益に 13.30 が加算され，連帯付加金が 1.74 課される。その結果，出資者のもとで税負担は結局 47.44 となる。次に，人的会社に 100 の利益があり，それが全額内部留保された場合には次のようになる。事業税で 14.00，所得税が

---

(141)　なお，何らかの正当化事由があれば，かかる差別的扱いも適法となる余地がある。判例の整理に，参照，谷口・前掲注(138)305 頁以下。さらに，ヨーロッパレベルでの法人税制の整備に係る議論については，例えば，Hey, Johanna, Harmonisierung der Köperschaftsteuer in Europa:,Köln1997.

(142)　Montag, Heinrich, in:Tipke/Lang（Hrsg.）, Steuerrecht（Fn.1）, §13 Rz.21.

28.25となるが，事業税の控除により13.30が加算され，さらに連帯付加金により0.82の負担が生じるので，この段階で最終的に29.77の税負担が生じる。その後全額払出が行われた場合には，100の利益に対して，前叙のように，既に所得税が28.25，連帯付加金が0.82課されており，取戻課税の対象額が70.93（＝100－（28.25＋0.82））であり，当該金額に対して追加的に（税率25パーセントの）所得税負担が17.73，連帯付加金が0.98課される。その結果払出に伴い，新たに生じる税負担が18.71となり，最終的には48.48の総税負担が生じる。これは，注(142)の引用文献の当該個所で併記されている物的会社への持分権を個人用資産または事業用資産として有する場合に，持分権者につい最終的に生じる税負担（前者が48.32（源泉徴収型調整税の適用），後者が49.81（部分免除方式の適用））とほぼ等しい。また，同じく当該個所の試算によれば，前叙の設例のもとで，人的会社段階，物的会社段階での税負担（前者は，29.77，後者は，29.82）についていずれもほぼ等しくなる。

　しかし，以上のような税負担については，次のような留保を付すべきであるという立場がある[143]。すなわち，①税負担は，内部留保利益が後に払い出された際に，それが高額であればあるほど，一層高くなり，②そうした高い税負担は，内部留保歴に係る利子効果によって相殺される可能性はあるが，それがどの程度になるかは，内部留保の期間および利子率に拠り，③内部留保によるメリットは高い個人所得税率が適用される持分権者にとって大きくなる，というのである。加えて，注(142)の引用文献において示された試算において，人的会社のもとでの利益のうち一部の払出を行うという設例があるが，それによると，物的会社のもとで生じる税負担と人的会社のもとでのそれとの間には違いが生じうる。

　さらに，これについては，Lang教授によれば，複雑な税制であり，一部の高い収益力ある人的企業が節税対策に勤しむようになっており，さらに，法形態の中立性は実現されていないとの批判がある[144]。また，後にも触れるが，ドイツ企業全体で見ると，30パーセント未満の所得税率が適用される人的企業の出資者は，個人で96.6パーセント，人的会社で92.3パーセントに及ぶという[145]。この数値によれば，人的企業の多くが特別税率の適用を受けずに，

---

(143)　Montag, in:Tipke/Lang（Hrsg.）, Steuerrecht（Fn.1）, §13 Rz.22.
(144)　Lang, Joachim, in:Tipke, Klaus/Joachim Lang（Hrsg.）, Steuerrecht 20.Aufl., §9 Rz.838, §8 Rz.93.
(145)　Lang, Joachim, BB-Forum:Unternehmenssteuerreform im Staaten wettbewerb,

さらに低い税負担を負うことになり，換言すれば，特別税率による税負担軽減効果はそうした納税義務者には特に認められないことになり，結局税制の複雑性をもたらす当該税制の合理性に疑義が呈せられることに繋がろう。

(4) 資本参加持分の譲渡益課税
① 株式譲渡益の課税問題
(ⅰ) 法人が持つ他の法人に係る株式配当および譲渡益非課税

資本参加持分の譲渡益に対する課税は，以前より，法形態依存性の主要因と見なされてきた。企業税制改革により，次の様な変化がもたらされた[146]。営業用財産の中に属している人的会社に係る出資による持分を譲渡することは，2000年改正および2008年改正において，人的企業の許でも，物的会社の許でも課税される[147]。それにも拘わらず，営業用財産の中にある物的会社に係る資本参加持分を譲渡することは，譲渡者が人的企業又は物的会社かに応じて負担の差異をもたらす[148]。2000年以降，ドイツ法人税法8b条2項により，物的会社の許では，資本参加持分の譲渡益は，法人税は課されない[149]。しかし，人的企業の許では，2000年改正以降は，ドイツ所得税法3条40a号によって二分の一所得免除方式が適用される[150]。2008年改正以降は，部分免除方式が適用される。したがって，右の相違について，ドイツ法人税法8b条2項の正当性が問題となる。

(ⅱ) 検　　討

立法者は，ドイツ法人税法8b条2項を，修正された古典的二重課税方式（修正されたクラシカル・メソッド）の導入によって正当化しようとする[151]。すなわち，配当が複数の法人間で，例えば孫会社，子会社，親会社という様に行われる結果としての配当に対する法人税の累積効果を避けようとする。確かに，古典的二重課税方式は，物的会社の利益について，もし二重負担が避けられるべきであるとされるのであれば，配当のみでなく，譲渡益に関しても負担軽減

　　BB 2006, 1769ff., 1771のFn.29.
(146)　Hey, Rechtsformneutralität（Fn.1），S.199.
(147)　Hey, Rechtsformneutralität（Fn.1），S.199.
(148)　Hey, Rechtsformneutralität（Fn.1），S.199.
(149)　法人税法8b条2項の規定内容は，法人が，他の法人に係る資本参加持分を所有している場合，その持分を譲渡する際には，非課税とされる，というものである。
(150)　Hey, Rechtsformneutralität（Fn.1），S.199.
(151)　Hey, Rechtsformneutralität（Fn.1），S.199.

メカニズムを必要とするであろう(152)。しかし，法人の譲渡益に対する非課税という今回の改正法は，担税力に従った課税及び個別法人単位課税の原則に反する，とされる。何故なら，法人が他の法人に係る持分の譲渡益非課税は，既に課税された当初の留保利益に対して二重課税を避けることにはなるが，その持分の次第に蓄積された含み益は，まだ課税されていないのであるから，非課税措置を講じる必要性は本来はないからである(153)。Hey教授は，次のような設例をベースにそれを説明しておられる(154)。

すなわち，含み益は，資本参加持分を譲渡した時点で，譲渡人自身の許で実現する。確かに，新制度を前提にしたとしても，一般論として，含み益は，企業が清算される際には，法人税を課される。しかし，例えば，非課税とされた含み益を含めた譲渡益が人的企業に配当されるとき，法人税を課されていない含み益に対する所得課税をすることに鑑みると，譲渡人の許で租税法上優遇が行われることは，課税時期を繰延べることを意味する。つまり，譲渡人の給付能力が上昇するが，課税は譲受人の許でなされる。このことは，まさに，他の法人に係る資本参加持分を有するとき，その譲渡益を非課税とするドイツ法人税法8b条2項を正当化すること，つまり法人間での持分譲渡の際の含み益を含めた譲渡益に対する非課税措置を採用するドイツ法人税法8b条2項の正当性の問題に行き着く。何故なら，それはまさに課税の欠缺であり，法人たる譲渡人の取得した含み益を含めた譲渡益が，利益の分配として株主たる人的企業に配当される際には，二分の一所得免除方式によってその自然人の許で所得課税がなされるからである(155)。

さて，以上の設例により，二分の一所得免除方式は，低い所得税と低い法人税のコンビネーションにより収益税の一回課税（Einmalbesteuerung）を実現しようとするから，ドイツ所得税法3条40号による配当所得に対する半額課税は，法人税による前段階負担が課されているときにのみ正当化されるにも拘わらず，右の設例の許では法人レベルで発生した含み益を含めた譲渡益に対しては，それらに法人税が課されていないにも拘わらず，二分の一所得免除方式が人

---

(152) Hey, Rechtsformneutralität（Fn.1），S.199.
(153) Sigloch（Fn.128），StuW 2000, 167; Müller-Gatermann（Fn.52），GmbHR 2000, 654.
(154) 参照，Hey, Rechtsformneutralität（Fn.1），S.200.
(155) Schiffers, Joachim, Die Besteuerung der Kapitalgesellschaften und deren Anteilseigner nach dem Regierungsentwurf eines "StSenkG" GmbHR 2000, 209.

第3章　企業課税における租税政策の形成・その動態

的企業レベルで適用されることが明らかとなった[156]。したがって，そのことから，まさに，二分の一所得免除方式への体系変換は，ドイツ法人税法8b条2項による法人の持つ他の法人に係る非課税措置を正当化することにならないとも言い得る[157]。したがって，ドイツ法人税法8b条2項は，体系に内在的な措置であるとして正当化する以外には，正当化できない[158]と言われるのである。

また，Schön 教授の設例も見ておこう[159]。仮に，親会社たる法人が，子会社たる法人への資本参加持分を譲渡する際に，かかる譲渡益に当該子会社の許で未だに課税されていない含み益が含まれていたり，あるいは，子会社の資産として計上されていない無形資産に係る価額が含まれている場合，かかる部分への法人税が課されていないにも拘わらず，すなわち，本来法人税の累積効果を問題とする余地のないそうした利益についてもドイツ法人税法8b条が適用されることとなり，不合理が生ずることとなる。

(iii) 個人用資産としての株式譲渡益課税

その他に，譲渡益自体に関して，法形態に基いた差異が存在する。個人に対する譲渡益課税は，企業税制改革によっても，なお問題は残ったままである。人的会社に係る持分の第三者への譲渡は，常に所得税に服する一方（ドイツ所得税法15条，同16条），2000年改正以降，個人用財産の中にある物的会社に係る資本参加持分の第三者への譲渡の場合には，限定が付される。まず，適格資本参加の下限が1パーセントに下げられ（ドイツ所得税法17条），投機期間（Spekulationsfrist）は10年に伸ばされた（ドイツ所得税法23条）。その結果，株式等の保有期間が，10年以下であり，かつ持株比率が，1パーセント超である場合には，譲渡所得がその個人株主の許で課税されることとなった。また，その譲渡益は半額分のみに課税される（ドイツ所得税法3条40号1文e及びj）。

以上のような政策を採用しても，2000年改正時の法形態の中立性に係る問題は解決されないとされる。適格資本参加の下限を1パーセントに下げても，

---

(156)　Hey, Rechtsformneutralität (Fn.1), S.201;Lang, Joachim, Notwendigkeit und Verwirklichung der Unternehmensteuerreform in der 14.Legislaturperiode, Halzburger Steuerprotokohl 1999, S.34f.
(157)　Hey, Rechtsformneutralität (Fn.1), S.201.
(158)　Birk, Dieter, Das Leistungsfähigkeit in der Unternehmenssteuerreform, StuW 2000, 336.
(159)　参照, Schön (Fn.74), StuW 2000, 158.

2　具体的な改正点の検証

人的会社及び物的会社に関する譲渡益課税の不平等を克服したことにはならない[160]と言われる。少なくとも，株式を上場している物的会社への資本参加持分を譲渡する際には，適格資本参加の下限を下げても，事実上非課税とされよう[161]。何故なら，多くの持分権者は，事実上，1パーセント未満の持株比率によって，資本参加しているからである。しかも，これにより，物的会社へ適格資本参加を行っている者と共同事業者との比較可能性は欠けてしまうことになろう。

さらに，2008年改正によって，以下のような改正が行われた[162]。物的会社の持分の譲渡益に関して，保有期間1年超のものは，非課税（ドイツ所得税法23条1項1文2号）とされ，それ以外のものは，部分免除方式の適用によりその6割に課税がなされる（同17条，20条，3条40号1文c-h）。また9060ユーロの控除が適用される（同17条3項）。

②　事業廃止の際の特例──五分五乗方式について──

事業の廃止とは，すなわち，事業を現在の事業主の段階で廃止し，事業用資産の相続を通じて事業を承継することを企図していないことである。事業主が事業を廃止することは多くの理由が想定され得るが，ここでは年齢的に事業を継続することが難しく，事業用資産を処分し，それを通じて老後の生活の原資に充てることがここでは問題である。

なお，個人に着目した場合，事業廃止の他にも老後の生活の原資に充てる金銭を獲得する手段は幾つかある。代表的なものは公的年金あるいは個人年金であろうが，ここで問題であるのは，投資活動によって得られた金銭を例えば株式投資活動および当該株式の譲渡益によって得るという資産構築・運用の形態である。すなわち──ハイリスク・ハイリターンが奨励されているのか否かは明らかではないが──貯蓄ではなく，投資によって生活の原資を得るというスタイルが状態になることもありうるかもしれない。

(i)　制度の概要

さて，右に述べたような問題を，人的企業の営業の譲渡及び営業の廃止に関する優遇規定（ドイツ所得税法34条2項1号，同3項）を素材に検討することが

---

(160)　van Lishaut, Ingo, Die Reform der Unternehmensbesteuerung aus Gesellschaftersicht, StuW 2000, 190.
(161)　Hey, Rechtsformneutralität（Fn.1），S.200.
(162)　詳細は，参照，Hey, in:Tipke/Lang（Hrsg.），Steuerrecht（Fn.1），§8 Rz.546.

第3章　企業課税における租税政策の形成・その動態

できる[163]。法状況は以下のとおり。

　税負担軽減法（Steuerentlastungsgesetz）の導入によって、事業譲渡及び事業廃止に関する負担軽減措置が強化された。それは、"五分五乗方式（Fünftelregelung）"というものである。これは、例えば、特別所得（ドイツ所得税法34条）に当てはまる事業の譲渡益（ドイツ所得税法14条、同16条等）に適用され、課税所得の五分の一を計算し、それに個人所得税率を乗じて、最後のその税額の五倍を最終的な税額とするものである（但し、二分の一所得非課税方式の適用される譲渡益には五分五乗方式は適用されない。二度優遇がなされることを避けるためである）。事業譲渡及び事業廃止に適用されるドイツ所得税法16条4項で規定されている30000ユーロである控除額が、2000年改正において控除額が500000ユーロに引き上げられ、その後2008年改正で45000ユーロにされた（但し、年齢55歳以上で、職業活動が営めない者のみに適用される）。例えば、右の規律を具体的な設例を通じて明らかにすると次のとおり。54歳の甲氏が2009年に、その個人企業（簿価50000ユーロ）を200000ユーロで譲渡した場合、200000ユーロ − 50000ユーロ = 150000ユーロが課税所得となる。この五分の一は30000ユーロであり、この課税所得に対する税額は6512ユーロである。これを5倍した32560ユーロが最終的な税額となる（ここで甲氏は54歳であるため、控除額は適用されない）。

　その代替肢ともいえるのが、農林業、事業及び自由業、そして共同事業者持分を譲渡又は廃止することから稼得された利益について、課税所得を税額（課税所得に累進所得税率を乗じて計算される）で除すことによって計算される平均税率の56パーセント相当率（すなわち、平均税率の約半分の税率）を課税所得に乗じることによって課税するというものである。ここでは前叙の45000ユーロの控除額の適用もある。これは、満55歳以上で、かつ職業活動を行える者にとって生涯に一度だけ許される（ドイツ所得税法34条3項）。これにより、制限的な形ではあるが、世代間の事業の承継に関して、以前妥当している共同事業者通達による負担軽減措置にプラスアルファが加わったことになる。

　(ⅱ)　問題点

　含み益に関する課税の扱いに関して、次の様な不平等な扱いを問題として孕んでいる。まず、ここで、人的企業を譲渡する際には、法人──持分権者関係

---

(163)　PwC, Unternehmenssteuerreform (Fn.4), S.123. 経緯に関しては、参照、Hey, Rechtsformneutralität (Fn.1), S.202.

において存在する様な，含み益に対する避けるべき二重課税は存在しないのである。何故なら，人的企業への持分を譲渡すると，譲渡人の許で含み益は課税されることになるが，しかし，当該企業の譲受人の許では，そのときの購入価格に含み益も含まれるので，それを取得原価として補充会計 (Ergänzungsbilanz) の中で借方計上すれば，含み益に対する課税は最早なされないからである[164]。したがって，譲渡人の許での課税の前に何らの収益税負担も課されていないにも拘らず，半分の平均税率を適用するという軽減措置が適用されるため，これは，含み益の実現に関する特権扱いと位置付けることとなる。すなわち，この状態は，物的会社に係る資本参加持分を自然人が譲渡する際に，法人レベルと持分権者レベルとの二重負担を避けるために存在する二分の一所得免除方式が適用されることに関して，法人──持分権者との関係に見られるような二重課税が存在しないにも拘らず半分の平均税率を適用することによって，それと平等な扱いを意図したが，かえって理由の無い不平等扱いが大きくなったことを示している[165]。したがって，ここで，職業生活から引退しようと考えている55歳以上の者が，人生の中で一度だけ行使できるという限定は付されつつも，人的会社に係る持分権者の老後の配慮を特に援助することの正当化根拠は何処にも見出し得ず，冒頭で述べた様に，物的会社に係る資本参加持分も老後の配慮のための準備に資し得るが，人的企業の場合に相応する優遇措置は設けられていないのである[166]。この評価は現在の法状況に照らしなお妥当しよう。

(5) 企業税制改革における事業税の位置付け
① 事業税改革について

既に事業税については，本章において，従来の法人および事業所得者に凡そ平等に適用された事業税から，人的企業についてのみ特殊な負担軽減措置が付された地方法人税へとその実質的内容を変化させた，と論じた（本章2(1)①(i)）。しかし，それは体系上の首尾一貫性の要請ではなく，実質的には法人に係る税負担の軽減を人的企業について代償するための便法であった（ドイツ所得税法

---

(164) Rose, Manfred, Sinn und Unsinn einer Besteuerung von Gewinnen aus der Verässerung von Anteilen an Unternehmen, BB 2000, 1066.
(165) Hey, Rechtsformneutralität (Fn.1), S.202.
(166) Hey, Rechtsformneutralität (Fn.1), S.201.

第3章　企業課税における租税政策の形成・その動態

35条)⁽¹⁶⁷⁾⁽¹⁶⁸⁾。それ故，理論上は別の解決法が要請されるところである。この点，Sigloch は今回の事業税改革の措置を"体系性を完全に欠いた，プラグマティッシュなモデル"と刻印付けるが⁽¹⁶⁹⁾，かかる評価は早計である。すなわち，事業税は，現在は，ゲマインデの重要な財源であり，それを即座に廃止することは無理であり，改革案の作成に時間がなかったことを考えると止むを得ない。そして，基本法自体が，自治体に独自の調整率を適用することを以って賦課する税源を保障しているので，事業税に代わる新たな税目が開発されない限り，事業税廃止は無理であると言われるのである⁽¹⁷⁰⁾。

これは事業税改革の政治性を意味していると言えよう。具体的には各ゲマインデに安定した税源が確保されない税制改革は実現不能に思える。他にも地方税改革の可能性として賃金税収（lohnsteueraufkommen）にゲマインデが参加し，その税収とする途が提案されたが⁽¹⁷¹⁾，被用者やその雇用者が多いゲマインデとそうでないゲマインデとの間で取り分を如何に分割するかという困難な問題があり，結局実現困難ではないかというのである⁽¹⁷²⁾⁽¹⁷³⁾。

---

(167) Thiel (Fn.46), StuW 2000, 413.
(168) Hey, Rechtsformneutralität (Fn.1), S.208f. 以上が，概ねドイツの事業税に関する本章に関連する論点であったが，因みに我が国では事業税が企業に対する過重負担となっていること，企業の体質強化の足枷になっていることが指摘されている。参照，島田晴雄（編著）『法人課税改革』（東洋経済新報社，1998年），田近栄治／油井雄二『日本の企業課税　中立性の視点による分析』（東洋経済新報社，2000年）191頁以下，跡田直澄（編著）『企業税制改革　実証分析と政策提言』（日本評論社，2000年）3頁以下。その他に，事業税を外形標準課税化する提言がなされている。具体的な案も含めて，参照，加藤・前掲注(4)189頁以下，水野忠恒「事業税の論議について――加算法による所得型付加価値税の方向――」地方税平成10年4月号4頁以下，特に11頁以下，同「地方税改革の今後のゆくえ」地方税平成11年9月号4頁以下，金子・前掲注(34)378頁以下，特に382頁以下，吉村・前掲注(6)。事業税を応益負担原則に基づいた本来の形に，つまり事業規模を表す指標を課税標準として構築することが議論されている。
(169) Sigloch (Fn.128), StuW 2000, 168.
(170) Thiel (Fn.46), StuW 2000, 414.
(171) Kommission "Steuergesetzbuch", Steuerpolitisches Programm Einfacher, gerechter, sozialer:Eine umafassende Ertargsteuerreform für mehr Wachstum und Beschäftigung, Berlin 2006, S.40ff.
(172) Hey, in:Tipke/Lang (Hrsg.), Steuerrecht (Fn.1), §7 Rz.93.
(173) さらに，2008年改正でも，事業税について一定の改革がなされた。詳細は，Hey, Johanna, Verletzung fundamentaler Besteuerungsprinzipien durch die Gegenfinanzierungsmaßnahmen des Unternehmensteuerreformgesetzes 2008, BB 2007, 1303ff.;Höreth, Ulrike/Brigitte Stelzer/Christoph Walter, Unternehmensteuerreform

2 具体的な改正点の検証

② 事業税改革案[174]の一端——地方企業税としての再生——

すなわち，Hey教授の所論によると，後に述べる，一般的企業税の導入とともに，事業税は，もし，それが全ての，つまり事業（Gewerbe）のみでなく，一般的な企業（Unternehmen），すなわち右の狭義の事業のみでなく，実質的に右の事業と等しい経済活動（例，"市場において継続して，独立的に営まれる経済活動"。参照，ドイツ所得税法15条1項1号）に拡大適用され，法形態に依存して計算された課税標準（事業税法7条）および法形態に依存した税率構造（事業税法11条）が除去されるならば，一般的な企業税として正当化の余地はあろう[175]。Lang教授は，それを通じて，事業税の納税者が拡大されるため，事業税の税率を引き下げ，納税者一単位あたりの事業税負担を引き下げることができるという[176]。右の政策は平等，中立，簡素のいずれの視点からも正当なものと見なすことができる。

③ 事業税に係るその他の問題

(i) 人的企業の出資者に及ぶ負担軽減

2008 ——Die Vorschläge der Bund-Länder-Arbeitsgruppe——, BB 2006, 2665ff.;Kußmaul, Heinz/Michale Zabel, Ist Deutschland auf dem Weg（zurück）zu einer verstärkten Substanzbesteuerung?——Kritische Anmerkungen zu aktuellen Gesetzesvorhaben der Bundesregierung, BB 2007, 967ff., 973. 右諸論文をもとに，重要な点に言及すると，事業税もとでは純所得に加え得て課税標準に加算される一定の項目がある（ドイツ事業税法8条1号）。従来は支払利子等（利子の他に，賃料，用益料（Pachten）等）の50パーセントが加算されることとされ，同時に100000ユーロの控除額が認められていた。2008年の改正により，加算割合が50パーセントから25パーセントに引き下げられたが，リース料，ライセンス料が加算項目に追加された。これにより，最終的な加算額が増加する可能性もあり，その点で企業につき実物課税化の可能性が生じたと旨の批判がある。

(174) Hey, Johanna, Kommunale Einkommen- und Köperschaftsteuer——Zugleich ein Beitrag zur Bedeutung des Äquivalenzprinzip für die Ausgestaltung kommunaler Steuern——, StuW 2002, 314ff. Hey教授によると，事業税改革が求められている。その要因として，①事業税収が景気に大きく影響を受けること，②法人，事業所得者にのみ特別な負担として事業税が課されること，である（以上，315f.）。また，改革案の提示もある。例えば，①事業税の廃止，②事業税を維持したまま，若干の改正をなす（例，加算項目の削減，調整率の引き下げ等），③本文中に述べるような事業税を廃止して別の新たな税目を導入する（例，地方企業税，所得・法人税の附加税等），といった選択肢が考えられる（以上，321.）。

(175) Hey, Rechtsformneutralität（Fn.1），S.204. その他，一般的に，Thiel（Fn.46），StuW 2000, 413ff.

(176) 詳細については，参照，Lang, Perspektiven（Fn.21），S.53ff.

第3章　企業課税における租税政策の形成・その動態

　人的企業に対する一方的負担軽減は，それが非払出利益にのみ適用されるのであれば，法形態の中立性違反ではなく，25パーセントという低い法人税率を物的会社に対して適用することの帰結である。しかし，今次改正の措置は，人的企業の全利益に適用されるため，以下に見られるように，法形態中立性に反し，物的会社に対する差別扱いであるとされる[177]。

　所論は次のごとし。ドイツ所得税法35条によって，既に旧所得税法32c条に関して批判された配当利益及び払出利益に対する不平等扱いが持続されている。ドイツ所得税法35条は，事業上の利益が個人事業者及び共同事業者によって払出されないか又は払出されるかに関係なく，適用される。逆に，物的会社からの配当は，物的会社の法人課税の段階で事業税を課されるが，その事業税による負担を課された利益からなされる配当に対する持分権者レベルでの所得税は，配当に含まれた事業税負担分を軽減されない。直接に稼得者の許で事業税を課される所得と資本参加所得とを異なって扱うことが基本法3条に適合するか否か，は問題となった。これは，改正法によっても依然問題である。所得税率と比べて法人税率は，単に人的企業の払出さない利益に対する負担軽減のみを正当化する。物的会社に資本参加した際に，物的会社の利益が直接持分権者に帰属しないことから，実際に配当されるまで高い累進課税されないという課税繰延べメリットを相殺するという理由でも，配当に対する半額のみに対する所得課税を理由としても，事業税の追加的負担が，物的会社からの配当について残ってしまうことは，正当化できるとはされていない。人的企業に出資した場合には発生しない右に述べた様な課税繰延べ効果は，その他の箇所での必然的な超過負担によって相殺される性質のものでは必ずしもない。その他にも，物的会社の持分権者は事業税の租税主体でないから，人的企業におけるケースと異なり，租税主体が同一でないという形式的議論で正当化はできるとされていない。何故なら，同一の課税客体に対する経済的二重負担は，まさに租税主体の同一性を欠く場において除去することを要しうることを度外視しても，所得税軽減のメリットを享受するのは，事業者でなく人的会社だからである（ドイツ事業税法5条1項3文）[178]。それが出資者である事業者に及んでいるのであり，前叙のように，法人の持分権者にはそれが及んでいないのである。

---

(177)　参照，Hey, Rechtsformneutralität (Fn.1), S.205.
(178)　Schön, Wolfgang, zur Unternehmenssteuerreform, Stbg. 2000, 16;Hey, Rechtsformneutralität (Fn.1), S.205.

(ii) 現行の事業税の賦課・徴収の合憲性

さらなる論点は、次のとおりである。事業税を正確に控除することを要するか否かである。確かに、概算的な控除という方法は、立法者の構築の余地を越えていると評価することも可能である。しかし、実際に納付した事業税を完全に控除することも問題を孕んでいる[179]。正確な控除は、事業税を廃止することと全く同じ効果を持とうが、しかし、その財源が市町村に残るとすると、「事業税を控除するために事業税を徴収する」ことになってしまい、比例原則に違反すると解されうる[180]というのである。何故なら、現実の税収が存在しなければ、事業税による個人の自由権に対する課税を通して、侵害的に介入することは正当化されない[181]からである。比例原則に拠れば、個人に対する侵害の度合いと、税収とが相応していることが要求される。ここでは、事業税収は、実質的にゼロである。それ故、このことは、事業税の存在意義、つまり存在そのものの正当化を難しくする。

したがって、この点に関しては、事業税を廃止した上で、新たな財源移譲政策を考案することが求められている。しかし、法形態中立性の側面に関しては、事業税を廃止しただけで、それが達成されないことは言うまでもない（事業税改革のさらなる必要性については、既に①で述べた）。

3 法形態の中立性に関する企業税制改革の評価

(1) 複雑性の増加と非中立性の存続

本稿で検討した企業税制改革において法形態への依存は依然として制度化されたままである。二分の一所得免除式に関しては、物的会社の配当利益及び人的企業の払出利益に対して異なる租税負担を課す。二分の一所得免除方式を資本参加持分の譲渡益に対して適用することは、中立性を創出するために立法者に必要に思われるかも知れない。しかし、二分の一所得免除方式を資本参加持分の譲渡益に対して適用することは、人的会社に係る持分の譲渡及び物的会社に係る持分の譲渡の間の中立課税を創出しない。しかも、事業税に関する負担の相違は直前で述べたとおりである。

一般的に達成されるべき目標たる法形態の中立性の達成されたか否か、どの

---

(179) Hey, Rechtsformneutralität（Fn.1), S.208.
(180) Hey, Rechtsformneutralität（Fn.1), S.208.
(181) Hey, Rechtsformneutralität（Fn.1), S.208.

第3章　企業課税における租税政策の形成・その動態

程度そうなのかという問いに関しては，以上の様な個別的アスペクトに拠っただけでも，その達成は否定され得るし，制度の複雑性は増し，予測可能性は減少したと言える。例えば，本章で主として検討した，会社－持分権者関係を例にとっても，配当時の法人税率，個人所得税率，さらに譲渡時の課税態様に頗る差異が存在することになる。人的企業の下で，利益は払出を待つことなく出資者に帰属し，即座に個人所得税率で課税されるが，物的会社に関しては，留保されれば，持分権者レベルでの課税を延期することができる[182]。これにより利子効果が見込まれるが，これには，物的会社には持分権者の配当に対する需要について，そして持分権者には企業の収益状況を長期間にわたって予測することが求められる[183]。また，ドイツ所得税法35条の事業税による負担軽減は，物的会社からの配当に関しては適用されないため，人的企業に資本参加することを選択する誘因にはなる。

こうしたメリット，デメリットを比較すること自体が法形態に依存した制度の結果であろう。しかも，様々な要素を比較対照として扱うことも安直には行い得ない[184]。

(2) 非中立性の要因と克服可能性

近時の企業税制改革において，法人税率は名目上低下された。それを，旧ドイツ所得税法32c条により，最高所得税率を保ちつつ，法人税率低下を補うという政策は最早採り得ないのである。結局，最高所得税率も2005年までに42パーセントへと，段階的に下げることとされた。これは，Brühler Empfehlungenの時点における「人的企業に法人税法の適用を認める」という政策の代替肢である[185]。

近時の改革は，法人税率及び最高所得税率の結びつけを解く試みとして理解されねばならない[186]ことになろう。これ以上さらに最高所得税率を低下させることは当面考えられない。それとともに，所得税負担が低下していく経過期間においては，その乖離はさらに大きくなり，これを正当化することは難しい

---

(182)　Hey, Rechtsformneutralität (Fn.1), S.209.
(183)　Hey, Rechtsformneutralität (Fn.1), S.209.
(184)　この点については，Hey, Rechtsformneutralität (Fn.1), S.209ff.
(185)　BT-Drucks. 14/2683, S.96.
(186)　Hey, Rechtsformneutralität (Fn.1), S.210.

3 法形態の中立性に関する企業税制改革の評価

(187)ことになる。

① 個人事業者の税負担について

ドイツでは，人的会社は，物的会社と個人企業の中間に存在するという言われ方をする。企業レベルと事業者レベルを分離すること及び役務提供の関係（Leistungsbeziehungen）を承認すること，つまりは，会社レベルで，報酬を利益から控除するという処理に代表される分離原則に則った取り扱いは，ドイツ商法124条によって部分的権利能力を有する人的商事会社については，租税法上大きな問題なく可能であることになろう(188)。つまり，人的会社を物的会社に近づけることは，民事法に対応している。しかし，立法者は，それを行わず，人的会社を個人企業に近づける。これ自体，即座に問題とされるわけではない。何故なら，法形態及びドイツ民法181条の経済的現実（wirtschaftliche Realität）を斟酌すると，個人事業者の範囲を画するラインをずらすことが，応能負担原則の基準と合致するか否かは，疑わしいという見方がありうるからである(189)。これは連邦憲法裁判所の立場でもあろう。しかし，経済的活動を行っている者が，個人事業者又は物的会社におけるのとで，根本的に異なる税負担を課されるということは，立法者が人的会社を如何なる法形態に近づけようとしているか否かに関係なく，正当化されない(190)ともされる。それによれば，民事法上の差異を斟酌することは，応能負担原則というパースペクティブ

---

(187) Hey, Rechtsformneutralität (Fn.1), S.210.

(188) Hey, Rechtsformneutralität (Fn.1), S.212. 分離原則については，参照，Hey, Johanna, Einführung in die Köperschaftsteuer, in:Herrmann, Carl/Heuer/Arndt Raupach, Kommentar zum Eikommensteuer und Köperschaftsteuer, Köln 1999 (Loseblatt), Anm.142. この点，わが国では，人的会社も法人税を課され，個人事業者のみが所得税を課されることとなっている。よって，我が国の企業課税は，個人事業者を除けば，一見，法形態中立的である。ただし，注(13)でも指摘されたように中小法人には，軽減税率が適用される点でも完全ではない。我が国では，個人所得税率よりも低い法人税率のメリットを享受するため，いわゆる法人成りの現象が顕著であると指摘される。これに対処するため，中小法人の多くが該当するであろう同族会社の留保金課税及び行為計算否認規定が設けられている。以上の諸問題につき，参照，矢沢惇編『現代法と企業』（岩波書店，1966年）40頁以下（金子宏執筆），武田昌輔「中小企業課税の問題点」租税法研究13号1頁以下，水野忠恒『アメリカ法人税の法的構造』（有斐閣，1988年）241頁以下。専ら，個人企業者と，それと実態の異ならない法人税を課される中小法人との税負担の不平等が問題となっている。参照，中里実「所得税・法人税は所得に対して課される租税か」一橋論叢91巻6号19頁以下，特に36頁以下。

(189) Hey, Rechtsformneutralität (Fn.1), S.212.

(190) Hey, Rechtsformneutralität (Fn.1), S.212.

第3章　企業課税における租税政策の形成・その動態

からは，何故，一人社員の有限会社（Einmann-GmbH）の社員が，同額の経済的成果について，個人事業者よりも，そして一人社員の有限会社の社員により近い人的会社の社員と比べて高くも低くも課税されることがあるのか，ということに関して，何らの解答を与えない[191]のである。個人企業の経済的及び民事法上の現実は，さらなる捕捉及び課税技術を要するということもあり得る。何故なら，物的会社の規定は，全て個人事業者に移しえないからであるが，しかし，それが同じ額の成果に対する異なる租税負担を正当化する積極的根拠にはならないのであった。それ故，技術上の問題を認めるとしても，極力同じ負担が創出されることを目指さなければならないということになろう。

②　企業課税改革案——法形態の中立性を実現する諸提案——
（ⅰ）課税方式の統一化

企業利益に関して，法形態に依存した差異を，法人税及び所得税の二元主義を妥当させたままで解消することができるか否かに関しては，見解が一致していない。

Reiß教授は，1993年のドイツ租税法学会において，企業課税の法形態への依存性の問題を，所得類型間の不平等扱いに帰着させることを試みた[192]。所論は，すなわち，"利益所得（Gewinneinkünfte）及び収支所得（Überschusseinkünfte）の二元主義を克服することによって所得税の総合課税原則を首尾一貫して実現するために，事業税による事業所得に対する追加的負担をなくせば，所得税及び法人税の二元主義を維持しつつ，法形態の中立性が実現される"というものであると整理される[193]。この二元主義は，ドイツ所得税法の内部で所得分類に応じて，課税所得計算方式が異なることを指す。この発生原因はドイツ所得税法の歴史的展開に遡る。すなわち，1890年プロイセン所得税法が所得源泉説をベースとし，1920年，1925年ライヒ所得税法が純資産増加説をベースとしていたが，両者はいずれも純粋に実定法上貫徹されたわけではなく，結局今日までいわば両者が折衷されつつドイツ所得税法は形成されてきた[194]。そし

---

(191)　Hey, Rechtsformneutralität（Fn.1), S.213.
(192)　Reiß, Rechtsformabhängigkeit（Fn.90), S.4.
(193)　Hey, Rechtsformneutralität（Fn.1), S.213.
(194)　二元主義については，参照，手塚貴大「公共政策における租税政策および租税立法に係る特質——ドイツ租税法学（所得税）に見る租税政策・立法の理論——」広島大学マネジメント研究13号97頁以下，同「所得税改革と租税政策論——ドイツ租税法学における所得分類再編論を素材として——」『租税の複合法的構成　村井正先生喜寿記念論文集』（清文社，2012年）571頁以下，特に，573頁以下。

て，右の二元主義の克服には，少なくとも，最高所得税率及び法人税率の一致が必要だ，ということとなると整理される[195]。

右の如き見解は首肯されうるものである[196]。すなわち，事業税の廃止は，法形態の中立性の実現，ひいては，国際的な経済情勢にも凡そ合致するものだからである。しかし，とりわけ後者の国際的経済情勢に鑑みて，法人税率の引き下げはやむを得ないとしても，最高所得税率の法人税率並みの引き下げは理論的にも現実的にも無理である。何故なら，すなわち，仮に，現在の如く，課税方式を法形態に結びつけたままでは，人的企業の課税方式と個人の課税方式が同じとなり，最高所得税率の引き下げは個人所得課税の許での再分配というアスペクトを捨て去ることを意味するからである。立法者は，租税法制度の構築の際に，大幅な構築の自由を有するとしても，憲法上の要請である社会国家原則を無視することはできない（本章2(1)②）。

(ⅱ) 事業税

今回の企業税制改革は，特に，事業税に関して，所得税債務から事業税を概算的控除するという，法形態に依存した解決方法を採用した。しかし，このような法形態に依存した修正は，以前より立法者は行っている。例えば，人的企業については控除額が異なる（ドイツ事業税法11条1項3文1号）[197]。しかし，こうした政策が，法形態依存性を根本的に克服するものでないことは，以前に述べたとおりである。

また，Hey 教授は，右の政策を憲法的観点から検討している[198]。人的企業に対して今次の改正で規律された"事業税算出中間金額の1.8倍（既に述べたように，2008年改正では3.8倍とされた。）の金額を所得税債務から控除する"という政策は，法人との税負担の乖離（具体的には，法人税率と所得税率との乖離）を正当化するために，憲法ドグマーティク上の"補償"を根拠に正当化することができないか，と問うておられる。この点は，本章4(2)で若干概観される。

---

(195) Reiss, Rechtsformabhängigkeit (Fn.90), S.20.
(196) 以下の叙述につき，参照，Hey, Rechtsformneutralität (Fn.1), S.214.
(197) Montag, in:Tipke/Lang, Steuerrecht (Fn.6), §12 Rn.35. 反対に，物的会社については控除は適用されない。そして，事業税指数は一律五パーセントである。さらには，注(6)も参照。
(198) Hey, Johanna, Saldierung von Vor- und Nachteilen in der Rechtsfertigung von Grundrechtseingriffen und Ungleichbehandlungen, AÖR Bd.128 (2003), 226ff.

第3章　企業課税における租税政策の形成・その動態

なお，詳細は，また，別の機会に論じたい。

(iii)　人的企業に法人税課税を選択させることによる法形態中立性

Brühler Empfehlungen においても提案されたが，法形態中立性は，人的企業に，所得税の賦課か又は法人税の賦課を選択することを認める選択権を与えること (Optionlösung)[199]によっても，創出されることとなる。これにより，物的会社及び人的企業間の租税平等が，確かに達成される[200]。但し，その際，仮に人的企業が法人課税を選択するとした場合，同時に組織変更と見なされ，資産の含み益について譲渡益課税がなされることはその制度の実効性を大幅に減殺しうることは言うまでもない。まさしく，かかる租税法上の取扱いは選択権行使の阻害要因以外の何物でもない[201]。

しかし，法人税選択権付与解決にも弱点は存在する。つまり，一に，既述の通り，人的企業には，法人税を課されるに適した法制が整備されていないということである。二に，仮に，あらゆる人的企業に選択権の行使を認めた場合，とりわけ零細企業に関しては不合理が生ずることも想定されうる。何故なら，既に本章で若干言及されたように（本章1(2)①），法形態の中立性は，決して，絶対的な中立性を求めるものではなく，仮に法形態がそれに適した租税法上の扱いを求め，かつ許容するものであるならば，法形態を基準とした課税方式を適用しても，不合理ではないからである。典型的には，大規模な法人に対してパススルー型の出資者課税を適用することは，不合理であるし，またその逆に，零細個人企業に対して，大規模法人と同じ様な課税方式を適用することは不合理である。したがって，その適用範囲については，なお，十分な検討が必要である。三に，法人課税を選択するか否か，の判断は決して租税法上の考慮のみ

---

[199]　なお，この点，選択権行使という政策と関連するものとして，国際租税法上，外国の投資家を自国法により如何なるものとして性質決定するか，という問題が生じている。それは，外国投資家の法形態の多様化が進み，自国法の基準を適用しては適当な法形態として性質決定することができない，というケースが出てきている。その際，いわゆる Check-the-box が一つの解決策として提唱されている。詳細については，参照，Schnittker, Helder, Steuersubjektqualifikation auslndischer hybrider Rechtsgebilde, StuW 2004, 39ff., 48f.

[200]　Wissenschaftlicher Beirat des Bundesministeriums der Finanzen, Brühler Empfehlungen (Fn.3), S.72ff.;Sigloch (Fn.128), StuW 2000,171.

[201]　Wissenschaftlicher Beirat des Bundesministeriums der Finanzen, Brühler Empfehlungen (Fn.3), S.75;Scheipers, Thomas／Achim Bergemann, Diskussionsforum Unternehmenssteuerreform:Überlegungen zur Vorteilhaftigkeit der Option i. S. des §4a KStG——E, DStR 2000, 709ff.

からなされえない。したがって、様々な要素を総合的に勘案する必要があろう。しかし、事業者にとっては、かかる判断は企業経営上のコストを構成する。したがって、Hey教授曰く"選択権の行使は、それと結びついた様々な税負担がもたらすだろう競争上の事情により強制されるならば、税負担の軽重を比較検討する手間やそれに関する情報の獲得の手間という意味で、マクロ経済上の非生産的な情報及び取引コストを高めるという批判がある"[202]という。四に、そうした選択権行使は、税負担が法律により予め定められるのではなく、納税義務者が自己の意思に基づいて決定されることとなり、租税法律主義の観点からすると、好ましいことではない、という批判もありうるところである（しかし、法が選択権行使をみ認めているのであれば、租税法律主義に違反しない、と立論することもできよう）[203]。

③　企業課税の二元主義の克服による抜本的改革

別の箇所においても筆者は指摘したが[204]、人的企業（人的会社及び個人企業を指す）及び物的会社（物的会社等を指す）に対してそれぞれ相異なる課税を行う企業課税の二元主義を維持したままでは、法形態中立性は、部分的に実現されるにすぎないという批判があった。このため、従前から代替案が主張された。いくつか企業課税改革の提案が見られるが別の箇所で詳しく触れる予定でいるので[205]、ここでは取り敢えず、①出資者税（Teilhabersteuer）および②一般的企業税（allgemeine Unternehmensteuer）を概観し、その構造を明らかにしつつ、意義付けを行う。

(i) 出資者税

出資者税の特徴は、物的会社の課税を人的企業のそれに接近させることである。すなわち、法形態を問わず、企業が稼得した利益はその株主および出資者に直接帰属するものと構成される。出資者税のコンセプト下においては、平等な課税の実現のための唯一の比較基準である自然人をベースとして、企業利益は、如何なる法形態において稼得されたか、内部留保されたかまたは配当されたかを問わず、持分権者又は事業者（Unternehmensträger）の許で、所得税に服する。物的会社に対する課税も、いわゆる利益が社員に直接帰属するものと

---

(202) Hey, Rechtsformneutralität (Fn.1), S.216.
(203) Löhr (Fn.3), StuW 2000, 41.
(204) 参照、本書第4章。参考になるドイツ語の文献として、参照、Lang, Joachim, Reform der Unternehmensbesteuerung, StuW 1990, 3ff.
(205) 注(55)。

第3章　企業課税における租税政策の形成・その動態

して行われる(206)。

　右の出資者税構想は現行法と比べると，相当程度ドラスティックな改革を必要とし，かつ，民事法を租税法の基準とするというドイツ租税法の伝統的思考と合致していない。それ故，右の出資者税構想は実行可能性の点で問題点を有するものとして実現されることもなく，かつ理論的にも難点を伴うものであった(207)。

　この点，Hey 教授は凡そ，"いわゆる純資産増加説を徹底させると，資産価額の増加はすべてその帰属する者の許で把握されねばならず，それは企業に対する出資についても妥当する。しかし，法人を例とすると，その内部留保利益が株主に直接帰属するということは，経済的事実関係に合致せず，また株主は右利益について処分権を有しておらず，直接の帰属を認めると，市場所得説に合致しない"と論じておられる(208)。

　以上の Hey 教授の言明も参考にしつつ，出資者税について次の様な評価を与えることができるであろう。すなわち，一に，先にも指摘したように（本章1(2)①），企業形態も，決して課税方式の選択について基準を提供しないわけではない。そして，二に，法人税の租税法上のメリットである所得税法上の累進税率と比較した低い比例税率がまったく意味をなさなくなり，それとともに競争政策上ドイツ企業に不利な影響を与えることとなろう。ドイツにおいては，人的企業の数が圧倒的であることは知られており，そうした企業の中ではさらに中小企業の占める割合は多いはずである(209)。逆に言えば，大企業の形態としては法人が多いと言いうるわけであって，したがって，右のようなドイツ特有の産業組織構造を直視すれば，国際的企業である法人企業にも高税率を適用することとなり，経済政策上も出資者税を採用する誘因は認めることができな

---

(206) これが，透明性原則（Transparenzprinnzip）である。参照, Pinkernell, Reimer, Einkünftezurechnung bei Personengesellschaften, Berlin 2001, S.17, S.128;Birk, Steuerrecht (Fn.37), Rz.1002. わが国の企業課税問題と比較して，この点につき論じたものとして，参照，中里実「フランスにおける中小企業課税」租税法研究 13 号 118 頁以下，さらに，同「会社区分立法と租税法」税経通信 40 号 28 頁以下。

(207) Engels, Wolfram/Wolfgang Stützel, Teilhabersteuer 2.Aufl., Frankfurt, 1968. 参照, 木村弘之亮「出資者税構想の提唱とその契機」法学研究 53 巻 12 号 1931 頁以下，同「出資者税構想のメカニズム」法学研究 54 巻 1604 頁以下。

(208) Hey, Rechtsformneutralität (Fn.1), S.217.

(209) 逆に，法人形態（特に株式会社）を採用するのは，殆どが大企業である。参照，村上淳一／ハンス・ペーター・マルチュケ『ドイツ法入門　改訂第五版』（有斐閣，2002 年）145 頁 -146 頁。

いと解すほかない(210)という立場が正当であろう。

(ii) 一般的企業税

一般的企業税は，出資者税モデルとは，全く逆の内容を持っている。これは，人的企業に対する課税を物的会社に対する課税に接近させるものである(211)。すなわち，その主観的適用範囲について，法人と人的企業とに同一の課税方式を適用する，というものである(212)。実質的には，一定の要件（帳簿作成）を備えた人的会社および個人事業者について，比例税率による法人課税をなす，というものである（ドイツ売上税法2条を参照）(213)。それとともに，法形態の如何を問わず，統一的な企業課税がなされることにはなる。さらに，個人が行う資産管理活動にもその適用の余地がある。なお，株主・出資者と企業税が適用される企業との間での配当・払出についてはインピュテーション方式が適用されることとされている(214)。

したがって，その意味で，企業課税のみならず，投資課税にまでパースペクティブは広がっている。しかし，これについては，一に，零細企業にまで適用範囲を広げると，本来適用される個人所得税率よりも高い法人税率が適用されることとなってしまうおそれもある(215)。二に，あまりにドラスティックな改革となってしまうので，立法者として，採用に躊躇する制度であるとも言いうる。詳細については本書第4章があるので，それを参照されたい(216)。

---

(210) Hey, Rechtsformneutralität (Fn.1), S.218. 参照，中里・前掲注(179)30頁。
(211) 包括的には，参照，Lang, Joachim, Entwurf eines Steuergesetzbuchs, Bonn 1993, Rz.640ff.
(212) Lang, Steuergesetzbuchs (Fn.211), Rz.645.
(213) Lang, Steuergesetzbuchs (Fn.211), Rz.230, 645. 売上税法の事業者とは，営業，職業上の活動 (gewerbliche oder berufliche Tätigkeit) を行う者である。そして，同じく企業とは，事業者の営利事業，職業上の活動の全てを含んでいる。そして，たとえ，利益を稼得する意思を欠き，又は社団がその構成員との関係でのみ活動しているとしても，収入を稼得するための持続的な活動は，営利事業又は職業上のものである，とされる（ドイツ売上税法2条1項）。この点につき，さらに，参照，Dorenkamp, Christian, Unternehmenssteuerreform und partiall nachgelagerte Besteuerung von Einkommen, StuW 2000, 121ff. 130.
(214) Wartin, Christoph, Rechtsformneutrale Unternehmensbesteuerung:Heilmittel oder Sündenfall?, DStZ 1999, 238;Lang, Joachim, Reform der Unternemensbesteuerung, StuW 1989, 14.
(215) Hey, Rechtsformneutralität (Fn.1), S.219. また，中里・前掲注(206)会社区分立法30頁を参照。
(216) 企業税提案の背景には，所得課税の消費指向化，という論点がある。それについ

(iii) 内部留保利益に係る特別税率の適用

なお，ここで，Brühler Empfehlungen において提案された，人的企業の内部留保利益について，法人税率と同じ税率を適用する，というものも提案された[217]。この提案は，企業が経済成長および雇用回復についてキーポイントを形成している，ということがその根拠とされている[218]。これは，実質的には，先の一般的企業税とほぼ同じである[219]。しかし，人的企業の許で，出資者に対する払出を行う際，それにインピュテーション方式を適用するのか，または，二分の一所得免除方式を適用するのか，という点について問題が残るとされている[220]。これは本章2(3)⑤において言及したような形態で現行法に導入されている。

4 結　語

(1) **企業税制改革における租税政策・租税立法**——概括・評価・その規定要因——

以上がドイツ企業税制改革を法形態の中立性の視点から論じた場合の議論である。企業課税の改正点が若干細かい論点にも及んでいたため，叙述自体も不明確になりがちであったが，重要な改正点は網羅することが出来た。ここで，本章で論じた部分につき，まとめに代えて要約およびインプリケーションを析出する作業を行う。

① 概括と評価

さて，勿論，立法者による経済成長と雇用回復の実現という立法目的には何らの異論がないはずであるが，それを租税法理論に照らした場合には，立法者の採った政策には，学説は大まかには批判的であった。特に，本章の検討からは，企業税法における二元主義を前提とした税制改革が問題であったことは推察されよう。換言すれば，所得税および法人税という異質な租税が企業税法において並存していることが大きな問題であったと言えよう。

まず，経済的視点からは，課税の法形態の中立性の原則は，異なる経済的に

ても，本書第4章を参照されたい。
(217) Wissenschaftlicher Beirat des Bundesministeriums der Finanzen, Brühler Empfehlungen (Fn.3), S.82ff.
(218) Lang (Fn.4), GmbHR 2000, 456.
(219) Löhr (Fn.3), StuW 2000, 41.
(220) Löhr (Fn.3), StuW 2000, 41.

4 結　語

同価値を持つ法形態間の選択判断が，租税法上の効果によって歪曲されないことを，その内容としている。そして，法形態の中立性は，基本法上，基本法12条，14条，2条1項における自由権と並び，3条1項を根拠にしても保障される。しかし，それは，全ての法形態間の絶対的平等扱いをも要求しているわけではない。何らかの正当化事由が存在すれば，差異は肯定される。そして，ドイツ租税法学においては，（税制改革の成果でもある）現実の個別的租税制度について，平等原則と照らし合わせることを通じて明らかにされるそれとの整合性の有無，さらには乖離がある場合の正当化の可能性が議論された。

しかし，前叙のごとく，企業税制改革によって，法形態の中立性は，達成されなかった。二分の一所得免除方式は，インピュテーション方式と比べて税負担の歪曲をもたらす。部分免除方式も同様であった。ドイツ所得税法35条により事業税負担を斟酌し，そして最高所得税率を，最大で，42パーセントに下げても，留保利益に対する6.5パーセントという正当化し得ない差異は残った。2008年改革でさらにそれは広がった。但し，物的会社の配当利益に対しても，事業税は課されているにも拘わらず，人的企業の払出利益に対してなされる負担軽減措置は適用されない。物的会社及び人的企業の間での，従業員又は使用人に対する報酬の控除の可否，退職年金引当金に対する取り扱いの違い等，昨今の改革において触れられていないが，税負担に影響を及ぼす重大な問題は，改革の余地を持つことになる。

加えて，法形態間の選択は，そもそも，選択された法形態によって，一体どの程度の利益が稼得され得るか否か，という確実性を伴っていない問題に本質的に依存している。それが，租税制度によって，さらに複雑性を増しているのである。また，政治的影響と並んで，ドイツ連邦憲法裁判所も私法上の企業の法形態を基準として企業税制の構築を行うことを承認しているわけであって，現実の税制改革が抜本的に行われることなく，既存の租税制度を大枠で前提としながら実施されるために，租税制度の中に不平等であったり，非中立的な箇所が残り，それが原因となって複雑性が増していくことになる。

こうした法形態間の差異を除去することは，現在の国際的租税競争というトレンドを直視すると難しい。ドイツの法人税率の25パーセント，15パーセントへの低下も，その必然的帰結であった。出資者税及び理論的には優れている一般的企業税（詳細は，本書第4章を参照。）も，完全には適切かつ有効な問題の解決を与えてくれるものではない。

また，ドイツにおける企業税制改革の成果に照らして，（勿論，批判的視点も

第3章　企業課税における租税政策の形成・その動態

含めて）わが国の法制度に対する示唆を得る作業が残されているが，本章ではそれを行う余裕はない。したがって，他日を期すこととなる。しかし，直後の②において，税制改革に係る基礎理論の導出を試みたい。

　②　税制改革の規定要因

　次に，本章で検討した企業税制改革が不首尾に終わったことの原因を検討することとしたい。すなわち，学説に照らせば，現実の税制改革に理論的観点から論難を加えることが可能であろうが，それが何故現実の租税政策・租税立法に純化した形で反映されないかの，という点は興味深い。こうした論点の検討については通常政治学により行われるのであろうが，制度設計論が非常に重要である租税法学の観点からも行われるべき作業であろう。いわば税制改革の阻害要因は何処にあるのか，という点を突き止めることの試みは，完全ではないかもしれないし，税制改革の対象となっている税目ごとに違う可能性はあるが，必要であろう。

　筆者はこうした論点につき別稿でも簡単に述べたことがあるが[221]，それをここでもう一度振り返っておきたい。そもそも，本章の叙述から明らかとなろうが，注目すべきは，本章3(2)②，③および本書第4章で示すように，学説によるいくつかの企業税制改革案が提示されているにも拘わらず，"企業"について同一の課税方式の適用がなされないのは何故かという点である。具体的には本章で見た物的会社と人的企業との間で課税方式に大きな違いがあり，両者を統一化すればその問題は解決するのであるが，そうした違いを前提としたうえで現実の税制改革は行われているのである。その結果かような違いが解消されないまま個別措置を積み重ねて租税制度の複雑性が増していくという負のスパイラルに陥っているように観察できる。

　以上の点を説明できる事項として，次の指摘が可能であろう[222]。

　1に，租税政策を論ずる際の現実問題としての税収確保の必要性がある。この点，近時 Kirchhof 教授により提唱された所得税の Flat Tax 化に着目すべきである（Kirchhof, Paul, Einkommensteuergesetzlach, Heidelberg 2003）。この提案は具体的には所得税法における事業所得等の稼得者に係る事業等および法人税の納税義務者について，それを租税法人として新たな納税義務者の類型を構築している。そして，租税法人には一律に25パーセントの法人税を課し，仮

---

(221)　手塚・前掲注(32)612頁以下。
(222)　以下，手塚・前掲注(32)に負う。

118

4 結　語

に株主あるいは出資者に配当等が行われても，その受領者のもとでは所得税を課さないというものである。これについては，ドイツ企業税法において問題視されているいわゆる二元主義を克服し，法形態の中立性を実現するものとして積極的に評価することも不可能ではないが，しかし，実際上は採用し得ないという評価がある。何故なら，ドイツにおいては国家像として社会国家が想定されており，所論の提案する租税法人のように従来所得税の納税義務者であった者をすべてFlat税率の適用対象とすれば税収の喪失により社会国家として求められる公共サービスの提供が実効的に行い得なくなるからである[223]。

　それに関連して，次に，企業活動を行う所得税の納税義務者に係る税負担の問題がありうる。すなわち，法人税率よりも低い所得税率の適用を受ける納税義務者については，自身に法人課税が適用されることは税負担の面で不利となろう[224]。この場合には，やはり政治的に前叙のように企業活動を展開する所得税納税義務者に一律に法人課税を適用する税制改革は，前叙のように学説による強い要請が繰り返されつつも，実現し難いものであると考えられる[225]。

　但し，この筆者による仮説的言明は，所得税率が法人税率よりも高いがゆえに，最高所得税率よるも低い税率で従来の所得税の納税義務者に課税が行われることによる税収喪失可能性というKirchhof教授のFlat Taxに係る批判的言明とは必ずしも両立しない面があるにせよ，それはある種の一般的批判であり，筆者の仮定で示したような法人税率よりも低い所得税率の適用を受ける納税義務者もなお存在するはずである。とするならば，そうした属性を持つ納税義務者の租税政策の選択についての政治過程における立ち位置は所得課税の維持であろう。

　2に，立法者の判断余地が大きいことである。それが，如実に現れているのが，先に挙げた連邦憲法裁判所の判決自体において，立法者が，企業税制の構築をするに際して，私法上の法形態を基準にすること自体は，憲法は禁止していない，とすることである[226]。これに基づき，一方で，企業税制の複雑化の根本的要因である二元主義の克服は法的には要請されていないことになり，他方で，中立性の原則の実現は憲法上の要請とされているという一見奇妙な状態

---

(223)　Hey, in:Tipke/Lang (Hrsg.), Steuerrecht (Fn.1), §7 Rz.75.
(224)　手塚・前掲注(106)97-98頁。
(225)　しばしば指摘される税制改革に係る政治的困難につき，一般的には，参照，Dziadkowski, Dieter, Karlsruher Grundfreibetrag——ein Rechenfehler?, BB 2001, 1765.
(226)　前掲注(29)の決定。

第3章　企業課税における租税政策の形成・その動態

があることになる。そして，二元主義をベースとしつつ，中立的な租税制度の構築が追求されているために，本稿で実証的に見たような，複雑かつ中途半端な税制改革が行われることにつながっているように思われる。換言すれば，法人税制の詳細な点についてまで憲法等で規律づけることは目下の租税法理論ではできない。したがって，憲法上の原則の首尾一貫した実施は，現実には，困難となる可能性がある。このことは前叙の法人税率の設定についても当てはまる（3①(ii)）。この点に，学説による二元主義克服のための税制改革案に対して，立法がまったく対応しないこと，ひいてはする必要のないことの重要な根拠の一つがあると推論可能である。

　3に，それに関連して，租税制度および財政制度の複層性があると考えられる。企業税法においては，特に，憲法で承認された事業税の存在がその典型例である。ゲマインデにとって事業税は重要な税収源であるため，それを廃止することには抵抗がありうる。その結果，企業活動のうち事業性を有するものについて税負担はやや高めとなる。そして，それに対応する租税制度も複雑化する（2(5)）。

　以上の3点に限ってみても，（連邦制国家内における各政府に係る）税収確保の必要性，政治的抵抗，法理論が厳格に税制改革を規律づけることがないことが，税制改革を阻む要因として挙げられうる。この点，第二の政治的抵抗を除いて考えると（これについては，その性質上，租税特別措置に係る既得権保持の圧力という本稿冒頭の議論が妥当する場面であろう。），税収確保の必要性については，租税制度自体に要請される機能からすれば当然であるのと同時に，税負担の水準を一律に決定づける法理論がないことに起因しており，また，平等原則違反の認定およびその正当化については，租税政策の形成に際しては社会経済情勢に応じて税負担の水準を操作する必要が認められるところ，税収確保の要請について論じたのと同様に，税負担の水準を法的に一律に決定づけ，不変のものとすることはできないと考えられる。要するに，これらの複数の要因の存在が示唆するところは，本稿冒頭の仮説と同じように，租税制度，ひいては財政制度も含めて，そうした制度内部に税制改革を阻む要因がありうるということである。

4 結　語

(2)　補論[227]──立法技術としての"相殺"──

　ここでは，今回の企業税制改革について採用され，そして，立法実務にも比較的利用されることのある立法技術として，既に，本章2(5)③(i)で言及された，"事業税の課税所得計算中間金額（Messbetrag）の1.8倍を所得税債務から控除することを通じて，法人に係る法人税率の25パーセントへの大幅な引き下げに伴い生ずる，法人と人的企業との税負担の差異を調整する措置"を，立法技術的視点より補足的に論ずることとしたい。

① 問題の所在

　例えば，私人の権利を制約することは，法律によって行われることになるが，しかし，それでも，無制約にそれが許容されるわけではない。言い換えれば，何らかの合理的な根拠が必要であると言える。それが，健全な発想である。

　例えば，以下のような例は検討に値すると思われる。ある私人Aの権利が法律により制約されている。しかし，そのAに対して，他の箇所で何らかのメリットを供与すれば（補償（Kompensation）。これを以下で主に"相殺"と呼称する），Aに対する権利侵害は，たとえそれが合理性を欠いたものであっても，憲法上正当化されるのであろうか？この問いに対しては，次の二つの回答が可能であろうと筆者は考える。一に，右のような相殺は許容されない，というものである。すなわち，それは，私人の権利制約に合理性を問う，という作業は個別の権利制約を判断の基礎にしてなされるべきであるから，他の箇所での相殺は権利制約に係る合理化をなさない，というものである。右の考えは，首尾一貫したものであると言えよう。二に，権利制約を受けることによって被るデメリットと，相殺によって享受が可能になるメリットとが相殺（Saldierung）されるのであれば，かかる相殺を伴う権利制約は憲法上許容される，というものである。これも，いわばメリットとデメリットの量的同質性に着目し，その許容性を根拠付けている考え方である。

　以上の二つの考え方が，まず想定され得るが，そのいずれが正しいかは一概には明らかには言えない。例えば，前者については，それを大概において肯定できそうであるが，しかし，場合によっては法実務には馴染みにくい考え方であるとも言い得る。何故ならば，立法の場面ではないが，他人の精神的損害を金銭により賠償することは民事責任の追及の際に，私人間での紛争解決にしばしば用いられることだからである。公法の領域では，国家補償法が機能的には

---

(227)　参照，Hey（Fn.198），AÖR Bd.128（2003），S.227ff.

第3章　企業課税における租税政策の形成・その動態

相殺と同じであると言い得る（後に詳述）。右の設例では，確かに，権利の侵害（本章では，その制約）を行った者が立法者ではなく私人であるが，しかし，侵害の対象は紛れもなく憲法上の精神的自由である（経済的自由でもありうることは当然である）。それが，金銭という財産権の付与によって補償されるという構図がそこに見られる。それ故，立法者による権利の制約とパラレルに考えることは不可能ではない。他方，後者の考え方も首肯できる部分はあるが，しかし，問題点を孕んでいる。すなわち，この考え方は，突き詰めると，相殺が採られれば，権利制約を比較的容易に認めることに行き着きうる。これは，特に制約の対象たる権利が憲法上の基本権である場合には，首肯しがたい見解であると思われる。

立法者は権利の制約を行う常態にあり，右に見た問題は常に立法者を悩ますであろう。それ故，この点の法的扱いを理論的に検討しておく必要があると考える。

②　検討の視角――2000年ドイツ企業税制改革――

では，本章では如何なる形で検討がなされるべきであるのか，が問題となる。ここでは，本章でも検討した2000年の企業税制改革のもとにおけるドイツ企業税法を例にとって検討を行いたいと考える。それは，以下に述べる事情からそのように筆者は判断した（以下の②に係る叙述・問題提起はFn.198の文献に拠る）。

ドイツにおいて実行された企業税制改革では，法人の税負担と人的企業の税負担を平等にする，いわゆる法形態の中立性の公準を実現することが企図された。しかし，そこには問題が孕まれていた。すなわち，法人税率が25パーセントと引き下げられ，最高所得税率は依然として42パーセントである。これは，人的企業に対する税負担の軽減が法人と比較して不十分であり，これについて合理的な根拠で正当化を行わない限り，平等原則違反の疑いがある。しかし，ここで，立法者は最高所得税率を法人税なみに引き下げるという選択肢を採用しなかった。採用されたのは，事業税の税負担軽減を人的企業についてのみ規律するというものであった。その詳細については既に触れたが，「人的企業について，一定の方法によって計算された事業税算出中間金額の1.8倍の金額を所得税債務から控除する」という措置がそれである。そうした補償を通じても，法人の内部留保利益に係る税負担は37.5パーセントであり，そして，人的企業のそれは44.17パーセントである。それ故，両者の間には，未だなお，

4 結　語

6.5パーセント程度の開きが残っている。ドイツの論者によると，こうした税負担の開きが平等原則に照らして正当化できるか否か，が重要な問題である（但し，6.5パーセント程度の開きは平等原則に違反しないとする見解もある）。それは，2000年企業税制改革に照らしてみると，次の様な問題提起を許容するものである。

　一に，法人についてのみ税率が25パーセントとされたことを通じて，人的企業にとって，それが正当化できない平等原則違反であるか否か。

　二に，逆に，法人にとってみると，人的企業についてのみドイツ所得税法35条を通じて事業税負担が一部または全部軽減される可能性が認められていることは，平等原則に違反するか否か。

　三に，（大いなる誤解であるが）事業所得でない所得を稼得する納税者との関係で事業税の税負担軽減措置が事業所得のみに限定して適用されることが憲法違反であるか否か（但し，これは事業税という特別な追加的な税負担を調整するために規律されているゆえ，実際上問題視されることはないであろう）。

　なお，右の問題に回答を与えるに際して，さらに事情を複雑にする要因が存在する。仮に，法人の内部留保利益がその持分権者に配当される場合，それは法人から外部に流出する利益であるから，事業税負担は排除される必要が理論的に認められる（このことは，事業税が事業活動について課税される税目であることから当然に明らかなことである）。しかし，実際には，かかる事業税負担の軽減は規律されていないのである。Hey教授の試算によると，物的会社の配当利益は法人税，事業税（調整率を400パーセントと仮定）並びに所得税によって課税され，全体としての税負担は50.63パーセントとなる[228]。その反対に，先にも指摘したように人的企業の払出利益に係る税負担は44.17パーセントである。以上のことから両者の配当・払出利益の税負担には差異が認められる。したがって，事業税の負担を勘案してもなおメリットと言える（法人税率が25パーセントと非常に低いゆえの）法人の内部留保利益に係るメリット[229]が，配当の局面における上述のデメリットによって，相殺（Saldierung）されうるの

---

(228) 参照，Hey (Fn.198), AÖR Bd.128 (2003), 229のFn.5。
(229) すなわち，法人の許に利益を内部留保した場合と，それを株主の許に配当した場合とを比較すると，株主に係る税負担の方が重くなる。そして，人的企業に係る税負担，つまり，その出資者に対する税負担と過労虫に係るそれを比較すると，人的企業の出資者には，先の事業税負担軽減措置により，人的企業の出資者に対する税負担の方が軽くなる。したがって，以上のことから，法人の許では，株主にその利益を配当せずに，内部留保を続けるという誘因が生ずる。

か否か，すなわち合憲と判断され得るのか否か，がさらに別個の問題として議論されねばならないのである。極めて重要なことであるが，仮に，相殺が比較的容易に認められるとすれば（異なる法領域にまたがる相殺，異なる性質の権利（精神的権利と経済的権利）同士の相殺等），税制改革のみでなく，あらゆる立法活動において，かかる立法活動につき相当程度広範な裁量が認められる。右の如き立法技術について法的限界を設けることは困難となりうる。そこで，以上によれば，本章では，右の如き立法活動について観念される法的限界を明らかにすることに意義が認められると考える。

③　相殺の理論的根拠

まず，相殺が従来までの法理論，とりわけ基本権ドグマーティクとの関係で，如何なる形で議論されてきたかが確認されねばならない。すなわち，権利制約を相殺によって正当化することのドイツ法における余地が問題となる。それとともに，ある案件に適用されうる基準が獲得されうる。

（i）伝統的議論のありよう

ここでは，Hey教授が引用する，Voßkuhle教授[230]の議論を参照しつつ，法的意味における相殺概念を明らかにしていく。

まず，Voßkuhle教授の所論によると，行政法における立法を参照すると，それは明らかになる[231]。すなわち，従来型の（または，"古典的"とも言えるであろう）行政活動である，規制行政活動においては，行政は私人の私的領域に介入するために，法律上規律された規制措置を以って行政作用を展開する。したがって，かかる属性を有する行政作用については，それに相当する規制的行政手段が法律上規律される必要がある。しかし，行政事務の拡大傾向が継続するに伴い，規制的行政だけでなく，福祉行政等の必要性が台頭してきた（福祉国家化）。それだけでなく，利益多元化傾向も強まり，行政作用の影響が従来にも増して，多くの人々の行動に影響を与えるにいたり，行政作用に伴う諸利益の相克を解消することも行政の任務と観念されてきた。勿論，その過程で，行政に過剰な負担が課せられているという傾向も指摘され，それとともに，規制緩和，行政事務の民間化も提唱されたことは言うまでもない。

---

(230) Voßkuhle, Andreas, Das Kompensationsprinzip:Grundlagen einer prospektiven Ausgleichsordnung für die Folgen privater Freiheitsbetätigung –Zur Flexibilisierung des Verwaltungsrechts am Beispiel des Umwelt- und Planungsrechts, Tübingen 1999.
(231) 参照．Voßkuhle, Das Kompensationsprinzip（Fn.230），S.1ff.

4　結　語

　さて，Voßkuhle 教授による以上のような利益調整機能を行政が有するようになると，法律上規律される行政手段も一様ではなくなる。右に関連して，「過重負担を課されている国家は，国家作用および社会作用について自己に課される責任を果たすこと，そして，顕在化する多元的利益の調整を，伝統的な，一方的かつ高権的な手段を以って，適正に処理することについて，制度上ますます過剰に負担を課される様相を呈している。環境法および技術法の領域において，かかる状況は特に具体的な形をとって現れる。すなわち，右の如き領域は，過剰な複雑性および動態性，非線形的な因果関係に基く事象の展開，非継続性および不可逆性，効果のグローバル性並びにリスクの計算不可能性によって刻印付けられている。そうした事情から生ずる，柔軟で，状況依存的な，そして広い意味で開かれた，そして学習可能な基準の存在の必要性を，伝統的な秩序法は十分には充足し得ない」[232]という言明をここで引用しておく。すなわち，利益を調整するには，諸利益の流動性あるいは状況依存性に鑑みて，法律上一義的に利益調整のありようが規律され得るわけではなくなる。

　したがって，行政法の領域において行政主体に求められるのは，様々な利益の調整である。そこで，利益の調整を行うために必要な法的装置が問題となる。すなわち，実体法上法律関係を一義的に規律するのではなく（それは，国家と私人とを行政作用を協働で営むパートナーと位置付けることを生じさせる），私人を自己統制を行う者として位置付けることとが一般論として求められる。それとともに，「社会に内在する適合能力，反応能力，問題解決能力を最大限発揮させるために，法は，目的を描写し，選択肢を示し，誘因を与え，しっかりした構造を作り，そして組織および手続を形成することに専ら集中すべきである」[233]。右の言明を敷衍すると，法律に基いて活動する行政も，法律に服してその意思決定を行う私人も，法律上に自らの面前に現れている事案について解決策が一義的には規律されていないので，（抽象的なものではあれ）法律の枠内で解決策を諸利益の調整に基いて発見する，ということとなろう。そうした諸利益の調整方法が"補償（Kompensation）"である。すなわち「とりわけ秩序法は，依然として，防御（Abwehr）と受忍（Dulden）の二元主義によって支配されている。個人の自由を発現するものである活動の多くの形態には，多かれ少なかれ第三者あるいは一般公衆の権利侵害が対応しているから，従来，行政法に係る実務上および学問上の議論の中心には次の問題がある。それは，

---

(232)　Voßkuhle, Das Kompensationsprinzip（Fn.230），S.4.
(233)　Voßkuhle, Das Kompensationsprinzip（Fn.230），S.5f.

他者たる個人または公衆が有する利益と相克する自己の利益を貫徹するという，主観的権利という形で法秩序によって個人に付与された法的力（Rechtsmacht）は如何にして充足されるか，というものがそれである。例えば，産業を新たに興す者は，その施設内における土地を排他的に利用し，自然および環境を破壊し，騒音，大気・水質汚染を発生させ，新規起業者のみが希少なリソースを利用することによって，潜在的な競争者を排除する」[234]。右のVoßkuhle教授の挙げる実例をベースとすると，かかる相克する利益調整を従来の規制の手段で以って行うとすると，新規起業者の事業を禁止するか，あるいは，かかる事業によって生ずる損害を利害関係者に受忍することを命ずる，という選択肢しかない（まさに，"オール・オア・ノッシング"[235]という解決法である）。しかし，これでは，そこに利益調整の契機を見出すことはできず，現在の利益多元的な社会に適合しない行政のありようであると言わざるを得ない。したがって，いずれかの権利侵害を被る者に対して適正な補償をなし，利益侵害を生ずる行為を行うことを許容する，という解決が諸利益の調整と言いうるであろう。そして，立法者は，法律上，補償の性質・程度に係る要件を規律することとなる。

　以上が，補償を例とした相殺の意味内容であり，それを立法の領域にアナロジーを通じて適用することの可否および要件が本章で論ずることである。勿論，可否については，立法実務上既に定着していることであるから[236]，それを否定することは最早できないであろう。

　(ⅱ)　相殺の可否の判断基準

　ここで，相殺の可否に係る判断基準は，後に触れるが，一般的平等原則である。ここでは，立法における相殺措置を論ずる際に，一般的平等原則を援用しつつ，それをなす意義および根拠を検討する。

　特に国家補償法の領域において，私的所有権の対象としての国家により土地が収用されるという権利制約を，金銭の形で補償することを通じて，収用前の私人の地位を回復するということが常態としてあった。これは，確固とした事実である。

　しかし，収用された土地に対する金銭による補償が実定法上規律されている

---

(234)　Voßkuhle, Das Kompensationsprinzip（Fn.230），S.8.
(235)　Voßkuhle, Das Kompensationsprinzip（Fn.230），S.8.
(236)　詳細については，参照，Hey（Fn.198），AÖR Bd.128（2003），S.229f.

4 結　語

としても，補償額が問題となる。すなわち，収用前の私人の地位の回復は，補償額が相当なものでないと，実現されたとはいえない。すなわち，ここに比例原則の適用の余地があり，突き詰めると，収用された土地の価額と補償額との間に比例関係が求められる。加えて，Friauf 教授の論述[237]によると，土地を収用されたことによって土地所有権を侵害された私人は，補償を通じて他の私人との関係において，収用による権利制約を回復することを通じて平等な地位が回復される。その際，回復された地位と収用されていない土地の所有者たる私人の地位との間も比例原則に適ったものでなければならないことは言うまでもない。すなわち，所論によると，私人に課される特別な負担と，右の負担が課された際の，平等原則の実現を如何にして行うか，が問題となる。

右のように，権利制約は，平等原則に照らし，補償の付与による正当化の問題として議論できることが明らかとなった。但し，留意点もある。一方で，国家補償法では，金銭の供与による土地所有権の侵害がなされうることが予め実定法により規律されている。他方で，本章で議論される租税政策における基本権侵害とその相殺による正当化は，①実定法上何らの規律もなされておらず，それとともに，②正当化の要件，ひいては，③かかる相殺の付与による基本権侵害が一般的に可能か否かは実定法上明らかではない。但し，③は国家補償法および基本法の規律からして一般的に可能であると仮定しても，なお，右の①および②については一義的に明らかではない。

④　立法技術として相殺の要件

では，ここで立法技術として相殺が許容されるための要件を論ずる[238]。ここで，一に，直前で論じたように，一般的平等原則の枠内で問題を論ずることが重要である。二に，それと関連して，一般的平等原則の適用に係る要件の定立が必要である。では，以下にそれを論述することとする（なお，要件とされるもののうち，都合上割愛したものもあることをご了解賜りたい）。

(i) 事実関係の同一性[239]

事実関係の同一性は，平等原則の適用要件である。事実関係の同一性がなけ

---

(237) Friauf, Karl Heinrich, Öffentliche Sonderlasten und Gleichheit der Steuerbürger, in:Institut für Völkerrecht und ausländisches öffentliches Recht der Universität zu Köln (Hrsg.), Festschrift für Hermann Jahrreiß zum 80.Geburtstag 19. August 1974, Köln 1974, S.45ff., S56f.
(238) 参照，Hey (Fn.198), AÖR Bd.128, 242ff.
(239) Hey (Fn.198), AÖR Bd.128 (2003), 242.

第3章　企業課税における租税政策の形成・その動態

ればその性質上比較可能性はないこととなる。

(ii)　人的同一性[240]

人的同一性の許では，同一の者の許で生ずるメリットおよびデメリットが問題となる。これも(1)と同じ理由で必要な要件である。

(iii)　法領域の範囲[241]

法領域の範囲は，必ずしも同一である必要はない。すなわち，本章との関連で言えば，個々の租税法律（所得税法，法人税法，消費税法等の個々の税目に係る法律）は同一である必要はない。相殺による"平等の実現"に着目すると，人的同一性および事実関係の同一性があれば比較可能性が維持されると考えられている。

(iv)　メリット・デメリットの同一種類性および同価値性[242]

Hey教授の所論によると，真に要件とされるのは同価値性で，同一種類性は同価値性を認定するための要件である。すなわち，同一種類性が欠けていると，同価値性が得られないからである，とされている。この点，Hey教授は，例えば，金銭的デメリット（ここでは，事業税債務を想定してよい）を，他のその他の無形のメリットによって相殺することはできない，とする[243]。

---

(240)　Hey（Fn.198), AÖR Bd.128（2003), 242f.
(241)　Hey（Fn.198), AÖR Bd.128（2003), 244. なお，BVerfG-Besch., v.18 .6 1975 ──1 BvR 528/72──, BVerfGE 40, 109ff. によると，法人に適格資本参加している人的会社について事業税に係る株式配当非課税特権を適用しない，という1955年事業税法について，その合憲性を考察するに際して，①人的会社はその出資者の主観的要素も含めて所得計算ができるが，法人についてはそうではない，②所得税率は累進的である，という法状況に鑑み，右の法人についての税負担に係るふりえきを考慮して（勿論，法人間での配当の連鎖による，いわゆるカスケード効果を避けるということも企図されていることは言うまでもない），法人ではない人的企業には株式配当非課税特権を適用しないという措置を採用しても平等原則に照らして違憲ではない，としている（117.）。さらに，重要なことであるが，法人と人的会社との税負担の差異を明らかにするに際して，事業税のみでなく，同じ収益税である所得税・法人税等も考慮すべきである，とする（118.）。したがって，連邦憲法裁判所の立場も，個別法律を基準として相殺の可否を論じているわけではない。
(242)　Hey（Fn.198), AÖR Bd.128（2003), 245.
(243)　例えば，Hey教授は，ある判決が，独立的に代理商に対して事業税を課すことが，それが代理商としての事業活動を展開できるメリットに対応するもので，非独立的に商業活動を行う者と比べて事業税を課税することは，その活動の独立性ゆえ，正当である，とすることを批判しておられる。右の判決につき，参照，BVerfG-Besch., v.25 .10 1977

また，その他に，デメリットを相殺するために供されるメリットの量も重要な要素であろう[244]。

⑤ 事業税改革における相殺の可否

では，ここで，具体的に本節冒頭で指摘したようなドイツ事業税の許での補償による立法が理論的に可能なものであるか否かを検討する。

まず，問題となるのは，ドイツ所得税法35条による事業税負担軽減措置が適用される人的企業とそうでない法人との間の税負担に係る差異の相殺である。前款の(i)の要件は，問題となっているのが企業利益であるので，充足される。次に，(ii)の要件も，問題となっているのが企業であるので，充足する。(iv)も，増税を減税で相殺するのであるから，充足する。しかし，所論によると，(iii)の要件が問題である，とされている。一つの見方として，事業税はいわゆる物税（Objektsteuer）であり，所得税は人税（Personensteuer）であり，性質を異にするため，相殺には適さない，と考えられうる。しかし，他方の見解によると，所得税と事業税は，その課税標準に着目すると，大幅に重なっていること，事業税は現在のありようによると物税としての性質を失っていること[245]，に鑑みて，その相殺可能性を否定することはできない，とされる[246]。いずれかの見解が正しいかは一概には決定されえないが，現に所得税と事業税は，企業に対する税負担として意思決定に大きな影響を及ぼすほどのものであるから，右の如き根拠のみを以って，その相殺を否定するということは不合理である[247]。

なお，しかし，試算によると[248]，逆に，法人そのものに係る税負担と人的企業（実質的にはその出資者）に係る税負担を比較した場合，なお，税負担に相対的に大きい差異が残る。法人の持分権者の税負担と人的企業（実質的には

―1 BvR 15/75―，BVerfGE 46, 224, 239. また，Hey (Fn.198), AÖR Bd.128 (2003), S.245.

(244) 例えば，参照，Sydow, Sabine, Besteuerung gewerblicher Einkünfte――Zur Verfassungsmäßigkeit des §32c EStG―― Anmerkungen zum Vorlagebeschluß des BFH 24. 2. 1999 XR 171/96 im Hinblick auf die anstehende Unternehmenssteuerreform-, DB 1999, 2435ff., 2440.

(245) Jachmann, Monika, Ansätze zu einer gleichheitsgerechten Ersatzung der Gewerbesteuer, BB 2000, 1432ff., 1433.

(246) Hey (Fn.198), AÖR Bd.128 (2003), 251.

(247) なお，事業税と所得税・法人税との本文で指摘した如き性質上の差異を強調し，相殺を否定するという立場に立つこともなお不可能ではない。

(248) 詳細な点については，参照，Schaumburg, Harald, in:Schaumburg/Thomas, Rödder (Hrsg.), Unternehemenssteuerreform 2001:Gesetze, Materealien, Erläuterungen, Köln 2000, S.348f.

第3章　企業課税における租税政策の形成・その動態

その出資者) の税負担を比較してはじめてほぼ同じ税負担の創出が実現される。右のいずれを基準として相殺の可否を決定するかは本章では結論を出しえないが，メリットとデメリットとの量的な同一性を重要視するならば，後者を以ってその基準とするべきであろうが，しかし，それは企業同士の税負担の比較ではなく，持分権者同士の税負担の比較となってしまい，依然として問題は残る。

　ただ，いずれにせよ，以上のように Hey 教授の論述に従って考えてみると，今回の事業税改革措置の許での相殺措置は，原則としてなお合憲である，と解することとなる。しかし，続けて Hey 教授も論じておられるように，ここで論じたような相殺の如き立法技術は，あくまでも，止むを得ない措置，と考えるべきかもしれない[249]。何故なら，法秩序の首尾一貫性および無矛盾姓の原則があるにも拘わらず，立法者は，相殺措置を後に講ずるという手段が残されているために，今回の如き改革に見られるように，敢えて複雑な立法をなすことに容易に陥ってしまう可能性があるからである[250]（その際，相殺は，平等原則違反あるいは体系損壊を隠す技術に堕してしまう可能性がある）。すなわち，具体的には，本来であれば，事業税を廃止して，別の財源をゲマインデに保障すれば，法形態の中立性の実現を相当程度期待できたかもしれないからである。

　したがって，相殺は，まさに止むを得なく立法技術としての相殺を利用せざるを得ない場合に，限って利用するべきである，と解することができる[251]。

---

(249)　Hey(Fn.198), AÖR Bd.128 (2003), 252f.
(250)　Hey(Fn.198), AÖR Bd.128 (2003), 252. また，同旨，Klein, Eckhart, Kompetenz- und Rechtskompensation:Überlegung zu einer Argumentationsfigur, DVBl. 1981, 661ff., 667.
(251)　この点，ある連邦憲法裁判所の決定（BVerfG-Beschl. v. 2. 3. 1999 ──1 BvL 7/91──, BVerfGE 100, 226ff., 245f.）によると，文化財保護のためにその所有権者の所有権を制限し，それに金銭的補償を与える，という政策は二次的なものと解すべきで，本来は，かかる所有権制限を極力最小限にするような政策が第一次的なそれとして採用されねばならない，という。

第4章　ドイツにおける企業税提案から見た企業税制改革と租税立法
　　　　——ドイツ企業税制論の一断面——

1　はじめに

(1)　**問題の所在**——近時のドイツ企業課税を取り巻く環境——

　昨今，ドイツにおいて企業税制改革が進行したことは周知である。その際，法人税の税率は，大幅に引き下げられ，25パーセントとされた[1]。このことは，一見，法人たる物的会社に係る投資を誘発することを意味しよう。何故なら，それにより企業収益の大幅な改善が見込まれ，経済成長に繋がる可能性があり，それが連鎖的にさらなる投資を誘発するからである。ここで，右事情に関連する論点として，取り敢えず，次の二点が指摘される。

　一に，企業活動が国際化し，企業に係るあまりに高い税負担は経済活動に係る立地条件としてドイツが不利であると投資家によって判断されることとなり，それとともにドイツ経済にとって負の影響が生じうる[2]。それを避けるべく税負担の引き下げは企図される。

　二に，そうした投資所得に対する大幅な税負担軽減は，理論的に推奨される（詳しくは2(2)を参照），租税システム，特に所得税の消費指向化（Konsumorientierung）の幕開けを意味するとされる[3]。すなわち，そうした，いわゆる消費型所得税（Konsumorientierte Einkommensteuer）の意義は，典型的な形では，支出税であり，凡そ「個人が一定期間中に稼得した所得のうち，

---

[1]　ドイツにおける新しい法人課税制度については，参照，本書第3章。
[2]　目下，各国の租税制度は，労働力の国境を越えた移動，資本取引の国際化，税務当局の交渉，租税条約等の要素によって国際的に結びついている。よって，各国の税制と自国の税制との調整が一層求められる。例えば，ヨーロッパでは，EC・EUレベルでの経済統合があり，間接税については共通化が条約上規定されているゆえ，右の事情は，特に妥当する。参照，Lang, Joachim, Prinzipien und Systeme der Besteuerung von Einkommen, in:Ebling, Iris（hrsg.), Besteuerung von Einkommen, Köln 2001, S.52;Schmutzer, Walter, Harmonisierung der Verbrauchsteuern, in:Kruse, Heinrich Wilhelm（hrsg.), Zölle, Verbrauchsteuern, europäisches Marktordnungsrecht, Köln 1988, S.289ff. さらに，わが国もそうである。参照，小松芳明『国際租税法講義〔増補版〕』（税務経理協会1993年）3頁以下，20頁以下。
[3]　参照，Lang, Prinzipien und Systeme（Fn.2), S.49ff.

第 4 章　ドイツにおける企業税提案から見た企業税制改革と租税立法

貯蓄に充てられることを予定されている部分，すなわち将来の消費に充てられる部分の所得については，稼得された段階での課税は行われず，残りの消費に充てられる部分のみを累進課税の対象とし，そして貯蓄所得は，後に，それが消費に充てられる際に，累進所得税が課されるそうした所得税」を意味する[4]。いわゆる二分の一所得免除方式（Halbeinkünfteverfahren）により，法人の利益は，法人段階で 25 パーセントの法人税率で課税が行われ，それに基く純配当は株主段階で半額とされ，それについて，それぞれの個人所得税率が適用されることとなるのである[5]。勿論，右に見た如く，二分の一所得免除方式は，純粋な形での消費型所得税ではない。何故なら，消費所得も，貯蓄所得も，稼得段階で課税され，そして，出資に基く配当利益も，実際に配当所得として配当されなくても，法人の利益として法人段階で課税されるからである。しかし，ドイツでは，法人段階での課税が軽減されたことを以って，そうした消費型課税（Konsumorientierte Besteuerung）の導入の，いわば一里塚となるのではないかという位置付けが，企業税制改革には与えられているのである[6]。また，部分免除方式（Teileinkunfteverfahren）のもとでも同様のことは言えよう。

　さて，特に，右に見た消費型所得税に係る議論は，ドイツをはじめとして世界中で従来よりなされてきた。消費型所得税は，例えば，古典的には支出税（Ausgabensteuer）として，経済学・財政学上の議論として出現して久しい[7]。この消費型所得税は，実行可能性はさておくとして，「直接税としての消費税」という形で，租税法上の議論にも少なからぬ影響を与えたことも周知である[8]。特に，それは，租税法体系を新たに再構築するための手がかりを与えた

---

(4)　本文の定義は，宮島洋『租税論の展開と日本の税制』（日本評論社 1986 年）31 頁以下をベースとして筆者が行った。

(5)　詳細は，参照，本書第 3 章 2(3)。

(6)　参照，Lang, Prinzipien und Systeme（Fn.2），S.63.

(7)　消費指向型課税は，支出税（Ausgabensteuer）として，19 世紀に既に議論の対象となった。このことは，わが国の財政学の教科書でも触れられている。例えば，参照，貝塚啓明『財政学［第三版］』（東京大学出版会 2003 年）191 頁以下。

(8)　本章で主たる検討対象たるドイツ租税法学上の議論については，例えば，参照，Hey, Johanna, in:Tipke, Klaus/Joachim Lang（Hrsg.）, Steuerrecht 21.Aufl., Köln 2013, §3 Rz.69ff.; Lang, Joachim, Besteuerung des Konsums aus gesetzgebungspolitischer Sicht -Versuch eines interdisziplinär juristisch-ökonomischen Lösungsansatzes-, in:Rose, Manfred（Hrsg.）, Konsumorientierte Neuordnung des Steuersystems, Heidelberg 1991, S.291ff.;ders., Konsumorientierung –eine Herausforderung für die Steuergesetzgebung?, in:Smekal, Christian/Rupert Sendlhofer/Hannes Winner（Hrsg.）,

のである。そして、目下、そうした消費型所得税が、新たに、ドイツにおいても萌芽的な形ではあるが出現しようとしている。ここで、右に述べたような事情を斟酌した租税立法が今後一層展開されるならば、今後の所得税制、企業税制の構築にも影響が及ぶであろう。すなわち、それは、今後のドイツにおける租税立法のあり方が問われることに他ならない。それにより、今後の租税立法についての何らかのインプリケーションが得られるかもしれないのである。

(2) **本章における検討の視角**

では、本章において如何なる形で検討がなされるべきであろうか？それが、問題となろう。

直前の(1)において見たように、法人税率の引き下げ（広くは、企業に係る税負担の引き下げ）と、所得税の消費指向化は、同方向のベクトルを持つ。しかし、それには、問題が付着していると思われる。

法人税率の引き下げによって、企業に係る税負担の引き下げがなされる。これは、経済政策上の要請でもある。前述したように、ドイツにおいても、右の事情を斟酌した形で、二分の一所得免除方式が導入された[9]。部分免除方式についても同様のことが当てはまりうる。これは、政策として一定の合理性を有する。しかし、配当所得に対する課税と他の所得に対する課税とが、総合所得税のコンセプトに照らして、不平等に扱われていることにもなりうる[10]。これは、憲法上の平等原則が所得税法、ひいては租税法体系を厳格に刻印付けているドイツ租税法の許では、大きな問題である。加えて、従来ドイツで企業課税上の克服すべき問題として指摘されてきた物的会社と人的企業との二元主義が強められている[11]。例えば、典型的には、ドイツでは物的会社には法人税

　　Einkommen versus Konsum. Ansatzpunkte zur Steuerreformdiskussion, Innsbruck 1999, S.143ff., S.152. さらに、こうした事情に触れる邦語文献として、参照、木村弘之亮『租税法総則』（成文堂、1998年）90頁以下、特に、94頁以下。
(9) Wissenschaftliche Beirat beim Bundesministerium der Finanzen, Brühler Empfehlungen zur Reform der Unternehmensbesteuerung:Bericht der Kommission zur Reform der Unternehmensbesteuerung, Bonn 2000, S.49ff.
(10) Hey, Johannna, Einführung in die Köperschaftsteuer, in:Hermann, Carl/Gerhard Heuer/Arndt Raupach, Einkommen- und Köperschaftsteuer Kommentar (Loseblatt), Köln Stand 1999, Anm.199.
(11) Hey, Johanna, Besteuerung von Unternehmensgewinn und Rechtsformneutralität, in:Ebling (Hrsg.), Besteuerung (Fn.2), S.181ff.

第4章　ドイツにおける企業税提案から見た企業税制改革と租税立法

が，人的企業には所得税が課されている状況がそれである。それとともに憲法上の要請とされる法形態の中立性が損壊されている。ここで，法形態の中立性とは「客観的理由が特に存在しない場合には，企業の法形態を根拠として各法形態に係る税負担が異なってはならない」ことを意味する[12]。近時，法人税率のみが一方的に25パーセントに引き下げらたことによって，最高所得税率との乖離（最高所得税率は2005年度で42パーセントである）は一層強められたことからも，それは明らかとなる（加えて，3において指摘されるように，企業投資に係る所得のみでなく，広く貯蓄・投資所得に係る課税は不統一となっている）[13]。さらに部分免除方式の導入によりそれは一層顕著である。したがって，理論上は，特定の企業形態に係る税負担の一方的な引き下げは，原則として，法的に許容されないとも言い得る。

然らば，仮に，法人税率の引き下げと，所得税の消費指向化という現象を斟酌した租税立法を行うべきことを前提とし，かつ，右のような平等原則に違反する状態を除去するため，すなわち，法人という形の企業に対してのみ一方的に税負担を引き下げることに係る弊害を除去し，法形態の中立性を実現するためには，現行の企業課税についての改革が必要である[14]（因みに例えば2000年ドイツ企業税制改革でも，その点につき十分な改善がなされなかったと言われる[15]）。この点，ドイツにおいても第二次世界大戦後，いくつかの改革案が提示されてきた。本章では，紙幅の都合上，そのすべてについて言及はできないため，特に，Joachim Lang教授の提案による企業税（Betriebssteuer）[16]が検討される。右の企業税は，ドイツにおいては，企業に対する税負担の引き下げ要請，所得税の消費指向化とも適合し，そして法形態の中立性を実現するものと考えられている（その内実の詳細は，3において明らかにされる）。

したがって，まず，2においては，右に挙げられた諸点に係るその意義，内容等が論じられる。この作業については，企業課税の抱える問題，そして企業課税改革のバックグラウンドとして，それを認識することにその重要性が認められる。

---

(12)　Hey, Rechtsformneutralität（Fn.11），S.157.
(13)　こうした法人税率のみを大幅に引き下げることに係る問題については，参照，Lang, Joachim, Unternehmenssteuerreform, in:Elschen, Rainer（Hrsg.），Unternehmenstheorie und Besteuerung:Dieter Schneider zum 60.Geburstag, Wiesbaden 1995, S.410.
(14)　Lang, Joachim, Reform der Unternehmensbesteuerung, StuW 1989, 3ff.
(15)　詳しくは，注(10)の文献引用箇所を参照。
(16)　Lang（Fn.14），StuW 1989, 13ff.

次に，3において，ドイツの企業課税改革の展開を視野に入れつつ，Lang 教授により提案された企業税の概要を把握し，その長所，短所に言及する。その中で，企業税提案が，2で言及された企業課税改革への要請を如何にして取り込み，解決案として構築されているかが論証される。

そして，4において，1から3までのドイツの学説の状況から得られるインプリケーションがまとめられる。それに加えて，Lang 教授によって提案された企業税の"貯蓄・投資所得軽課，勤労所得重課"という属性と類似した内容を持つ"二元的所得税"との異同に触れたい。

2　企業課税改革への要請

ここでは，前述したように，ドイツの企業課税の改革が求められる，その背景についての言及を行う。勿論，様々な要素は認識できようが，本章では紙幅の都合上，既に1で言及された主な要素として三点が挙げられる。それらは，1に，企業活動の国際化，2に，所得課税の消費指向化，3に，法形態の中立性への要請である。

(1) 企業活動の国際化

あくまで，一般的傾向として指摘できることであるが，従来，特にドイツの法人税率と所得税率はヨーロッパ諸国と比較して，最も高いとされていた[17]。そのことは，ドイツが基本法において規定されているように，社会国家原則を標榜する高福祉国であることの帰結であったのかもしれない。しかし，EC 条約は，EC 構成国間の資本，モノ，ヒト，サービスの自由移動の促進を規定していること，さらに広くは第二次世界大戦後の西側先進国の経済秩序が自由主義によって刻印付けられていたこと，そして，運輸・通信分野における技術進歩が世界中の経済取引を円滑に行われることに貢献したこと等を以って，急速にドイツ，その他の諸国の経済取引が国際的色彩を強めていった[18]。それとともに，合理的経済人は，税負担の高い国から，低い国へとその活動の拠点を

---

(17) Hey, Einfühlung (Fn.10), Anm.191, Anm.448;Wendt, Rudolf, Reform der Unternehmensbesteuerung aus europäischer Sicht, StuW 1992, 66ff., 74.

(18) 問題提起も含めて，例えば，参照，Wissenschaftliche Beirat beim Bundesministerium der Finanzen, Reform der internationalen Kapitaleinkommensbesteuerung, Bonn 1999, S.5ff.

移動させていった。そして，各国は自国に投資を呼び込むために，税率の引き下げを競って行うこととなっていった。これが，いわゆる租税競争であろう[19]。そうした租税競争の中では，特に，税率の高さは税負担の高さの象徴的なシグナルとなっているから，ドイツは，立地条件競争については不利な立場に置かれ始めたのであった[20]。これは，税率の引き下げへの機運を高める契機となったであろう。右のような税率引き下げは，ドイツの経済成長にも連なっている。特に，雇用確保を実現する税制の構築が求められている[21]。

(2) 所得課税の消費指向化

1で述べられたように，所得税の消費指向化も企業課税の改革と関連性を有する。それは，以下のロジックを通じて明らかにされよう。まず，経済活動が国際化し，その結果，国際的に移動する投資所得に厳格な総合課税を行うことは現実に無理があること[22]，貯蓄・投資所得に係る課税は貯蓄を阻害すること[23]，純資産増加説に基く総合所得税は，その所得の包括性を標榜しながら，現実には，多くの租税特別措置等の課税の欠缺を伴うものであったこと[24]，そして，そうした純資産増加説をベースとして一定期間中の所得（＝消費＋貯蓄）に対して課税を行うならば，相対的に短い期間のうちに生涯所得を稼得する者（スポーツ選手，学者）は，相対的に長い期間に生涯所得を稼得する者（給与所得者）と比較して税負担が過重となる傾向が見られることから，そもそも，人の担税力は生涯レベルで測られて，はじめて平等であると言いうるのであり，

---

(19) Hey, Einführung (Fn.10), Anm.191.
(20) Hey, Einführung (Fn.10), Anm.191;Krebühl, Hans-Herbert, Das köperschaftsteuerliche Anrechnungsverfahren:Ein Modell für zukünftige Unternehmensbesteuerung?, in:Kleineidam, Hans-Jochen (hrsg.), Unternehmenspolitik und internationale Besteuerung:Festschrift für Lutz Fischer zum 60.Geburtstag, Berlin 1999, S.145, S.147ff.
(21) Lang (Fn.14), StuW 1989. さらに，近時の改革の根拠として，一般的には，参照，Wissenschaftliche Beirat beim Bundesministerium der Finanzen, Brühler Empfehlungen (Fn.9), S.31ff.
(22) 参照，八田達夫「所得税と支出税の収束」木下和夫編『租税構造の理論と課題』（税務経理協会，1996年）47頁。
(23) 参照，八田・前掲注(22)47頁。なお，Jakob教授は，従来のいわゆる純資産増加説に基く課税と，消費指向型の課税との関係を，平等性と効率性との相克と捉えている。参照，Jakob, Wolfgang, Einkommensteuer 3.Aufl., München 2003, §1 Rz.3.
(24) 金子宏『所得概念の研究』（有斐閣 1995年）119頁以下。貝塚・前掲注(7)205頁以下。

人は，通常，稼得された所得を生涯にわたってすべて消費するゆえ，消費こそが適切な担税力の指標であること[25]を主たる根拠とし，「所得のうち，貯蓄を除いた消費の部分に累進課税をし，そして当面課税が繰延べられる貯蓄は後に消費に充てられてはじめて累進課税がなされる」というそうした所得税システムたる消費型所得税が採用されることとなる。これが，いわゆる古典的な意味の支出税である。したがって，貯蓄・投資所得の中心たる企業に対する投資，株式購入，人的企業への出資から稼得される所得をはじめとし，個人の貯蓄・投資所得に係る課税が稼得時点では繰延べられる必要性が承認される（Cash-Flow）。但し，右に見たように，純粋に理論上は貯蓄・投資所得に対しての課税は，その稼得時点では，なされないことになるが，しかし，ドイツでは社会国家原則の視点から，貯蓄・投資所得に対する課税は稼得時においても放棄され得ない[26]。

こうした所得税の消費指向化は，実行可能性の点で問題を孕みつつも[27]，理論的に優れていると考えられ，多くの支持者が存在する。

(3) 法形態の中立性への要請
① 投資課税のカオス——貯蓄・投資所得に係る課税上の差異

Lang教授は，ドイツにおける投資課税をカオス（Chaos der Investionsbesteuerung）と称しておられる[28]。それは，すなわち，投資・貯蓄に係る運用形態ごとに課税方式が異なる場合があるということを意味する。右事情は，具体的に以下で検証される。

ドイツにおいては，わが国と同様に，法人税と所得税が二元的に並存している。しかし，例えば，人的企業という法形態において事業を営む者は，所得税を課される。物的会社という法形態において事業を営む者は，法人税を課される。この点で，ドイツ企業課税は，法形態に依存している[29]。この点が，わが国と大きく異なる点である。わが国の場合は，法人税法4条により，人格なき社団等も法人と見なされているゆえ，右に見たような形での法形態への依存

---

(25) Lang, Prinzipien und Systeme（Fn.2），S.83f.;Jacobs Otto.H, Unternehmensbesteuerung und Rechtsform 3.Aufl., München 2002, S.111f. さらに，参照，八田・前掲注(22)40頁。
(26) Lang（Fn.14），StuW 1989, 9f. なお，課税の消費指向化は憲法上禁じられているわけではない。参照，Hey, in:Tipke/Lang（Hrsg.），Steuerrecht（Fn.8），§3 Rz.82.
(27) 宮島洋『租税論の展開と日本の税制』（日本評論社 1986年）47頁以下。
(28) Lang, Prinzipien und Systeme（Fn.2），S.73f.
(29) 参照，Graß, Arno, Unternehmensformneutrale Besteuerung, Berlin 1992.

第4章　ドイツにおける企業税提案から見た企業税制改革と租税立法

性は見られない[30]。

　まず，ここで第一の問題が生じる。人的企業は，民事法上独立した法人格を有していないため，人的企業の利益は，即座に，個々の持分権者に帰属する。逆に，物的会社は，その持分権者から独立した法人格を有するゆえ，持分権者に実際に配当がなされないと，利益は法人段階に留まることとなる。これによって，配当がなされないならば，物的会社の持分権者のみが，配当所得に係る課税の繰延効果を享受することとなる。

　次に，ドイツでは，法人形態で事業を展開する場合には，それは，法人税法では，所得税法上の事業所得を稼得していると考えられている。逆に，所得税法上，事業所得のほかに，資本財産所得，農林業所得，独立労働所得，非独立労働所得，賃貸所得という各種所得類型が並存している[31]。こうした各種所得類型に係る稼得活動には，その経済的事実関係に着目した場合，実質的に事業と異ならないものもある[32]。例えば，事業活動と農林業活動，事業活動と不動産賃貸業，等様々に想定し得る。ここで二に，仮に，右に見たような同質性を肯定した場合，そうした各種の稼得活動に対して税負担が異なるということは法形態の選択に係る中立性と調和しないこととならないであろうかという問いが提起されうる[33]。すなわち，法人形態で営まれる事業活動と人的企業の形態で営まれる事業活動とに課税方式を異にするほどの違いが認められるのであろうか，という素朴な疑問が生じうる。

　さらに，三に，貯蓄所得も投資所得と同様に消費所得から除外され，後に右貯蓄分が受領される時に，それは消費に当てられると見なされ，個人所得課税がなされることは言うまでもない。その際，そうした貯蓄・投資所得相互間でも差別扱いが看取されることが付言される。例えば，公務員の年金は積立時から受領時まで課税が繰延べられるが，しかし，反対に，民間企業の従業員の年

---

(30)　但し，わが国でも，法人成りという形で，企業形態に係る問題点は存在することは認識すべきであろう。

(31)　例えば，参照，Birk, Dieter, Steuerrecht 7.Aufl., Heidelberg 2004, Rz.532ff.;Hey, in:Tipke/Lang, Steuerrecht（Fn.8），§8 Rn.400ff.

(32)　Lang（Fn.14），StuW 1989, 7ff. さらに，参考までに，参照，Lang, Joachim, Die Bemessungsgrundlage der Einkommensteuer:Rechtssystematischer Grundlagen steuerlicher Leistungsfähigkeit im deutschen Einkommensteuerrecht, Köln 1981/88, S.218f.

(33)　Lang（Fn.14），StuW 1989, 9.

金はそうではない(34)。

　最後に，四に，法人の利益と所得税法上の事業所得にのみ課税される事業税（Gewerbesteuer）が存在する(35)。

② 法形態に中立的な企業課税の実現と国際標準化への要請

　一に，右のような貯蓄・投資所得間の差別扱いによって，様々な貯蓄・投資行動の効率性が毀損されることは経済学的にみれば明らかである。企業への投資について，例えば，極端な例ではあるが，法人税率のみをゼロとした場合，あるいは，法人についてのみ低い税率が適用されるとしたならば，あらゆる企業活動が法人形態で行われることとなろう(36)。その際，右の視点に着目すると，他の法形態は全く用をなさなくなってしまう。すなわち，課税上の扱いを原因として経済活動に歪曲点が生じることとなろう。加えて，貯蓄・投資内部での差別扱いによって，法学的視点から見ると，平等原則さえもが侵害されている(37)。

　二に，次のことが付言され得る。物的会社に比例税率が課され，人的企業に所得税が課されるということに関するドグマーティクも問題となる(38)。個人所得に累進課税がなされる理由は，従来，伝統的には，犠牲説に基き（因みに，現在では社会国家原則に基いている），個人の効用の減少の程度が高所得者と低所得者との間で異なるという点にあった。そして，そうした個人の効用を測る基準がまさしく消費だったのである。これを前提とすると，個人の許で，消費に所得税を課すことは問題ないが，貯蓄・投資に充てられる所得にまで累進課税を行うことは右の論理と矛盾する。よって，人的企業に係る所得は，実は，

---

(34) 詳細については，参照，Lang, Prinzipien und Systeme (Fn.2), S.64f.;Seer, Roman, Die Besteuerung der Alterseinkünfte und das Gleichbehandlungsgebot (Art.3 Abs.1 GG), StuW 1996, 323ff.

(35) 事業税の存在により競争上の地位につき不利益を被らせないために，従来は所得税法32条cにより，所得税法上の事業所得者には最高所得税率は47パーセントに抑制されていた（通常は50パーセント超であった）。

(36) Lang (Fn.14), StuW 1989, 13.

(37) Lang (Fn.14), StuW 1989, 11.

(38) 以下の叙述につき，Lang (Fn.14), StuW 1989, 9f. さらに，Endriss, Horst Walter, Vorschläge zur Reform der Besteuerung von Kapitalgesellschaften und anderen Gewerbetreibenden, DB 1998, 1251;Flume, Werner, Die Betriebsertragsteuer als Möglichkeit der Steuerreform, DB 1971, 692;Knobbe-Keuk, Brigitte, Empfehlt sich eine rechtsformunabhängige Besteuerung der Unternehmen?, Referat zum 53.Deutschen Juristentag Berlin 1980, Sitzungsbericht O, München 1980, S.9ff.

あくまでも投資所得としての性質を有するものであって，人的企業という民事法上の法形態を根拠に累進課税をすることはできないはずなのである。

　さらに，三に，前述したように，ドイツでは企業のうち法人税の納税義務者が少数であり，逆に，所得税納税義務者たる人的企業が多いのである。この点，ヨーロッパ諸国や他の先進国においては，企業のうち法人税納税義務者が多いのであって（但し，例えば，一部の小規模閉鎖法人については所得課税がなされることがある。アメリカの，いわゆるＳ法人はそうである。よってこの点は割引いて考える必要があろう），現在のように企業活動が国際化している場合には，他の諸国と同じく，企業に対しては広く比例的法人課税を行うべきであるという国際的傾向と歩調を合わせる租税政策が必要となろう[39]。

　以上の点から，ドイツでも，人的企業をも含めた企業一般に対して統一的に比例課税を行う必要が認められるのである。

(4) 小　　括

　以上，2で言及された企業課税改革への要請に係る諸要因は，理論的，そして実際的側面より，企業課税改革を推進する原因となっている。いずれも，企業に係る税負担の引き下げに結びついている。本章で言及された諸要因が，如何にして企業税提案に反映されているかが，次の3で明らかにされる。

3　法制度設計へのインプリケーションとしての企業税提案

　この3では，2までにおいて明らかにされた，ドイツにおける企業課税の問題点を克服して，新しい企業課税の構築を行うために学説上提唱された，Lang教授による企業税提案の内実の検討がなされる。結論から先に述べると，企業税とは，「所得のうち，貯蓄（投資，企業内部での内部留保利益も含む）に充てられる部分には，所得の稼得段階では個人所得税は課されず，原則として，企業として性質決定される運用形態（例，株式会社の株式の取得，個人企業者または人的会社という法形態によって営まれる事業，農林業，個人の資格で行われる財産管理活動等）を通じて運用される右貯蓄をベースとして生じた利益は，個人に配当・払出がなされる前に企業税を課す。そして，企業税が既に課された利益が個人に配当・払出がなされる際には，いわゆるインピュテーション方式

---

(39)　Lang（Fn.14），StuW 1989, 12. さらに，井堀利宏『要説：日本の財政・税制〔改訂版〕』（税務経理協会，2003年）130頁以下，135頁以下。

3　法制度設計へのインプリケーションとしての企業税提案

が適用され，右の個人の許での所得税から企業税が控除される」という構造を有する。第二次世界大戦後，ドイツにおいても，従来いくつかの提案がなされてきたが[40]，ここでは紙幅の都合上，企業税のみの言及に留め，その他の諸提案の検討は別稿で行われる予定である。

(1) Lang教授による企業税提案の概要
① 貯蓄・投資に係る一般的租税としての企業税

まず，2(3)で看取された統一的課税を行うために，如何なる経済活動について統一された課税方式を適用するかが決定される必要がある。統一的課税の適用対象および範囲が問題である。Lang教授は，前節で述べた企業課税レベルにおける所得税と法人税の二元主義をはじめとする投資課税のカオスによりもたらされる法形態の依存性を除外する政策選択肢として，企業税を提案する[41]。それは，法人税の納税義務者たる法人は当然のこと，それに加えて，従来の所得税法上の事業所得を稼得する者，さらに，農林業者，賃貸借業から所得を稼得するそうした賃貸所得を稼得する者等を含めて，納税義務者とする。人格なき社団，組合等もそうである[42]。Lang教授によると，そのヒントは，ドイツ所得税法15条2項1文にある[43]。それは，「利益稼得の意思を持って行われ，そして，一般的な経済取引への参加としての独立した継続的な活動は，それが，農林業，自由業，そしてその他の独立労働と見なされない限り，企業活動（Gewerbebetrieb）である」と規定されている。その際，重要であることは，"利益獲得の意思を伴いつつ独立して市場取引に関与して行われる継続的活動"というメルクマールである[44]。右に見たようなメルクマールを持つ経

---

(40) 従来，ドイツにおいて，企業課税を改革する試みがなされてきたことは，周知である。それらに言及する余裕が本章ではないため，差し当たり，参照，Hey, Einführung (Fn.10), Anm.183ff.;Englisch, Joachim, Rechtsformneutralität der Unternehmensbesteuerung bei Ertragsteuern DStZ 1997, 780ff. ドイツにおける企業課税の史的展開に係る検討は別稿で行われる予定である。

(41) Lang, Besteuerung des Konsums (Fn.8), S.332ff. さらには，Ders., Reform der Unternehmensbesteuerung auf dem Weg zum europäischen Binnenmarkt und zur deutschen Einheit, StuW 1990, 119ff.

(42) Endriss (Fn.38), DB 1998, 1251.

(43) Lang, Besteuerung des Konsums (Fn.8), S.334.

(44) Lang, Besteuerung des Konsums (Fn.8), S.334. このように，特に企業税提案では，その適用範囲が広く捉えられる必要が認められた。さらに，参照，Englisch, Rechtsformneutralitt (Fn.40), 784ff.; Graß, Unternehmensformneutrale Besteuerung

第4章 ドイツにおける企業税提案から見た企業税制改革と租税立法

済活動は狭義の事業活動のみではない。実質的にみれば，独立労働，農林業，賃貸借業等も企業活動としての性質を有しているのであり，物的会社と同一の比例税率に服することが合理的である[45]。よって，独立労働，農林業，賃貸借業等をも含む広い範囲の経済活動が企業税を課される客体に該当すると考えるべきである。それによって，右のメルクマールを伴う経済活動に係る所得は，新たに"独立的かつ継続的な稼得所得"と性質決定され，それに対して，その他の，例えば給与所得等は"非独立労働所得"として性質決定される。"独立的かつ継続的な稼得活動"には，具体的には，企業（物的会社，そして事業所得を稼得していた人的企業），自由業（芸術業，文筆業，弁護士業，講演業，教育活動等の独立的職業活動），農林業，賃貸業，個人の財産管理（例えば，個人の資本投資，さらには株式，貯蓄証券，保険等の管理）等の拾い範囲の諸活動が含まれよう[46]。

それは，すなわち，法人であろうと，人的企業であろうと，市場で独立的に稼得活動を行っているという点で経済的事実関係を同じくする者には，統一的な比例的課税システムによって課税を行うことを目的とする。

さらに，右のことは，人的企業とその出資者との課税上の関係が，物的会社とその持分権者との課税上の関係と，原則として，同一になることを意味する。すなわち，消費型所得税モデルの許では，個人の消費と貯蓄・投資とが区別されるのであるから，貯蓄・投資した所得が，例えば配当・払出という態様で個人の許へ流入するのであれば，右所得に所得税が課される際に，いわゆるインピュテーション方式が適用され，企業税は所得税から控除される[47]。これは，2(3)②で述べられたように消費所得には累進課税がなされ，投資・貯蓄所得には比例的課税がなされるというドグマーティクの帰結でもある。なお，例えば，ある法人が他の法人の株式を保有したときに，その株式に係る配当について，当該株式の被保有者の許で当該株式に課された企業税は，その保有者の許での企業税から控除される。他の企業部門内部（例，人的企業が物的会社に出資した

(Fn.29), S.162;Pezzer, Heinz-Jürgen, Rechtsfertigung und Rechtsnatur der Köperschaftsteuer, in:Widmann Siegfried (hrsg), Besteuerung der GmbH und ihrer Gesellschafter, Köln 1997, S.19;Seidl, Christian, Betriebsteuer und Neutralität, StuW 1989, 352ff.

(45) Lang, Besteuerung des Konsums (Fn.8), S.334f.

(46) Lang, Besteuerung des Konsums (Fn.8), S.334f.

(47) Lang, Besteuerung des Konsums (Fn.9), S.335f.;Schultze zur Wiesche, Dieter, Überlegung zur Unternehmenssteuer, DB 1999, 350.

3 法制度設計へのインプリケーションとしての企業税提案

際の株式に係る課税上の扱い等）での投資に係る企業税も課税上同様に扱われる。その他にも，人的企業の許でも，法人とその持分権者との間の様に，人的企業とその出資者との間で締結される契約（例えば，退職金給付契約，同引当金の計上）が租税法上承認される。

加えて，企業税の導入により，事業税も廃止されうる。何故なら，物的会社と事業所得にのみ課される旧来の税目は，統一的な企業税の許では，その存在は必然的なものではなくなる[48]。これは，ドイツの立地条件に係る魅力を減殺している[49]。その他に，所得税法上の利益計算法（農林業所得等に妥当する）と収支計算法（資本財所得，賃貸所得等に妥当する）[50]という，各種所得類型間で所得の計算方法を異にするという点も克服される[51]。加えて，企業課税の構造的簡素化も実現される[52]。

② 企業税が課されるための要件

では，統一的な課税方式が導入される場合に重要なことは，特に人的企業の許で消費と貯蓄を如何にして識別するか，である（物的会社の許では法人税を通じ，従来より独立した課税が行われてきたため，右の点は大きな問題にはならない）。その問いは，企業税の実効性そのものに係る。それは突き詰めると，企業税の賦課のための要件は何か，という問題でもある。

Lang教授は，それには，会計書類の作成が必要であると述べられる[53]。これは，極めて有効な方法であるといいうる。何故なら，物的会社の許で会計書類が作成されることは，物的会社は，従来より，当然に会計書類作成を義務付

---

[48] Hey, in:Tipke, Lang (Hrsg.), Steuerrecht (Fn.8), §7 Rz.92f. 参照, Hey, Einfühlung (Fn.10), Anm.180. なお，逆に，事業税を存続させることも理論的には可能である。但し，仮に事業税を廃止した場合には，事業税がゲマインデの重要な税収源であることに鑑み，代替的な税収源を発見する必要がある。これは，実務上，重要な問題であり，企業課税のあり方を含めて別稿で検討される。

[49] Krebühl, Das köperschaftsteuerliche Anrechnungsverfahren (Fn.20), S.146.

[50] Giloy, Jörg, Reform der Unternehmensbesteuerung, DStZ 1989, 551;Ritter, Wolfgang, Reform der Unternehmensbesteuerung aus Sicht der Wirtschaft, StuW 1989, 322f.

[51] Hey, Einfühlung (Fn.10), Anm.191;Lang (Fn.14) StuW 1989, 16.

[52] 詳細については，参照, Knobbe-Keuk, Brigitte, Bilanz- und Unternehmenssteuerrecht 9.Aufl., Köln 1993, S.440;Schulte, Horst, Der Vorschlag einer "Betriebsteuer" und das geltende deutsche Steuersystem, Berlin 1967, S.59;Heidinger, Gerald, Betriebsteuer und vollsynthetische Einkommensteuer, Wien 1983, S.195.

[53] Lang, Besteuerung des Konsums (Fn.8), S.336.

第4章　ドイツにおける企業税提案から見た企業税制改革と租税立法

けられていたからである⁽⁵⁴⁾。よって、物的会社の許で会計書類作成を行わしめることに何らの問題はなく、加えて、人的企業の許でも、何らかの方法によって、その性質上、特に、"企業"の範囲を画する必要性が認められるのである。企業税が課されるためには、人的企業にも、当然会計書類の作成が求められる⁽⁵⁵⁾。その点、人的企業の中には、従来法人と同様の会計書類を作成していない者も存在するが（例えば、個人事業者）、そうした者にも、会計書類作成は求められる。もし、会計書類作成がなされない場合には、そうした者には、従来どおりの所得課税がなされる⁽⁵⁶⁾。

次に、個人が、狭義の事業者としてでなく（すなわち、企業を営むのでなく）、例えば、個人としての資格で財産管理活動を行う場合の貯蓄の把握は如何になすべきであろうか。財産管理活動の中には、株式の購入、貯蓄証券、保険等の管理というように、広い範囲での貯蓄・投資形態が含まれる。右のような貯蓄にも消費型所得税が適用されるためには、Lang教授によれば、それぞれの個人は、例えば、自己の様々な貯蓄・投資形態を一元的に処理・管理するそうした財産管理のための事業体（Beteiligungsbetrieb）を設立して、当該事業体の許で会計書類作成を行えば、右のような事業体に企業税が課される⁽⁵⁷⁾。右のような事業体の設立を通じた貯蓄・投資により、個人の財産管理活動も、"独立的かつ継続的な稼得活動"と性質決定される。

しかし、Lang教授は、右のような財産管理のための事業体を設立せずに、例えば、個人が金融機関に預金をするというような典型的な貯蓄活動についての企業税の適用関係を述べておられない。これは"独立的かつ継続的な稼得活動"に当たらないほどの小規模なものあるということが根拠なのであろうか。しかし、それらも貯蓄・投資なのであるから、その配当、利子等に企業税を課すことが望ましいのではないか。その場合、右のような事業体が何ら設立されなくとも、例えば、個人が預貯金を行った際に、金融機関が納税者による当該預貯金という事実を課税庁に対して証明するというシステムがあり得よう。その他に、納税者が保険に加入した場合には、保険会社が、右の保険加入という事実を課税庁に証明するというシステムもまたあり得る⁽⁵⁸⁾。その他の財産運

---

(54)　Lang, Besteuerung des Konsums（Fn.8）, S.336.
(55)　Lang, Besteuerung des Konsums（Fn.8）, S.336.
(56)　Lang, Besteuerung des Konsums（Fn.8）, S.336.
(57)　Lang, Besteuerung des Konsums（Fn.8）, S.336f.
(58)　これに似た提案（allgemeine Unternehmenssteuer）について、詳しくは、参照、

144

3　法制度設計へのインプリケーションとしての企業税提案

用形態にも同様に，何らかの形で貯蓄を証明する手段は考案され得よう。なおそうしたシステムをベースととすれば，さらに進めて，仮に，右納税者が非独立労働所得を稼得する者であれば，源泉徴収を予め行っておき，年度末に証明された貯蓄分を控除した消費に対して改めて所得課税を行うという形で調整を行うことは理論的にはありうる選択肢であるのかもしれない[59]。そのためには，勿論，十分な捕捉体制の整備が重要であろう。

(2) Lang 教授による企業税提案への批判

確かに，3(1)で見たように，Lang 教授の提案する企業税は，企業というグルーピングを通じて法形態に中立的な企業税制を凡そ実現する構築する枠組みを提供するものである。しかし，それに対しては，様々な批判が想定され得るし，現実にもいくつかの批判が存在する。よって，Lang 教授による企業税提案を客観的に認識するためにも，そうした批判に対して配慮することは必要であろう。ここでは，そうした批判のうちいくつかについて言及がなされる。

まず，一に，法秩序の統一性の損壊が指摘される[60]。ドイツにおいて，企業課税において二元主義が妥当していることは，既に述べられ，それが，まさに，企業税提案の背景として存在することも指摘された。しかし，逆に，それは，民事法上，物的会社は独立した法人格を有し，逆に，人的企業は法人格を有しないことから，民事法に判断の基礎を置いた，いわば，租税法秩序を民事法秩序を基準として調整を行い，法秩序の統一性を獲得するための手段であると言われる。これは，企業税提案に対する反批判である。加えて，租税法秩序を民事法上の秩序に適合させることによって，法的安定性が獲得されるという見解もある[61]。この点に鑑みても，租税法秩序を民事法秩序をベースとして構築がなされるべきであるという。

二に，平等原則違反が挙げられる。まず，租税システムが分類税化する[62]。

　　Lang, Joachim, Entwurf eines Steuergesetzbuchs, Bonn 1993, Rz.468ff., Rz.612ff.
(59)　しかし，本文中の私見に対しては，批判があろう。まさに，そうした批判は，古典的支出税について見られたことであった。参照，宮島・前掲注(27)33頁。
(60)　Weber, Harald, Zu einigen rechtspolitischen Grundfragen der Besteuerung selbständiger Unternehmen, JZ 1980, 547f.
(61)　Döllerer, Georg, Diskussionsbeitrag, in: Empfehlt sich eine rechtsformunabhängige Besteuerung der Unternehmen?, Sitzungsbericht O zum 53.Deutschen Juristentag Berlin 1980, München 1980, S.116.
(62)　Littmann, Konrad, Empfehlt sich eine rechtsformunabhängige Besteuerung der

第4章　ドイツにおける企業税提案から見た企業税制改革と租税立法

　企業税提案においては，個人所得税の許でも，独立して市場において営まれる継続的な活動を行う者に対しては，給与所得者とは別に課税がなされる。これは，総合所得税のコンセプトに則れば，平等原則違反となろう(63)。事業所得を稼得しようと，給与所得を稼得しようと，原則として，同一の担税力の許では，同一の税負担が課されるべきだからである。さらに，企業税の採用は，物的会社と人的企業という本来的に異なるものを同一に扱うこととなり，その意味で平等原則に違反するという見解も存在する(64)。

　三に，人的企業という法形態が消滅するという指摘がある(65)。人的企業にも，既述の要件を充足すれば，統一的な企業税が課されることになれば，人的企業の許では，その出資者が無限責任を負う場合があるため，そのリスクを回避して，人的企業を法形態として利用することがなくなる可能性がある。それを示すデータも存在する(66)。

　四に，いわゆるロックイン効果が強められる可能性がある(67)。企業利益に係る税負担を引き下げ，企業税負担と個人所得税負担との差が相対的に開くのであれば，企業の意思決定に大きな影響力を行使できる大株主にとっては，配当を行わず企業段階に利益を内部留保するという誘因が生じる。それとともに，本来投資されるべき経済部門に資金が融通されないおそれも生じるのである。

　五に，企業に係る税負担の引き下げが本来企図された効果を持たないことがありうる。例えば，ある試算によると，仮に所得税率と法人税率の引き下げがなされ，企業に係る税負担が減少されたとしても，仮にも事業税が存在する限り，右の税率引き下げによる税負担の減少は期待されるほど大きいものでなく

　　　Unternehmen?, Referat zum 53.Deutschen Juristentag Berlin 1980, Sitzungsbericht O, München 1980, S.43f.
(63)　Tipke, Klaus, Zur Problematik einer Rrechtsformunabhängigen Besteuerung der Unternehmen, NJW 1980, 1080.
(64)　Weber, Harald, Grundgesetz, Gesellschaftsrecht und die Besteuerung der Unternehmen -Ein Beitrag zur Großen Steuerreform-, DB 1971, 2081.
(65)　Weber, Harald, Diskussionsbeitrag, in: Empfehlt sich eine rechtsformunabhängige Besteuerung der Unternehmen?, Sitzungsbericht O zum 53.Deutschen Juristentag Berlin 1980, München 1980, S.68.
(66)　Weber (Fn.60), JZ 1980, 549f.
(67)　Wissenschaftliche Beirat beim Bundesministerium der Finanzen, Gutachten zur Reform der Unternehmensbesteuerung, Bonn 1990, S.35;ders., Gutachten der Kommission zur Verbesserung der steuerlichen Bedingungen für Investitionen und Arbeitsplätze, Bonn 1991, Rz.384.

3 法制度設計へのインプリケーションとしての企業税提案

なる[68]。しかし，このとき，投資家は右の税率の引き下げという事実のみに着目する一方，右に見たように純粋な減税分は大きくないことがあるため，彼は期待したほどの利益を稼得することができない。これは，投資家にとっては，まさに予期し得ない効果であり，投資家の経済的意思決定を歪めるものであると言い得る。よって，この場合，事業税をはじめとして租税システムの全体をも斟酌した総合的改革が必要とされるのであって，税率が低い企業税の導入のみでは所定の目的は達成されない。加えて，企業に係る税負担を引き下げることによって，企業は必ずしも，その減税によって獲得された利益を新しい投資に充てるとは限らない[69]。借り入れの返済に充てることもありうる。投資による雇用の創出は必ずしも実現されない。

六に，経済発展にとって有用なものは事業に供される資産のみではない[70]。ドイツにおいては，通常，企業の用に供される資産，ひいては企業は，雇用を確保するものとして，特に一定の社会的拘束の許にあるとされる。すなわち，企業は，雇用を促進するものとして，公共の福祉の促進に寄与するものとして位置付けられている[71]。これは，企業に係る税負担を引き下げることの根拠の一つである。しかし，個人が住宅を建設するならば，それは，発注を受けた建設業者，ひいては建設産業全体にとって成長の契機が生み出される。それは，建設業者の許での雇用確保に連なっている。加えて，個人が物的会社に資本参加した場合には，右の物的会社はその出資をベースとして投資活動を展開し，経済成長のベースを創出する。それは，雇用確保に資しうる。これらいずれの設例も，個人の資産が雇用の確保に資するものであることを示している。よって，企業に係る税負担を一方的に引き下げることは，合理性を欠いていると考えられる。加えて，企業税の様な，企業に係る税負担を一方的に引き下げるこ

---

(68) Schneider, Dieter, Die überfällige Neuordnung der Unternehmensbesteuerung, StbKongrRep 1989, S.48, S.51ff. 関連するものとして，参照，Ders., Zwei Gutachten zur Reform der Unternehmensbesteuerung, StuW 1991, 354ff., 357ff.

(69) Wissenschaftliche Beirat beim Bundesministerium der Finanzen, Gutachten zur Reform（Fn.67），S.35.

(70) Wartin, Christoph, Rechtsformneutrale Unternehmensbesteuerung:Heilmittel oder Sündenfall?:Anmerkung zur geplanten Betriebsteuer, DStZ 1999, 238ff., 240.

(71) この点につき，詳細は，参照，Knobbe-Keuk, Bilanz- und Unternehmenssteuerrecht (Fn.52), S.5;Jacobs, Unternehmensbesteuerung (Fn.25), S.114. 異説，Seer, Roman, in:Tipke/Lang (Hrsg.), Steuerrecht (Fn.8), §13 Rz.152:Frenz, Walter, Unternehmensteuerkonzeptionen im Lichte des Eigentumsgrundrechts und des Leistungsfähgigkeitsprinzips, StuW 1997, 123.

とは，一時的措置であるべきことも指摘される[72]。

七に，企業税を実際に実施する際には，企業領域と個人の消費領域とを明確に識別することに困難が付着し得る[73]。

(3) 小　括

3(2)の記述により，企業税提案の概要は明らかになったと思われる。それは，確かに，企業課税の領域における二元主義を克服するものであった。そして，国際的に見た企業に係る税負担の引き下げをも同時に理論的に実現するものとして優れていよう。

しかし，(2)において述べられたように，一定の批判を伴っていることも忘れられてはならない。特に，ロックイン効果，そして企業課税の場面での低い比例税率の導入が必ずしも新しい投資を生み出さない可能性，すなわち雇用の保障がもたらされない可能性の存在は，重要である。何故なら，企業税提案における企業に係る税負担の引き下げという措置は，経済の活性化をもたらすものとも想定されているが，右の批判点は，それと相克することとなるからである。

4　結　語

(1) 企業税提案に対する評価

さて，Lang教授による企業税の提案は，法人税率の引き下げ競争，所得税の消費指向化，そして法形態の中立性という各要請を充たすものとして観念することは可能である。そして，ここで，所得税の消費指向化という視点で見ると，企業と見なされる"独立的かつ継続的である，市場での稼得活動"を通じて運用される貯蓄・投資所得について低課税を行うという点で，あらゆる貯蓄等につき後に消費される時点まで課税の繰延を行わないゆえ，その点で，現実的な租税政策となっている[74]。しかし，企業税提案は，一定の批判を伴うものであることも認識する必要がある（3(2)を参照）。加えて，それは，従来の企

---

(72)　Heidinger, Betriebsteuer (Fn.52), S.166.

(73)　Sieker, Susanne, Möglichekeiten rechtsformneutraler Besteuerung von Einkommen, in:Seeger, Siegbert F. (Hrsg.), Perspektiven der Unternehmensbesteuerung, Köln 2002, S.164f.

(74)　但し，理論的に言えば，こうした企業レベルでの税負担を引き下げ，かつ，それが非常に低い段階に至った場合，法人税は，持分権者にとって，配当利益に係る利子税化すると言えよう。

業課税のシステムを一新するものであることもその特徴であろう。では，以下で，ドイツにおける議論から得られるインプリケーションを，筆者なりにまとめたい。

一に，所得課税の消費指向化という視点で見ると，生涯レベルでみた個人の消費が担税力を最も適切に把握するものであるという考え方が，投資所得に対する相対的な軽課税を擁する租税体系へと変化する契機となっている。しかし，それは，貯蓄・投資所得に対する優遇措置として理解されているのではなく，経済学的視点からは正当化可能であるのは勿論，平等原則，応能負担原則に基いた憲法上の基準からも正当化できる，あくまでもいわゆる租税通常措置である。そして，2(3)②で言及されたように，広く企業一般（すなわち，貯蓄・投資）について比例的かつ統一的に低い課税を行うことが法学的視点からも正当化されることによって，従来，ドイツにおいてドグマーティクとして公準化されてきた法人税率（本章で言えば，企業税率）と最高所得税率とを一致させるということが，最早捨てられるのではないであろうか。右の公準は，確かに法形態に依存した課税が行われるドイツにおいて，それを取り除くために，平等原則の視点から要請された。それにより，人的企業と物的会社との平等課税が一定程度実現されるからである。しかし，人的企業にも統一的かつ比例的に，物的会社と同じく企業税が課されるのであれば，企業課税は最早法形態に依存しているとはいえない。よって，企業税率は最高所得税率よりも低くてよいこととなり，ドイツでの投資活動は，海外からの投資も含めて活発化されることとなろう（但し，給与所得者等の非独立労働所得の稼得者との平等を如何にして実現するかという問題は残るかもしれない）。

そして，二に，かかる投資所得に対する軽課税は，目下の国際的な経済の趨勢に合致している。ドイツにおいては，資本所得に対してもヨーロッパ内では相対的に高い税負担が課されていたのであり，それとともに，他のヨーロッパ諸国への資本逃避が現実のものとなったため，そうした趨勢に対処するためには，資本所得軽課も，現実の租税政策上の選択肢としては不当ではない。このことは，わが国についても妥当する[75]。但し，この点，投資所得軽課という現象が，何らの対策もせずに歓迎されるわけではなく[76]，かかる所得に対す

---

(75) 参照，森信茂樹「抜本的税制改革以後の税制とシャウプ税制」租税法研究28号46頁以下。
(76) 特に，国際的整合性という点に関して，貯蓄・投資所得に対して，決して徒に低い課税を行えばよいということは言い得ない。すなわち，国内の財政政策・徴税政策との

第4章　ドイツにおける企業税提案から見た企業税制改革と租税立法

る捕捉体制の強化は絶対に必要である。それは，各国税務当局の協力体制の強化であることは言うまでもない。

　三に，仮に，Lang教授の提案された企業税を採用するとすれば，いかなる点が問題になるであろうか。消費型所得税のメリットとして，貯蓄の奨励が挙げられた。所論のごとく，貯蓄分が取り崩されて消費に充てられ，それが生涯中に課税されれば，まさに，消費型所得税制度は有効に機能したと言える。しかし，貯蓄が生涯中に消費に充てられず，したがって相続されることとなった場合は，如何にして扱うべきであろうか，が問題となる。貯蓄に充てられた部分は，Lang教授の企業税によれば，古典的支出税とは異なり，再分配政策の視点から比例課税はなされるが，しかし，個人所得課税と比べれば負担は軽い。よって，個人が死亡した時点で，その個人に帰属する資産のうち個人所得税が課されておらず，企業税のみが課されたものについては，私見によれば，補償措置として，相続税負担を十二分に引き上げるべきである[77]。但し，右の点は，企業税率と個人所得税率の関係を適切に調整すれば，さほど大きな問題とはならないかもしれない。但し，それについては別途検討が必要である。

　最後に，わが国においては，法人税の納税主体たる企業は多数を占め，加えて，わが国も，ドイツと同様な国際経済の緊密な結びつきの中に置かれているという状況に鑑みるならば，本章の検討は，わが国の租税政策についても一定程度の示唆を与えることはできるのではないか。とりわけ，会計帳簿作成という要件を履行する個人の財産管理に係る事業体にも企業税を課すという提案は，目下，個人資産をリスクマネー供給のベースにしようという金融制度改革，広くは個人投資の活性化というわが国の政策目的にも合致する。ドイツでは，従来，右のような個人に係る資本財産所得は稼得された段階で累進課税がなされていたが，こうした事業体を媒介させることによって，個人の許に運用利益が流入するまでは企業税が課されるだけであるから，利子効果が見込まれうる。わが国でも，個人資産の運用については，税制上統一した扱いが求められることは勿論，それに加えて，ドイツにおける様に営業と見なし，法人税率と同じ率で課税することによって，課税上の扱いが平等化し，より透明となるであろう。そして，それにより個人資産の運用が活性化するかもしれない。これは，

　　適合性を保ちつつ，貯蓄・投資所得に係る具体的な税率は決定される。すなわち，課税によって，税収を獲得することが第一次的目的であるゆえ，外国からの投資流入を企図して，それにのみ動機付けられた税率決定は行われてはならない。
(77)　同旨，参照，宮島・前掲注(27)44頁以下。

租税立法についての重要なインプリケーションではないであろうか。加えて，右の事業体の設立は，ロックイン効果を避ける手法としても把握されるものである。すなわち，事業体を介在させて個人が投資活動を行った場合，投資活動により稼得される所得は事業体を通じて個人の許に分配されない限り，事業体の許に内部留保されることとなる。この際，事業体の許で企業税が課されることは言うまでもないが，しかし，個人所得税率を課されることはない。したがって，投資対象をある株式から別の株式またはその他の金融商品に変更しようとする際も，株式譲渡益に対して個人所得課税がなされることはないから，投資家はその変更に躊躇を感じることはないであろう。これは，同時に，資本の効率的配分をも実現することとなり，真の意味で経済活性化に貢献する投資税制であると評価できる。

　なお，無論，本章で取り上げられなかった論点[78]，とりわけ日本の現行税度との比較検討等も存在するゆえ，それらについては別稿で検討がなされる。

(2) 補　論——二元的所得税と企業税提案との関連性——
① 二元的所得税と企業税提案

　本章で検討された企業税は，若干の批判を孕みつつも，凡そ企業税体系を新たに再構築する手がかりを与えるものであろうことは明らかとなった。そして，本章でも指摘されたように，企業に対する税負担の軽減は，ドイツにおいてのみ追求されているわけではない。それは，わが国でもそうである。ことに，近時は，東京市場が世界の投資家にとって十分に魅力的な経済インフラストラクチャーであるとは考えられていないようである。国内の投資家にとってもそう

---

(78)　例えば，その他にも，貯蓄・投資所得に，それらが個人の許に流入した段階で所得課税をなす際に，インフレ調整を行う必要性が認められる場合もあり得よう。その際には，概算的な形で一定の控除を認めること，または，適正なデータに基いた合理性を有するインフレ調整率を用いて調整するという措置も採られ得よう（詳細については，参照，Jacobs, Unternehmensbesteuerung (Fn.25), S.112f.）。なお，この論点に関するものとして，アメリカ租税法において，所得税につき，"time value of money"が核概念として存在することが挙げられ得る。よって，そうした議論が別稿において論じられる予定である。これについては，例えば，参照，Kiesewetter, Dirk, Theoretische Leitbilder einer Reform der Unternehmensbesteuerung:Eine vergleiche Analyse der Reformmodelle Kroatiens, Össterrichs und Skandinaviens, StuW 1997, 24ff. そして，包括的には，Ders., Zinsbereinigte Einkommen- und Köperschaftsteuer:Die Implementierung im deutschen Steuersystem, Bielefeld 1999. 右の論点については，他日本格的に検討される。

である。右の状況に鑑み税制面でも，可能であれば，何らかの手当てがなされてしかるべきであろう。

そこで，目下注目されているのが，北欧に起源をもつ，いわゆる二元的所得税である[79]。これは，投資所得については，低い比例税率による課税を行うことを通じて税負担を引き下げ，そして勤労所得には，従来と同様，累進所得課税を行うという政策選択肢である。一見，これを通じて，投資活動が活発化することが想定し得る。加えて，これは，本章で検討がなされた企業税提案とも類似している。企業税提案も，企業に対する税負担を引き下げることによって，個人の企業投資に係る所得に対する税負担の軽減に連なっているからである。しかし，一見類似している両者の相違に関する検討は，今までなされていない。理論的見地からも，この両者の異同は明らかにされておかれるべきであろう。但し，これは，難問であるため，終局的な回答を与えることは，本章においては，なされ得ない。よって，この補論では，将来的に展開される議論のためのメモとして，若干のポイントにコメントを付するという形で，議論の展開がなされる。考察の足りない部分は，後日に検討の機会が設けられる。

② 二元的所得税の目的論から見た企業税提案との比較

二元的所得税と企業税との間には，目的論について若干の違いが見られる。そもそも，二元的所得税の発生の起源は，北欧諸国が，厳格な総合課税が実施されていたために，高所得者の租税回避が相次ぎ，徴税面で大いに問題を抱えていたという事情である。二元的所得税は，よって，そうした租税回避行為を防止するために，あらゆる各種所得を資本所得と勤労所得とに二分割し，前者には，低い比例税率による課税を，後者には，累進税率による課税を行うということをその意義としている。そうして資本所得に低い比例税率による課税がなされることにより，租税回避行為が減少し，税収も回復したといわれている[80]。ところが，ドイツの企業税提案は，法形態の中立性の実現をも主目的として含んでおり，それに基いて構築がなされている。すなわち，法人税の納税義務者たる物的会社のみでなく，人的企業という法形態を採用する所得税の

---

(79) 森信茂樹「証券税制を考える――日本型二元的所得税の提案」税研 2001 年 9 号 10 頁以下，同「21 世紀の金融・証券税制を考える（上）・（下）」月刊資本市場 195 号 4 頁以下・同 196 号 4 頁以下。

(80) 金融税制に関する研究会（金融庁内）『今後の金融税制のあり方について――「二元的所得税」をめぐる議論の論点整理を中心として――』（2002 年）。なお，右資料には，頁数が付されていない。

4 結　語

納税義務者たる事業所得者，さらには，経済的実態においてそれと異ならない自由業者，賃貸所得の稼得者，資本財所得の稼得者，個人の資格で行われる財産管理活動者等にも，同一の課税を行うこと，そして平等原則の充足が企図されている。すなわち，突き詰めて言うと，右に挙げられた所得の稼得者は，その実質において，企業を営む事業者として性質決定されており，それ故低い比例税率が課されるのである。この点で，同じく，投資所得に対する税負担の引き下げという措置は同一であっても，その目的は異なることがある。

但し，二元的所得税の導入にあたり，投資市場としての魅力を高めるために，投資所得に係る税負担を引き下げるということが企図されることもありうるのであり，そうした経済政策に動機付けられうる点では，企業税提案と同じである。

③　二元的所得税と企業税提案の機能から見た異同について

上記の２でも既に述べられたように，二元的所得税と企業税は，その機能において類似性を有する部分がある。二元的所得税は，資本所得に対する税負担を引き下げるのであるが，その際，いかなる各種所得類型が資本所得と性質決定されるかが，重要である。例えば，北欧諸国においては，ドイツと同様，企業課税においては，物的会社には法人税が，そして人的企業に対しては所得税が課される。すなわち，企業課税において，いわゆる法人税と所得税の二元主義が妥当する[81]。ここで，仮に，資本所得が人的企業という法形態で稼得されるならば，そうした人的企業には，税率の構築如何によっては，法人税と同一の税率で課税がなされることとなる。したがって，たとえ，企業課税の領域に右のような二元主義が妥当しているとしても，あくまで企業のレベルに着目するならば，資本所得の範囲の画し方によって，物的会社に係る税負担と人的企業に係るそれが等しくなる余地があるから，二元的所得税の許でも，企業税提案と同様の機能を営む企業税制の構築がなされ得る。

しかし，持分権者あるいは出資者に係る課税に着目した場合，企業税提案と二元的所得税との間には，違いが残る。企業税の許では，あくまでも企業に係る税負担の引き下げがなされており，仮に，企業からその持分権者あるいは出資者に企業利益が配当・払出されれば，その持分権者あるいは出資者の許で，企業税が控除されつつ，右の利益につき累進所得課税がなされる。しかし，その反対に，二元的所得税の許では，資本所得に係る課税は，右所得に低い比例

---

(81) Hey, Einführung (Fn.10), Anm.448.

第4章　ドイツにおける企業税提案から見た企業税制改革と租税立法

課税が一回なされただけで課税は終了する。すなわ，企業税の許では，配当・払出という二元的所得税の許で資本所得として妥当する所得については，単に，持分権者あるいは出資者の視点から見ると，彼らのもとに配当・払出が流入するまで累進課税の繰延がなされているに過ぎない。しかし，二元的所得税は一回的な最終課税であり，課税の繰延という要素はない。加えて，二元的所得税について，資本所得について低い課税がなされることは，例えば利子所得（これも当然に資本所得と性質決定される）について見た場合，それに係るインフレ調整を行うことに等しい効果を持っているという指摘もある[82]。

---

(82)　Lang, in:Tipke/Lang（Hrsg.）, Steuerrecht（Fn.8）, §4 Rz.118., §8 Rz.77f.

第5章　企業課税と税負担
——租税政策論により税負担の程度は決定されうるか——

1　はじめに

(1) **問題の所在**——企業領域における税負担の妥当性——

わが国においては，目下のところ，企業活力を増強して，それを国際的競争に対抗する術としようと議論されている。従前よりそのための手段の一つが税制改革であるとされている[1]。具体的には法人税減税である。しかし，企業に対する適正な税負担の限界を導出することは難しい。結局，それは政策的判断によって決せられるところ大なのであろうが，しかし，ここで法的な限界，の導出という課題に取り組むという誘因が残る。

ところで，昨今，ドイツで企業税制に関する大改正が展開されていることは周知である[2]。そこでは，企業税負担を引き下げ，それによるドイツ経済の国際的競争力を増大させようとする意図がある[3]。このように企業に対する税負担は，企業の国際競争力にとって，最も大きな影響を及ぼすファクターの一つである。そのために，法人税率は25パーセントに引き下げられ，最高所得税率も2005年度には42パーセントに引き下げられる[4]。さらに法人税は2008年改正を通じて15パーセントまで引き下げられた。しかし，その際，政策判

---

[1] 例えば，加藤寛監修『わが国税制の現状と課題 21世紀に向けた国民の参加と選択』（大蔵財務協会，2000年）19頁以下，66頁以下，経済産業省『日本新生のための税制改革戦略 経済活性化のための税制基本問題検討会最終報告』（経済産業調査会，2001年）4頁以下。わが国における経済政策に動機付けられた税制改革の展開につき，参照，加藤・前掲書23頁以下，池田篤彦『図説 日本の税制』（財経詳報社，2001年）50頁以下。さらには，『平成25年度税制改正大綱』にも，複数の手段で以て行う法人税負担の軽減が企図されている。

[2] その概要につき，例えば，参照，PriceWaterHouseCoopers, Unternehmenssteuerreform 2001, Freiburg 2000;Blumenberg, Jens/Sebastian Benz（Hrsg.）, Die Unternehmensteuerreform 2008:Erläuterungen und Gestaltungshinweise, Köln 2007 等。

[3] Wissenschaftlicher Beirat beim Bundesminisiterium der Finanzen, Brühler Empfehlungen zur Reform der Unternehmensbesteuerung, Schriftenreihe des Bundesministerium der Finanzen Heft66, Bonn 1999, S.31ff.

[4] PriceWaterHouseCoopers, Unternehmenssteuerreform 2001（Fn.2）, S.34.

断として，企業税負担をどの程度に設定するかは，ドイツでもわが国と同じように極めて難しく，また同時にそれが最も重要なことであろう[5]。この点で，日本の現状とドイツのそれとは似通っている。したがって，そうした点で，ドイツ企業税制改革に対する評価を行うために，本章では，前述の如く，企業税負担の限界という企業税制改革の一般的な理論的背景にある問題を法的観点から，特に憲法上の観点も含めて検討する。人が，ドイツ租税法において，租税立法者は，世界の中で最も憲法に厳格に拘束されている者であるという論者の言葉[6]を聞けば，その真偽はともかくとして，ドイツ租税法において，一般的に租税政策の法的評価に関するインプリケーションを引き出すことも可能であるかもしれない。

そこで本章では，ドイツにおいて展開された税負担のありようについての議論を回顧することを通じて，この領域において租税政策論の展開可能性および租税法学にとっての示唆を示すことにしたい。

(2) **本章における検討の視角**——所有権保障・税負担の上限およびそのあり方——
本章での具体的な検証テーマは，次の様なものである。

連邦憲法裁判所の第二部は，その財産税決定（Einheitswertbeschlüss）において，憲法14条から所有権不毀損原則を導出し，「五公五民（Halbteilungsgrundsatz）」という形においてそれを具体化した[7]。事実関係は次のとおりである。（納税者の有する財産の標準収益に着目して課される）財産税が課される財産について当時の法状況に基き財産の類型ごとに評価方法を異にするという事態が生じていた。その際，財産の評価方法を異にするにも拘らず

---

(5) ちなみに，法人税納税義務を負う者は，法人税及び事業税を含めて全体としての税負担は35パーセントとなることが目標とされた。参照，Wissenschaftlicher Beirat, Brühler Empfehlungen (Fn.3), S.35ff.

(6) それについては，参照，Lang, Joachim, Notwendigkeit und Verwirklichung der Unternehmensteuerreform in der 14.Legislaturperiode, Harzburger Steuerprotokohl 1999, Köln 1999, S.39.

(7) BVerfG-Beschl. v. 22. 6. 1995 ——2 BvL 37/91——, BverfGE 93, 121;v 22. 6. 1995 ——2 BvR 552/91—— BverfGE 93, 165;Hey, Johanna, in:Tipke, Klaus/Joachim Lang, Steuerrecht 21.Aufl., Köln 2013, §3 Rn.192ff. そうした発想の萌芽又は類似の発想は，わが国でも看取することができる。参照，畠山武道／渡辺充『新版 租税法』（青林書院，2000年）209頁以下，特に210頁。さらには，参考までに，参照，青木寅男「税率構造と税負担水準」武田昌輔編『改訂版 企業課税の理論と課題』（税務経理協会，2000年）43頁以下。

1 はじめに

（立法者の適切な法改正がなされなかったため，そこに合理性はないとされている），いずれの財産についても適用される税率が同じであるため評価方法の差異が税負担の不合理な差異を生み出していて，それが憲法違反であると主張されたのであった。そして，決定によると，直接的には，まず，財産税はその標準収益に対して課税をすることになるが，財産から産み出される標準収益の50パーセント超に財産税は課税されてはならないということを述べたが，学説の整理によると財産税決定の意義はそれに止まらず，個人および法人のあらゆる収益に係る税負担に妥当すると解されている。すなわち，財産税（Vermögensteuer）[8][9][10]を例にとって言えば，五公五民とは「標準収益（Sollertrag。しかし，期

(8) ここで，若干長くなるが，財産税の概要を概観しておく。以下の叙述について，参照，Balke, Michael, in:Tipke, Klaus/Joachim Lang（Hrsg.）, Steuerrecht 15.Aufl., Köln 1996, §12 Rz.1ff. さらには，参考として，参照，Crezelius, Georg, Steuerrecht Ⅱ:Die einzelnen Steuerarten 2.Aufl., München 1994, S.359ff.） なお，ここで論述される財産税は，わが国ではいわゆる富裕税に該当する（富裕税については，例えば，参照，石倉文雄「富裕税創設の是非と効果」水野正一編『資産課税の理論と課題』（税務経理協会，1995年）233頁以下）。但し，わが国での富裕税が個人に対してのみ課税されていたのにドイツでは，法人にも課される。これは，世界的にも稀である，という。

　さて，納税義務者は，自然人（ドイツ財産税法1条2項1号）および法人税の納税義務者（同財産税法一条一項二号）である。課税物件は課税財産（das besteuerbare Vermögen）である。または総財産（Gesamtvermögen）とも言う（同財産税法4条1項1号）。そして，右の課税財産に含まれるものは，農林業財産（ドイツ評価法33条以下），不動産（同評価法68条以下），事業用財産（評価法95条以下），その他の財産（同評価法110条以下）である（同評価法18条）。そして，右の各財産について，課税標準を計算する必要があるが，それは評価法の定めによる（詳細な点は省略する）。評価法に統一価格が定められている（同評価法114条3項，同121条a）。その際，立法者は財産の類型やその所有者に応じた課税を行うために複数の税率を設け，さらに課税財産の一部についてのみ課税されることが可能とされている。加えて，自然人，法人ともに各種の控除額が適用されうる。財産税率は，自然人については，年1パーセントであり，1995年1月1日以降は0.5パーセントである。法人については，0.6パーセントである。なお，自然人（個人事業者）については，その保有する財産について財産税を課されるが，法人の株主は，法人の許で後に自己に対する配当に充てられる利益に財産税を課され，後に実際に配当を受領した際にも，配当を受け取る基となる株式について財産税を課される。したがって，法人の株主については財産税の二重課税が問題となっている。人的会社については会社の許では財産税は課されない。

(9) なお，財産税は，財産税決定により廃止されることとなって，現在は財産税法が適用停止の状況となっている。しかし，立法者は財産税の分の税収を喪失したこととなるので，かかる税収を別の税源を通じて獲得する必要がある。したがって，財産税決定は新たな財源問題をも生じさせているという。

(10) 財産税の歴史は古く，憲法の制定者は財産税を"伝統的な税目"として捉えていた

第5章　企業課税と税負担

待可能収益または擬制収益と訳出することもできる・筆者注）に対する全体の税負担が，収入，控除できる費用及びその他の税負担軽減要素を類型的に考えて，公的セクター及び私的セクターの間で（標準収益を分けたときにその）ほぼ半額であるときに限り，収益に対する税に付け加わる形で，財産税は課税し得る」ことを意味する。つまり，標準収益[11]の50パーセント超には課税されないという命題である。

　さて，この決定からは，基本法14条を納税義務者のマグナカルタとして扱い，全体としての税負担をそれに基いて配分するというPaul Kirchhof教授の発想を読み取ることができる[12][13]。この連邦憲法裁判所によって敷かれた限

と思われる。基本法106条は財産税を挙げている。但し，それは，財産税の存在（すなわち，その賦課・徴収）が憲法上正当化されたわけではなく，財産税の税収の連邦および州といった統治団体間での配分を規律しているに過ぎない，と考えられている。

　さて，財産税の起源は，直接税として課されていた，土地，家畜等の財産的客体に対する各種税目であった。17世紀にいたって，一般的な財産税が導入され，それは，財産の収益力に着目したもので，納税者の担税力に対して課されたもので，それ故，正義に適った税として考えられていた。財産の収益力に対して課税をなすということは，財産そのものが収益力を生み出す源泉と考えられていたことによる。そして，財産の収益力に着目して課税がなされる，という財産税は，やがて18世紀には物税としての収益税に，19世紀には所得税へと発展していった。

　ここで，所得税の誕生を以って，財産税は従来のままではその存在を正当化することは理論的にできなくなった。すなわち，直接税および収益税としての性質を有する所得税が存在する以上，同一の性質を有する財産税は最早存在意義がないのである。そこで，財産税は"所得を生み出すベース"に対して課される税と位置付けられることとなった。プロイセン財産税は，"所得税の補完税"として課税されていたのである。後にも論ずるが，これが，いわゆる"ベース理論（Fundustheorie）"である。

　しかし，さらに時代が下って，財産税は所得を生み出すベースに対する税ではなく，財産を保有すること自体が担税力を構成する，と考えられるようになり，これが，財産税決定直前の財産税の存在意義を説明するものとなっている。以上について，参照，Birk, Dieter, Rechtsfertigung der Besteuerung des Vermögens aus verfassungsrechtlicher Sicht, in:ders. (Hrsg.), Steuern auf Erbschaft und Vermögen, Köln 1999, S.7ff., S.10ff.

(11)　標準収益の意味内容も問題となるが，それは後に触れられる（本章3(3)を参照）。
(12)　Kirchhof教授の影響については多くの者が言及する。例えば，Tipke, Klaus, Steuerrechtsordnung I 2.Aufl., Köln 2000, S;ders., Vermögen——und Erbschaftsteuergerechtigkeit:Anmerkungen zu den BVerfG-Bechlüssen vom 22. 6. 1995, MDR 1995, 1177ff. さらにKirchhof教授本人の言明として，例えば，参照，Kirchhof, Paul, Beseuerung und Eigentum, VVDStRL 39, Berlin 1981, S.281. Kirchhof教授は，同箇所で，「所有権者の基本権は，国家の財政需要を充足する際に，所有権と調和するような形で課税がなされることを促進する」と説く。さらには，参照，Kirchhof, Paul, Der Grundrechtsschutz des

1 はじめに

界ラインは，二分された反響を引き起こした。ある者は，「租税と所有権の転換（Steuer -und Eigentumswende）」[14]，「革命的」[15]，「暗い風景への明かり」[16]と褒めちぎった。そうした者は，五公五民の発想の中に，「レバイアサンという国家が私所有権を食い尽くそうとすること」に対処する措置を見たのである。それとは反対に，他の者は，基本法14条からの理由付けを「冒険的な邪道」と決め付けた[17]。

右に見た様に，論者により真っ二つに見解の分かれるところとなる「企業税負担についての憲法上の限界」という本章の問題を論じるに当たって，議論すべきものとなるのは，Seer教授によると，まさしく，主として次の二点であることになろう。一は，自由権的基本権は，企業の税負担に対して限界を敷くのか，二は，そうした限界を敷くことが肯定されるならば，如何にして敷かれることになるのか，である[18]。具体的な問題は，問の一については憲法上の関連規定の解釈，加えて，基本法14条に規律されている所有権保障と課税との関係に触れる学説の認識であり[19]，問の二については税負担の標準収益に

Steuerpflichtigen:Zur Rechtsprechung des Bundesverfassungsgerichts im vergangenen Jahrzehnt, AÖR Bd.128（2003），1ff.

(13) Kirchhof教授の憲法上の自由権を指向した租税法理論については，参照，谷口勢津夫「税法における自由と平等」税法学546号203頁以下，特に，210頁以下。

(14) Leisner, Walter, Steuer- und Eigentumwende ——die Einheitswertbeschlüss des Bundesverfassungsgerichts, NJW 1995, 2591.

(15) Rose, Gerd, "In der Nähe einer hälftigen Teilung" ——Erste quantifizierende Überlegungen zur Vermögensteuer——Entscheidung des BverfG v 22. 6. 1995, DB 1995, 1880.

(16) Vogel, Klaus, Vom Eigentums- zum Vermögensschutz ——eine Erwiderung, NJW 1996, 1258.

(17) Bull, Hans Peter, Vom Eigentum- zum Vermögensschutz ——ein Irrweg, NJW 1996, 281.

(18) 本文中の問題意識について，参照，Seer, Roman, Verfassungsrechtliche Grenzen der Gaesamtbelastung von Unternehmen, in:Pelka, Jürgen（Hrsg.），Europa- und verfassungsrechtliche Grenzen der Unternehmensbesteuerun, Köln 2000, S.89;ders., Halbteilungsgrundsatz als verfassungsrechtliche Belastungsobergrenze der Besteuerung, FR 1999, 1280ff.;Helbig, Petra, Der verfassungsrechtliche Halbteilungsgrundsatz:Maßstab für Steuerbelastung und Ausgleichverpflichtung im Länderfinanzausgleich? Zugleich ein Valet der verfassungsrechtlichen Anbindung des Äquivalenzprinzips, Berlin 2002.

(19) 本章も参考にした学説の優れた整理として，参照，Englisch, Joachim, Eigentumsschonende Ertragsbesteuerung, StuW 2003, 237ff.

第5章　企業課税と税負担

占める割合，その税負担に含まれる個別的税目は何か，であろう[20]。個々の基本権侵害（個々の租税法律により創出される税負担）が幾つかまとまることによって，比例原則を侵害する基本権侵害（総税負担）がもたらされ得る，という学説の整理がある（所論によると，その際，同一の者に対する，同一の基本権に係る侵害の累積の程度が問題である。加えて，右の基本権侵害は同一の目的を追求するものでなければならない）[21]。それと並んで，企業課税の領域における財産課税のあり方も大きな問題として提起されよう。すなわち，企業に係る過重な税負担は特にドイツでは避けられるべきであり[22]，ドイツにおいてそれが如何なる法理論的評価を受けるか，という論点は経済活性化税制への要請が強い我が国の租税法にも一定のインプリケーションを与え得る。

但し，2006年1月18日の決定において，基本法上の所有権保護から一般的に拘束力ある絶対的な税負担の上限は導出されないとされたのであった[23]。しかし，ドイツでも税負担が高水準にならざるを得ない現代国家において税負担の上限を画することは立法者にとって拘束力を有する何らかの基準，具体的には基本法に基くそうした基準によることが必要であると指摘する見解がある[24]。とはいえ，五公五民原則がKirchhof教授のイニシアチブの許で導出されたものであるため，Kirchhof教授が連邦憲法裁判所判事を退官した後，なお同裁判所が五公五民原則を維持するか否か，は疑問視されていたことを付言しておく[25][26]。その結果は前叙のごとくである[27]。とするならば，ドイツに

---

(20)　これは経営学的な視点からの問題提起である。参照，Rose, Gerd, Überlegung zur Realisierung des Halbteilungsgrundsatz, StuW 1999, 12ff., 15.

(21)　Lücke, Jörg, Die additive Grundrechtseingriff sowie das Verbot der übermäßigen Gesamtbelastung des Bürgers, DVBl 2001, 1469ff. insbesondere 1475f., 1478.

(22)　Raupch, Arndt, "Gemeinschaftsweite Unternehmensbesteuerung, die den Anforderungen des Binnenmarktes gerecht wird"——Flucht aus dem Chaos in eine Utopie?, in:Schön, Wolfgang (Hrsg.), Gedächtnisschrift für Brigitte Knobbe-Keuk, Köln 1997, S.675ff., S.717f.

(23)　BVerfG-Beschl. 18. 1. 2006——1 BvR 2312/05——, BVerfGE 115, 97 (114).

(24)　Feldmann, Horst, Konstitutionelle Begrenzung der Steuerbelastung, StuW 1998, 114f.;Schemmel, Lothar, Zur Aufnahme des Leistungsfähigkeitsprinzip und anderer Grenzen für den Steuerstaat in das Grundgesetz, StuW 1995, 39ff.

(25)　Englisch (Fn.19), StuW 2003, 237, (Fn.5) を参照。

(26)　明示的にそれに触れるものとして，例えば，木村弘之亮『租税法総則』（成文堂，1998年）121頁以下，同『租税法学』（税務経理協会，1999年）82頁，新井隆一『税法と税務』（ぎょうせい，1997年）4頁以下，77頁，三木義一「財産権保障と課税権の制約　ドイツ土地増価税論議を素材として」植野紗実子編『憲法構造の歴史と位相』（南雲

160

おける議論の現状として、憲法はこうした税負担の水準について、具体的には何らの支持を与えるものではないと言う帰結に落ち着いているということができるかもしれない。但し、本章の帰結を先取りするならば、こうした議論がまったく過去のものになったとまでは言い切れないようにも思われる。何故なら、税負担の水準の決定作業は租税立法者によるまったくのフリーハンドの中にはなく、比例原則の枠内でその決定がなされなければならないとされるのである[28]。学説もこれに倣う[29]。学説は、さらに続けて、租税競争のもとでは、収益税負担（Ertragsteuerbelastung）は累積的に50パーセントを超えることがないようにすべきであるという[30]。このように見れば、税負担を50パーセント（その具体的かつ正確な意味は本章の論述を通じて明らかにしていく）程度に設定する理論・技術の通覧および検討、さらにそうした作業を通じた50パーセント基準の具体化は、租税政策論についてなお無意味ではないと考えられる。

なお、右の課税標準決定については、既に我が国でも言及する論稿が見られる[31]。したがって、本章では、まず決定そのものについては注(31)に挙げられている論稿等の叙述に依り、先に指摘したように、学説の展開と企業領域における税負担のあり方を論じる次第である。

堂、1991年）173頁以下、同『よくわかる税法入門　税理士・春香のゼミナール〔第7版〕』（有斐閣、2013年）61頁以下。

(27) 因みに、連邦財政裁判所は、ある納税者に係る税負担が所得税、事業収益税、教会税が合わせて収益の約61パーセントに及んだという事実関係の許、1999年8月11日の判決（BFH, Urt. v. 11. 8. 1999 ──XI R 77/97, NJW 1999, 3798. さらには、Rechtsprechung, FR 1999, 1303ff. も参照。）において凡そ「財産税決定における"税負担が標準収益の半分程度でなければならない"という命題は傍論であるゆえ、拘束力を有しない」と論じ五公五民原則を否定した。しかし、例えばLang教授は、右の判決にも拘らず、五公五民原則を自由権に基礎を持つ過剰禁止原則を強化する機能を持つと評しておられる（Lang, Joachim, Wider Halbteilungsgrundsatz und BVerfG, NJW 2000, 457ff.）。したがって、Seer教授によると、右の1999年判決も改めて税負担の上限を憲法を通じて画する議論を検討する機会を与える契機となると解しておられる（Seer（Fn.18）, FR 1999, 1280.）。

(28) BVerfGE 115, 97 (115ff.).

(29) Hey, in:Tipke/Lang（Hrsg.）, Steuerrecht（Fn.7）, §3 Rz.196.

(30) Hey, in:Tipke/Lang（Hrsg.）, Steuerrecht（Fn.7）, §3 Rz.197.

(31) 谷口勢津夫「財産評価の不平等に関するドイツ連邦憲法裁判所の二つの違憲決定」税法学535号153頁以下、中島茂樹「課税権と所有権 ──統一価格II決定──」ドイツ憲法判例研究会編『ドイツの最新憲法判例』（信山社、1999年）289頁以下、中島茂樹・三木義一「所有権の保障と課税権の限界　ドイツ連邦憲法裁判所の財産税・相続税違憲決定」法律時報68巻9号47頁以下。

第 5 章　企業課税と税負担

2　基本法における所有権保障と課税

　本章が参照した Kirchhof 教授や Seer 教授の論稿によると，課税により侵害される余地を持つ基本権は所有権のみでなく，とりわけ企業課税の領域においては，職業の自由や一般的行動の自由等も含まれる[32][33]。今日では，例えば，Weber-Dürler 教授[34]は，今日では，基本権侵害と認識すべき場合が増加しているという。つまり，古典的な基本権侵害は，命令的な性質（Imperativität）を持つもの，つまり命令（Gebot）及び禁止（Verbot）によって生じたのであったが（Weber-Dürler, S.60），しかし，今日では，租税も基本権侵害を引き起こし得るものであって，「……歴史的解釈は，明らかに，古典的な基本権侵害になじむ。しかし，（基本権侵害概念の・筆者注）客観的に見て合理的である拡大

---

(32)　この点については，Seer, Verfassungsrechtliche Grenzen（Fn.18），S.90ff. を参照されたい。伝統的に裁判例は，課税による職業の自由に対する制約に消極的な立場に立っていた。職業の自由に係る制約としての課税は，連邦憲法裁判所の立場としては，凡そ"租税の徴収は，原則として，それが職業の行使と緊密な関係に立ち，そして客観的に，職業を規制する傾向（berufregelnde Tendenz）が明らかに看取されるときにのみ，職業の自由の保護領域に介入することになる"，とされる（BVerfG──Bechl. v. 11. 10. 1977 ──1BvR 343/73──, BVerfGE 47, 21.）。しかし，それは Seer 教授の整理によると，こうして見ると，租税法律が，財政目的のみでなく，少なくとも，行政的介入目的（interventionistischen Zwecken）に資するときにだけ，憲法12条1項に違反し得ることになる（S.93.）。右のような立論が，連邦憲法裁判所曰く，とりわけ「財政機能が，禁止のような性格を伴った純粋な行政目的に転化されてしまう」絞め殺し税である（BVerfG──Beschl. v. 17. 7. 1974 ──1BvR 51/69──, BVerfGE 38, 81. 絞め殺し税につき，参照，木村・前掲注(23)総則 123 頁以下，伊藤嘉規「憲法論から見た課税最低限の再構成（二・完）」六甲台論集 48 巻 1 号 14 頁以下。）。

(33)　学説は，本文のような立場を採用している。それについて，参照，Friauf, Karl Heinrich, Verfassungsrechtliche Anforderung an die Gesetzgebungber die Steuern vom Einkommen und vom Ertrag, in:Friauf, Karl Heinrich (Hrsg.), Steuerrecht und Verfassungsrecht, Köln 1989, S.25f.;Jachmann, Monika, Sozialstaatliche Steuergesetzgebung im Spannungsverhältnis zwischen Gleichheit und Freiheit:Belastungsgrenzen im Steuersystem, StuW 1996, 101. また，前述の判例の立場に対する批判として，参照，Weber, Harald/Georg Crezerius, Die Rechtsprechung des Bundesverfassungsgerichts zum Verhältnis von Art.12 GG und Besteuerung, in:Wilke, Dieter und Harald Weber (Hrsg.), Gedächtnisschrift für Friedrich Klein, München 1977, S.548.

(34)　Weber-Dürler, Beatrice, Der Grundrechtseingriff, VVDStRL 57, Berlin 1998, S.74ff.

は，当初より，排除されていたわけではない。Walter Burckhardtは，既に1905年に，租税を基本権侵害の原因の一つとしてカウントすることに明快な理由付けを与えた。その憲法のコメンタールの中で，租税は，確かに，法的には営業の自由を侵害しないが，しかし，事実上侵害するとされている。各州が，直接的な営業警察という方法で行いえないことを，課税という方法で行うことは許されない。それ故，禁止的な効果を有する事業税を課すことは，正当にも，許されていない」と論じておられる。

　また，そして，自然人のみでなく，法人もその適用対象である[35]。

　しかし，本章では，論点を基本法における所有権保障と課税との関係に限定し，課税と職業の自由，一般的行動の自由といった課税によりその行使に制約が付される基本権[36]については議論しない。

　ここで論ずるように，基本法上の所有権は課税によって侵害されない，と学説上構成されていたので，所有権によって課税の上限を画する，というドグマーティクは伝統的には提唱されていなかった。したがって，判例も含めた上で，その学説の展開を取り敢えず，概観する。そして，如何なる理論的要請から，五公五民原則が導出される素地が形成されたか，を認識する（(1)，(2)）。そして，五公五民原則の意味内容に大きな影響を与えていると解されている，いわゆる補完性原則について議論を検討する（(3)を参照。このことは，憲法上の原則が立法・政策に如何なる影響を与えるか，について論ずる場合には不可欠であろう）。右の法原則を検討することは五公五民原則の構造を明らかにするためには，必要である。

---

(35)　基本法19条3項によると基本権は，その性質上，法人にも適用される。それについて，参照，Jachmann, Monika, Steuergesetzgebung zwischen Gleichheit und wirschaftlicher Freiheit, Stuttgart 1999, S.20ff.;Schemmel（Fn.24）, StuW 1995, 41; Stern, Klaus, Das Staatsrecht der Bundesrepublik Deutschland, Bd. III/1 München 1988, S.1133f. また，EC条約も重要である。それについて，参照，Lehner, Moris, Begrenzung der nationalen Besteuerungsgewalt durch die Grundfreiheiten und Diskriminierungsverbote des EG-Vertrags, in:Perka, Jürgen（Hrsg.）, Europa- und verfassungsrechtliche Grenzen der Unternehmensbesteuerung, Köln 2000, S.263ff. さらには，芦部信喜『憲法学II 人権総論』（有斐閣，1996年）127頁以下。

(36)　その点については，参照，Lang, Joachim, in:Tipke, Klaus/Joachim Lang（Hrsg.）, Steuerrecht（Fn.7）, §4 Rz.213.

第5章　企業課税と税負担

(1) **基本法14条のドグマーティク**——歴史と現在——

ここでは，先に引用したEnglisch氏の整理に依りつつ[37]，所有権の保護が与えられる客観的範囲についての従来の学説と判例を概観することとしたい。

① 判　　例

従来，連邦憲法裁判所は，公法上の金銭債務の賦課は財産全体（Vermögen als Ganzes）に関わることを根拠として，課税は基本法14条によって保護される所有権を侵害するものではない，という見解を採用していた[38]。右の立場が言わんとするところは，おそらくは，課税は納税義務者の財産全体に対して行われるので，それを以て個別の所有権が侵害されるに至ることはないということであろう，と推察する[39]。これは，課税によって財産の中から納税がされるとしても，所有権を侵害するほどの過度な税負担は生じないという，制度的保障説による理解を前提とするかのようである。とするならば，右の立場を前提とすると，端的に見れば，所有権侵害とされる課税のありようは理論的観点からも殆ど観念されえず，財産全体に対する課税の影響は，仮に課税が財産に過重なものであって，相当量の財産を国家に吸い上げても，所有権保障の違反は問題とならないことにすらなりえるのかもしれない（尤も実際には必ずしもそうではなかろう）。

時代が下って連邦憲法裁判所は金銭債務の賦課が当事者にとって過重でありかつ財産関係が根本的に侵害される際に所有権保障の侵害があると解する見解が採用されたとされる[40]。そして，右のような要件を充足するのは課税が没収的な性格を有しているときである。このことは，課税の領域においては基本法14条の客観的適用範囲が課税を通じた基本権の制約の程度に依ることとな

---

(37) 以下の基本法14条に係る諸学説の整理につき，参照，Englisch (Fn.19), StuW 2003, 237ff. 以下，諸説の整理はEnglisch氏の整理に依る。さらに，Lehner, Moris, Einkommensteuerrecht und Sozialhilfsrecht:Bausteine zu einem Verfassungsrecht des sozialen Steuerstaates, Tübingen 1993, S.364ff. も大いに参考になる。

(38) BVerfG v.20. 7. 1954 ——1 BvR 459/52——, BVerfGE 4, 7, 17.

(39) なお，基本法14条が，個々の財産を保護し，"単なる財産"を保護しないという考え方もある。これについては次のような分析ができる。すなわち，財産は公法・私法にまたがる憲法に適合した法律すべてから承認されている。そして，利益，チャンス，利益を得る可能性（単なる財産）はそうした法によって保護されたものではない，ということである。例えば，参照，BVerfG-Beschl. v. 14. 1. 1987 ——1 BvR 1052/79——, BVerfGE 74, 129, 148;BVerfG-Beschl. 22. 5. 1979 ——1 BvL 9/75——,BVerfGE 51, 193, 218;BVerfG-Beschl. 16, 3, 1971 ——1 BvR 52 665, 667, 754/66——, BVerfGE 30, 292, 334f.

(40) Englisch (Fn.19), StuW 2003, 238.

る[41]。いずれにせよ,課税は原則として所有権を侵害せず,仮に,その侵害があるとしても例外的なものであることとなる。

なお,右の見解は学説の大勢とは異なっており,学説は連邦憲法裁判所の判例を批判していた。例えば,基本法14条が所有権を保障し財産そのものについては保障の対象としないとの連邦憲法裁判所の解釈は,同裁判所が少なくとも基本法14条は絞め殺し的課税を禁止していると解釈しており,右の様に基本法14条から課税の上限を限定された形であれ導出しているのであるから矛盾しているというSendler教授の批判を挙げることができる[42]。

しかし,判例の展開にも若干の変化が見られた。例えば,連邦憲法裁判所第二部による基礎控除決定[43]を挙げることができる[44]。同決定は,生存最低限に必要な所得に対しては課税を行ってはならないという公準を基本法2条1項および14条1項,12条1項から導出したことで知られている[45]。生存最低限に必要な所得にまで課税が行われると,その課税は絞め殺し的であると性質決定される[46]。そして,重要なことは,右の決定が,租税法による負担（税負担）は基本権を侵害する効果を持ちうる,という命題を採用したことである[47]。

なお,連邦憲法裁判所第一部は依然として絞め殺し的効果をもつ課税のみが所有権を侵害するとの立場を堅持していた[48]。

② 学　　説
（i）伝統説

伝統的立場は従前の判例のそれ（①を参照）とほぼ同じである。

例えば,Wieland教授の整理によると[49],"現代国家は租税国家であり,国家活動を営むためには多くの税収を必要とする。したがって,国家は私人の財

---

(41)　Englisch (Fn.19), StuW 2003, 238.
(42)　Sendler, Horst, Die Konkretisierung einer modernen Eigentumsverfassung durch Richterspruch, DÖV 1971, 16ff., 22.
(43)　BverfG v. 25. 9. 1992,──BvL 5/91──, BVerfGE 87, 153, 169.
(44)　Englisch (Fn.19), StuW 2003, 238.
(45)　Jachmann (Fn.33), StuW 1996, 97ff., 100.
(46)　Jachmann (Fn.33), StuW 1996, 100.
(47)　Jachmann (Fn.33), StuW 1996, 100.
(48)　参照, Englisch (Fn.19), StuW 2003, 238. 同箇所でEnglisch氏はを引用しておられる。
(49)　Wieland, Joachim, Freiheitrechtliche Vorgaben für die Besteuerung von Einkommen, Irs, Evling (Hrsg.), Besteuerung von Einkommen, Köln 2001, S.33, S.135f.

第5章　企業課税と税負担

産に介入し，そこから国家活動の原資を獲得する必要がある。但し，国家は個々の財産に介入するのであって，私人が保有する財産全体に対してではない。それ故，私人の保有する財産一般は所有権保障の対象ではない"，という結論を導出することができる。

さらに，Birk 教授の整理によると[50]，例えば後に論述する Kirchhof 教授の見解とは反対に，租税法は確かに個人に対して課税を通じて一定の金銭的負担を課すことになるが（Geldentzug），憲法はかかる金銭的負担を適正な形で（gerecht）創出する義務を負っている。所論によると，憲法は，税負担を，個人の視点から国家による介入に対して防御権を斟酌した形で構成するのではなく，いわば秩序付ける形で配分するのである。すなわち，憲法は税負担の平等な創出のみを想定している，ということである。しかも，所有権保障の伝統的議論が構築された19世紀においては，税負担もさほど重いものではなかったため，憲法解釈を通じて課税の上限を画する実践的な必要性も観念されていなかったという事情も付言できよう。

なお，連邦憲法裁判所第一部と同様に，学説における伝統的立場も，絞め殺し的課税は許容されないと説く[51]。例えば，公用収用を考えた場合に，その範囲は法律により決せられる（いわゆる Inhats- und Scharankenbestimmung）。立法者は右のケースにおいて立法者の立法の自由を濫用するおそれがあり，その濫用のケースが絞め殺し的課税の一形態である[52]。この立場は所有権保障を制度的保障と理解するものになお親和的である。

さて，右の伝統的見解には次の様な批判がある。

そもそも本章2(2)以下で述べるような，今日の学説の展開に照らせば基本法14条による所有権の制度的保障を通じて確たるものとされる"自由な，そして，私人の使用収益権を指向した所有権秩序"は，租税国家の不可欠の要素であると考えねばならない，というものがありえよう。すなわち，国家は，私人にその所有権を広範に保障することによって，はじめて私人が所有権を用いて経済活動を展開し，その結果として経済的成果を得ることができる。右の経済的成果は勿論課税の対象となる。その他にも，所有権を制度的保障と解するこ

---

(50) Birk, Dieter, Leistungsfähigkeitsprinzip als Maßstab der Steuernormen:Ein Beitrag zu den Grundfragen des Verhältnisses Steuerrecht und Verfassungsrecht, Köln 1983, S.166, Fn.51.
(51) Englisch (Fn.19), StuW 2003, 238.
(52) Wieland, Freiheitrechtliche Vorgaben (Fn.49), S.38f.

とを通じて，課税の上限を画するという考え方もありうる。しかし，右の制度的保障説に立っても，課税の上限は絞め殺し的なそれを禁ずるものとして解されることとなる[53]。

Englisch氏は，右のことから現代の福祉・再分配国家において最も代表的な国家介入形態である課税という事象は基本権保障の許に置かれるべきであると説くのである[54]。もし，課税に基本権による拘束を設けないと，過剰な課税が発生するという[55]。

(ii) 経済的成果着目説

経済的成果着目説（Ergebnisorientierter Ansatz）とは，基本法14条は課税についても適用があることを前提とし，端的には，私人の経済活動の成果として得られた財産が，当該私人の手許に残るよう課税がなされるべきことを要請し，その根拠を過剰な課税によって実効的な基本権保護が不可能となってしまうことを挙げている[56]。すなわち，例えば，課税についても所有権保障を適用することによって生存最低限のベースを保護することができる。Schmidt-Bleibtreu/Schäferの整理によると[57]，仮に，基本法14条が課税から個々の所有権の客体のみを保護すると考えると，具体的な所有権たる地位に対する想定された影響以外の，いわば財産に対する負の影響を納税義務者に対して与える負債としての租税について侵入路（Einfallstor）が生じてしまう，とする[58]。それに続けて，両氏は所有権は人間の生存および自己の発現（Entfaltung）に不可欠であるから，右の言明は一層妥当する，という[59]。なお，Schmidt-Bleibtreu/Schäferによって指摘された右の"侵入路"はKirchhof教授によると，"基本権の最適化（Grundrechtsoptimierung）"を通じて塞がれ得る，という[60]。

---

[53] Selmer, Peter, Steuerinterventionismus und Verfassungsrecht, München 1972, S.33f.
[54] Englisch (Fn.19), StuW 2003, 239.
[55] Englisch (Fn.19), StuW 2003, 239.
[56] Englisch (Fn.19), StuW 2003, 239.
[57] Schmidt-Bleibtreu, Bruno/Hans-Jürgen Schäfer, Besteuerung und Eigentum —— Zum zweiten Thema der Staatsrechtslehrertagung 1980——, DÖV 1980, 489ff., insbesondere 494.
[58] Schmidt-Bleibtreu/Schäfer (Fn.57), DÖV 1980, 494.
[59] Schmidt-Bleibtreu/Schäfer (Fn.57), DÖV 1980, 494.
[60] Kirchhof, Paul, Der Weg zur verfassungsgerechter Besteuerung——Bestand, Fortschritt, Zukunft——, StuW 2002, 185ff., 191. しかし，Kirchhof教授は，当該箇所で

第5章　企業課税と税負担

次に，経済的成果着目説には，次の様な批判がある。

経済的成果着目説は憲法政策的な発想であり，憲法ドグマーティクに基くものではない，という(61)。すなわち，経済的成果着目説によると，課税からの所有権の保護が解釈によって導出され得るというよりも，むしろ，前提として観念されてしまっているというのである。あえて解釈論として経済的成果着目説を位置付けるならば，目的論的，目的指向的解釈とでも言えようか。

(iii)　財産価額保障説

"所有権は財産価額を保障する（Schutz durch Vermögenswertgarantie）"という命題について Wendt 教授は，基本法が個々の財産を保護するのと同時に，当該財産の価額をも保障すると解釈することを通じて，課税が所有権を侵害するという結論を導こうとした(62)。すなわち，所有権は，財産の所有者に所有者として自律的に当該財産の取引に入ることを可能にするという自由権を保障する機能を持つというのである。

しかし，所論には次のような批判がある。すなわち，所有権は財産の在り高を保障している，というものである(63)。確かに，所有権の保障の枠組みの中には，財産を利用し，そして譲渡する自由が含まれていることは間違いないが（とりわけ，譲渡権の保障は価額の保障が前提となろう），しかし，所論の如く財産の取引の自由を強調して財産価額を保障すると解すると，譲渡の際に当該財産に対して一定の譲渡価額が保障されねばならないという結論に行き着いてしまう。本来，取引における財産の価額は，取引者の主観によって決せられるところが大きいので(64)，所論はかくの如き取引の実状と適合しない，ということとなる(65)。

　　基本権の最適化を明確に定義しておられない。おそらくは五公五民原則がそれであろうか。
(61)　Wieland, Freiheitrechtliche Vorgaben（Fn.49），S.33.
(62)　Wendt, Rudolf, Besteuerung und Eigentum, NJW 1980, 2111ff., 2113f.
(63)　Papier, Hans-Jürgen, in:Maunz, Theodor/Günter Dürig（Hrsg.），Grundgesetz Kommentar, München Stand 2002, §4 Rz.160. Papier 教授は，当該箇所において，本来の在高の保護が，財産の価額を保護するという考え方によって相対化されている，と論じ，価額の保障は基本法14条3項，同15条の枠内においてのみ妥当する旨論じておられる。
(64)　Jachmann, Steuergesetzgebung（Fn.35），S.34.
(65)　Papier, Hans-Jürgen, Die Beeinträchtigungen:Der Eigentums- und Berufsfreiheit durch Steuern vom Einkommen und Vermögen, Der Staat 1972, 481ff., 491.

２　基本法における所有権保障と課税

しかし，例外として，基本法14条3項による，公用収用に際して被収用者に対して支払われる対価が挙げられ得るが[66]，しかし，そのことは基本法14条が財産の在り高を保障するものであることに何らの影響を与えないという[67]。

(iv)　活動基盤保護説

活動の基盤として所有権が課税から保護される（Schutz des Vermögens als Handlungsgarantie）という見解は，Kirchhof教授によるものである。所論によると，基本法14条の保護領域に含まれるのは，財産のみでなく，財産を保有する所有権者の活動の自由もそうであることとなる[68]。すなわち，所有権者は財産を獲得し，保有し，利用し，消費し，管理し，譲渡することができるのであるから，そうした所有権者の行為が可能であるためには，財産全体（Vermögen als Ganzes）が課税から保護されていなければならないはずだ，と結論付けるのである。これによれば，課税は即座に財産・所有権に対する侵害を意味することになり，問題は，どの程度の侵害であれば許容されるか，という点にある。

Kirchhof教授の見解には，次の如き批判がある。確かに，所有権は自由権の一類型として観念されてきたのであるから，所論の如く，所有権者の行動の自由に着目して所有権と課税との間の関係を整理するという思考は誤りではない。しかし，所有権とは，そもそも，客観法として保障され，それを以って個人の人格に関わる行動の自由を保障するものである。したがって，所有権の保障は，個人の人格からの発露ではなく，立法者の法制定を通じてはじめて保障される。このことは，基本法14条1項2文からも導出されうる帰結であるという[69]。

---

(66)　Englisch（Fn.19), StuW 2003, 240. 本文における基本法14条3項についての論述を便宜ここで若干敷衍しておく。すなわち，公用収容の際には，収容財産の価額が被収容者に支払われる（その根拠は，紛れもなく被収容者の所有権保護である）ことを以って，所有権が財産の価額を保障すると解することも当然できることに核心がある。

(67)　Englisch（Fn.19), StuW 2003, 240.

(68)　Kirchhof, Besteuerung und Eigentum（Fn.12), S.233ff., S.282. その他には，例えば，Meessen, Karl Matthias, Vermögensbildungspläne und Eigentumsgarantie : Zwangsbeteiligung und Gewinnabgabe als Mittel zur streuung des Eigentums am Produktivvermögen, DÖV 1973, 812ff. 816.

(69)　Papier, Hans-Jürgen, Besteuerung und Eigentum, DVBl 1980, 787ff., 790.; Lauterbach, Frank, Ein neues Unternehmenssteuerrecht für Deutschland?, Frankfurt

第5章　企業課税と税負担

(v)　効果着目・間接的保護説

　Seer 教授は，納税義務者は課税を通じてその保有する財産から納税をなさねばならない，と説く[70]。すなわち，右の事象を詳細に見ると，課税は，個々の財産に対する侵害を意味するものではなく，納税義務者に金銭債務を負わせるものである。そして，納税は，納税義務者が保有する所有権の対象たる個々の財産を国庫に対して譲渡することを通じてなされるということとなる。すなわち，右の一連の経緯からは，課税を通じて結局は納税義務者の財産が国庫に奪われる形となっているので，所有権として保障される財産を課税からも保護する必要性が認められることと立論されるのである。課税の結果として，自己の財産を国庫に納付する義務を負うという事象に伴い，"その効果に着目して，間接的に財産を保護する"という事象（Mittelbarer Vermögensschutz durch Folgenbetrachtung）が重要である。そして，納税義務者が，納税を行う際に，自己の保有するいずれの財産を用いて納税を行うか，という選択権を納税義務者は有していない，というアスペクトも重要である。

　なお，先に論じた"財産価額を保障することによる保護"を主張する見解と，ここでの"効果に着目することによる財産の間接的保護"を説く見解との相違が問題となるが（両説は極めて近似している），前者が課税によって，財産に対する直接的な侵害が生ずることを前提としており，後者はあくまで間接的なそれを前提としている点に違いを認めることができるという[71]。

　さて，"効果に着目することによる財産の間接的保護"にも次の如き批判がある。先に論じた「納税義務者が，納税を行う際に，自己の保有するいずれの財産を用いて納税を行うか，という選択権を納税義務者は有していない」という言明にも批判がある。この見解は，右の言明をベースとしているが，しかし，所有権は，そもそも「所有権者が自己の保有する財産を任意に利用でき，処分可能性を有すること」をその意味内容としている[72]。したがって，国庫に納税が行われる際にも，納税義務者が自己の財産のうちいずれかを国庫に譲渡することを"任意に"決定できるのであれば，自己の財産に対する"任意の"処

---

　　am Main 2008, S.90.
(70)　Seer, Verfassungsrechtliche Grenzen (Fn.18), S.99.
(71)　Englisch (Fn.19), StuW 2003, 240.
(72)　Leisner, Walter, Eigentum, in:Isensee, Josef/Paul Kirchhof (Hrsg.), Handbuch des Staatarechts der Bundesrepublik Deutschland, Heidelberg 1989, §149 Rz.3.

分可能性は何ら失われないこととなる[73]。通常，納税義務者は納税義務を履行するのに，自己の財産を処分する等を行うはずであるが，その処分の対象は国家によって，原則として，何らの指図を受けることはないのである。

(vi) 納税義務者行動基準説

この説は，先に論じた"効果に着目することによる財産の間接的保護"を説く説と同様に，所有権が個々の財産（の価額）を保護するという建前をベースとして，所有権は，間接的に，財産を保護すると理解する。そして，所論によると，課税が納税義務者の単なる行動に与える影響ではなく，課税要件に規律されている行動に与える影響に着目するべきであるという。すなわち，既に述べた如く，所有権は財産を保有し，それを処分する権能であり，課税が右の権能に結び付けられている限りにおいて，右の権能は課税によって一定の制約を伴わざるを得ない，と立論されているのである。なお，課税が，決して個人の基本権侵害を企図したものでなく，国家の財政需要を充足するためになされるものである，という事実を直視したとしても，課税の侵害効果は認定され得る[74]。基本権ドグマーティクによると，基本権の侵害効果が副次的効果によるものであったとしても，なお基本権侵害は認定されるのである[75]。

なお，右の見解には次の如き批判がある。右の見解は，課税による侵害の性質を十分に斟酌していない，というのである。すなわち，確かに，課税が個人の所有権を制約する効果を有することは否定できないが，しかし，かかる二次的な効果を以って所有権侵害を強調することは，そもそも課税が国庫と個人との財産的利益の調整を目的としていることを軽視している，という批判がそれである[76]。

③ 学説および判例の評価——諸見解の分析——

以上に概観した諸々の見解も，結局のところ定量的な見解であるということができる。すなわち，所有権を侵害する課税を認定するための客観的基準がいずれの見解においても明らかではないからである。しかも，課税は所有権を侵害するということについては一致が見られ，単に，その理論構成に差異が認められるに過ぎないようにも思える。

---

(73) Englisch (Fn.19), StuW 2003, 242.
(74) Papier, in:Maunz/Dürig (Hrsg.), GG Kommentar (Fn.63), §14 Rz.170.
(75) Papier, in:Maunz/Dürig (Hrsg.), GG Kommentar (Fn.63), §14 Rz.170.
(76) Wendt (Fn.62), NJW 1980, 2113.

第 5 章　企業課税と税負担

　しかし，敢えて，右の諸見解を積極的に評価しようとすれば，そして，その最大公約数を強いて導こうとすれば，①所有権が個別の，具体的な法的地位を保障するものであること，②課税が所有権者に帰属する個々の所有権の保護対象物を彼に効用をもたらす形で利用することへの侵害である，という二点が正当にも認識されていると理解はできよう。それは，今日一般的に承認されたドグマーティクでもある。

　したがって，ここので本質的問題は，（企業）課税の上限を基本法14条で以って画する際の，具体的な数値の導出であるということとなろう。これは前叙の学説の展開の中でも明確にはされていないことである。

　また，判例は，一般的に財産税決定以前には課税に対する所有権保障を消極的に解していた。しかし，学説は当初より所有権保障を課税の局面で認めるという立論を採用する傾向が見られた[77]。財産税決定に至るまでの判例の変遷は後にも若干指摘されるところであるが，いずれにせよ財産税決定が述べるように，侵害規範であると構成される租税法による課税が納税者の財産を納税者の手許から奪う作用を有していることは明らかであるから，所有権保障の枠組みを課税にも拡大することは正当であると考える。なお，この点，Tipke 教授は凡そ "そもそも課税が基本権を制約しないという立場は，絞め殺し的課税を禁止するという立場をも同時に採用しているからそもそも矛盾している"，そして "納税と行動は，企業活動のベースとなる財産からなされるのであるから，課税を通じてそれが減少すると投資，貯蓄，消費といった行動に影響を及ぼさざるをえないので，課税は所有権を侵害する余地を有するし，また所有権にのみ着目するだけでなく，その他の自由権的な性質を有する基本権も侵害することとなる"[78] と整理しておられる[79]。

　なお，ここで若干の問題提起とその分析を行っておく。その問題とは，判例および学説の変化である。右に見た判例および学説は課税によって所有権の侵

---

(77)　また，その他にも，連邦憲法裁判所の判例の中には，「租税法律が財産権上（vermögensrechtlich），そして職業上の領域における人格の伸長として刻印付けられるそうした一般的活動の自由（基本法14条1項，12条1項）の中へ介入する」と論じることによって，財産税決定以前にパラダイム転換をほのめかした，とされるものもある。これは，1992年9月25日のいわゆる基礎控除決定である。BVerfG──Beschl. v. 25. 9. 1992 ──2BvL5/91──, BVerfGE 87, 169.

(78)　以上につき，参照，Tipke, StRO I (Fn.12), S.449f.

(79)　参照，Pieroth, Bodo, Rückwirkung und Übergangsrecht:Verfassungsrechtliche Maßstäbe für intertemporale Gesetzgebung, Berlin 1981, S.309f.

2 基本法における所有権保障と課税

害が生ずる，というような展開を見せた。ここで，まず，課税が所有権を侵害するか否か，の点については，伝統的立場によると，既に見た如く，税負担がさほど重くない時期には国家が課税を通じて納税者の保有する財産（所得等も含む）の吸収を行う程度が低かったため，税負担と納税者の財産の制約が意識されることはなかった，ということであろう。しかし，学説の展開によれば，そうではなく，課税による所有権の侵害を肯定する立場に立ちつつ，その内容，論証のありように違いはあるが，特に，活動基盤保護法に見られるように，課税による侵害から守られるべき所有権侵害に係る可能性をできるだけ広く観念するという傾向があるのである。

そして，右の如き学説の展開が見られた根拠であるが，筆者はそれを確認する一次資料を有していない。しかし，推察するならば，基本権保護の実効化の要請があると言えるのではないであろうか[80]。すなわち，所有権保障の客観的範囲の拡大は，様々な要因により生ずるのであろうが，所有権として保障されるものが拡大することは，まさに，所有権保障をその状況に応じて，言い換えると，必要性の見地からなされることである。伝統的立場からの訣別の際にも，増大する税負担に鑑みて，そこに所有権保障を実効化するためには，所有権を課税から守る必要性があった。それを通じて，所有権保障がはじめて実効化されると認識されたわけである。それと同じく，所有権保障の客観的範囲を拡大する必要性が認められ，そのような傾向の中で，五公五民原則が導出されたものと推察される。

(2) **近時の学説**——課税に対する所有権保障の範囲——

では，以下で，上記(1)までに概観したドイツにおける基本法14条のドグマーティクが，目下，如何なる形で展開されているかが論証される[81]。すなわち，基本法14条意味内容を客観的範囲の側面に照らして，ここで明らかにしておくことがねらいである。

この点，Seer教授によると，凡そ次のように述べる。基本法14条の所有権の保障の中に，疑いなく，固定財産，流動財産としての全ての財産が含まれる。しかし，通説によると，基本法14条は，その他にも，その物，権利のすべてにおいて経済的企業を保護している。確かに，連邦憲法裁判所は，目下のところ，企業が，所有権法上見て（eigentümsrechtlich gesehen），企業財産

---

(80) Effektivierung。この点，谷口・前掲注(29)174頁に示唆を受けた。
(81) 以下の叙述につき，参照，Seer, Verfassungsrechtliche Grenzen (Fn.18), S.94ff.

第5章　企業課税と税負担

(Unternehmensvermögen) に属する物及び権利がただ事実として纏まっただけの一つの総体であるのか，または法的にも纏まったの一つの総体（nur eine tatsächliche, oder auch eine rechtliche Zusammenfassung der zum Unternehmensvermögen gehörigen Sachen und Rechte）であるのか否かに対する解答を与えていないが，Seer 教授によると，それを，肯定しなければならないとされる。すなわち，企業全体を所有権保障の対象として観念するということであろうか。加えて，いわゆる暖簾（営業権。Good will），つまり組織としての企業単位（organisatorische Betriebseinheit）に係る特殊な付加価値は，どのみち保障される個別的権利の総体以上のものであり，その中には，市場での企業価値を決め，そして，それ故，民事法上又はその他の権利として保護されるそうした企業の特別な経済的成果（unternehmerische Leistungserfolg）が含まれる。さらに，企業価値は，過去及び将来に関係した要素から構成される。それは，その設備，人，ノウハウ及び取引関係によって収益を稼得するそうした総体である企業の理念的価値を表し，それ以外には，将来において期待される潜在価値をも含む。

以上に見た如く，正確なところはいまひとつ不明確であるけれども，ともかく，企業の有する財産について基本法14条の客観的範囲は広いものであると解する立場もあるものであって，前叙のごとく，企業全体が所有権保障の対象と仮定すれば，企業に対する課税は性質上所有権を少なくとも一定程度は侵害するものとなり，さらには，企業に係る税負担という視点が獲得されることになる[82]。

また，Armin 教授によると，"所有権の正当化根拠及び倫理的モデル（ethisches modell）は，人間によって作り出された成果（menschliche Leistung）であり，基本法14条は，経済的成果に向けられた個人，人的会社，法人による私人の

---

(82) ここに至り，効果着目，間接的保護説は，活動基盤保護説と所有権侵害の発生基準につき共通性を有する。参照，Tipke, StRoI(Fn.12), S.449ff. 参考までに，BVerfG——Beschl. v. 31. 3. 1998 ——2BVR 1877/97——, BverfGE 97, 350, 370f. を挙げておく。曰く「所有権の保障は，個人的自由の私的に処分し得る経済的ベースを保障し，そして代替的な，取引価格のつく金銭財産をも保護する。本質的な自由の保障は，まさに，物的財及び金銭が相互に交換され得るというところにある。物の給付及び金銭給付の等価値性は，基本法14条が有効に機能するベースの一つである。金銭は，その様に刻印付けられた自由なのである」。

174

シニシアチブによる成果という結果を保護しようとしている"[83]とされる[84]。企業が独自の財産，すなわちその経済的給付の成果は，法的には，例えば，製品引渡請求権，報酬支払請求権又は賃金支払請求権といった形で現れるそうした納税義務者によって市場で稼得される所得を構築することとなるのである。何故なら，租税を納税義務者は「財産」という抽象物からでなく，所有権の保障の下にあるそうした個々の財産対象を国家に与えることによって，納税は行なわれるのであるから[85]，国家が，租税によってこうした所得に課税を行なう場合ことは，所有権として保護されている個々の法的地位が納税義務者から吸い上げられることと経済的には同義であると言えよう[86]。したがって，租税の徴収が，基本法14条の保護領域に関わっていると考えることが首尾一貫しており，加えて，単純に考えれば，企業による経済活動の成果は，その形態を問わず，企業の所有権保障の対象とされるべきこととなる。右のように考えると，また保護の対象となるのは個々の財産ではなく，その所有する全体としての財産もそうした保障対象であるというべきであることも導きうる。何故なら，企業は個々の財産を有機的に複数組み合わせて用いることによって，企業活動を遂行しているのであるから，個々の財産のみでなく，企業活動を遂行するに必要な一纏まりの財産全体を所有権保障の許にあると考えないと，所有権保障の実効性はないこととなる。これは，前叙のSeer教授の整理に接近するものである。このように，学説の一部を見ても，例えば，前叙の活動基盤保護説に対する批判，そして注(82)で言及したLauterbach氏の批判もあるけれども，課税という局面における所有権保障の実効化は主張されているのである。そこで，次の問題は，その実効化のために，税負担がどの程度に設定されるべきか，である。

---

(83) Armin, Hans Herbert von, Beseuerung und Eigentum, VVDStRL 39, Berlin 1981, S.304.
(84) BVerfG——Urt. v.18. 12. 1968 ——1RvR 638/64——, BverfGE 24 369, 389. によると，基本法14条は，基本権主体に対して，財産権の(vermögensrechtlich)領域における自由権を保障し，そしてそれとともに，その生活の自己責任による貫徹を可能にしている，という言い方がされる。また，Seer教授は，Otto Depenheuer教授による「所有権は，自由から発達し，そして自由を可能にする」を引用し，自己の給付の結果としての所有権は，「労働の派生物(geronnene Arbeit)」，「蓄えられた自由」と表現しておられる。参照，Seer, Verfassungsrechtliche Grenzen (Fn.18), S.100.
(85) Wendt (Fn.62), NJW 1980, 2114.
(86) Kirchhof, Beseuerung und Eigentum (Fn.12), S.233ff.

第5章　企業課税と税負担

(3) 補完性原則の展開

では，ここで，課税と所有権保障との関係における所有権保障の実効化という文脈での，五公五民原則に係る導出根拠とされる補完性原則について考えてみる。財産税決定においては，基本法14条2項[87]の文言（「所有権は，義務を伴う。その使用は，同時に公共の福祉に資すべきである（原文は"Eigentum verpflichtet. Sein Gebrauch soll zugleich dem Whole der Allgemeinheit dienen."である）」が五公五民原則導出の直接の根拠とされたが，学説によると，補完性原則も，五公五民原則の言明である"課税後，標準収益の少なくとも半分は私人の許に残されていなければならない"を導く根拠とされうる，という[88]（しかし，連邦憲法裁判所による文言解釈の背景に，補完性原則があると解することもできなくもないであろう[89]）。

---

(87) Seer教授は，「この条文は，社会国家原則（基本法20条1項，同28条1項）の実現の観点から，憲法が，所有権に対して一定の社会的制約を課していると解釈される。社会国家が存在するためには，課税を通じて国家が財源を得て，それをベースに国家事業を遂行しなければならない。課税は，そのための，社会的拘束なのである。逆に言えば，所有権は，租税を支払った分だけ，国家によって保障されることになるのである」と論じておられる。右の引用文につき，参照，Seer, Verfassungsrechtliche Grenzen (Fn.18), S.100f. そして，そうした社会国家を構築するのは立法者であり，租税立法者は，社会国家の構築という任務を担い，そして個人，人的会社，法人という私人の所有権に対して，基本法14条1項に従って制約を課すのである。それについて，参照，BVerfG ——Urt. v. 18. 7. 1967 ——2BvF 3/62——, BVerfGE 22, 180, 204.

(88) かかる整理をするものとして，参照，Dederer, Hans-Georg, Halbteilungsgrundsatz ——woher, wohin?:Zum Urteil des BFH vom 11. 8. 1999, 91ff., 96f.

(89) Seer教授は本文中の如き理解をしておられる。参照，Seer, Verfassungsrechtliche Grenzen (Fn.18), S.105. 所論によると，課税という基本権に対する制約に対して一定の制約を付する，そうした「制約に対する制約（Schranken——Schranken）」であると位置付けておられる。そして，その他にも，所有権が社会的拘束を負うことは承認しつつも，基本法14条2項がそうした拘束を「müßen」ではなく，「sollen」を用いることにより，弱めている"と解する立場もある。この立場からは，所有権は第一次的に私人の経済的基礎としての位置付けを与えられていることとなる。また，"zugleich"は価値概念であり（Kirchhof, Paul, Die Grundlinien des Steuerverfassungsrecht in der Rechtsprechung des BVerfG, StbJb 1994/95, S.8.），その結果，国家による課税という局面では，私人の第一次的責任は，私人が，自己責任を充足することに対応する形で，主として自己のために労働し，かつ事業を営むというそうした基本的価値判断に対応している，ということとなる（Butzer, Hermann, Freiheitrechtliche Grenzen der Steuer- und Sozialabgabenlast, Berlin 1999, S.82.）。また，以上のように解さないと，収入・収益の50パーセント超が課税によって国庫に入るとしたら，上述した意味での利益は，私人に残されているとはいえないという考え方が十分にとりうる。その際，私人は，他人のために働き，自分の

2　基本法における所有権保障と課税

① 補完性原則の意味内容——過剰の禁止との関連性——

　自由権的基本権は，法律の留保を伴っているとしても，立法者は，それによって，恣意的な課税を行いうるという特許状を得るのではない。むしろ，基本権を制約すること自体も，制約に服するのである[90]。一般的に，現行基本法の下で，社会的拘束を伴わない経済的自由権は認められない。しかし，そうした拘束たる制約が，経済的自由権を空洞化させるものではない[91]。然らば，ここで，経済的自由権に対する制約，そして立法者に対する制約という両方の制約を意識しつつ，両者を最適に実現させるべく，何らかの限界点が必要となろう。それは，過剰の禁止である[92]。

　過剰の禁止は，基本権に対する制約を課す立法を行なう際の制約原理として，広範に承認されている[93]。Seer教授によると，課税に関してのこの原則の表現は，基本法106条3項4文2号である[94]。同条によると，連邦の立法者は，「売上税収の配分に関して，とりわけ，納税義務者に対する過剰な負担が避けられる」ように考慮しなければならない。例えば，連邦が税収不足に陥ったとき，連邦が国の税収として売上税収に一層多く持分を有するように調整することで，税収不足が解決できるときには，連邦は売上税の増税という政策を選択することは許されないことになる。納税義務者に対しての過剰な課税の禁止が，税収の分配に関してさえ，実現されることが斟酌されているのであるから，納税義務者との関係における租税の確定及び徴収においては，過剰の禁止はますます妥当することになるというのであろう。

　しかし，Seer教授曰く，警察法において発展してきた目的——手段を拘束するものとしての過剰の禁止という原則（警察法上の比例原則）の構造の結果として，課税に関しての過剰の禁止は通用しない，という。その根拠は，財政目

　　ために働いていないことになる。そうした場合，私人は自らが負うべきその主たる自己責任を公的主体に対して譲渡したことになる。それに続いて，国家は，それを首尾一貫させるために，私人の第一次的責任を受け継ぎ，市民によるさらに拡大した給付請求権に対処する必要が生じることになろう。以上につき，参照，Butzer, a.a.O., S.82.
(90)　Stern, Klaus, Das Staatsrecht der Bundesrepublik Deutschland Bd. III/2, München 1994, §83ff.
(91)　Seer, Verfassungsrechtliche Grenzen (Fn.18), S.101.
(92)　Lerche, Peter, Übermaß und Verfassungsrecht:Zur Bindung des Gesetzgebers an die Grundsätze der Verhältnismäßigkeit und Erforderlichkeit, Köln 1961.
(93)　Stern, Das Staatsrecht (Fn.87), S.1785ff.
(94)　Seer, Verfassungsrechtliche Grenzen (Fn.18), S.103.

的は，輪郭がはっきりしないために，基準としては，さらなる具体化を必要とする，ということである[95]。それ故，基本法12条，14条1項の自由権的基本権及び社会国家原則の間で必要とされる限界付けを行なうためには，さらなる基準を必要とすることとなる。それは，政治的に巧妙なルールというものでなく，憲法上の不成文の基本原則である[96]。それは，防御機能を有している補完性原則であるとされている[97]。つまり，例えば，個人は自己責任で生きなければならず，そして，国家は個人の担うことのできない役割を負うべきであるとされる[98]。右の如き観点から，国家の活動に限界を敷き，そして市民としての自由を保障する[99]。逆に，これは，国家に対して，市民の側から過剰な介入を要求されることを防ぐことにもなる。何故なら，個人は，個人的自由の裏側として，自己責任で生きる側面をも有しているからである[100]。基本法12条，14条によって保障される経済的自由は，個人の生存を安定させるための不可欠の要素なのである。こうした形で，補完性原則は，一方で職業の自由，所有者の自由，および他方で社会国家原則のあいだにおいて，過剰禁止によって要請されている調整を行なうのである[101]。勿論，こうしたことは狭義の個人のみでなく，事業者としての個人，人的会社，法人にも妥当することは言うまでもない。

② 補完性原則からの五公五民原則の導出の問題点

しかし，補完性原則自体は，憲法上の不文の原則であると承認されるとしても，補完性原則から，五公五民原則を導出することには次のような批判がある。この点，Isensee教授の整理によると，補完性原則は，国家と私人との間での，事務分担について適用される原理である，としている[102]。例えば，国家に専属的に属する事務は国家が執り，私人に専属的に属する事務は私人が執る，というものである。その際，所論によると，もし，ある事務について，国家が第

---

(95) Kirchhof, Paul, in:Isensee, Josef/Paul Kirchhof（Hrsg.）, Handbuch des Staatsrechts Band. Ⅳ, Heidelberg, 1990, §88 Rn.41.
(96) Isensee, Josef, Subsidiaritätsprinzip und Verfassungsrecht:Eine Studie über das Regulativ des Verhältnisses von Staat und Gesellschaft, Berlin 1968, S.106ff.
(97) Jachmann, Steuergesetzgebung（Fn.33）, S.26f.
(98) Jachmann, Steuergesetzgebung（Fn.33）, S.49f.
(99) Butzer, Freiheitrechtliche Grenzen（Fn.88）, S.81.
(100) Butzer, Freiheitrechtliche Grenzen（Fn.88）, S.88.
(101) Jachmann, Steuergesetzgebung（Fn.33）, S.27.
(102) Isensee, Subsidiaritätsprinzip（Fn.93）, S.159

一次的に管轄権を有し，その反対に，私人が第二次的なそれを有する，という場合には，補完性原則の適用により，私人は国家の事務処理に対して文字どおり補完的な役割に甘んじることとなる。

そして，租税法にそれを当てはめてみると，租税の賦課・徴収は国家が専属的に行うものであるから，私人はそれをなしえない，という結論が導かれることとなる，という[103]。そして，確かに，本節(1)，(2)で引用された諸説においても，個人で自律的に生きる，ということが個人の事務であるという前提の許で，かかる自律的な生活を国家が二次的に介入，すなわちこの場面では支えるというように理論構成された。しかし，かかる考え方は，その性質上，国家と私人とのいずれに専属的管轄が認められる事務であるか，を論ずることと同列に扱うのには適当ではないと考えられよう。

すなわち，以上のように考えると，補完性原則は，あくまでもある事務について国家と私人との間で管轄権が競合する際の分配のありように係る法原則であって，国家がどの程度私人の経済的成果に課税を通じて参加できるか，という問題に直接に解答を与える法原則ではないということになる。したがって，この立場に立つと，補完性原則を五公五民を導出する根拠とすることは出来ない[104]。

③　補　　論――基本法14条2項1文によった財産に対する保護の強化――

なお，Kirchhof教授は，基本法14条2項1文において認められる静的財産の保護を，「所得税又は贈与税を既に課され，その納税の後，私的部門に残された」そうした静的財産のみを保護すると解釈論を主張したことがあった[105]。Seer教授によると，この点にKirchhof教授の見解を支持すべき点があるとされる[106]。所有権者によって，既に課税された所得から成る財産の蓄積は，財産の増加として，未だに所有権者の許で課税されていない，そうしたたった今稼得されたばかりの所得と比較して強い保護を必要としている[107]。既に課税された所得から成る財産は，所有権者の許で課税されたことを理由として，その社会的拘束にかかる義務を既に果たしたのである[108]。その結果，財産税

---

(103)　Isensee, Subsidaritätsprinzip (Fn.96), S.168.
(104)　Dederer (Fn.88), StuW 2000, 97.
(105)　Kirchhof, Beseuerung und Eigentum (Fn.12), S.248.
(106)　Seer, Verfassungsrechtliche Grenzen (Fn.18), S.107.
(107)　Seer, Verfassungsrechtliche Grenzen (Fn.18), S.107.
(108)　Seer, Verfassungsrechtliche Grenzen (Fn.18), S.107.

（但し既に廃止された）又は不動産税による追加的課税の余地があるに過ぎない[109]。仮に，静的財産に対しても，動的財産に対するのと同様に追加的に課税がなされていくのであれば，所有権の実体は，次第に国庫に吸い尽くされてしまう。

(4) 小　括──五公五民原則に対する批判も含めて──
① 五公五民の意義と限界
　以上で Kirchhof 教授の五公五民原則に至るまでの判例および学説の展開，そして五公五民原則の意味内容も明らかになったと思われる。立法者も憲法には拘束されるゆえ，税負担の上限も憲法にその根拠を求めざるを得ないことは筆者も正しいと考える。そして，かつての学説が与するとも思われた基本法14条の客観的保護領域に課税による侵害が含まれないとする立場は，わが国の目から見ても（すなわち，わが国の法解釈論に当てはめてみても），基本権保障の実効性に鑑み妥当でないと考える。

　したがって，課税と所有権との関係について，前者による後者の侵害可能性を前提としつつ，税負担を適正化する途が追求されるべき点では大方の一致が承認されるとしても次の作業として，ここで，五公五民原則についての批判的見解をいくつか見ておこう。

　まず，Feldmann 氏は標準収益をベースにして課税の上限を画するとしたら，50パーセントの上限は容易にオーバーする，と述べる[110]。これは先に挙げたTipke 教授の言明と同旨と捉えてよいであろう。そして，担税力を減殺する費用等を類型化を根拠に概算的に計算するならば，実所得課税をそのベースとする応能負担原則に違反するという[111]。最後に，補完性原則の許では，個人が自力でまたは少人数のグループでは特定の問題を解決できないときに，国家はそれを補助するために活動するべきであるから，上限が50パーセントとすると，自由主義社会について，その上限はあまりに高すぎ，それは個人の行動の自由に大きな制約を課すという[112]。

　次に Tipke 教授の批判を引用しておこう。①五公五民は補完性原則に基くとしながら，「五公五民」では公的セクターと私的セクターを同レベルで捉え

---

(109)　Seer, Verfassungsrechtliche Grenzen（Fn.18），S.107.
(110)　Feldmann（Fn.24），StuW 1998, 118.
(111)　Feldmann（Fn.24），StuW 1998, 118.
(112)　Feldmann（Fn.24），StuW 1998, 118.

ることになること，②例えば，所得税は，基本法14条2項に照した「所得の利用」に課されるのではなく所得そのものに課されること，③あらゆる納税義務者につき，稼得した経済的成果の半分を納税しなければならないという誤解を生じさせかねないこと，である[113]。しかし，Tipke教授も，自由権的基本権を用いて課税に対する限界を画することは認めておられる[114]。ドイツにおいては，基本権は第一次的に防御権として構成されている[115]ことが影響していることからTipke教授は右の様に理論構築されておられると推論することもできよう[116]。

　右の幾つかの言明から五公五民原則に対して批判もあるのであるが，しかし，課税という国家からの私的領域になされる侵害に対して何らかの歯止めが必要であることは否定できないように思われる。例えば，直前でも述べたように，Tipke教授自身も基本法14条をベースにして課税に上限を設けること自体には反対しておられない。むしろ，先にも指摘したが，無産国家の必然的現象である課税であっても私人に対する侵害行為であることは判然としているゆえ，基本法14条の保護範囲から課税のみを除外するというドグマーティクは合理性を欠くと言える。批判の中心はむしろ50パーセントという定量化した形でその上限を設けることの論証可能性である。確かに，基本法を自由主義的に解釈し，そして先の"zugleich"の文言に関する解釈に照らせば，50パーセントという明確な量的限界を導くことも不可能ではない。しかし，そもそも一般論として，ドイツと同じ程度に自由主義的であり，かつ社会国家原則に基く政策を採用しているわが国においては，個人および法人とも税負担が80パーセント程度にあった時期もある。かかる税負担が相対的に見て相当程度の重さに及んでいるとしても，そこには社会的再分配の要素が色濃く反映されていると見ることが出来，それ故，決して自由主義的に見て違憲の税負担であると解する

---

(113) Tipke, StRO I (Fn.12), S.449ff.
(114) Fn.113を参照。
(115) 松本和彦「ドイツ基本権論の現状と課題」ジュリスト1244号188頁以下。なお，右論稿によると，ドイツにおいては連邦憲法裁判所の裁判例を契機として，国家が私人の基本権を①対国家との関係において，②対第三者たる私人との関係において，守ることを義務付けられている，という"基本権保護義務"が観念されている。右の議論につき参考になるものとして，参照，小山剛「立法政策と基本権保護義務」桜井雅夫編『石川明教授古稀記念論文集 EU法・ヨーロッパ法の諸問題』（信山社，2002年）231頁以下。
(116) Frenz, Walter, Unternehmensteuerkonzeption im Lichte des Eigentumsgrundrechts und des Leistungsfähigkeitsprinzip, StuW 1997, 116ff., 121.

第5章　企業課税と税負担

ことが必ずしも正しい解答であると即断することもできない。とはいえ，逆に現在の経済状況においてかかる税負担が創出される場合にはそれは政策論として妥当でないことは勿論，法的にも合理性を欠くという批判は免れないと思われる[117]。

すなわち，税負担の程度はそのときの経済情勢に大きく左右されて決定付けられると解される。税制自体が経済政策の重要な一部門をなしており，経済動向に大きな影響を与え，そしてその逆もある。それ故，税負担の上限は立法者の政策的判断に委ねられて決せられる部分が多いであろう。ここで，反対に，税負担の下限に着目すると，（個人の領域ではあるが）生存最低限の非課税や主観的純所得課税のように憲法上の原則を具体化したサブ原則によってその必要性が論証されているが，同じく税負担の額自体は立法者の合理的判断に委ねられて決せられている。したがって，立法者の経済政策的判断と憲法上の原則の重要性とを合理的に調和させて，五公五民原則は立法者が凡そ原則として維持しなければならない公準であるが，その上下10パーセント程度の乖離は許されるもの，と解することが妥当ではないであろうか[118]。

なお，谷口教授がBöckenförde教授による五公五民原則に対する批判を相当程度明らかにされており，筆者がここで谷口教授の優れた整理に付け加えるものはない。そこで谷口教授の整理に依り，"五公五民原則のような形で課税に上限を設けることは国家が社会国家原則に基いて行う所得再分配政策に足か

---

(117)　但し，その法的論証を明確に提示することは筆者にはできない。この点，近時，中里教授が，憲法29条を根拠にわが国の憲法も効率性原則を採用している，と提唱しておられ，参考になる。仮に，同教授の議論を援用すると，あまりに重い税負担は市場に非効率性をもたらすものとして違憲と解されよう。参照，中里実「租税法における経済学的思考――研究ノート」佐藤英善他編『行政法と租税法の課題と展望 新井隆一先生古稀記念』（成文堂，2000年）371頁以下，特に382頁。

(118)　同旨，Hey, Johanna, Zur Anwendung des Halbteilungsgrundsatzes:Anmerkungen zur Oliver Geißler, Der Unternehmer im Dienste des Steuerstaates――zugleich Plädoyer für einen Untertitel, StuW 2002, 91ff., S.95. 当該箇所でHey教授は，五公五民原則の導出は，「かかる限界なしには比例原則を一般的な税負担に適用できないことの回答としてまず理解されねばならない」，と述べておられる。すなわち，言い換えると，極端な言い方ではあるが，国家による私的領域への介入に対する制約となる比例原則も五公五民原則の如き形で"取り敢えず"具体化されない限り，租税法において実効的な法原則とはなり得ない，ということである。また，Hey教授は，基本法14条2項の条文から，五公五民という具体的な課税の上限を導出することは困難であるとし，過剰禁止原則を実効化することが問題であった，としておられる。参照，Hey, in:Tipke/Lang (Hrsg.), Steuerrecht (Fn.7), §3 Rz.194ff.

2 基本法における所有権保障と課税

せをはめることとなる"[119]とBöckenförde教授の見解をここに簡単に付言しておく[120]。

② 企業課税における税負担の下限——企業の存続最低限の非課税？——

本章では，企業に係る税負担の上限を画する議論について憲法論を検討している。確かに，課税の上限を画することも結果論として企業活力の増進には大いに寄与するところがあろう。しかし，同時に課税の下限も重要ではないであろうか。

さて，従来，ドイツ租税法学においても，わが国の租税法学においても，個人の生存最低限を非課税とする議論は憲法上の原則として確立されてきたといってよい。したがって，確かに，生存最低限を一定の金額を以って明確に画することは法原則からは一義的に導かれえず，立法者の裁量の範囲内にあればその合理性が肯定されてきた。しかし，直前にも述べたように，その重要性は強調してもしすぎることはなく，所得税政策の根幹を構成する。

この点，企業課税については，どうであろうか。そもそも，先の生存最低限の議論は，社会国家原則あるいは個人の尊厳から導出されると考えられるものであるから，企業課税において，企業の存続最低限を非課税にするなどということは"独自の見解"と拒絶され得るかもしれない。わが国の現行法においては，個人事業者については，個人所得課税がなされるが，企業領域と個人領域とが租税法上識別されるのが建前である。人的会社については，法人課税がなされ（但し，人的色彩が極めて濃い人的会社は個人事業者と同じように考えられ得るかもしれない），法人については言うまでもなく，法人課税がなされる。そのうち，個人事業者や人的色彩の濃い人的会社の出資者については，企業領域と個人領域との識別が極めて曖昧であり，個人の生存最低限の非課税により，場合によっては，企業の存続も同時に維持され得るという効果が認められるのかもしれないが，しかし，いずれにせよ，形式的には法人と同様に個人領域を厳格に排除した形での企業領域の維持が問題となる。

---

(119) 谷口・前掲注(29)。
(120) 因みに，谷口教授は，本文中のBöckenförde教授によるKirchhof教授の自由権を指向した憲法論に対する批判に対し，Kirchhof教授の言明を詳細に引用され，"生命及び人間の尊厳という根源的な基本権の保障にまで遡って，自由の基礎としての生存（自助による生存）を可能にするために，生存最低限という総負担の下限を設定し，社会国家原則に配慮している"のであり，右の言明は"社会国家における租税負担の増大に歯止めをかけようとしたものである"と整理をしておられる。参照，谷口・前掲注(29) 212頁，214頁以下。

以上の点から，企業が存続しつづけるために必要な存続最低限の非課税措置（あるいは控除措置）が講じられるべきであるのか否かが問題となる。

この点，先にも指摘したように，①企業については個人と異なり，個人の許で認められる"個人の尊厳"の如き価値を認めることが出来ない，と捉える見解がありうる。

次に，②企業の保護は公共の利益を促進するものであるから，企業が存続するように税負担を軽減することも十分に正当化可能である，と解することも不可能ではない。これは，通常，法人に対する租税特別措置として適用されているのであろうが，ここではかような個別措置ではなく，例えば一般的な非課税枠の配備等の優遇措置が問題となっているのである。

但し，仮に，企業の存続最低限の非課税措置を認めるとして，企業の業種ごとに存続最低限は異なると解するのが自然である。したがって，業種ごとに非課税額が異なるであろう。この点で，個人の生存最低限がほぼ一律に割り切れるのと大きな違いが生ずるのである（尤も，それも概算化規定であると解される）。尤も，企業の存続最低限の非課税措置を認める以上，業種ごとに非課税額の差異を認めないことには，実効的な企業保護政策など採り得ないと考えれば，非課税額に差異が生じることも止むを得ない。しかし，この点は大規模な企業になればなるほど一層非課税額が大きくなる傾向が認められるであろうし，こうした問題は租税特別措置としての控除措置という形態で現れることがありえようから，中小企業との関係において平等原則との適合性は別途生ずるであろう。また，仮に企業が業績悪化によって市場から撤退することとなっても，それは市場主義経済の一つの帰結であるから，かかる事態が発生しても，前叙の非課税措置の額が不十分であったというように，租税制度が原因であるとは到底言いえないように思われるし，加えて，その際（すなわち，利益がなくなった際に），金銭も給付されることが当然に要請されると解するのは困難であろう。

この点は，ここでは問題提起に止め，他日を期して詳しく検討したい。

3　五公五民の基準による全体としての税負担の量的制限

財産税に関して，所有権を私的に利用することから，「標準収益（Sollertrag）に対する全税負担が，収入（Einnahemn），控除し得る費用及びその他の負担軽減分を考慮して，（個人の）私的部門及び（国家等の）公的部門の間で標準収益を分けた結果，およそその半額分である限り」当初の収益に対する収益税の

3 五公五民の基準による全体としての税負担の量的制限

中に財産税も含まれ得る、ということを連邦憲法裁判所は推論する(121)。この定式は、その簡潔な口調にも拘らず、多くの問題を提起する(122)。以下では、どのような租税が、総税負担の中に含まれるのか？どの程度の額が、総税負担についての基準を構築するか？、国家による私人に対する金銭給付の位置付けは？、について検証される(123)。

(1) 総税負担の中に含まれる税目
① 所得又は収益に対する期間税
(i) 所得税及び法人税

基本法12条，14条は，財産収益（Vermögenserträge）についてだけでなく，全体としての，私人による労働から発生する所得についても税負担の上限を設ける(124)。然らば，その下に，事業性所得も労働性所得も含まれることになる(125)。つまり，自然人，個人事業者並びに共同事業者に課される所得税は，そこに含まれるものとされる(126)。そして，物的会社は，確かに，基本法19条3項により経済的自由権の享受主体であるため，法人税が物的会社に係る税負担となることも肯定できる(127)。

しかし，物的会社に関しては，法人税を物的会社に対する税負担であることを肯定するための幾つかの論点があった。何故なら，例えば，インピュテーション方式下では，法人間配当についてもインピュテーション方式が適用されることにより，かかる配当に対する法人税の累積が避けられてきたし，しかも，一般的には，法人税は配当に対する所得税の前取りとしての性格を有しているので，持分権者たる株主の許での税負担が判断の基礎とされねばならないと考えられ得た(128)。

---

(121) BVerfG-Beschl. v. 22. 6. 1995（Fn.7）.
(122) Seer, Roman, Die neue Erbschaft -und Schenkungsteuer auf dem verfassungsrechtlichen Prüfstand, StuW 1997, 297.
(123) (1)，(2)につき，Seer, Verfassungsrechtliche Grenzen（Fn.18），S.108ff.
(124) Seer, Verfassungsrechtliche Grenzen（Fn.18），S.108.
(125) Seer, Verfassungsrechtliche Grenzen（Fn.18），S.108.
(126) Jachmann, Sozialstaatliche Steuergesetzgebung（Fn.33），104f.
(127) Seer, Verfassungsrechtliche Grenzen（Fn.18），S.108.
(128) Pezzer, Hans Jürgen, Die verdeckte Gewinnausschüttung im Köperschaftsteuerrecht, Köln 1986, S.2ff.;ders., Rechtsfertigung und Rechtsnatur der Köperschaftsteuer, in:Widemann, Siegfried（Hrsg.），Besteuerung der GmbH und ihrer Gesellschafter, Köln 1997, S.16;Knobbe-Keuk, Brigitte, Bilanz- und Unternehmenssteuerrecht 9.Aufl., Köln

第5章　企業課税と税負担

　その他にも，未配当利益に対して課される法人税が，物的会社に対する総税負担を考察する際に，除外されねばならないか否かが問題となる。確かに，未配当利益は，法人に対する一時的租税としても捉え得る。何故なら，配当がなされるまで社内に留められ，配当がなされる際には，未配当利益に係る税負担よりも低い配当負担が改めて創出されるからである[129]。しかし，未配当という状況も，かなり長期間続くこともあり，半ば世代を超えて未配当のままとされることもあり得る。加えて，法人税は，出資者税ではなく，法人は，持分権者と別個の独立した存在であることが斟酌されえよう[130]。以上によれば，法人税は，法人に対する総税負担の対象となろう。

　以上を要するに，持分権者に対する配当までも含めて，次の様な二段階が検討の対象となる[131]。まず，第一段階は，物的会社レベルである。そこでは，未配当とされる利益に対する法人税及び，それ以外の租税との合計の税負担が問題である。第二段階は，持分権者レベルである。そこでは，配当利益に対する所得税がそれである。こうした二段階での検討は，いわゆるインピュテーション方式が廃止され，そして二分の一所得免除方式および部分免除方式が導入された後では，ますます必要になることは言うまでもない。何故なら，特に，二分の一所得免除方式に着目して言えば物的会社レベルでは，25パーセントの法人税率で統一的な負担が課され，個人株主のレベルではその残額の半額が所得税の課税標準とされるので，企業レベルでの税負担は個人株主のそれから独立したものだからである[132]。

　(ⅱ)　付属税，特に連帯付加金及び教会税

　周知の様に，連帯付加金は，東西ドイツの統一にかかる負担のために資金調達するという目的のために，導入されたものである[133]。このことから分かるように，この租税は，あくまで，暫定的な性格を有している。そのために，総税負担に含める必要は無いとされている[134]。したがって，この連帯付加金の

　　1993, S.565f.
(129)　旧ドイツ法人税法27条以下。
(130)　Knobbe-Keuk, Bilanz -und Unternehmenssteuerrecht (Fn.128), S.562f.
(131)　Seer, Verfassungsrechtliche Grenzen (Fn.18), S.109.
(132)　二分の一所得免除方式および部分免除方式の構造および導入の諸経緯については，
　　参照，本書第3章。
(133)　Seer, Verfassungsrechtliche Grenzen (Fn.18), S.110.
(134)　Seer, Verfassungsrechtliche Grenzen (Fn.18), S.110;Jachmann, Steuergesetzgebung
　　(Fn.33), S.51, 56.

3　五公五民の基準による全体としての税負担の量的制限

存在のために，利益に対する50パーセント以上が公的主体に移転されてしまうことがあっても，連帯付加金の社会目的を担う公課としての性質によって，そうした状況も正当化することが可能であるとされている。しかし，逆に，連帯付加金が恒久的に存在することになれば，総税負担の中に含めて考える必要が出てくることになろう。

そして，教会税は，総税負担に含めて考える必要はない[135]。何故なら，税収は教会に割り当てられるから，国家によって課される租税と純粋に同列に置いて論じることはできないからであるとされる[136]。

(iii)　事業収益税

1998年1月1日以降，従来の事業資本税（Gewerbekapitalsteuer）は廃止された結果，事業収益税（Gewerbeertragsteuer）は，その課税利益が，企業によって生み出された給付能力の総体としての純利益である企業税としての位置付けをすることができるようになった[137]。給付能力は，企業の利益という形をとっている。これが，全税負担に含まれるべきものであることに異論はない[138]。

②　所得／財産を使用することに対する期間税

(i)　売上税

一般消費税としての性格を有する売上税は，単に技術上，事業者が納税義務者としての様相を呈している。しかし，前段階税控除制度によって，各流通段階における売上税負担の累積は避けられ，そして，売上税分を価格に転嫁しているのであるから，実質的に売上税を負担しているのは，最終消費者である[139]。事業者は，徴収義務者に過ぎない。ただ，企業が最終的消費者であるならば，売上税は前税負担を構成するものとなる。

その他に，例外的に，ドイツ売上税法15条2項に従った前税控除が否定され，かつ，その負担を消費者に転化し得ないとき，総税負担に含まれることを要しよう[140]。

---

(135)　Seer, Verfassungsrechtliche Grenzen (Fn.18), S.110.
(136)　Butzer, Freiheitrechtliche Grenzen (Fn.89), S.82.
(137)　Zitzelsberger, Heribert, Grundlagen der Gewerbesteuer, Köln 1990, S.142.
(138)　Seer, Verfassungsrechtliche Grenzen (Fn.18), S.110.
(139)　例えば，参照，貝塚啓明『財政学［第三版］』（東京大学出版会2003年）167頁-169頁以下。
(140)　Seer, Verfassungsrechtliche Grenzen (Fn.18), S.112f. なお，Hey教授は，間接税

第5章　企業課税と税負担

(ii)　石油税／電力税

電力税は，企業目的に要する車の使用を行なうために，燃料に課される。そして事業活動を遂行するプロセスで必要とされる保険に課される保険税は，事業者の企業目的に利用される所有権に係る税負担を確実に上昇させる。そのため，これらも総税負担に含まれる[141]。

③　不定期的な租税

(i)　相続税・贈与税

相続税，贈与税は，相続人，受贈者によって稼得された市場所得に対して課税されるのではなく，彼らに与えられた所得，つまり，純財産の増加分に対して課税されるのである[142]。基本法14条1項1文は，所有権のみでなく，相続権をも保護している[143]。そして，相続税負担に関しても，五公五民によって敷かれた上限を守る必要がある[144]。加えて，被相続人，寄贈者のもとで，かつて適正に課税され，そして貯蓄された所得に対してもう一度課税がなされることになる。そうした，包括的権利承継という形において，企業を相続したことにより生ずる相続税の蓄積効果は，他の企業税による税負担とともに斟酌されることを要する。

(ii)　不動産取得税

この税目も，前税控除が認められないために，事業に用いる不動産を対価を伴って取得するとき，特別な企業税として作用する[145]。それ故，不動産取得税も，総税負担に含めて考えられねばならないことになる。

④　行政費用

わが国でもタックス・コンプライアンスコストの増加が論じられているところである。その際，場合によっては，私人が課税庁の一機関として，税の徴収事務を担うことがある。ドイツでは源泉徴収税（賃金税，資本収益税），売上税，子女手当を雇用主が給付すること等がその例として挙げられる。

  については，カウントに検討を要する，という。参照，Hey, in:Tipke/Lang（Hrsg.），Steuerrecht（Fn.7），§3 Rz.193.
(141)　Seer, Verfassungsrechtliche Grenzen（Fn.18），S.114. 本文中に挙げなかったが，自動車税や保険税等も総税負担に含まれる税目となろう。
(142)　Hey, in:Tipke/Lang, Steuerrecht（Fn.7），§7, Rn.38.
(143)　Seer, Verfassungsrechtliche Grenzen（Fn.18），S.115.
(144)　Seer（Fn.120），StuW 1997, 296.
(145)　Seer, Verfassungsrechtliche Grenzen（Fn.18），S.115.

3 五公五民の基準による全体としての税負担の量的制限

　実は，これらの義務も税負担そのものではないが，その事務を執る者にとっては大きな負担となる。したがって，右の如きいわゆる行政費用（Verwaltungslast）も総税負担に含まれるべきか否か，が問題となろう[146]。

　この点確かに，私人による行政事務の執行は効率的な行政目的の実現を可能にし，そして法適用の平等をもたらすものである（しかも，企業は税務関係に熟練した職員を雇用しているはずである）。しかし，一般論としても，雇用主による賃金税の徴収をとってみても，適用される租税法律の複雑性のみならず，雇用関係の複雑化を通じて，その負担は相当な程度に達していると考えるべきである。

　さて，右のとき，行政費用に五公五民を適用すべきかが，まさに問題となる。その際，所論によると，行政費用の如き非金銭的負担が税の如き金銭的負担と同一視され得るのか否かが，ドイツの基本権ドグマーティクによると問題となる。右のことは本章1(2)で触れた"個々の基本権侵害の蓄積によって憲法違反のそれが生ずる"という現在議論されている問題に関連している。Hey 教授によると，行政費用の問題を論ずるに当たって，社会保険料の問題とパラレルに論ずることが有益であるという。

　では，そもそも社会保険料は，税とは異なり，将来自己に給付されることが予定されており，総税負担に含まれないとも解し得る。所論によると，税の如きあらゆる市民に係る一般的負担とは異なり，"保険共同体（Versicherungsgemeinschaft）に係る連帯に基くリスク調整"という要素が問題になっている。したがって，社会保険料を考える際には，自由権的基本権が問題となるのではなく，平等権との適合性が問題となると解されている。

　そして，次に，行政費用については，職業の自由に違反すると解されてることもある。しかし，行政費用を総税負担にカウントすることを否定することもありうる。何故なら，行政費用は，社会保険料について妥当するところと同じように，基本法3条1項との適合性が問題となっていると解されているからである。

　この点，Hey 教授によると，行政費用については，五公五民原則が（基本法上の法原則としての）補完性原則から導出されたことを直視して，同じく総税負担の中に含めるべきでないと結論付けることができるという。すなわち，行政費用は自由主義的な憲法体制の許でも，福祉国家的なそれの許でも，いわば

---

(146)　以下の叙述については，参照，Hey（Fn.118），StuW 2002, 91ff.

第5章　企業課税と税負担

制度の運営に必然的に伴うコストであって，市民－(税)→国家－(公共財)→市民という無産国家において必然的に生ずる現象の中では非本質的な負担であると位置付けられることとなる。

⑤　租税の転嫁問題

法人税，個人事業者及び人的会社に係る所得税，さらに事業税については，売上税において明らかになったように，税負担分だけ，事業者がどの程度の範囲において価格に転嫁することができるか，という問題は残っている。確かに事業者は，自らが営む事業に基因する費用全てを斟酌して経営を行なわなければならない[147]。そして，そうした費用の中に租税も含まれうるのである。そして，そうした税負担分だけ価格を上昇させるときに，転嫁が行なわれていることになる[148]。

特に，売上税については，租税の転嫁は必ず生じる。そこでは，納税義務者と担税者が異なるからである。法人税，事業税，事業者に対する所得税についても転嫁は問題になりうる。それに対して，個人に対する所得税に関しては，事情は異なる。個人所得税は自然人の一定期間内の経済的給付能力の増加分に対して課される[149]。然らば，売上税の様な形で，転嫁が問題になることはない。但し，税率構造の構築如何により，ある所得階層の下で過重な税負担が発生し，その反面，他の所得階層に有利な減税措置が講じられれば，それは，所得税負担の転嫁が生じていることになる。

さらに例をあげると，転嫁問題が顕著であるのは，不動産税であるとされている[150]。ドイツ土地税法10条1項によると，納税義務者は，経済的な所有権者である。しかし，実際には，利用している者も，当該土地から利益を得ていることに変わりがないために，不動産の利用者も当該租税を担うべきであると考えられている[151]。よって，不動産の所有者及び利用者が分離されている限り，所有権者によって，付随的コストとして，不動産の使用料に転嫁されることになる[152]。そこで，不動産税は，不動産の利用者の事業上のコストとし

---

(147)　Seer, Verfassungsrechtliche Grenzen (Fn.18), S.116.
(148)　こうした，いわゆる前方転嫁について，参照，貝塚・前掲注(139)168頁。
(149)　Hey, in:Tipke/Lang, Steuerrecht (Fn.7), §7, Rn.30.
(150)　Seer, Verfassungsrechtliche Grenzen (Fn.18), S.118.
(151)　Steuerreformkommission, Gutachten, BMF──Schriftenreihe, Heft17, Bonn 1971, S.714.
(152)　転嫁については，参照，前掲注(139)。

て構成されることになる。

　原則として，実際上の実施可能性はともかく，理論的には，以上に述べたような租税の転嫁も斟酌しつつ，総税負担を測るべきことになろう。

(2) **国家の補助金等**――いわゆる「負の租税」――

　国家は，税収をベースとして，様々な国家事業を営む。それは，公共事業であり，国防・教育システムの整備等である。勿論，私人は，そうしたインフラストラクチャーからメリットを受ける。これは，観点を変えると，以前に納付した租税が，納税義務者にフィードバックされていることと同じである。しかし，実際に，そうしたインフラ整備に投入された租税の各部分が，それぞれ納税義務者にどの程度帰属するかを判定することは難しい。その結果，応益主義的な基準を用いて，享受の帰属分を判別することはできない。そのため，一般的な形での享受分を企業の総税負担から差し引くことはなされない[153]。

　しかし，個別的な金銭給付の形をとって，個々の納税義務者に流入する国家からの給付は，総税負担から差し引かれる必要がある[154]。例えば，投資奨励金（Investionszulage）が，いわゆる負の租税として，それに当てはまる。企業領域にあるものではないが，例えば，住宅取得手当がそれに該当しよう[155]。

　その反対に，企業が，料金又は拠出金という形で，そのための何らかの前提となる負担を負ってから得られるメリットは，総税負担を減少させるものではない[156]。

　なお，既に論じられたが（3(1)④），社会保険料についても，税とは異なり，拠出後将来的に自己に給付されるべきものであるため，補助金と同じく拠出と給付との間に対価関係が見られる。したがって，その意味で，社会保険料は総税負担に含めるべきものではないと解することになる。

---

(153) 以上につき，参照，Hey, Johanna, Harmonisierung der Köperschaftsteuer in Europa:ein Vorschlag unter Auswertung des Ruding-Berichts und der US-amerikanischen "integration debate", Köln 1997, S.261f.;Rasenack, Christian, Theorie der Köperschaftsteuer, Berlin 1974, S.300.
(154) Fleischmann, Michael, Ist die derzeitige Steuerbelastung noch mit dem "Halbteilungsgrundsatz" vereinbar?, DB 1998, 1486.
(155) Jachmann, Steuergesetzgebung (Fn.33), S.55;Seer, Verfassungsrechtliche Grenzen (Fn.18), S.119.
(156) Seer, Verfassungsrechtliche Grenzen (Fn.18), S.119.

第5章　企業課税と税負担

(3) 総税負担に係る基準

　財産税決定の中で，標準収益という用語が採用されている。右の標準収益が何を意味するか，すなわち粗収益か，または純収益かが問題となる。谷口教授の分析によると，Tipke 教授と Kirchhof 教授の見解を引用され，粗収益を意味していると指摘しておられる[157]。確かに，谷口教授も正当にも述べておられるように，判決文からでは標準収益の実質的意味が明らかでなく，谷口教授の引用される Tipke 教授の論稿にあたってみると，その中で Tipke 教授も右の問いに明確に回答が導き出せず，Kirchhof 教授へのインタビューから粗収益という結論が明らかになったと説いておられる[158]。

　しかし，ここで少なくとも，Tipke 教授も指摘されておられるように，標準収益を粗収益と解することには若干の問題が付着していると思われる。Tipke 教授によると，それは次のような設例で明らかにされ得る[159]。

　すなわち，Tipke 教授はまず「粗収入を獲得するための費用が国家にとって何らの利害を有さない一方で，国家が粗収入から税を徴収する，ということは妥当でない。(仮に，それを肯定すると)事業者が比較的高い事業支出（例えば，高い賃金コスト，原材料を購入するための高い費用）をなす必要があるか否か，に応じて，当該所得に係る税負担がまったく異なってくるであろう」と述べ，「大企業 G は 500000 マルクの事業収入を稼得し，そして 350000 マルクの事業支出を要したとする。(この際)収益税負担は収入の半額の 250000 マルクの場合もありうることである。(しかし)利益は 150000 マルクのみである。このことは憲法裁判所が違憲と考える実物課税に行き着くであろう。

　著名なジャーナリストである J は 500000 マルクの事業収入を稼得した。その事業支出は 50000 マルクであった。(この際) J は 450000 マルクの利益のから 250000 マルクの税負担を負うことがある。いずれにせよ J の実物財産は課税によって侵害されることはないであろう。

　税負担を決定する際に，賃金や報酬を考慮の対象外に置けば，右の賃金や報酬は一度目は雇用者の許で，そして二度目は労働者の許で，と二度課税される

---

[157]　谷口・前掲注(29)168頁。
[158]　以下，参照，Tipke (Fn.12), MDR 1995, 1179. しかし，Seer 教授によると，決定の本文から必要経費等を控除した後の，純収益を税負担のベースとすべきことは明らかであると説かれている（参照，Seer (Fn.18), FR 1999, 1290.)。
[159]　Tipke (Fn.12), MDR 1995, 1179;ders., Über die Grenzen der Vermögensteuer: Zugleich Besprechung des BVerfG-Beschlusses vom 22. 6. 1995, GmbHR 1995, 8ff.

3 五公五民の基準による全体としての税負担の量的制限

こととなる」と例示しておられる。

　私見によると，Tipke 教授と同じように次のことも指摘しうると考える。それを以下の設例を用いて論ずる。仮に，ある納税者の粗収益が10であるとする。同時に右の収益を獲得するための費用が4であるとする。右の与件を前提とすると純収益は6であり，税率が50パーセントの場合，税額は3であり，納税者の手許に残る所得は3である。

　この際，次のことを指摘できる。①粗収益を判断の基礎とするならば税額は5でもよいこととなり，その際，4である費用も併せると納税者の手許に残る所得は1となる。10の粗収益を獲得して所得が1というのはあまりに重い税負担であろう。右のような税負担は，実際には6の課税所得から5の税額が生ずるような税率を構築する必要があるが，企業課税の実務上，それは少なくとも政策判断の側面に限ってみても現実性を欠くといえる。仮に，右の非現実性を援用して粗収益ベース説を擁護するとするならば，粗収益を判断のベースとして採用することが無意味であることを如実に語っているといえよう。何故ならば，粗収益をベースとする考え方は右の非現実的な税負担を創出してなお法的に問題はないという結論に行き着くことがそのエッセンスだからである。しかし②純収益を判断のベースとすれば，人的企業については純収益の額に応じた累進税率を構築することによって妥当な税負担を創出しうるであろう。但し，法人については比例税率であるため，設例と同様の税負担が創出され得る（このことが如何に評価されうるかはまた別問題である）。

　したがって，いずれにせよ，Schemmel 氏[160]，Feldmann 氏[161]，Fleischmann 氏[162]らも同調されるように，私見によると標準収益は純収益と解するべきであると考える。

　加えて，本来は，標準収益でなく個々の納税者に係る（実）市場所得が総税負担を測る基準であるべきであると考える。所得税法および法人税法をはじめとするの領域においては，原則として，課税単位が個々の個人および法人であり，それぞれが一課税年度において稼得した実際の所得・利益，そして費用・

---

(160) Schemmel (Fn.24), StuW 1995, 55. Schemmel 氏は，応能負担原則を根拠として，純収益をベースとすべきとしておられる。

(161) Feldmann (Fn.24), StuW 1998, 118. Feldmann 氏は，本文中で述べたことを応能負担原則から根拠付け，純収益が五公五民原則のベースとなるべき，としておられる。

(162) Fleischmann (Fn.152), DB 1998, 1486. なお，Fleischmann 氏は，同決定が "Steuern auf Ertrag" という言葉を使用していることをその根拠とされ，"Steuern auf Ertrag" という言葉は，通常純収益に対して課されるものであると根拠付けておられる。

損失をベースとしてそれぞれの税負担が計算されることは言うまでもない。それ故，問題となるのは，各個人および法人に係る実際の正負の経済的利得であり，税負担の軽重は個々の納税者を基準として判断されることは当然であり，またそれは十二分に可能である。したがって，擬制的な標準収益をベースとすると，概算的かつ擬制的な税負担が判断の基礎とされるため妥当な結論を導き得ない。

以上を要するに，個人または法人が一課税年度において稼得した正負の利得をベースに税負担を計算し，右の計算によって導かれた税負担が純収益のうち半分程度にあるか否かが検討されるべきである[163]。

では，次のそうした控除の対象となるべき支出の範囲を検討しておくべきであろう。Seer 教授によると，ドイツ所得税法及び法人税法の基本原則に立ち返ることが一助を提供するのである[164]。収入面に関して言えば，事業に基因する財産の増加分が全て課税の対象とされるのである。然らば，その反面として，支出の側でも，客観的純所得課税原則を直視して，事業に基因する全ての支出が控除され得ると構築しない限りは，矛盾に陥ることになる[165]。そして，その範囲は，一般には，所得税法4条5項，9条5項，12条において立法者が価値判断を行なっている様に，事業者の私的生活遂行に要する費用以外の，事業に基因する費用である[166]。それにより，企業レベルでの客観的純所得課税原則の維持が達成されることは言うまでもない。

(4) 小　括

3(1)での総税負担に含まれる税目に関する議論は，法学的観点から一義的に回答が導出されるものではない。したがって，主要な税目あるいは税負担の特に高い税目を検討対象にすれば当面はよいのではないか。それが，経営学的な視点からは重要である。何故なら，そうした税目は，企業の意思決定に与える影響が特に大きいからである。

また，企業課税から離れるが，判決文の意味内容が明らかでない場合には，

---

(163) 同旨，Seer, Verfassungsrechtliche Grenzen（Fn.18），S.121.
(164) Seer, Verfassungsrechtliche Grenzen（Fn.18），S.121.
(165) Lang, Joachim, Die Bemessungsgrundlage der Einkommensteuer, 1981/88 Köln, S.181ff.
(166) Hey, in:Tipke/Lang, Steuerrecht（Fn.7），§8, Rn.239ff.;Seer, Verfassungsrechtliche Grenzen（Fn.18），S.122f.

それによって，判決から社会生活における法に係る予測可能性を得ることは難しい。例えば，租税法に見られるような，経済取引において重要な意義を有する法分野においては，特定の事実関係に基づくある法条に係る解釈を，個々の判決例から得ることは極めて重要になっている。すなわち，具体的な事実関係の許において示された判決中の法解釈の射程範囲を読み，それに基づいて自らに課される税負担を予測する，という作業が極めて重要になってきている。しかし，本章で扱う判決について，その意味内容につき論者の諸見解にばらつきがみられる，ということは，それが判決文の書きように基因している場合，好ましくない。

4　結　語

(1)　ドイツの議論から得られるもの

　本章では，連邦憲法裁判所による基本法上のドグマーティクを分析することが主眼であったが，それに関連する付随的問題として企業課税における財産の扱いに係るドイツの議論の現状を把握し，今後の企業における税負担のあり方に係る租税政策に関する展望を得ようと議論した。若干，議論が拡散してしまったきらいはあるが，以下に，本章のまとめを行う。

　一に，企業税負担について，ドイツにおいては所有権も課税によって侵害されると考えられるから基本法14条が課税の上限を画する根拠条文とされる。加えて，特に，具体的に五公五民を導くために過剰の禁止から租税に関する議論のために具体化される補完性原則に言及された。まず，国家は私人が行い得ない役割を担う。そして私経済活動に参加している者は，自己に保障された所有権の対象たる財産を稼得活動に投入する。その際，それによって稼得された経済的成果の半分超が課税により公的主体へ引渡されるとすると，それは，私人は，自身のために稼得活動を行っていると言えず，加えて所有権保障も空文化する。このことは，何故いわゆる「五公五民」という具体的な50パーセントという限界値が税負担の上限として構成されるのか，という問に答えようとしている。勿論ドイツの議論に倣えば，そもそも補完性原則の援用には批判があり，税負担をかくも画一的に設定することは，理論的に見て困難であり，一つの目安として50パーセントという値が設定されていると見るべきことに行き着く。

　二に，こうした具体的な憲法解釈の後に，いかなる税目を企業税負担の上限

第5章　企業課税と税負担

を画する際の考察対象とするかについても，議論されている。それらをどのような割合で50パーセントの枠内におさめきるのか，という問題は，租税の転嫁，事業支出，必要経費の範囲等の諸要素をも斟酌しつつ，また別に提起されねばならない。ここでも，純粋な政策判断によって決せられる問題ではなく，法的な視点から解決策を構成する必要がある。この点，本章では，主要な税目についてのみの検討となったので，全税目を網羅した検討はなしえなかった。

　また，三に，企業課税における租税特別措置のありようについても，公共の福祉論が立法の合理性を根拠付ける理由として，援用されることもあろうが，これについても，公共の福祉論のみを援用することで租税特別措置およびそれに類する措置の合理性を説明することは困難であると解さざるを得ない。凡そあらゆる政策措置は公共の福祉を促進するという目的を有しており，さらに，経済活性化，雇用回復という多少具体化された目的を援用しても，なお，合理化根拠としては不十分ではないか。これは本章2(2)④で議論した，企業側に係る税負担について，一般的な形態で非課税措置を配備することの不合理性を示すものとなろう。したがって，租税政策立案者は説得的な数値例を挙げ，当該政策の合理性を説明するべきであろう。

　四に，注(82)で見たような，財産そのものも所有権保障の対象とすることは，制度的保障をベースとするよりは，課税による所有権侵害を帰結しやすい。ところが，これを以てもなお五公五民のような定量的な帰結を導出することが，その理論的帰結では必ずしもない。

　五に，企業に係る税負担の上限を画する議論は，課税という局面における所有権保障の実効化の試みと言えようが，本稿で見た議論については，その定量的上限を導出するのに十分な根拠とされるものはなかった。

(2)　**税負担の決定要因**——応能負担原則，比例原則，そして財政政策——

　尤も，税負担の上限について定量的に基本権を以て画することが実際上は不可能であるとしても，そのことが即座に租税政策に係る基本権の無意味さを示すものではない。先にも述べたように，本章での議論を税率設定の問題に置き換えることは不可能ではなく，税率設定のあり方に係る議論として，課税の上限を論ずることは不可能ではない。但し，筆者が別稿で検討したように，例えば所得税率については，確かに，必ずしも法的に所得税率のあり方を一義的に決定することはできず，その都度の社会経済情勢に照らして，租税立法者が決

4 結　語

定していくことにはなる[167]。加えて，その際には獲得が必要な税収が大きな役割を演ずる可能性は示すことができた。そして，獲得を必要とする税収は財政支出を通じて国民に対して提供される公共サービスへと変換される。しかし，重要な点は，税負担は必要な税収に応じて決定されるという性質を失わないということである。すなわち，国家の活動について諸々の要請に鑑みてその範囲の拡大が求められれば，その財政政策も同時に拡大傾向を見せ，逆であれば，縮小傾向を見せるであろう。この帰結は結局税負担の上限は一律に画することはできないということに行き着く。加えて，国家の活動の原資は租税のみではなく各種料金あるいは公債等も含まれる。とするならば，そうした各種料金等の負担を納税義務者に係る税負担の上限を論ずる際に実質的には含めて考える必要は出てくると言いうる。この点，本章で見たように，税負担の上限を考察するに際して，税負担として含めて考えるべき公的金銭負担の範囲についてドイツにおいては学説上必ずしも一致が見られない点に，まさに税負担の上限を法理論的に画することが困難であることが示されていると言うことも不可能ではない。また，税負担の上限を論ずること，そして，税負担の上限を基本権ベースに画するという試みは，納税義務者の基本権保護という面にのみ着目することとなるので，国家の活動に必要な税収確保の視点，さらに，そうした国家の活動に必要な原資を獲得するために制度上用意された個々のチャネルに係る限界（料金の限度額，公債発行の限度額）を無視しており，場合によっては国家の活動に必要な原資を獲得できないという弊害を招来しうるものであるという評価すらもできよう（財政政策の視点の欠如）。したがって，理論的にも実際的にも租税政策の形成を規律づける基礎理論として不十分な面があると言えよう。

　以上のように考えると，結局税負担のありようという租税政策のうち最も重要なものの一つと考えられる事項について法的規律づけがほとんど及ばないと結論付けるべきであろうか。この点私見によれば必ずしもそうではない，一定範囲での規律づけは不可能ではないと考えられる。それを以下に示そう。

　そもそも，先の税率の構築に係る議論に立ち返って考えると，税率の決定はその都度の税収の必要性および納税義務者の主観的担税力の考慮，さらには簡素性の要請といったいくつかの考慮要素によって決定されるのであって，かかる作業はまさに立法者による考慮を通じて行われる。すなわち，先にしたよう

---

(167)　手塚貴大「所得税率の比例税率化の可能性――ドイツ所得税法における議論の一端――」税法学564号99頁。

第5章　企業課税と税負担

に所得税率の構築を例としても，それが原則として政治的に決定されるとする立場が主張されつつも，やはり，税負担は納税義務者に係る基本権に対する制約としての機能を失わないがゆえに，税負担に係る何らかの制約原理が憲法上明らかにされつつあり，例えば，連邦憲法裁判所による"ある正当な目的を実現する際の手段が，憲法上の原則を棄損する場合には，そうした棄損たる例外を正当化する合理的根拠が必要である"（いわゆる新公式）という定式を租税政策の場面に当てはめようという試みがある[168]。これによると，所得税における累進税率は社会目的規範であり，かつ前叙のように課税を通じて納税義務者の経済活動に対する影響を与えるものであるから，先の新公式を当てはめて所得税率のありように係る法的評価が行われなければならない。具体的には，累進税率に係る応能負担原則からの乖離としての正当化，加えて，課税を通じて納税義務者に係る基本権の制約が行われるので比例原則を通じた正当化というに2つの作業が同時に行われる必要がある，とされるのである[169]。その上で，Lammers氏は，最高所得税率について，750000ユーロ超を稼得する納税義務者は全体の0.1パーセントに過ぎないが，納税額は税収の12.53パーセントにも及ぶと指摘しつつも，彼らに対して50パーセント超の税率を適することにより，さらなる税収を獲得し，それを所得再分配に充てるという租税政策については，応能負担原則および比例原則に照らして許されないとする[170]。何故なら，所論によれば，最高所得税率を敢えて引き上げなくとも，比例税率によっても，同じように彼らから十分な税収を確保できるし，50パーセント超の最高所得税率を課すると，彼らに対する税負担はおよそ過重なものとなるとするのである[171]。とするならば，この立場をベースとして，税負担のありようを決定するとすれば，税収を獲得して，所得再分配政策に重点を置く租税政策を考案する場合には，最高所得税率を50パーセント程度に維持しつつ，全体として税率の累進度を引き上げるということになろう。勿論，その際，個々の所得階層ごとの事情を考慮することは可能であることは言うまでもない。

　以上のLammers氏の立場を特徴づけるとするならば，以下のようになろう。以上を要するに，結局，この立場は，租税政策に係る精度を高め，かつ，それ

---

(168) Lammers, Lutz, Die Steuerprogression im System der Ertragsteuern und ihr verfassungsrechtlicher Hintergrund, München 2008.
(169) Lammers, Die Steuerprogression（Fn.168），S.149ff., S.152ff.
(170) Lammers, Die Steuerprogression（Fn.168），S.165f.
(171) Lammers, Die Steuerprogression（Fn.168），S.166.

4 結　語

のみに限定されずに所得階層の実態等の社会経済に係る実態をも詳細に明らかにした上で租税政策を具体的に形成するという点に優れた特徴があると言えよう。所得税率の決定について前叙のような過程を経て行われる Lammers 氏の租税政策論には，租税立法者の恣意があった場合にはじめて当該租税政策に違憲の評価が与えられるというその政策形成の余地が広範に認められるものでは最早必ずしもないと言えるかもしれない。

　この点，Knaupp 氏は，所得税に係る税負担の決定のあり方として，概ね以下のように描写する。すなわち，"所得税率を 50 パーセントとするとやや過重に過ぎ，逆に，25 パーセントとすると，所得税の税収獲得機能が失われ，特に，高所得者に対しては大幅な優遇措置となってしまう。また，税負担のありようを決定するに際して，第一次的に必要な財政支出総額を決定し，その上で所得税を以てそのうちのどの程度の割合をカバーすべきかを決定することになる"[172]，と。続けて，Knaupp 氏は，税負担はその都度の社会情勢および国家に求められる役割の変化，そして財政需要に応じて決定されていくが，憲法は生存最低限の保護・没収の禁止といった税負担の限界を画すると述べる[173]。しかし，所論は，右のようなやり方は，場合によっては獲得可能な税収を上回る財政支出をもたらしかねないとする。何故なら，この立場は，立法者による考慮を以て税負担のありようが決定される点は認めるが，そうした税負担の決定過程の描写にとどまり，明確に税負担決定作業を規律づける法的根拠についての言及はなく，結果として考慮作業を規律づける理論には行きついていないからである[174]。これは，前叙の Lammers 氏の議論にも当てはまりうる批判である。また，所論は，憲法による税負担の限界として生存最低限および没収（Enteignung）に触れる点では，税負担の限界として従来明白な憲法違反と考えられるような税負担については憲法による規律が及ぶと解するのかもしれないが，しかし，やはり本稿で議論したような税負担に係る適正な限界を，例えば 50 パーセントというような定量的に基本権を以て実効的に画することは無理であるという立場に与していると思われる。

　ところが，例えば，Geißler 氏は，税負担は立法者の考慮によりその都度決定される点では Knaupp 氏と同じ立場に立つが，基本法 14 条について，税負

---

(172)　Knaupp, Friederike, Der Einkommensteuertarif als Ausdruck der Steuergerechtigkeit, München 2004, S.188f.
(173)　Fn.172.
(174)　Fn.172.

第5章　企業課税と税負担

担の上限として50パーセントを求めるとしつつ，立法者が特にそれ以上の税負担を課すると決定する際には，当該決定に係る論証をしなければならないとする(175)。その他にも，Jachmann教授(176)，Seer教授(177)もかかる立場に与すると思われる。では，Geißler氏らの見解について如何に評価すべきであろうか。このように基本権を租税政策の内容を直接に規律づけるものと考えるのではなく，租税政策の形成過程を規律づけるものとして把握することはなお不可能ではない。憲法を以て詳細な租税政策のありようまで規律づけることは性質上困難であるかもしれないが，基本権に係る前叙のような理解を通じて，法的な観点からの租税政策の形成に係る規律づけの可能性は広がるものと考えられる。そして，このことは租税政策に係る属性の一つであるその政治性から生じる租税政策の歪曲を防止する途を提供しうる。すなわち，租税政策の形成過程に係る統制を企図し，そのための法制度あるいは法理論を構築することが租税法学に課された重要な意義の一つであると考えられる。以上のように考えると，この問題は具体的には本書第7章で扱われる。

　なお，以上の分析は所得税率に着目したものであるが，当然に法人税についても税負担の上限は問題となりうる。しかし，昨今のドイツにおける租税政策の動向に照らすと，以上の分析は必ずしも法人税の領域においても理論上も実際上も大きな影響を持つものではない。何故なら，法人税においては法人税率に着目してみると，税率引き下げ競争の影響もあってそれは15パーセントである。税負担の低下傾向は税率に限られず，法人税負担全体に当てはまるものであろう。

---

(175)　Geißler, Oliver, Der Unternehmer im Dienste des Steuerstaats, Stuttgart u.a. 2001, S.154.
(176)　Jachmann, Steuergesetzgebung（Fn.35), S.56.
(177)　Seer, Verfassungsrechtliche Grenzen（Fn.18), S.125.

第6章　行政電子化の立法政策
――ドイツ租税法を素材とした税務行政法の適合・再編・革新――

1　はじめに

(1) **問題の所在**――コンピュータの普及と行政の対応――

　わが国でも電子化の波は社会の様々な局面に現れており，行政もそれに対応せざるを得ない⁽¹⁾。例えば，取引実務においては電子商取引と銘打ち，取引が相対形式でなされるのではなく，コンピュータ・ネットワークを通して遠隔地間で行われることが容易になっている⁽²⁾。さらに，取引実務においては契約書もコンピュータで作成されたり，会社に関連する書類等がコンピュータで作成され，紙面の形で管理されていない場合もあることなどは最早当然のことである⁽³⁾。その他にも，電子認証の問題も提起されている⁽⁴⁾。

　ところで，私人は取引を行うだけでなく日常的に行政と接している。行政との接触は書類の提出という作業を通じてなされることが多いであろう。その際，取引実務をはじめとして企業の活動においてコンピュータを用いた業務の処理が日常化している以上，行政との接触もコンピュータを通じて作成された書類がコンピュータを通じて送信され，それを基に行政が対応を行うことがあるで

---

(1)　例えば，宇賀克也「電子化時代の行政と法」ジュリスト1215号8頁以下。宇賀教授によると，行政手続法における申請および届出のオンライン化，情報公開法において電磁的記録を公開対象とすること等が代表例である。さらには，石川敏行「電子政府――見えてきた「懐かしき未来」」ジュリスト1215号63頁以下。

(2)　この点，租税法においては，そうした取引のボーダーレス化によって大きな変革を迫られている。例えば，参照，渡辺智之『インターネットと課税システム』（東洋経済新報社，2001年），増井良啓「電子商取引と国家間税収配分」ジュリスト1117号41頁以下。

(3)　神田秀樹『会社法　第15版』（弘文堂，2013年）42頁以下。定款の電磁的保存および電子署名の採用。さらには，株主総会における議決権行使に係る電子投票も挙げられる。

(4)　平田健治「電子認証」ジュリスト1215号69頁以下，松本勉「ディジタル文書のセキュリティと暗号」ジュリスト1215号117頁以下。両稿とも議論の整理の秀逸さにより傑出している。本章も大いに参考にしている。

第6章　行政電子化の立法政策

あろう。その際，行政作用は如何なる変容を遂げるであろうか[5]。

　勿論，私人も書類作成を行い，それを管理するという作業を想定すると分かるように，コンピュータでそれを作成・管理するほうが手作業でそれをするよりもはるかに事務量が少ない[6]。さらには，保管場所も相対的に少なくてすみ，加えて管理している資料の中から必要な資料を検索することも容易であろう[7]。しかし，誤った操作やコンピュータの故障によるデータの消滅が発生した場合には，その被害が甚大なものになるという問題点も持ち，それ故，行政電子化の現象は特にその消極的側面を重視して実際の運用を図らなければならない。

(2)　**本章における検討の視角**
① 　税務行政における電子化

　では，右に述べたような行政作用一般における電子化[8]が税務行政において如何なる影響を持つであろうか。本章では，この点を近時，行政電子化の議論がなされているドイツ法を例として検討したみたい。所論によると，①電子申告，②税務行政訴訟におけるテレビ会議（Videokonferenz），③行政におけるペーパーレス化等の進展が挙げられ得る[9]。例えば電子申告は，既にわが国でも議論の対象とされており[10]，さらに，いくつかの国では実験的施行の段階

---

(5)　いわゆる"E-Government"の出現。電子政府とは，"高度に情報化された行政"であると定義づけられうる。右の"高度の情報化"とは，行政情報の電子的提供，申請・届出手続の電子化，文書の電子化，ペーパーレス化及び情報ネットワークを通じた情報共有・活用をその内実としていると思われる。参照，総務省行政管理局・総務省自治行政局編『解説　行政手続オンライン化法』（第一法規，2003年）六頁，宇賀克也『行政手続オンライン化三法——電子化時代の行政手続——』（第一法規，2003年）13頁以下。また，本章に関連する邦語文献として，例えば，参照，米丸恒治「行政手続のオンライン化」芝池義一他編『行政法の争点〔第三版〕』（有斐閣，2004年）68頁以下。
(6)　浜田純一『情報法』（有斐閣，1993年）140頁，総務省行政管理局・総務省自治行政局編・前掲注(5)23頁。
(7)　浜田・前掲注(6)140頁。
(8)　ドイツにおける動向として，参照，Schmitz, Heribert/Arne Schlatmann, Digitale Verwaltung? ——Das Dritte Gesetz zur Änderung verwaltungsverfahrensrechtlicher Vorschriften, NVwZ 2002, 1281ff. 右論稿において，最近のドイツ行政手続における電子化の動向が各行政法領域にまたがって概観されている。
(9)　Brandis, Peter, Elektronische Kommunikation im Steuerverfahren und im Steuerprozess, StuW 2003, 349ff.
(10)　金子宏『租税法　第18版』（弘文堂，2013年）746頁。わが国では既に実験され，法整備も整い（「行政手続等における情報通信の技術に関する法律」），平成16年から施

1　はじめに

に至っている国もある。例えば，わが国を例にとって言えば，水野教授が次のように整理しておられる[11]。すなわち，電子申告については，納税事務の電子化は勿論のこと，納税者のする申告事項の確認，納税者名簿の作成，申告書の送付先の記入等を行うことから，申告額の検算・集計などに広く及んでおり，さらには，コンピュータに入力された情報をもとに，各種の統計や数値を用いて，申告内容に関する審査・レビューを行い，不適正な申告のスクリーニングに活用することも期待されている。

以上を要するに，水野教授の整理によると，電子申告（所論によると，広くは"申告事務のコンピュータ化"と言い換えることができる[12]）によって，相当程度の税務行政の簡素化や効率化，さらには税務行政を営む上での各種ツールを増やすことができることとなる（例，国際租税法における資料情報制度の充実[13]）。電子申告に係る右の効用は歓迎すべきであることは間違いない。

なお，アメリカの電子申告は，申告事務の簡素化および還付事務の迅速化に議論のポイントがあるという[14]。

以上にみたように，電子申告制度をとってみても，税務行政に一定の改善をもたらすであろうことは想像に難くない。勿論，その際，付随的に発生するデメリットを如何にして最小限に抑制しつつ制度を実効化させるのか，が最大の問題である。右のような問題はスケールが大きいので本章で確定的な結論を導き出すことは出来ないと考えるので，行政法各論の一分野たる租税法の領域に止まらず行政法全体において行政電子化は進展しているが，特に本章では税務行政法を素材としてドイツにおける動向を概観してみたい[15]。まず，Brandis

---

　　行されている。その他の動向については，金子・前掲書744頁以下。また近時の法改正の概要については，例えば，参照，志場喜徳郎他共編『平成16年改訂　国税通則法精解』（大蔵財務協会，2004年）1137頁以下。
(11)　以下の叙述について，参照，水野忠恒『租税法　第5版』（有斐閣，2011年）65頁以下。
(12)　水野・前掲注(11)67頁以下。
(13)　水野・前掲注(11)68頁。
(14)　水野忠恒「コンピュータ・ネットワークと電子申告・資料情報制度」ジュリスト1117号47頁以下，特に48頁。
(15)　Kempfによると，税務行政の改革のポイントは，一，税務行政組織の構築，二，訴訟提起を通じて問題を解決することに伴う法的不安定性を回避すること，三，コンプライアンス・コスト，特に，企業にとって課税事務を一部になうことによって生ずるもの，そして納税義務者一般にとって，課税標準申告および課税逃れに要するコストを減じること，四，課税庁と納税義務者との間での交渉による生ずるコストの減少，が挙げら

203

第 6 章　行政電子化の立法政策

氏が挙げる税務行政手続における電子申告とペーパーレス化の動向(2)と税務行政訴訟の領域におけるテレビ会議とペーパーレス化の動向(3)を概観して，それについてコメントを加えるとういう形で議論を展開したいと考える。そして，最後に結語として，法改正の際に生じるメリットを生かすために，法改正に付随して生じ得るデメリットを最小化して私人が法改正による不測のデメリットを被らないための処方箋を簡単なものであるが提示する。時代の変化とともに，技術は進歩し，行政作用も変革する。右の如き技術進歩を行政作用に取り込むことが求められる。その際，制度構築を合理的に行う立法政策が重要である。また，本章においては，租税手続における電子化のありようとして，課税庁と納税義務者，裁判所・訴訟関係者と納税義務者との間の意思疎通のみでなく，その他の論点にも若干言及する。例えば，近時では，課税庁の許でのコンピュータ技術の積極的導入に伴い，とりわけ，納税義務者が課税庁に対して提出する課税標準申告書の内容をチェックする際のコンピュータの利用，さらに税務調査の際の被調査者の選定作業のコンピュータ化，そして，納税義務者の有する電磁的記録に係る税務調査制度の導入がある。右の諸問題については，都合上概要を明らかにし，若干の立法政策的観点からの検討および問題点の指摘を行うに止める。

　②　手続法における形式性指向——その意義と限界——

　税務行政は，行政電子化という傾向を直視しつつも，その推進を図る際には，従来の行政慣行あるいは行政法律とはある意味でまったくの異質物を自己の中に取り込むこととなる。したがって，行政電子化のありようやメリット（あるいはデメリットも含むこととなるが）は後に概観することとして，ここでは，行政電子化が従来の行政作用と比べてどのように異なるのか，をやや抽象論的ではあるが概観しておくこととする。それとともに，合理的な立法政策論が展開され得る。

　さて，行政電子化という傾向と行政法上の権利保護というアスペクトは実は相克することがある。具体的には，行政電子化は権利救済に係る形式性と相克する。すなわち，右の形式性は行政上の案件処理を文書という媒体を通じて行

　　れるとされる。以上につき，参照，Kempf, Dieter, Anzsatzpunkte und Chancen zur Rationalisierung des Besteuerungsverfahrens, in:Kirchhof, Paul（Hrsg.），Steuerrechtssprechung, Steuergesetz, Steuerreform:Festschrift für Klaus Offerhaus zum 65.Geburstag, Köln 1999, S.857ff., S.858.

うことを要求する[16]。

　右の文書を用いることによる権利保護という発想は，行政法律関係のみに妥当するのではない。そもそも，法的安定性一般を確保するためには，法状況を可視的な状況に置き，法律の名宛人が自らに適用される法状況を認識できるような状況が創出されていなければならない。法状況が可視的であり，その名宛人がそれを常時認識できるような状況の創出にはいくつかの選択肢が考えられるが，最も妥当な手段は，何らかの媒体を用いて，それに法状況を表現することである。その媒体は，かつては土あるいは石であったかもしれないが，現在では，紙面である。紙面上に文字を以って，法文を書き表す，ということが現在では妥当するのである。そして，右の紙面に書かれた法の公布，という作業を通じて，名宛人がその内容を認識し，自らに適用される法状況が明らかにされる，というプロセスを経て，法治国家原則が実施される。そして，紙面の上に表現された法は，文章の修正（＝改正）という留保を伴いつつも，恒久的に在り続けるので，同時に法的安定性も実現される[17]。

　さて，ここで，右の言明を敷衍するため，行政法の領域を参照してみよう。わが国では行政庁や裁判所に対して書類を提出する行為を，かつては私人の公法行為（公法関係において行われる私人の行為）[18]の一類型としてカテゴライズしてきた。その際，いくつかの教科書において，かかる行為は要式行為であると論ずるものもあった（但し，すべてが要式行為であるというわけではない）。故・田中二郎博士は私人の公法行為は一般的には必ずしも要式行為ではないが，異議の申立，租税の控除申請のような行為については，"その性質上，その趣旨を明らかにし，且つ証拠を残す必要があるため"書面によることを要件とすると解すべきである，と論じておられる[19]。そこでは，すなわち，故・田中博士が要式行為と観念しておられるものについては，公法関係特有の事情（すなわち，法律関係の明確・安定性の要請）からかかる公法行為には"形式的確実

---

(16) Broß, Siegfried, Probleme des Schriftformerfordernisses im Prozeßrecht, VerwArch 1990, 451.
(17) 改正される際にも，同じく紙面を通じて改正作業の帰結たる新たな法状況が明らかにされるので，その意味でも，紙面を通じた法状況の明確化の要請は侵害されることはない。
(18) 田中二郎『行政法総論』（有斐閣，1957年）246頁。
(19) 田中・前掲注(18)247頁。なお，行政不服審査法を例とするものとして，参照，田中真次／加藤泰守『行政不服審査法解説（補正版）』（日本評論社，1971年）86頁。当該箇所においては書面主義の根拠を，"行政組織の複雑化"に求める。

第6章　行政電子化の立法政策

性"[20]が重んじられる，ということを具体化した結果としての要式性の要求がそこにあると考えられる[21]。

　また，民事訴訟法学説においても，訴えの提起等一定の訴訟行為に文書で行うことを義務付けている趣旨について，審理においては，原則として口頭主義を採りつつも，口頭の陳述の脱落，複雑な事実関係の事件においては口頭のみでは理解できないこと等の事情に鑑みて，"確実を期するため"書面の要求，調書への記載，準備書面の提出を法は規律していると整理するものがある[22]。右のことから，やはり，訴訟法上においても，書面に重要な機能が持たされていることが明らかとなる。ドイツでも，同様の指摘はある[23]。

　ここで，翻ってドイツにおいては，その他にも，行政訴訟法において，訴えの提起について，書面を以って行うことを要求することの根拠として，法的安定性，あるいは訴えの提起の持つ効果の重大性（例，行政行為の執行停止，行政行為の存続力の停止）が挙げられることがある[24]。なお，Hufen教授は，当該箇所において，書面提出に係る例外が認められていると指摘する。例えば，Fax，電子メールによる訴状の提出がその例である[25]。加えて，訴状は自署が必要とされている（スタンプやワープロでの署名は許されない）[26]。しかし，所論によると，諸々の事項から訴状を原告本人が作成したと認められることがで

---

(20)　参照，田中二郎「私人の公法行為の観念に就いて」『行政行為論』（有斐閣，1954年）305頁以下，317頁，322頁，329頁，331頁。

(21)　なお，近時の行政法の教科書類には，私人の公法行為は，行政過程における私人の行為としてカテゴライズされる（兼子仁『行政法学』（岩波書店，1995年）79頁）。しかし，かかる私人の行為が要式行為か否か，そして要式性の意義は何か，という議論に触れたものは筆者には見当たらなかった。

(22)　石川明／小島武司編『新民事訴訟法〔補正版〕』（青林書院，1997年）163頁以下（本間靖規執筆），春日偉知郎「民事訴訟における審理の基本原則」青山善充他編『民事訴訟法の争点〔第三版〕』（有斐閣，1998年）159頁。

(23)　例えば，参照，Musielak, Hans-Joachim, Grundkurs ZPO 7.Aufl., München 2004, Rz.107.

(24)　Hufen, Friedhelm, Verwaltungsprozeßrecht 4.Aufl., München 2000, §23 Rz.3. なお，ドイツにおける裁判手続の電子化を論ずるものとして，参照，米丸恒治「ドイツにおける裁判手続の電子化──電子的法取引改革を参考に──」判例タイムス1129号66頁以下。

(25)　Hufen, Verwaltungsprozeßrecht（Fn.24），§23 Rz.3. さらには，Schmitt Glaeser, Walter/Hans-Detlef Horn, Verwaltungsprozeßrecht:Kurzlehrbuch mit Systematik zur Fallbearbeitung 15.Aufl., Stuttgart u.a. 2000, Rz.106.

(26)　Hufen, Verwaltungsprozeßrecht（Fn.24），§23 Rz.3.;Schmitt Glaeser/Horn, Verwaltungsprozeßrecht（Fn.25），Rz.107.

きれば，自署は必ずしも読むことができなくともよいという[27]。ここで付言しておくことであるが，近時，ドイツにおいても，署名法（Signaturgesetz）が成立し，従来，自署をなした紙面による官公署への文書提出が，電磁的形態になしうる素地が築かれた（この点は，4(1)において論ずる）。

このように，実務においても，行政電子化は一定程度浸透していることが明らかとなった。電子媒体が従前の書面による形式性を通じて確保されていた法律関係の明確性・安全性を同じく確保するものであるか否かが問題となる。以下では，書面主義から脱皮し，電子化を実現する際に，如何なる法律問題が発生するかも交えて，行政電子化に係る立法政策を論ずることとしたい。

なお，本章は，先にも述べたが，ドイツにおける行政電子化の法律問題を，ドイツ租税法の先行研究に依拠しつつ概観し，その問題点を把握し，若干の展望を試みるものにすぎない。

2 税務行政手続における電子化

ここでは，先にも指摘した如く，税務行政における電子化[28]の一環として①電子申告（(1)），②一般的なペーパーレス化の動向（(2)），の問題を論じる。

わが国でもドイツの電子申告制度は既に紹介されている[29]。したがって，詳述するのは止め，Brandis氏の論述に従った問題点の指摘に論述を限定したい。電子申告は一般的には，納税申告書類を，コンピュータ・ネットワークを介して，納税者が課税庁に提出するシステムであるとされるが[30]，最終的には申告書類のみではなく，税務関係書類または行政に私人が提出するあらゆる文書が右のような形でやりとりされることまでも行政電子化の枠内においては予想されるであろう。すなわち，詳細については次の(2)に譲るが，言うまで

---

(27) Hufen, Verwaltungsprozeßrecht（Fn.24），§23 Rz.3;Schmitt Glaeser/Horn, Verwaltungsprozeßrecht（Fn.25），Rz.107.
(28) 全体像について，参照，Apitz, Wilfried, Elektronische Kommunikation mit Finanzamt im Rahmen der Betriebsprüfung, Stbp 2003, 239ff., 241f.
(29) 例えば，森稔樹「ドイツの電子申告制度における現状と課題」http://kraft.cside3.jp/steuer02.htm がドイツの電子申告制度に係る成立の背景および概要について，相当程度に詳しい秀逸な論述を行っている。したがって，本章は，電子申告制度の概要については，右の森教授の業績に譲り，問題点の素描と展望を行うこととする。
(30) 前掲注(11)の水野教授の業績の他にも，高野幸大「電子申告」租税法研究27号16頁以下が詳しいので右の高野教授の論稿も大いに参考になった。

第6章　行政電子化の立法政策

もなく，それは行政作用のペーパーレス化である。しかし，本節(3)においても総括するが，税務行政作用全体にわたってのペーパーレス化はメリットも伴うが，その反面，相当程度のデメリットも想定されうるのであり，場合によっては制度そのものが機能しなくなるおそれもある。制度が有効に機能するための要件も(2)において言及する[31]。

(1)　電子申告
① 　電子申告の意義[32]——現状と運用——

そもそも，ドイツにおける課税標準申告は，ドイツ租税通則法（以下，原則として「法」とする）150条1項において，"原則として書面以って行い，その際，自署を要する"旨規律されている。しかし，その例外として，同150条6項において，"課税手続の容易化および簡素化のために，連邦財務相は，連邦参議院の同意の許に，法規命令を通じて，課税標準申告または課税手続に必要なその他のデータの全部または一部をデータ送信可能な機械 (maschinell verwertbaren Datenträgern oder Datenfernübertargung) を用いて行うことができると，規定することができる"旨規律されている。右の例外規定が，いわゆる"ELSTETRプロジェクト"と呼ばれる，ドイツにおける電子申告導入の試験的運用プロジェクトであり[33]，約160万の所得税課税標準申告および約1600万の納税申告という実績がある。しかし，所論によると，それは未だに少数であり，その反対に，アメリカにおいては，既に電子申告が実施されてお

---

(31)　その際，特に，ドイツ租税通則法87条aが課税庁と納税義務者との間でなされる電磁的記録のやりとりについての一般的規律といえるかもしれないので重要である。参照，Brandis, Peter, in:Tipke, Klaus/Heinnrich Wilhelm Kruse (Hrsg.), Abgabenordnung Kommentar, Köln Stand 2003, §87a, Rz.1.
(32)　そもそも，租税通則法150条6項に規律されている電子申告以前に納税義務者が課税庁に対して電磁的記録を送信することは，売上税申告，賃金税申告という形で実施されていた。Kempfのまとめるところによると，右の手続に参加できるのは，課税庁が認証したデータ処理企業（いわゆるDATEV。税理士業務に係るデータ加工およびデータ処理登記済み社団）のみである。そして，かかる企業が自己の許に集めたデータ（各納税義務者から集めたもの）を計算機センターに送信し，そして当該センターに一定期間蓄積され，一定の期限にそれが課税庁の許に送信される。1998年時点において，それは相当の実績をあげているという。参照，Kempf, Anzsatzpunkte und Chancen (Fn.15), S.861f.
(33)　詳細は，Weber, Roman G., ELSTER ——Die neue Steuererklärung, NJW 1999, 2417ff. また，森・前掲注(29)を参照。

208

り，申告件数の約32パーセント（約420万の申告件数に相当する）が電子申告の方法でなされたものであるという。アメリカでは，今後さらに電子申告の普及が予想されており，2007年までに，約80パーセントが電子申告の方法によってなされると予想されている[34]。

以上のように，アメリカでの実績が示すように，電子申告には，一定のメリットがあると思われる。その点，ドイツでも今後のさらなる電子申告利用者層の拡大が予想されうるところである。その原因としては，本章冒頭でも指摘したごとく，コンピュータ技術の発達，それに伴い取引実務においてコンピュータの利用が普及し，その際加工されるデータがコンピュータに蓄積されること，行政作用の効率化への要請等が推察されうる[35]。

なお，電子申告に要求される電子署名については，後に論ずる。

② 電子申告のメリット・デメリット
（ⅰ）メリット

Seer教授は，電子申告の導入を，将来的に，課税庁が納税義務者に係るデータ管理を行い，その上で，①申告漏れ・その他のミスのチェック，および②税務調査をいずれの納税義務者に対して行うべきか，を決定する際に，効率的にその選定を行うことを可能にする一里塚である，と位置づけておられる[36]。すなわち，Seer教授は，あらゆる税務行政手続の電子化を将来的に実現すべきものと考えておられ，行政電子化を通じて行政作用の効率化が実現されることを期待しておられるのである。机上調査の際には，課税庁職員は膨大な資料をベースとして事務執行を行う必要があり，いきおいその作業は個々の納税義務者の個別的事情を斟酌しないで臨場調査の被調査者を選定するということに行き着きうる。これは，法適用に求められる正義を侵害するものである（尤も，同じく要請される法適用の効率性は充足するであろう）[37]。しかし，データをコンピュータに蓄積した上で机上調査がなされれば，適切なデータの加工およびプログラムの構築により，法適用の際の正義および効率性を充足しうる

---

(34) 具体的なデータについては，参照，Seer, Ronman, Besteuerungsverfahren:Rechtsvergleich USA――Deutschland, Heidelberg 2002, Rz.21.
(35) Kempf, Anzsatzpunkte und Chancen（Fn.15），S.859.
(36) Seer, Roman, Reform des Veranlagungsverfahrens, StuW 2003, 40ff., 45.
(37) 法適用における正義と効率性との相克の問題については，別稿にて詳しく論ずる。さしあたり，参照，Seer, Roman, in:Tipke, Klaus/Joachim Lang（Hrsg.），Steuerrecht 21.Aufl., Köln 2013, §21 Rz.5f.

第6章　行政電子化の立法政策

と考える（この問題については，補論①を参照）。さらに，Kempfによると[38]，データがあらかじめ電磁的記録形態で課税庁の許に送信されるので，課税庁の許で当該データを即座にかつ誤りなく，電磁的記録として保存できるし，納税義務者からの送信にほとんど時間がかからないから，納税義務者も書類提出期限ぎりぎりまで送信記録の作成・内容確認等が可能となる。また，課税庁は，後になされる管理・保存のフェーズを度外視すれば，電磁的記録を受信し，当該記録内容を見て，内容をチェックする段階ではプリントアウトの必要がないので，受信量が膨大なものとなっても文書が氾濫するおそれは原則としてない[39]。以上のことにより，課税庁担当職員は書類の内容審査作業に集中することができる。

Brandis氏によると，右の②については，中小企業にとって，企業経営上の大きなメリットをもたらすという。すなわち，そうした中小企業の許では，所得計算につき収支計算法が選択されることが多く，仮に，中小企業の経営者が，コンピュータを用いて，その計算を適正に行い，それに続けて電子申告を行えば，税務調査の被調査者の選定の際に，中小企業が資料不十分を根拠として被調査者とされるような事態は避けられうる，という。すなわち，確かに収支計算法は，利益計算法の許で要求されるような厳格な記帳および資料保存は要求されず，その点でタックス・コンプライアンス・コストは相対的に低いのであるが，しかし，課税庁が，右の如き資料の不十分さゆえ，臨場調査によって提出資料のみで明らかにならない事実関係を臨場調査によって明らかにするという実務が妥当している。とはいえ，資料保存の電子化をはじめとして，中小企業者の取引事務および租税法上の諸義務の履行が電子的方法を用いてなされれば，彼らにとっても大きなメリットが生まれることが予想されうる[40]。

(ⅱ)　デメリット

デメリットと題したが，実質的には，制度に実効性を持たせるための要件が問題である。

---

(38)　Kempf, Anzsatzpunkte und Chancen（Fn.15），S.859f. なお邦語文献として，参照，小林博志「執務時間・休日」芝池他編・前掲注(5)141頁。小林教授は，行政手続のオンライン化により，休日においても行政サービスが受けられる余地が生ずるという。

(39)　Kempf, Anzsatzpunkte und Chancen（Fn.15），S.861.

(40)　また，Kempf氏によると，従来，事業者が紙面を以って申告書類を作成し，そしてそれを郵送していたのであるが，そうした煩雑な事務から電子申告の採用によって開放される。参照，Kempf, Anzsatzpunkte und Chancen（Fn.15），S.874.

ポイントは，電子申告を導入する際には，それが，従来の書面による申告と同様に機能しなければならない。そして，同時に，コストの低下が求められている（おそらく，コスト低下は実現されそうである）。したがって，書類への署名の問題は解決される必要があろう。なお，現在においては，ELSTERの許では，納税義務者は，電子申告後，課にかつ自署を行った課税標準申告を課税庁に提出しなければならない[41]。

また，電子申告についてはセキュリティー，データ保護が極めて重要な点となる。右の点の確立を以って，電子申告制度ははじめて実効化する。そして，セキュリティー問題は，電子申告という局面のみでなく，とりわけ，本章で直後に論ずる課税庁と納税義務者との電磁的記録のやりとりに大いに関連する。しかし，便宜ここでふれておく[42]。

まず，一つは，電磁的記録のやりとりに際しては，まず，当該データの送信者および受信者がそれぞれ公開鍵および暗号鍵を持っていなければならない。すなわち，周知ではあるが，送信者の秘密鍵で以ってデータを保護し，それを受信者に送信した上で，受信者は送信されたデータに接する際に，送信者の公開鍵と照らし合わせ，その上で当該データの送信者が真に送信者であるか否かを判断する。そして，最後に自己の秘密鍵でデータを開封する。二に，データ送信に際しては，電子申告の際には，送信者たる納税義務者からISDN回線を経由して，DATEVセンターに送信され，次に，州課税庁の課税庁の計算機センターに送信されることとなる。

ここで問題であるのは，公開鍵と秘密鍵の問題を度外視すれば，送信の際のセキュリティーである。本来は，納税義務者の情報は極めて繊細なものであるゆえ，第三者による閲覧・改竄等は絶対に避けられねばならない。そのためには，第三者が容易に侵入しえないネットワークを以ってデータの送信がなされてしかるべきであることになろう。

(2) 税務行政におけるペーパーレス化の問題点

1(2)において，税務行政におけるコンピュータの重要性および必要性が概観されたが，しかし，右の如き税務行政について生ずる革新には，一定の前提要件が求められる。それは，1(2)でも論じたが，紙面を媒体とすることによって企図されていた諸々の要請――権利保護あるいは法的安定性等――が電子的媒体

---

(41) Seer, Roman, in:Tipke/Lang（Hrsg.），Steuerecht（Fn.37），§21 Rz.183.
(42) Kempf, Anzsatzpunkte und Chancen（Fn.15），S.872.

第6章　行政電子化の立法政策

を用いたとしても同じく実現されるか否かである。

　すなわち，ここで，書類の電子的媒体を通じて受け渡しについて必要条件として推論されうることは，次の点である。まず，自署を法が要求することの根拠は，署名者が真に当該文書を作成したか否かの点について，その確実性を要求し，以って，文書に対する信頼を高めて，最終的に当該文書の交換に係る取引等を円滑化することである。その際，関係者の権利保護も同時に企図されていることは言うまでもない。しかし，電子的媒体については，紙面における如く，文書作成者が署名をすることはできない。そして，その点で，先に挙げられた諸要請は実現されえないこととなる。したがって，この問題点を如何に克服すべきかが問題である。また，当該記録の送信中に，第三者が，データを改竄する可能性もある。その作業は容易に可視しうるものではなく，その確認は困難であるゆえ，何らかの事前の防止策を必要とする。では，次に，電子的記録に要求される，当該記録に係る"署名がなされた情報の受け手がその送り手を認識できる"という同一性確認の可能性（Indentifizierbarkeit）および"送信中に当該情報に何らの改竄等がなされていないこと"という無瑕疵性（Unversehtheit）について，ドイツにおける議論を概観してみよう[43]。

　①　ドイツ租税通則法87a条[44]

　近時，新設された規律として，法87a条がある。右規定は，書面によらない

---

(43)　ここで，本文中に挙げた同一性確認，無瑕疵性およびそれに関連する事項を実現するに際し生ずるであろう問題点を挙げておく。まず，①身分証明書が公的機関により発行され，他方，それに基づいて電子署名の認証を民間の機関（例えば，Trust-Center）が行う場合，右の民間の機関に本人確認を行う十分な人的・物的資源が欠けている場合がある，②仮に，複数の規格に基づく電子署名があった場合，それに対処するには手間がかかる，②に関連するかもしれないが，③面前で使用されてる電子署名が既に失効したものである可能性もあり，その確認に手間がかかる，④仮に，電子署名が個人に対して付与される場合，例えば，電子署名の保持者に代わって官公署と意思疎通をなす者が本人とは別人の弁護士，税理士等であった場合，または例えば，ある税理士事務所の許で代表者たる税理士が電子署名を有し，それに基づいて官公署との意思疎通をコンピュータを通じて行うことを予定しているが，しかし，実際には，その事務所員または秘書が代わって行う，という場合，電子署名の保持者と使用者が現実には異なる，という可能性が生じてくる。以上につき，参照，Viefhues, Wolfram/Uwe Scherf, Sicherheitsaspekte bei der elektronischen Kommunikation zwischen Anwalt und Gericht:Ein Beitrag zum elektronischen Rechtsverkehr, K&R 2002, 170ff., 172.

(44)　概要を簡潔に概観するために，参照，Burchert, Bernd, Möglichkeiten elektronischer Kommunikation mit Finanzbehörden, INF 2003, 179ff. また，Schmitz/Schlatmann（Fn.8），NVwZ 2002, 1290. も参照。

で課税庁および納税義務者間の交信を可能としている。以下では，ドイツ租税通則法87a条の内容を概観する。

　まず，同条1項において，租税法律関係において，データの送信者が電磁的形態で以って，データ送信を行う場合には，当該データの受信者が，電磁的データを受信できる設備を備えている必要がある，と規律している。また，仮に，データの送信者が課税庁であり，当該データが租税秘密[45]に該当する場

---

(45)　以下の法状況につき，参照，Brik, Dieter, Steuerrecht 7.Aufl., Heidelberg 2004, Rz.432ff., Rz.434ff. 租税秘密の意義を便宜上明らかにしておく。

　納税義務者は，既に述べた如く，租税法上，課税庁に対して協力義務を負っているが，その反面，課税庁に対して提供された自己の情報が安易に公にされたり，それとともに第三者に知られることとなったり，または，課税庁に対して情報を提供することによって，自己に別途不利益がもたらされたりすると，納税義務者は課税庁に真摯かつ積極的に情報を提供しなくなるであろう。それとともに，税務行政は有効に機能しなくなり，平等課税の原則も実現しないであろう。したがって，納税義務者が課税庁に対して情報提供義務を履行する手段が講じられていなければならない。

　右の如き，いわば納税義務者の安心を担保し，租税法上の義務を履行させる手段が租税秘密である。法7条における公務担当者（Amtsträger）並びに法30条3項によりそれと同置されうる者は租税秘密を守ることを義務付けられ，そして，それとともに納税義務者の私的領域も守られる。

　租税秘密が侵害されるのは，先の公務担当者が他人の事情または他の企業・業務執行上の事情を，権限なく開示するか，または利用した場合である。そして，右の諸事情とは，公務担当者が行政手続，税務訴訟手続，租税刑事手続または租税秩序違反手続において，または課税庁が通知することによって，公にされたものである。他人の事情とは，当該者と関連性を有するそうしたあらゆる人的，職業上の，事業上の事柄である。公務担当者は，租税秘密が問題となる情報について，右情報を事務執行またはその他の公的立場に基づいて取得しなければならない。租税秘密に該当する情報が公にされるということは，当該情報の受け手が未だに知らないそうした情報である。

　なお，法30条4項各号において，本来租税秘密に該当する情報を公にすることが例外的に許容される場合が列挙されている。参考までに以下に記す。①情報の開示が行政手続，会計監査手続，租税刑事手続または租税秩序違反行為に基づく租税過料手続の執行に資するとき（1号），②情報の開示が法律上明文で許容されているとき（2号），③当事者が情報の開示に同意したとき（3号），④租税刑法上の実行行為に該当しない行為に基づいて執行される刑事手続に資し，そして当該情報が租税刑事手続または租税秩序違反手続において獲得されたものでないとき（4号a），若しくは，当該情報が租税法上の義務なくして，または情報提供拒否権の放棄がなされた上で獲得されたものであるとき（4号b），⑤情報の開示を許容するそうした公共の利益が存在するとき（5号），である。

　また，法30a条によると，銀行秘密（Bankgeheimnis）が規律されている。それによると，一般的に銀行およびその顧客に対して課税庁による調査に対して特別の保護が与

第6章　行政電子化の立法政策

合には，秘密保護の措置がとられねばならない，とも規律されている。同2項では，課税庁に電磁的データが送信されたが，課税庁の許に当該データを読み取る設備がなく，読み取りができない場合には，送信者にその旨を伝えるべきことが規律され，逆に，課税庁により送信されたデータが，受信者の許で読み取ることができないのであれば，課税庁はあらためて受信者が読み取ることのできる電磁的形式または文書の形式で送信しなければならない。同3項によると，法律に基づいて課税庁への申請，申告，通知が文書の形式でなされるべきことが規律されているとしても，法律に特に規定がない場合には，電磁的形式でそれらを行うことは排除されていない。その際，電磁的記録は，署名法に基づく適格電子署名が付されていなければならない。そして，同4項においては，法律に基づき，課税庁による行政行為またはその他の措置が文書によりなされるべき旨が規律されているとしても，法律に特に定めがなければ，電磁的形式で以ってそれらを行うことができる。また，その際，当該電磁的記録については，署名法による適格電子署名がなされていなければならない。

　　えられるわけではないが，しかし，法30a条3項2文が，課税庁による調査の結果得られた第三者の情報を当該第三者に係る課税に利用することを事実上禁ずることを規律しているのである。
　　さて，右の問題につき，確かに銀行取引は個々の利用者の経済取引の極めて重要な位置を有しており，かつ，その内容は個人の私的生活の核心に迫るものがある。したがって，銀行に対して課税庁の調査が容易になされるとすれば，個人の私的領域が重大かつ大幅に制約・侵害されることは明らかである。その意味では，銀行秘密という法制度は合理性を持つと評しうる。しかし，次の如き問題点も指摘されている。それは，「先に指摘した法30a条3項2文が創出する法状況は，利子課税の成否を納税義務者の恣意の許に置くこととなる」というものである。連邦憲法裁判所も連邦財政裁判所も銀行秘密に係る規律を憲法適合的に解釈しなければならないという。すなわち，確かに，法によると銀行に対する調査によって得られた第三者情報を課税庁は利用できない，と推論されうるが，しかし，"十分に合理性を有する場合"には，なお課税庁に第三者情報の利用が供されるべきである，という解釈がなされねばならない。
　　そして，租税秘密は，経済取引が国際的に展開される今日，ドイツとの租税条約において情報提供条項が規律されている場合には，条約相手国との間でも問題とされるに至る。すなわち，近時制定された"租税特別措置整理法（Steuervergünstigungsabbaugesetz）"において，銀行秘密が廃止されることが，その立案の段階において企図されたが，結局実現されなかった。しかし，Birk教授の所論によると，銀行秘密の存続は，利子所得に係る自動的情報交換についての2003年6月3日のEU各国財務大臣による合意に反する，という。立法論としては，最早銀行秘密を維持することは，平等課税の原則という憲法上の原則と適合しないだけでなく，国際的な情勢にも適合しない，ということである。

以下の条文は，取り敢えず，省略する（詳しくは，下記2(3)を参照）。

② 問題点と検討
(i) データ作成者およびその内容の信憑性
　右のドイツ租税通則法87a条は新しい規律であるが，それは，技術的進歩と法実務とを適合させるものである。しかし，租税通則法87a条に実効性を与えるためには，前款からすると，紙面ではなく，電子的形態で課税庁と納税義務者との間で文書のやりとりを交わすためには，文書作成者の本人確認が極めて重要な作業であることが理解できよう。したがって，電磁的記録については，できるだけ従来の文書形式と同じ程度に，その信憑性あるいは真正性が，データ作成者およびその送信される内容について要求されることとなる。
　この点は，ドイツ租税通則法87a条にも挙げられている署名法による適格電子署名が技術的に十分機能することが求められる[46]。

(ii) 送受信者間での同意
　次に，電磁的データは，その送信者およびその受信者の間で，送受信に係る設備が整っていなければならない。それは，ドイツ租税通則法87a条2項により明らかになることである。Brandis氏曰く「電磁的データの送受信の要件は，"入り口"が開いていることである，すなわち，こうした目的のために適切な技術的設備が利用可能であらねばならない」[47]。そして，電磁的データの受信者が，その設備を租税法律関係においてコミュニケーションのために利用することについて，同意していなければならない[48]。
　では，如何なる状況において，送受信が可能となると解すべきであるか。この点，同意を明示的に行っていない場合が問題となる。Brandis氏によると，通常，自己のE-mailアドレスを不特定多数の者に公表する，という場合がそれに該当する，という[49]。したがって，それを前提とすると，課税庁は勿論，独立労働者，事業者，自由業者，法人等はそれに当たるとみてよいであろう[50]。

---

(46) Brandis, in:Tipke/Kruse（Hrsg.），AO（Fn.31），§87a Rz.2.
(47) Brandis（Fn.9），StuW 2003, 356.
(48) Brandis（Fn.9），StuW 2003, 356.
(49) Brandis, in:Tipke/Kruse（Hrsg.），AO（Fn.31），§87a Rz.5.
(50) Brandis, in:Tipke/Kruse（Hrsg.），AO（Fn.31），§87a Rz.5.

第6章　行政電子化の立法政策

(iii)　経過規定

最後に経過規定について言及する。87a条6項は，電磁的記録の送信に必要である適格電子署名について，それが実務上，未だに普及しているとは言えない状況に鑑みて，法150条6項以下の委任に基づく法規命令（"租税データ送信命令"）によって，署名法（Signaturgesetz）2条2号の"仮の電子署名（firtschritene elektorische Signatur）"で以って，適格電子署名に代えることができる，としている。

(3)　小　　括
①　まとめ

税務行政法の領域で近時展開されている行政電子化の問題を参照したが，Brandis氏によると，いずれは，納税義務者と課税庁との間で，従来の書面のやりとりに代わり，コンピュータを通じたそのデータのやりとりが一般化することが本来の行政電子化の形であるという（コンピュータを通じた申告書の提出，コンピュータを通じた申告書の内容の審査，コンピュータを通じた賦課決定の実行および通知等）[51]。一般的に言われることであるが，確かに，これによって，膨大なデータの管理・運用が現在よりもはるかに容易になるし，とりわけ，その管理作業に着目すると，膨大な書類を整理・保管する作業に大幅な物的・人的コストの低下が見込まれるであろう[52]。加えて，書面により提出されたデータをコンピュータ上のデータに置き換えるという作業，またはその逆の作業が必要なくなり，行政コストも低下する（いわゆるわが国のKSKシステムにはこの問題がある）[53]。しかし，コンピュータを用いるには電気代が相当程度にのぼり，税務行政のシステムが大幅に変更されることに伴う，行政慣行の大幅な変更も同時に生ずる。したがって，新たな慣行が確立・定着するまでに時間的コストはかかる。その他にも，移行期に不慣れゆえ思わぬミスが生ずる可能性も高い。また，コンピュータ上に蓄積されたデータの消滅・改竄等についても十分なケアが必要である（制度改正に伴うメリット・デメリットの問題については，4(1)において詳しく論じられる）。

また，Brandis氏は，租税法における行政で電子化の本質的問題として，

---

(51)　Brandis（Fn.9），StuW 2003, 349.
(52)　Kempf, Anzsatzpunkte und Chancen（Fn.15），S.874.
(53)　Brandis（Fn.9），StuW 2003, 349.

データ保護を挙げておられる[54]。すなわち，データの流出により，個人の情報が第三者の知るところとなれば，行政作用が電子的に営まれるという新制度に対する納税義務者の信頼は大幅に低下する。これは法制度の実効性に係る大きな問題である。したがって，Brandis 氏も挙げておられるように，ドイツ租税通速法 30 条（租税秘密）に規律されているような，税務情報保護の特殊な規律が設けられる必要があろう[55]。

② 行政行為のオートメーション化

以上に述べたことにより，行政作用における電子化に係る一側面が明らかになったものと思われる。そこで，発展的問題として，本節では，税務行政とコンピュータの関係を簡単にまとめておく。

税務行政におけるコンピュータの利用は，最早必然的現象と言える。そもそもドイツにおいては，Maurer 教授によると，コンピュータを利用して行政作用を展開することは，従来より行われていて，特に大量処理行政（Maßenverwaltung）について用いられてきた[56]。しかし，技術進歩，そして 1980 年代以降パソコンの普及を以って，次第にコンピュータが相当程度の広範囲にわたって（行政－行政関係，行政－市民関係）浸透してきたという事情がある[57]。加えて，行政作用におけるコンピュータの浸透を以って，行政庁がある意思決定を行う際に，コンピュータ・ネットワーク上のデータを共有することを通じて，様々な情報を瞬時に集めることが可能となり，行政庁の意思決定が分権的になされうることとなる。右のメリットを活用することによって，意思決定がその名宛人の最も近い行政庁によってなされることとなり，案件ごとの個別事情を斟酌することが一層可能となる[58]。

そして，右の如き行政実務におけるコンピュータの利用と並んで，ドイツ行政法上指摘されるのが，行政行為のオートメーション化である。これは，Maurer 教授の所論によると，凡そ"行政庁が予めプログラムを作成し，私人が一定の事項をその上に入力する。それに基づいて，ある行政行為が自動的に発給される"という仕組みである[59]。すなわち，法律要件が予めコンピュータ

---

(54) Brandis (Fn.9), StuW 2003, 349.
(55) Brandis (Fn.9), StuW 2003, 349.
(56) Maurer, Hartmut, Allgemeines Verwalungsrecht 15.Aufl., München 2004, §18 Rz.2.
(57) Maurer, Allgemeines Verwaltungsrecht (Fn.56), §18 Rz.2,9.
(58) Maurer, Allgemeines Verwaltungsrecht (Fn.56), §18 Rz.1.
(59) Maurer, Allgemeines Verwaltungsrecht (Fn.56), §18 Rz.5f.

第 6 章　行政電子化の立法政策

上にインプットされ，私人の入力事項がそれに該当するか否か，をコンピュータが自身で判断する仕組みなのである。このシステムは先に指摘したコンピュータを利用することによる行政の意思決定の分権化，膨大なデータの共有といったメリットの他にも，大量の案件を処理しなければならない税務行政に"人的・物的資源の節約"という大きなメリットを及ぼすことが期待されうる[60]。

では，税務行政の許で行政行為のオートメーション化が何らの問題もなしにただひたすら推進されていくのであろうか。私見によると，オートメーション化問題はその適用範囲に限定がある。例えば，税務行政において最も重要であり，かつ大量である事務は申告事務である。したがって，申告事務においてオートメーション化が推進されれば，税務行政の改善の効果は計り知れない。この点，課税庁が納税義務者のする申告に基いて賦課処分を行うのであり，課税庁は申告書類の記載内容の検討を行う（調査義務）。したがって，所得と必要経費等をコンピュータに入力して税額が計算され，それに基き自動的に賦課処分が発給されるということは必ずしも当てはまらない場合もあるだろう。

なお，Joachim Lang 教授はかつて"租税法典草案"を提案された[61]。その中で，Lang 教授は，個人の投資・貯蓄活動についてその運用形態の如何を問わず（株式投資，銀行預金，年金の掛け金の拠出，不動産の購入とその運用等），右の運用から生ずる利益については，個人が実際に収受する前段階において統一的に企業税を課税することとし[62]，それを以って法形態の中立性を実現すべきである，と提案された（なお，個人所得課税がなされる際には企業税は所得税債務から控除される）[63]。その際，個人は貯蓄・投資を特定の金融機関を通じて

---

(60) 参照，Maurer, Allgemeines Verwaltungsrecht (Fn.56), §18 Rz.1, 5. なお，行政行為のオートメーション化の枠内における行政行為を"自動発遣型行政行為"と呼称するなら，それと類似する類型として"電子形態型行政行為"もある。その意義は，実例を挙げつつ述べると，凡そ"官庁が電子的形態でなされた事業者の申請に基づいて営業許可を付与すること"である。文書の形態を採る行政行為および右の電子形態型行政行為には，凡そ同一の規律が妥当する。立法者は右のような同一扱いを企図している。筆者はそれを正当であると考える。何故なら，例えば，行政行為を発遣する者の責任を明らかにし，その内容の真正性等を同じように担保しないと，電子形態型行政行為が制度として有効に機能しないからである。右の点につき，Maurer, Allgemeines Verwaltungsrecht (Fn.56), §18 Rz.16ff.
(61) Lang, Joachim, Entwurf eines Steuergesetzbuchs, Bonn 1993.
(62) 企業税について詳細は，参照，本書第 4 章。
(63) 前掲注(62)。

行うべきものともされている(64)。すなわち，右の金融機関を経由して諸々の投資・貯蓄活動がなされるのであれば，金融機関は当然その取引の全容を知りうる立場にあり，金融機関が右の取引に係る資料を課税庁に提出することとされれば，利益の把握が課税庁にとっても容易になるのである。

ここで，Lang 教授は，個人の所得を計算する際に企業税を控除することとなるが，投資・貯蓄所得の所得税を計算する際には，既に指摘したように，金融機関が当該取引に基因する収入および必要経費をすべて把握しているので，金融機関の許で投資・貯蓄所得の所得税についてはオートメーション的な計算がなされうる(65)。したがって，ここに税務行政における行政行為のオートメーション化の1つの可能性があると思われる。

その他にも，源泉徴収に伴う還付事務の枠内においても行政行為のオートメーション化はなされうると考える。

3　税務行政訴訟における電子化

わが国でも，民事訴訟法の改正により裁判の迅速化が企図された。その中でも争点整理手続の整備が最も注目されたものであろう。新たに構築された弁論準備手続（民訴法），準備的口頭弁論（同），書面による準備手続（同）は審理の迅速化を実現する争点整理手続の改革の成果である(66)。さらに立法論として裁判所の組織面から審理の迅速化が企図されることもある(67)。特に書面による準備手続について言えば，右の如き審理の迅速化の要請は訴訟当事者がお互いにとって遠隔地に居住しているとき，訴訟期日を合目的的に調整することが求められる。そして，かかる調整を行う手段は現代においては既存の実務上

---

(64)　Lang, Steuergesetzbuchs（Fn.61），Rz.583.
(65)　Lang, Steuergesetzbuchs（Fn.61），Rz.583.
(66)　例えば，参照，新堂幸司『新民事訴訟法』（弘文堂，1998年）429頁以下，加藤新太郎『手続裁量論』（弘文堂，1996年）2頁以下，青山善充「民事訴訟における公平・迅速の確保」同他編・前掲注(22)17頁。
(67)　いわゆる"単独裁判官"の提案。詳しくは，参照，木村弘之亮『2001年行政事件訴訟法草案』（信山社，2001年）2頁以下，93頁。

第6章　行政電子化の立法政策

は"ファックス"[68]，新法では"電話会議システム"という形で存在する[69]。

さて，ドイツにおいても税務行政訴訟について情報技術の積極的利用が議論されているので，以下でそれを概観することとしたい[70]。

(1) 税務行政訴訟におけるペーパーレス化——授権・送達を素材として——
① 授　権

当事者は，代理人を擁しつつ，訴訟を遂行できる。そのためには，ドイツ財政裁判所法62条3項1文により，書面を通じて代理権の付与が証明されなければならない。逆にいえば，訴訟代理権の付与そのものについては，特定の形式が必要とされているわけではない。

ここで問題が生ずる。代理権付与者の署名のある原文書によらないでも代理人は代理権を有することを証明できるのか，がそれである。この点，次のような言われ方をすることがある。ドイツ財政裁判所法六四条において，署名のある原文書ではない訴状であっても，訴えの提起は一定の要件を備えれば適法と解されてきた。したがって，ドイツ財政裁判所法62条の許でも，技術的発展を考慮して，それを認めなければ不合理である，と。

② 準備書面

ドイツ財政裁判所法77条1項1文において，当事者は，口頭弁論の準備作業として書面，すなわち，準備書面を作成・提出すべきものとされている。

そして，最近新設された同77a条において，凡そ次の如き事項が規律されている。すなわち，準備書面およびその付属書類，当事者の意思表示および申請並びに第三者の行う情報提供，発言，鑑定意見および意思表示については，裁判所が利用するに相当である場合には，当該文書形式は電磁的形態を採ってもよく，但し，その際には，当該電磁的記録に署名法に基づく適格電子署名が付

---

(68) 林道晴「民事訴訟における情報通信機器の利用」青山他編・前掲注(22)190頁。ファックスを通じた当事者，裁判官等の関係者間の書面にやりとりについて，新法によりその根拠と範囲が明確にされた。

(69) 新堂・前掲注(66)440頁以下。電話会議システムについては，当事者または代理人が遠隔地に居住しているのでなくとも，電話会議システムにより円滑に手続を進行できるのであれば，利用しうる余地はあると解されており，その利用が幅広く期待できる。参照，竹下守夫他編『研究会　新民事訴訟法——立法・解釈・運用』（有斐閣，1999年）215頁（福田剛久発言）。

(70) 近時の法改正を概観できるものとして，Ehmcke, Torsten, Neuregelungen zum Verfahren vor den Finanzgerichten, Stbg 2002, 49ff.

3　税務行政訴訟における電子化

されるものとされている（以上，同1項）。

　以上の規律から，準備書面についても，電磁的記録の形で提出することが可能となった。但し，セキュリティー確保，そして適格電子署名が要件である。

　その他にも議論があるが，これ以上は立ち入らない。

③　送　　達

　次に，ここで，送達（Zustellung）に言及する。送達とは，単なる形式的要請ではなく，ドイツの判例の一つを例とすると，「送達は，送達の名宛人が送達内容を認識し，そして，自己の法的地位の確保をそれに則って行うことを保障するものである。そして，裁判手続においては，それを以って，聴聞権の保障および適正手続の実現がなされる」[71]。そして，ドイツ財政裁判所法53条2項によると，送達については，ドイツ民事訴訟法166条が参照されている。それによると，裁判所事務局が，如何なる形で送達をなすか，について一定の裁量をベースに決定する。

　そして，ドイツ民事訴訟法174条3項（送達の名宛人は，当該送達の受取証明書を送達者に返送するものとされている。その際，当該返送が電磁的形態によっても可能とされている）は，同条1項による送達は，手続の当事者についても電磁的記録によって行うことが可能であるとされている（但し，当事者の同意および適格電子署名も必要である）。

(2)　テレビ会議

　民事訴訟においては，"判決をする裁判官が，自ら当事者の弁論を聴取し，証拠調べをする"という原則（直接主義）[72]が妥当している。したがって，裁判官の面前で当事者が主張，立証活動を行わねばならない。しかし，当事者が遠隔地に住んでいたり，または何らかの事情により口頭弁論期日に裁判所に出廷できない，といったことはしばしば起こりうることである。そして，裁判所は，訴訟経済という要請を鑑みつつも，当事者の事情を十分に汲み取る必要はある。したがって，裁判官の面前で直接と陳述できなくとも，仮に当事者が不在であっても，技術的に当事者が裁判官の面前に存在しているのと同様の状況

---

(71)　BVerfG-Beschl. 11. 7. 1984 ──1 BvR 1269/83──, BVerfGE 67, 208, 211.
(72)　本文中の定義につき，参照，中野貞一郎他編『新民事訴訟法講義〔第二版〕』（有斐閣，2004年）228頁（池田辰夫執筆）。ドイツについては，参照，Musielak, Grundkurs ZPO（Fn.23），Rz.108.

第6章　行政電子化の立法政策

が創出できる場合には、当事者が遠隔地にいても審理が行えるとしたほうが簡便であり、かつ訴訟経済にも資する。ドイツにおいてそれを可能にする余地を持つものが、ドイツ財政裁判所法91a条および同93a条である（2001年度より導入）。それらは、いずれも、「ドイツ財政裁判所法91条において規律されている如く、当事者並びにその代理人等が口頭弁論のなされる場所に直接かつ自ら出席して有効な訴訟行為を行う、という原則に対する例外を定める」ものである[73]。したがって、「当事者並びにその代理人が裁判所の所在地とは異なる場所において、その像および音声を同時に裁判所（または、その逆に、当事者並びにその代理人の所在地）に送信することを条件に、有効な訴訟行為を行うことができる」[74]。以下、順次概観する。

① ドイツ財政裁判所法91a条
(i) 規律事項

ドイツ財政裁判所法91a条においては凡そ以下のことが規律されている。すなわち、当事者並びにその代理人等は、その申請に基づいて、口頭弁論の最中に、裁判所とは異なる場所にいることができ、そして、訴訟行為を行うことができる。そして、その際には、彼らの像および音声が裁判官と交信が可能なように、裁判所に送信されねばならない。そして、逆に、裁判官についても、同じように、当事者およびその代理人に像および音声が送信されねばならない。

(ii) 制度の運用

ドイツ財政裁判所法91a条は、確かに、訴訟経済に資する。しかし、裁判官が、当事者の訴訟行為から直接心証を形成することができなくなる。したがって、これは、先に言及した如く、訴訟法の基本原則たる直接主義と形式上は相克する[75]。このことから、ドイツ財政裁判所法91a条はありうべき唯一の途ではなく、あくまでも、訴訟進行の上で採り得る一つの選択肢に過ぎないことが認識されねばならないとされる[76]。しかし、右の如き欠点を認識しつつも、"合理的で、開かれた対話"が当事者間で可能となる、とする見解もある[77]。

また、当事者も、選択の必要性・合理性を十分認識できないにも拘わらず、

---

(73) Brandis (Fn.9), StuW 2003, 362.
(74) Brandis (Fn.9), StuW 2003, 362.
(75) Brandis (Fn.9), StuW 2003, 363.
(76) Brandis (Fn.9), StuW 2003, 363.
(77) Ehmcke (Fn.70), Stbg 2002, 57.

ドイツ財政裁判所法91a条の適用を申請することはありえないであろう[78]。
② ドイツ財政裁判所法93a条
（i） 規律事項
　ドイツ財政裁判所法93a条においては凡そ以下のことが規律されている。すなわち，手続の当事者の同意によって，裁判所は，証人および鑑定者が口頭弁論の最中に裁判所とは異なる場所にいることを命じうる。そして，その際，彼らから得られる証言等は，その像および音声が同時に裁判所に送信されるようになっていなければならない。そして，かかる証言等は，一定の場合には，録画されねばならない。

（ii） 制度の運用
　ドイツ財政裁判所法93a条は，直前で見た如く，"裁判所が心証を形成する際に必要となる証明は口頭弁論上得る"（ドイツ財政裁判所法82条1項1文），という原則と相克する。すなわち，裁判所は，直接的に証拠から心証を形成することが原則であるにも拘らず，ドイツ財政裁判所法93a条を適用して，遠隔地間での証拠からの心証形成がなされることになる。
　この点，民事訴訟を例として，Schultzky氏は，「しかしながら，遠隔地間で証拠調べを行うこととなった場合には，そのことは（証拠および証拠調べの・筆者註）質の低下を意味し，そして直接的に証拠調べを行う場合と比較して，誤りの生ずる可能性は高い」と述べている[79]。他方，Geiger氏は"従来の訴訟法は，真実は，すべての当事者が一つの法廷に会し，直接的に証拠調べをし，議論をすることによって，最もよく明らかにある，という考えに基づいて構築されている。そして，確かに，裁判官が直接的に人証または物証と接して証拠調べをすることは，人間の生活経験に適合していることではあるが，自動車事故等での当該自動車の危険度を調べる際には，法廷内に関係者が一同に解することによって，客観的真実が最もよく明らかになる，というものでもない。例えば，また，心理学のテストによると，自己の認識に基づいて真実と嘘とを分けようとすることは人間にとって困難で難しいので，その反対に映像を用いれば，裁判官は嘘と真実とを映像から相対的に鮮明に認識することができる"旨述べている[80]。以上のように，一概にドイツ財政裁判所法93a条に対

---

(78) Brandis（Fn.9），StuW 2003, 363.
(79) Schultzky, Hendrik, Videokonferenzen im Zivilprozess, NJW 2003, 313ff., 316.
(80) Geiger, Stefan, Gerichtsverfahren mittels Videokonferenzen, ZRP 1998, 365ff., 367f.

第6章　行政電子化の立法政策

する評価はなし得ないが，議論・立法の状況を考慮すると，後者の立場に与すべきことになろうか。

(3)　小　　括

以上が，税務行政訴訟における行政電子化の状況である。いずれも従来は文書の形あるいは対人直接的な交渉で以ってなされてきた訴訟行為である。しかし，実際的必要性を技術的進歩が後押しをした形となって，実定法においてかかる規律が設けられた。いずれも，必要性があるため立法化されたという事情があるゆえ，その利便性は否定すべくもなく，また手続の合理化にも資するはずである。問われねばならないのは，それに付着する問題点である。

① 電子的授権・送達の問題点

結論を先取りすると，署名の必要性の有無について，書類の場合と電磁的記録の場合とで扱いが異なる。詳細な点は，4(1)で論ずることとして，ここでは問題点の指摘に止める。

すなわち，官公署へ文書を提出する場合には，当該文書に自署が必要とされるが，他方，そうした提出行為を電磁的形態において行う場合（例えば，本章において言及した電子申告，訴えの提起，課税庁，裁判所と納税義務者との間のやりとり，訴訟手続上の諸々の行為を電磁的形態において行う場合）には，必ずしも自署と同視されうる代替的手段（適格電子署名が典型である）が必要というわけではない。確かに，電磁的記録に書面上とまったく同様の署名をなすことは物理的に不可能であるが，実質的に署名を必要としない法状況が創出されるのであれば，それは問題である（不平等扱い）[81]。解決法は，4(1)にて提示する。

② テレビ会議の問題点

テレビ会議については，その設備の性能が大きなポイントとなる。すなわち，途中で映像が不鮮明になる，音声が途絶える，あるいは交信不能になる，といった問題点が考えられる。右のような状況が生ずると，訴訟の進行が困難または不可能になるので，設備のケアは万全でなければならない。また，右のように明らかな技術的不良という状況でなくとも，設備の品質・老朽化等により，相手方との交信が，裁判官との面前における交信と比較して明らかに劣る，と

---

(81) Greger, Reinhard, in:Zöller, Richard（Hrsg.）, Zivilprozessordnung 24.Aufl., Köln 2004, §130a Rz.4.

いうこともありうる[82]。加えて，典型的にはテレビ回線を隔てて当事者または裁判官が書面の受け渡しを行うことが必要である場合には，テレビ会議は十分な効果を持たないであろう。したがって，両当事者および裁判官が書面の受け渡しをした上で読むことができるような設備の設置も求められる[83]。

　また，テレビ会議の申立があった場合には，裁判所は，申請権者の利益と公開主義の要請との間で利益衡量をなす必要がある[84]。それは，裁判官の裁量に基づいている。その際，財政裁判所法91a条には，いかなる基準に基づいて裁量判断がなされるのかについては規律されていないため，例えば，口頭弁論の適正な進行，データ送信の安全性・確実性あるいは当事者の利害等が斟酌の対象となるとされている[85]。そして，申請に基づきテレビ会議を行う場合には，それが，法律問題の審理に関するものであらねばならず，事実問題の審理については，その必要性が高い場合，審理は，裁判官および当事者が物証（代表例としては，文書）および人証を直接見聞する必要があるであろうから，裁判官の面前で行われることとなろう[86]。

③　展　　望

　なお，行政電子化が，本章で概観された如く，訴訟法の領域にも進展している。尤も，当事者が遠隔地に住んでいたり，何らかの理由に基づいて裁判所に出廷できないという事情は，行政訴訟のみではなく，その他の訴訟にも該当することではある。

　したがって，訴訟法の領域における行政電子化という論点について，行政訴訟"独自"の電子化という問題が考えられるのであろうか。また，わが国でも，訴訟要件論，審理過程における高度の専門・技術性といった議論がわが国でもなされていたが，それらと，本章で議論された電子化とは直接の関係は必ずしも認められないと思われる。

　また，ドイツ国内で統一的な法制度の立案が求められる[87]。

---

(82) Brandis (Fn.9), StuW 2003, 362 の Fn.149.
(83) Brandis (Fn.9), StuW 2003, 362 の Fn.149.
(84) Brandis (Fn.9), StuW 2003, 363.
(85) Schaumburg, Heide, Mündliche Verhandlungen per Videokonferenz:Erste Erfahrungen mit Videoverhandlungen beim Finanzgericht Köln, ZRP 2002, 313ff., 314.
(86) なお，財政裁判所法80条によると，裁判所は，必要性に基づいて，当事者の出廷を命じることができ，その違反には罰金を科すことができる。
(87) この点について，参照，Krüger, Thomas/Michael Bütter, "Justitia goes online!"──Elektronischer Rechtsverkehr im Zivilprozess, MDR 2003, 181ff., 182.

第6章　行政電子化の立法政策

しかし，今後は，後日の研究において，行政訴訟独自の行政電子化の法律問題を検討したいと考える。

4　結　語

ここにおいては，本章の各箇所において論じつくせなかった論点について言及し，今後の展望を得ることを企図する。

(1)　電磁的記録における署名の意義[88]

さて，本章においては，行政電子化の概要とその問題点の析出が企図された。ここでは，特に，その問題点の一つを一般的な形で検討したい。すなわち，確かに，書面によってなされていた事務を電磁的形態によって処理することを通じて，課税庁にとっても，納税義務者にとっても効率性は概ね実現できそうである。しかし，電磁的記録のセキュリティー，さらには，当該記録が真性に作成されたものか否かを識別するための署名は，従来の如き形では電磁的記録上で行うことは無理である。

したがって，セキュリティーの問題は既に若干ではあるが論じたので，ここでは描くとして，署名の問題を検討したいと考える。

① 　手続法における形式性——その位相——

そもそも，1(1)冒頭で指摘したことであるが，行政手続，行政訴訟手続，さらに広くは一般の手続法においては，形式性が重要である。その形式性とは，例えば，自署の必要性（効力要件），厳格な要式性（書面主義），期限の厳守等，その不遵守により当事者に不利益が生ずるそうした事項を指す。しかし，手続法が存在することは，基本法19条4項，同103条2項からの要請であると解されており，そのことは，言うまでもなく，手続法を通じて実効的権利保護の担保とすることが企図されていることを意味する。逆に言えば，実効的権利保護は，過度に形式性に拘泥する場合には，実現されない。この点にも，権利保護と形式性との相克がある。

---

[88]　参考になるものとして，参照，Willms, Benno, Die Unterschrift bei Klageschriften im Verwaltungsprozeß, NVwZ 1987, 479ff.

4 結　語

② 　手続法における署名
(i) 　署名の重要性

　ここで具体的に検討する。署名のない訴状は不適法として却下する，といったことと並んで，手続について本質的である訴訟行為（後続の手続に影響を与えるもの）について直接関わる，例えば，手続の開始・終了に関わるそうした"特定文書（bestimmte Schriftsätze）"については，原文書に自署をなすことが一般的法原則あるいは取引通念として観念されている。

　この点，法的安定性を手続法の視点から見ると，本人作成性および正式性が重要である，と言われる[89]（ドイツ民事訴訟法130条6号を参照）。

(ii) 　実　　例

　では，自署によることなく，電磁的記録に自署を行う手法が新たに考案されねばならない。勿論，電子署名がその最適なやり方であろう[90]。しかし，そうした電子署名を以ってする電磁的記録のやりとりだけが現下の問題ではない（2(2)②(iii)でも指摘されたように，課税庁，裁判所と納税義務者との間での電磁的記録に係るやりとりに用いられる"適格電子署名"については，経過規定の適用が予定されており，その活用だけで現下の問題は解決しない）。Brandis氏の整理によると，E-Mail，Fax，電報（Telebrief）[91]，テレックス，ビデオテックス等様々

---

(89)　なお，わが国では，署名は，"自己の作成した書類等にその責任を明らかにするため自己の氏名を自ら書き記すことをいう"。参照，総務省行政管理局・総務省自治行政局編・前掲注(5)45頁。

(90)　電子署名については技術的性格が強いので，ここでは詳細は触れない。したがって，例えば，参照，Miedbrodt, Anja/Patrick Mayer, E-Commerce――Digitale Signaturen in der Praxis, MDR 2001, 432ff., 434;Noack, Ulrich, Digitaler Rechtsverkehr:Elektronische Signatur, elektronische Form und Textform, DStR 2001, 1893ff., 1893f.;Schoenfeld, Christoph, Klageeinreichung in elektronischer Form――Gedanken zur hamburgischen Verordnung über den elektronischen Rechtsverkehr in gerichtlichen Verfahren――, DB 2002, 1629ff., 1630. また，わが国の制度（それは国際的にも広く利用されているものと共通であるとされているので，ドイツ法を理解するにも参考となろう）に関する邦語文献として，宇賀・前掲注(5)45頁以下，106頁以下，109頁以下。さらに，藤井雅文「行政手続等における情報通信技術の利用に関する法律等」ジュリスト1242号19頁以下，木村敬「電子署名に係る地方公共団体の認証業務に関する法律」ジュリスト1242号25頁以下。技術的側面を図解を以って分かりやすく論述したものとして，参照，公的個人認証システム研究会・猿渡知之／村松茂／瀬脇一『公的個人認証サービスのすべて』（ぎょうせい，2003年）2頁以下，120頁以下，124頁以下，129頁以下。

(91)　電報については，ある判決は，"機械を用いることにより，それが改竄される可能性はあるが，しかし，右の可能性は署名の真正性を疑わしめるほどのものではない"と

第6章　行政電子化の立法政策

である[92]。

　この点，実務においても，右の如き通信手段の中には，従来型の自署をなすことが物理的に不可能なものもあるため，厳格に自署を求めないものもある[93]。この点，従来より，自署（判読不能な自署も含む）がなくても，署名の要件を満たすとする場合を判例は認めてきた[94]。また，近時（2000年4月5日），連邦上級裁判所共通部（Gemeinsame Senat der obersten Gerichtshöfe des Bundes）において，"（コンピュータの端末から，遠隔地にあるFaxにデータを送信することを可能にするシステムである）Computerfaxを用いて，裁判所との間でのコミュニケーションを行うことは認められる"とする決定が出ている（右決定の射程範囲に言及しておく。すなわち，Computerfaxでのデータ送信が許容されるのは，①自署をスキャナーでコンピュータに取り込み，それをデータに付すること，②弁護士強制を求められる訴訟についてのみ，Compuerfaxでのデータ送信は許容される，③データが文書の形態で作成されなかったことの証明を行うこと，である。なお，①の要件が必ず充足されなければならないか否か，については争いがあるとされる。何故なら，BtxやTelegrammについては，①の如き署名が必要とさ

　　　している。参照，BVerwGE v. 13. 2. 1987, ――8 C25/85, BVerwGE 77, 38, 39.
(92)　一応，考えられうる様々な伝達媒体をここに挙げておく。本文で挙げたもののうち，E-Mail, Fax, 電報は我々にもイメージが可能であるが，しかし，ドイツにおいては，① Fernschreiber，② Telegramm，③ Telegrafie，④ Bildschirmtext 等が通信手段として挙げられている。①は，複数の者が通信をなすための機械を共有し，彼らの間での通信を可能にする機械，②は，電話，Fax, ドイツ郵便の担当部署を通じて，ドイツ郵便の伝達内容受信部署に電子的に送信され，それを許に，当該場所から各宛先に伝達内容が送付される，というもの，③は有線通信または無線通信を用いて文書による情報，文字，絵等を電子的方法で送信するもの，④は，Bildschirmtextセンターからの情報を例えばテレビあるいはコンピュータ画面に写像するというもの，である。
(93)　なお，オーストリアにおいては，コンピュータを用いてデータを官公署に送信する際に，厳格に自署を要求していない。参照，Viefhues, Wolfram, Herbstakademie der Deutschen Richterakademie 2002, K&R 2003, 133ff., 134. 何故なら，オーストリアにおいてはかかる点の濫用がかつてより見られなかったからである，という。参照，Viefhues, Wolfram/Karl-Heinz Volesky, Kongress "judicial electronic data interchange (JEDI) in europian civil proceedings and criminal matters" vom 11.――12. 10. 2002 in Bologna, K&R 2002, 648f., 649.
(94)　これについては，BVerwG v. 6. 12. 1988, ―― 9 C40/87, BVerwGE 81, 32, 36. 当該箇所において，連邦行政裁判所は，"完全な自署が欠けていても，他の根拠から，署名者，そして当該署名のなされた文書が真正の意思表示を示すものであることが明らかになる場合には，法的安定性の要請を満たす"と解している。

4 結　語

れていないからである)⁽⁹⁵⁾⁽⁹⁶⁾。それ自体は，実務上は，歓迎すべきことである（すなわち，注(94)でも述べたように，司法によって自署を欠く，電磁的データの送信の枠組みが大きく広げられたと考えることもできる）⁽⁹⁷⁾。署名は手続法における自己目的であってはならないであろう⁽⁹⁸⁾。自署を厳格に求めることが"19世紀の遺物である"，との批判もある⁽⁹⁹⁾。しかし，一部については，通信手段の類型ごとに求められる署名の形態が異なる，という場合が見られる。例えば，Fax については，送信される紙面に自署を行い，送信後にそのコピーをすることが求められるが，しかし，電報については，自署を要さず，機械を通じて作成する署名（ワープロ，パソコンのソフトウェアを用いて作成されるもの）でよいとされている。このような差異を如何に解するかは，論者により異なるであろう（すなわち，不平等な扱いと解することもできようが，手段ごとの属性から生ずる必然的な差異とも解されよう）。

　また，以上の如き通信手段につき，後日における実務の運用と判例の展開を待つことも求められる⁽¹⁰⁰⁾。

(iii)　立法の指針——平等扱い——

　しかし，いずれにせよ，E-Mail，Fax，テレックス，ビデオテックス等，とりわけ E-Mail⁽¹⁰¹⁾については最早現在の通信手段としては必要不可欠のもので

---

(95)　判決の概要については，本章が依拠したものとして，参照，Düwell, Josef Franz, Computerfax richterechtlich zugelassen, NJW 2000, 3334；Liwinska, Margorzata, Formwirksame Schriftsätze per Computerfax, MDR 2000, 1089ff.

(96)　また，判決の経緯については，参照，Römermann, Volker/Mark van der Moolen, Schriftsätze per Computerfax：Willkommen im 21 Jahrhundert, BB 2000, 1640ff., 1641. すなわち，従来，連邦通常裁判所と連邦行政裁判所，連邦社会裁判所，連邦財政裁判所との間で，自署を欠く，電磁的形態で送信されるデータの有効性に係る判断が分かれていた。そこで，連邦財政裁判所が，Computerfax に係る右の許容性を連邦上級裁判所共通部に呈示し（1999 年 9 月 29 日），その判断を求めた，というものである。なお，従来の連邦通常裁判所の考え方を示すものとして，参照，BGH, Volage-Beschl. v. 29. 9. 1998 ——XI ZR 367/97, NJW 3649ff.

(97)　近時の判例の動向につき，参照，Schmitz/Schlatmann (Fn.8), NVwZ 2002, 1282.

(98)　Schmidt, Martin, Bestmmende Schriftsätze und eingescannte Unterschrift——Wahrung der Schriftform?, BB 1999, 1125ff., 1126.

(99)　Römermann/van der Moolen (Fn.96), BB 2000, 1642.

(100)　例えば，参照，Wihelm, Edmund, Eigenhändige Unterschrift bei Übermittlung der Klageschrift per Computer-Fax?, DStZ 2002, 217ff., 219.

(101)　なお，先の連邦上級裁判所共通部の決定を敷衍させれば，E-mail を通じた官公署とのコミュニケーションも許容されるであろう，とするものがある（但し，電子署名が

第6章　行政電子化の立法政策

ある[102]。直前で論じた近時の決定と歩調を合わせるように（右決定も電子署名の制度化に係る動向に触れていた，とされる[103]。また，2000年1月19日の"電子署名に係る共同体のフレームワーク"EC指令も大きな影響を与えているであろう[104]），最近は署名法の改正，そして，2，3で論じてきたように電磁的データ送信を法実務において許容する立法が展開してきている。したがって，それらの利用が不可避であり，かつ相当程度の利便性を有している以上，その利用を妨げるような立法は避けられるべきである（また，自署を厳格に求めなくとも，実務上の運用は可能である，とする見解もある[105]）。すなわち，如何なる制度が具体的に構築されるべきであるかは電子工学上の問題もありここで詳細に論ずることはできないが，しかし，従来の署名と比較して，そして，通信手段・媒体ごとに，その利用の際に求められる署名のありよう，利用可能性等（利用するにあたって，利用者がコスト面からも躊躇するような制度であってはならないことも付言できる）についてできるだけ平等なそれが構築されるべきであるという制度設計に係る一般的示唆を得ることは可能であろう。

そして，ドイツ国内で統一的なシステムが構築されるべきである[106]とされ

　　　　普及すれば，この議論の実益はなくなる）。参照，Brandt, Jürgen, Anforderungen an die Schriftform der Vollmacht im finanzgerichtlichen Verfahren nach dem Beschluß des GemS-OGB vom 5. April 2000, DStZ 2000, 893ff., 898.
(102)　手続の複数の局面において，そうした媒体は利用される可能性を有している。参考までに，参照，BVerfG-Beschl. v. 11. 2. 1987, ──1 BvR 475/85──, BVerfGE 74, 228, 232, 235.
(103)　Düwell (Fn.95), NJW 2000, 3334.
(104)　Liwinska (Fn.95), MDR 2000, 1091. なお，Liwinska氏は，当該箇所において，実体法の例ではあるが，右のEC指令により，ドイツ民法126条aおよび同bが創設され，電磁的データに電子署名を付したものであれば，右のデータは自署のある書面によるデータと同一視される，としておられる。
(105)　例えば，参照，Notthoff, Martin, Telefax, Computerfax und elektronische Medien ──Der aktuelle Stand zum Schriftformerfordernis im Verfahrensrecht, DStR 1999, 1076ff., 1078. Notthoff氏は，特に，①従来，Telegram, Fernschreiben, Telefax, Btx等は既に自署なしでも実務上その利用が認められてきたのであり，Computerfaxも，自署を欠くデータを，当該データの受け手の許の機械から獲得する，という点では，右に挙げられたものと同じである，としている。さらに，②ドイツ民事訴訟法130条6号は，いわゆる"Soll"規定であり，それは将来的に行われるであろう技術的事情に基づく調整・法改正を予定している，ともされている（なお，同条は，連邦上級裁判所共通部の決定を受けて，改正された）。
(106)　オーストリアでは，かかる構築がなされているという。参照，Viefhues (Fn.93), K&R 2003, 134. さらには，Viefhues/Volesky (Fn.93), K&R 2002, 649. も参照。

230

る。

　また，別に，次の如き事項を指摘することができよう。書面上に自署をするのみで，本当に，当該文書の本人作成性，正式性が明らかになるのであろうか。筆者は，右の問いには，厳密に考えると消極的な判断をせざるを得ないと考える。何故なら，筆跡等を調べてみないと，一つの署名のみでは比較対照がないゆえ，本人が正式のものとしてなした署名であるか否かが明らかでないからである。したがって，書類上行われる署名について，筆跡等を確認する手段を併せ持っていない場合には，実は，自署のみでは本人作成性，正式性についてあくまでも擬制的なものに止まるのではないか。

　このように考えると，電子署名は，確かになお普及性について問題を残しつつも，認証手続の構築を通じて，電磁的記録の本人作成性，正式性の確認を一層確実なものにするのではないか。書類を電磁的記録に代えることによって，右の点について改善の余地が認められる。したがって，書類の電子化は，以上の如き意味でも望ましいと言える。また，電子署名の普及によって，署名方式の統一化が実現され，上記2(2)の問題も解決の余地がある。

(2)　**制度構築の障害とその除去**──具体例の摘示と検討──

　ここでは，一般論として，本章で検討したような技術の発達による，そしてそれに伴う行政運営の変化をもたらす制度改革立法に係る留意点について私見を中心に述べ，まとめに代えることとする。

　法制度は，憲法に適合した価値秩序の中において構築されねばならないと論じられる。しかし，それは首尾一貫した価値判断のみに基いて立法が展開されるべきことを意味するものではない。すなわち，立法はその規律対象たる社会的事実を十二分に斟酌してなされるべきである。行政電子化は従来までの行政と私人との間の紙面を媒体とした接触に大きな変革を迫るものであり，その意味で税務行政は再編され，そうした社会的変化に適合する必要性が認められる。それ故，税務行政を規律する法たる税務行政法も改革を迫られることは言うまでもない。

　しかし，そうした税務行政法の変革が憲法に違反するものであるとは即断することはできず（それは暴論であろう），むしろ技術の発展を通じた行政電子化の展開を歓迎すべきであると考える。とりわけ仔細な部分において，法制度設計において重要なことは，正の側面を有する社会的事実の変化によって法制度が改革された際に，発生する負の側面を如何にして新しい法制度がケアをする

第6章　行政電子化の立法政策

かである。行政電子化に伴い発生するのは，①私人のプライバシーの問題，②制度改革に伴うコスト（具体的には，例えば，私人が新しい行政運営に慣れるまでのコストであろう），さらには③技術の欠陥に基く不測の弊害（具体的には，例えば，コンピュータの機能不全によるデータの利用不能であろう）等である。ここでは①の問題は，都合上措くとして，②と③について若干の展望を示しておく。

②については，法改正の際に，私人が新しい法制度に慣れるまでの時間もかかること，旧来の法制度の上で享受してきたメリットが，法改正を通じて最早享受できなくなること等がその代表的な例として挙げられ得る。その際，通常は経過規定の利用により私人の混乱を緩和することが必要である。そして，③については，不測の事態によりデメリットを最小限に抑制するため，不測のデメリットを通じて私人が法的なデメリットを受けないように規律することが重要である。例えば，コンピュータの故障（但し，そうした故障が私人の責めに帰さない，といったような絞りは必要であろう）によるデータの喪失で法定申告期限内に申告を果たせなかった納税者については一律に加算税を課すのではなく，申告期限の延長は勿論，課税庁の担当職員によるケア（コンピュータの修理，緊急時の対応の仕方の指導等）をも法定すべきである。右のような措置は租税法の複雑性に鑑みて決して不合理なものでなく，今後一層その必要性が認められるに至るはずである。加えて，わが国では，申告期限の延長は現行法でも認められ，そして税務職員による納税者の税務相談への対応も既に議論の対象となっている[107]。かつて金子教授がアドバンス・ルーリングの重要性を強調されたが[108]，本章で論じられたように税務職員による納税者の指導は右に指摘した納税者の責めに帰さない不測のデメリットのケアにも及ぼしていくべきであると考える[109]。

　右に見たように，一つの法制度の中では法改正によって生じるメリットとそれ付随して生じるデメリットが相克することがある。仮にデメリットがあまりに大きいと，コスト・ベネフィットの観点からは法改正の意義自体が問われることとなろう。したがって，立法者は発生するデメリットを最小限に抑制する

---

(107)　水野・前掲注(11)56頁以下。さらには，わが国における税務相談の法的性質および判例の展開については，同「税務相談と税務行政指導」日税研論集36巻95頁以下。
(108)　金子宏「財政権力」芦部信喜編『岩波講座　基本法学　権力』（岩波書店，1983年）151頁以下，特に，159頁以下。なお，ドイツにおける事前照会制度については，手塚貴大「租税手続におけつ事前照会——ドイツ租税法における制度と理論，およびその示唆するもの」租税法研究37号45頁以下。
(109)　なお，この点について，米丸・前掲注(5)69頁参照。

措置を採用することを義務付けられており，かかる措置の採用があってはじめて改正後の法制度ははじめて実効的に機能すると思われる。すなわち，一つの法制度の中で様々な要素が有機的に結合してはじめてその法制度が実効的に機能することとなる。右の言明を公準とし，法制度設計・立法を行っていくべきであると筆者は考える。

(3) 補　　足——行政電子化と法令の公布——

本章全体にわたりで検討した税務行政における電子化は，税務行政，ひいては行政法における形式的文書主義を克服するものであった。しかし，事柄はそれに止まらない。本章冒頭でも指摘したように，行政電子化は，様々な局面において現れている。とりわけ，そのことは，行政電子化という言葉の多義性にも現れているといえよう。したがって，本章において，ここで補足として，確かに，本章で論じた税務行政とは直接的には何らの関連性を有しないが，しかし，行政電子化という現象のうち，最も一般的といえる政府関係文書の電子化の問題にも触れておくのが妥当である。

① 法令の公布の意義

具体的には，次の如し。ドイツにおいては，立法学上の問題として，法令公布の意義が論じられた。やや古典的な議論ではあるが，法令は，名宛人に対して認識可能な状況になければならない。そして，通常，人間は紙面に記された文字を通じて法規範を認識するはずである。したがって，法令は紙の上に記載されねばならず，それは周知されねばならない，という要請が生ずることとなる。そして，右の如く，紙を用いれば（文字を理解する能力を有する）あらゆる者は，改廃がない限りは，恒久的に確固として妥当性を有する規範を読み取ることができ，それとともに法的安定性が保障される。そして，同時に，紙を用いて，それを公にすることを通じて，当該紙面に記された自らに適用される法規範を，法的安定性を伴う形で，読み取ることが名宛人にとって可能となるのである。

すなわち，法治国家原則が妥当する以上，みずからが拘束される法規範を認識することは，右の原則を実効化させるための最低限の要請であると言える。まさに，法令の公布には，「法令は一般国民に遵守を共用する強い規範力を持つものであるから，一般に公示しないで効力を生じさせることは法治主義の観念にそむくものとされ，効力発生のための公布という行為が必要と考えられ

る」(110)という意義を認めることができるのである。
　しかし，法令の公布は通常官報によって行われる。それは，勿論，政府が発行する官報に記載されたもののみが法令として妥当するということをも意味するので，官報上の法規範を名宛人は信頼して行為をなすこととなる。すなわち，官報以外に記載された法規範は無視することができるはずである。

②　法令公布の形骸化？
　しかし，現実には，我々が日常的に法規範を認識することを欲する際には，官報を閲覧するであろうか。一部の専門家を除けば，我々は市販の法令集に当たるのがほぼ常態であるといってよいであろう。さらには，法令の条文に直接当たることなく，ある法令の内容を解説した書物を読む，といったことすらも行われ得るであろう。勿論，右の事態は，法令のみを読んで，その意味内容を理解することが一般の私人には困難であるという事情もその原因として想定され得るが，実際には，官報を入手するという習慣もなく（一般の書店では販売していないであろう），市販の法令集のように様々な法令がコンパクトに纏められているわけでもない，といった事情もその大きな原因であると言っても差し支えないと筆者は考える。
　しかし，原則を強調するならば，名宛人は，本来は官報を以って，法令を認識するのが正しいと言えよう。

③　法令公布の手段としてインターネット
　したがって，ここに電子的な媒体で以って法令の公布を行うことの意義が認められ得るのである。すなわち，コンピュータは既に一般の家庭においても相当程度普及しており，家庭の端末から官庁のホームページにアクセスすれば，容易に当該法令にアクセスできる。これは，先の"官報を通じて法令を認識する"という原則を実質的に実現するものである(111)。しかし，検索する法令が如何なる官庁の所管のものであるかが明らかではない場合が多いであろう。したがって，内閣府のホームページ上で法令検索システムを設置することは解決策として便宜であろう(112)。

---

(110)　吉川和宏「法令公布の方法」芦辺信喜他編『憲法判例百選II〔第四版〕』（有斐閣，2000年）448頁。
(111)　その他にも，行政学では，アカウンタビリティーの観点から，それを推奨する見解がある。参照，西尾勝『行政学』（有斐閣，2001年）402頁。
(112)　例えば，その他にも，国税不服審判所においては，採決事例集の公表をしている。http://www.kfs.go.jp/service/index.html がそれである。それとともに，国税不服審判

また，官庁が自らの所管する法令のCD-ROM化を推進し，それを頒布する，ということもあり得るであろう。

　いずれにせよ，現在では，法令の公布・認識のための手段に係る理念と現実との乖離が大きいといえる。勿論，理念を強調しつつ，同時に理念を現実に適合させる作業も必要である。したがって，現在でも実務上既に行われているが，法令の公布を官報および電子的媒体を二元的に行われることの意義は極めて大きいといえるであろう。

　今後は，電子的媒体を用いた法令の公布のセキュリティー確保が大きな問題となるであろうが，これは別途詳細な検討を要するはずであるため，ここでは触れない。

5　補論①——コンピュータを通じた賦課処分等——

(1)　税務行政効率化への要請

　わが国でも，行政作用の効率性は殊に最近は求められている。実務上[113]も学説上[114]もそうである。こうした行政作用の効率性は特に執行面で求められることとなる。例えば，租税法を例に取ると，納税手続がそうであろう。納税手続に含まれる法制度は多い。主たるものを挙げるとすれば，一つは，申告納税方式，二には，納税者の情報管理，三に，税務調査（Außenprüfung）および事後調査（Nachprüfung）[115]，四に，罰則であろう。

　まず，議論のポイントを明らかにするために，申告納税制度を例として論を展開する。わが国では納税方式として主として申告納税方式が採用されている。その意義は，凡そ「納税義務の確定につき，納税者が自己の課税標準や納付すべき税額を計算し，納税申告書といわれる所定の書式に必要事項を記載し，それを税務官庁に提出する納税義務の確定のための手続」であり，かつ「右の申告を通じて第一次的に税額が確定する手続」である[116]。申告納税方式は，わが国が第二次世界大戦前に賦課課税方式を採用していたのとは反対に，戦後の

　　　所へのアプローチは容易になろう。
(113)　例えば，中央省庁等改革基本法29条，同32条，政策評価法等。
(114)　大橋洋一『行政法——現代行政過程論〔第二版〕』（有斐閣，2004年）45頁。
(115)　事後調査とは，納税者の申告に基いて税額を確定するに際し，その申告内容の真偽を判断し，後に更正処分等を行うベースとなる調査活動である。
(116)　金子宏他編『租税法講座3　租税行政法』（ぎょうせい，1975年）8頁（園部逸夫執筆），さらには，畠山武道／渡辺充『新版　租税法』（青林書院，2000年）295，296頁。

第6章　行政電子化の立法政策

民主主義体制の採用に伴い，税制の面でもそれを反映させようとの意図のもと，採用されたのであった[117]。さらに，これを通じて，国民自らが納税者意識を高め，自らに課される税を自ら納めるという環境を作り出し[118]，脱税や租税回避を行わないようにすることも企図されていた。しかし，実際に納税者意識の向上等の目標が達成されたか否かという論点は措くとして，申告納税方式が，徴税組織の側から見て，一定の行政コスト削減効果を有していたことは指摘できるであろう[119]。納税者は自らの経済活動を通じて稼得された所得について所得税を課される。課税を行うためにはそうした所得を生み出すベースとなっている経済活動を把握する必要があるが，そうした経済活動は，行った本人が最もよく知っている[120]。もし，納税者が自らの経済活動の記録を課税庁に進んですべて明らかにするならば課税の漏れはありえない。右の事情の許では，申告納税方式は，課税庁が納税者の提出する書類（青色申告を想起されたい）に基づいて課税をすればよいこととなり，課税庁自らが納税者の経済活動を逐一把握する必要はないこととなる。これは，納税者の数が戦後になって莫大な数に増大したことに鑑みて，大きな行政上のメリットをもたらすこととなる。よって，申告納税方式の理想的な実現は，行政コストの削減，さらには平等課税の実現という大きなメリット生むであろう[121]。

　以上のように，徴税方式の構築の帰結は，実体的な法効果を生み出す。よって，目下，手続法上の問題は，租税法体系の実効性自体に大きな影響を及ぼすことが明らかとなった。もし，手続法に問題点があるならば，それを，本章の視角から言えば，効率的に改める必要性が認識されねばならない。

　さて，ドイツの事情はどうであろうか。ドイツでは現在においても賦課課税方式を採用している。それとともに，行政コストの肥大化が指摘され，これを課税手続を改革しようと提言する論者が出現している。その根拠は，やはり行

---

(117)　金子・前掲注(10)743頁，同編・前掲注(116)11頁（園部逸夫執筆）。
(118)　畠山／渡辺・前掲注(116)295頁。
(119)　金子編・前掲注(116)11頁以下（園部逸夫執筆）。
(120)　Tipke, Klaus, Die Steuerrechtsornung Bd. III 2. Aufl., Köln 2012, S.1419.
(121)　しかし，例えば，給与所得者に実額控除と確定申告との選択適用を認めると，仮に申告納税制度が民主的租税制度の観点から望ましいとしても，課税庁に大きな負担をもたらす可能性がある。参照，金子宏「所得税制の構造改革——少子・高齢化社会と各種控除の見直し」ジュリスト1260号235頁以下，特に239頁。したがって，申告納税制度を設けることのみによって制度設計の理想的形態が実現されると考えるのは早計である。

236

政のキャパシティーに係る限界から導出される効率的な行政運営への要請である。すなわち，わが国でも申告納税方式の持つメリットたる行政コストの削減が求められている。その中でも，Klaus Tipke 教授は，例えば，「もし，課税庁が実際にあらゆるケースにつき慎重な調査をするのであれば，あっという間に財政危機が現れる」と述べておられる[122]。さらに，Roman Seer 教授は，次のように言う。曰く「もし，課税庁が納税申告を通じて明らかにされた利益につき確信を得ようとするならば，課税庁は一つの賦課期間に係るあらゆる取引を調査しなければならない。そうした右のことは，望むべくもない冒険であり，単なる不可能というものである。所得税の申告の平均的なものは，あまりに多くの徴税に係る事実を含んでいるゆえ，課税庁はそのうちのすべてについて確信を得ることはできない。毎年繰り返される無数の事務処理を直視して，個別ケースを慎重に調査することと，全体すなわち個々のケースの総体の執行を確実に行うこととの間に係る目的についての相克の中に課税庁は永久に存在する。行政の資源は有限であるという現実の与件の許で，法適合性の原則および法適用の平等という原則は，全体としてみた執行が実際に可能であるように，それぞれの個別ケースについての調査を行わしめる」と[123]。すなわち，Seer 教授によると，賦課課税方式は，納税者が行う課税標準申告をあくまでも課税処分（納税義務の確定）を行うための一資料として位置付けているのであり，右の申告内容の真実性は自らが行う調査により明らかにする建前が採用されている[124]。しかし，右のような制度の運用を行うと，納税者の数が莫大である今日，個々の納税者の税額を，右納税者に係るあらゆる事項を把握した上で課税処分を行うことは，行政の資源が有限であることに鑑みても無理である。そこで，申告納税方式の前提である「納税者の申告によって税額が確定する，すなわち，原則として申告内容をベースとして税額が確定する」というシステムが採用されざるを得ない[125]。それが，有限な行政資源を効率的に配分するこ

---

(122) Tipke, in:Tipke/Kruse（Hrsg.），AO（Fn.31），§88 Tz.27.
(123) Seer, Roman, Reform des Veranlagungsverfahrens, StuW 2003, 40ff., 41f.
(124) 詳しくは，参照，Seer, Roman, Besteuerungsverfahren:Rechtsvergleich USA-Deutschland, Heidelberg 2002, Rz.1.
(125) Seer, Besteuerungsverfahren（Fn.124），Rz.2. 同様の問題意識として，参照，Kruse, Heinrich Wilhelm, Zwei Steuerrechtsprobleme bis zum Jahr 2000, FR 1995, 525ff.;Rittler, Thomas, Die Sachverhaltsermittlung im System der Besteuerungsgrundsätze——Stellungnahme zur neueren Verwaltungsanweisung zu §88 AO, DB 1987, 2331ff., 2332;Schwarze, Jürgen, Administrative Leistungsfähigkeit als

第 6 章　行政電子化の立法政策

とに繋がるであろう。

　なお，Seer 教授は，文脈から推察するに，申告納税方式そのものへの移行というよりは，申告納税方式の許で看取されるような運用を行うという見解を採用されていると思われる[126]。よって，納税者の申告により一次的に税額が確定するわけではなく，さらに依然として賦課処分が税額の確定に介在することとなろう。

　したがって，ドイツにおいても筆者が先に述べたような手続法改革という問題意識が共有されていると考えられる[127]。すなわち，Seer 教授は凡そ"あらゆる名宛人が法規範に服することが重要であり，それを通じてはじめて法は妥当性を有する"という Henkel 教授[128]および Tipke 教授[129]の言明を引用され，実体法の実効性を十分にするための手続法が持つ重要な意義を強調しておられる（なお，Eckhoff 教授は，その教授資格論文において，手続法に係る参照領域[130]

　　　　verwaltungsrechtliches Problem, DÖV 1980, 581ff., 593.
(126)　Ahrens, Susanne/Sibylle Nagel, Selbstveranlagung, ein Instrument zur Verwaltungsvereinfachung und zur Steigerung der Effizienz der Steuerverwaltung?――Vortrag- und Diskussionsveranstaltung vom 4. 12. 2001 in der Bundesfinanzakademie des Bundesfinanzministeriums in Brühl anläßlich ihres 50jährigen Bestehens――, FR 2002, 261ff, 268.
(127)　ドイツにおいても，租税法改革に係る諸提案はなされてきた。例えば，Lang 教授による一連の業績，Lang, Joachim, Entwurf eines Steuergesetzbuchs, Bonn 1993;ders., Die gerechte und einfache Einkommensteuer:, Köln 1987;ders., Reformentwurf des Einkommensteuergesetzes, Köln 1985 等が代表的である。その他にも，近時では Kirchhof, Paul usw., Karlsruher Entwurf zur Reform des Einkommensteuergesetzes, Heidelberg 2001 を挙げることができる。
(128)　Henkel, Wilhelm, Einführung in die Rechtsphilosophie 2.Aufl., 1977, S.117f., S.545.
(129)　Tipke, Klaus, Besteuerungsmoral und Steuermoral, Wiesbaden 2000, S.54ff. Tipke 教授の論述を要約すると次のとおり。租税法における平等の実現は実体法の平等のみでなく，手続法が平等に適用されることによってはじめて実現され得る，と。Tipke 教授はいわゆる利子判決（Zinsurteil. 参照，BVerfG-Urt. v. 27. 6. 1991 ――2BvR 1493/89――, BVerfGE 84, 239ff.）を挙げ，凡そ"納税者は自己の申告行為によって租税に対する誠実さ（Steuerrhrlichkeit）を身につけることが出来，そして，課税庁もそれを十分な，かつ平等を保障する手段で以って援助する義務がある。申告行為には何らかの認証が必要である。租税行政手続法の執行が租税債権の充足を阻むのであれば，かかる規律は違憲である"という箇所を引用しておられる。なお，Tipke 教授が当該箇所で引用する Isensee 教授も同様に述べておられる。参照，Isensee, Josef, Vom Beruf unserer Zeit für Steuervereinfachung, StuW 1994, 3ff., 9.
(130)　いわゆる参照領域論について，参照，Schmidt-Aßmann, Eberhard, Verwaltungsrecht als Ordnungsidee, Heidelberg 1998, S.8ff.;ders., Zur Reform des Allgemainen

238

として所得税法の領域を挙げておられる[131]。右の意味でも手続法が有する法の実効性に対する影響の大きさを確認することができる)[132]。

したがって、まず、租税手続における賦課手続を概観し、課税庁により賦課処分がなされる際の、各個別納税義務者に係る所得税課税標準申告書の内容を調査するときに、課税庁の資源の有限性に鑑みて、効率的なそれが求められ、右の調査作業をコンピュータをの導入を以って効率化する、という制度が採用され、同時にそれに係る改革案が提示されており（現行制度、そしてかかる提案は、少なくとも前者については行政立法という形式で規律されている。したがって、行政庁による政策形成がここでは問題となる）、それについての若干の検討を行うこととしたい。なお、右の事情は本章では直接検討しないが税務調査の際の被調査者の選定に当てはまる。

右の諸事項について、税務行政におけるコンピュータの導入は最早避けられないが、その導入如何によって憲法問題を生じさせる余地があるかもしれないので、その点で、制度構築のありようは検討の意義を持つと思われる。

(2) コンピュータを通じた賦課処分とその周辺問題
① ドイツにおける課税手続の概要とその周辺[133]

ドイツにおいては、賦課課税方式が採用されており、わが国とは異なり、納税義務者が行う納税申告により第一次的に税額が確定するのではなく、課税庁のなす賦課処分を通じて税額が確定される。しかし、納税義務者が右の賦課処分がなされる際に、何らのコミットをもなさないわけではなく、課税標準申告

Verwaltungsrecht –Reformbedarf und Reformansätze–, in: Hoffmann-Riem, Wolfgang/ Eberhard Schmidt-Aßmann/Gunnar Folke Schuppert (Hrsg.), Reform des Allgemeinen Verwaltungsrechts, Baden-Baden, S.14ff. さらに邦語文献として、参照、大橋・前掲注(114)14頁、同「新世紀の行政法理論――行政過程論を越えて――」小早川光郎他編『行政法の発展と変革・上　塩野宏先生古稀記念』（有斐閣、2001年）107頁以下、特に120頁以下。

(131) Eckhoff, Rolf, Rechtsanwendungsgleichheit im Steuerrecht:Die Verantwortung des Gesetzgebers für einen gleichmäßigen Vollzug des Einkommensteuerrechts, Köln 1999, S.408ff.

(132) 参照、Seer (Fn.123), StuW 2003, 41. また、手続法の改革の必要性を説くものとして、参照、Eckhoff, Rolf, Vom konfrontativen zum koooperativen Steuerrecht, StuW 1996, 107ff., 108.

(133) 以下のドイツ租税手続法制度の概要に係る叙述につき、参照、Seer, in:Tipke/ Lang (Hrsg.), Steuerrecht (Fn.37), §22;Birk, Steuerrecht (Fn.45), §5.

第6章　行政電子化の立法政策

書の提出が義務付けられている。

　課税標準申告書は，原則として，租税債務が発生した年度の終了時点より5ヶ月以内に課税庁に提出されねばならない。そして，課税庁の賦課処分の除斥期間（Festsetzungsverjährung）は右の5ヶ月を経過した時点で進行を開始するのが原則であるが，一定の税目については，課税標準申告書が提出された年度の終了時点で開始することもある。所得税および法人税は，その一例である。そして，課税庁による賦課処分の行使は右の除斥期間の開始の時点より，原則として4年であるが，その際，納税義務者によって租税回避あるいは脱税がなされた場合には，10年とされている。

　また，納税義務者は課税標準申告書を法定の期限までに課税庁に対して提出しない場合（期限を過ぎて提出した場合，または，まったく提出しない場合の双方が含まれる）には，遅延申告加算税（Verspätungszuschlag）が課される。右の加算税は，課税標準申告書の提出義務の履行を促す制裁措置（Drucksmittel）であるが，決して刑罰ではない。そして，それは，課税庁の裁量に基づき賦課が決定される。額の上限は，最終的に確定される税額の10パーセントまたは25000ユーロのいずれか，である。

　なお，わが国において見られる過少申告加算税はドイツにおいては規律されていない。これは，賦課課税方式の性質上，納税義務者のする申告によって税額が第一次的に確定するのでなく，あくまで課税庁が行う賦課処分のための一資料であるから，申告が仮に過少であっても，申告納税制度の許におけるほど重要な資料の欠陥ではないと考えられているのかもしれない。

　そして，確定された租税債務が，課税庁によって，行使されうる期間，租税債権の時効（Zahlungsverjährung）が問題となるが，5年である。そして，かかる時効は，租税債務が満期になった時点（fällig）から進行する。租税債務が満期となる時点は，賦課処分を通じて，租税債務が確定された時点の一ヶ月後である。納税義務者は右の時点までに自己に係る租税債務を納付しなければならない。

　納税義務者に係る事実関係を課税庁は把握する。その際，幾通りかの手段が存在する。そのいずれかを以って，右の事実関係が明らかにされ，そして課税のベースとされねばならない。右の如く事実関係が十分に把握されてはじめて平等課税が実現するので，課税庁による事実関係の把握は極めて重要な行政作用である。

　しかし，課税庁による納税義務者に係る事実関係の把握は，納税義務者の自

由に対する侵害である。したがって，それは法律の留保に服することは言うまでもない。すなわち，法85条2項によると，課税庁は法律に基づいて課税をなさねばならず，不当にそれを減免することは許されない。そして，課税庁は，職権で，事実関係を明らかにする義務を負う（職権探知主義。法88条）。

そして，事実関係を課税庁が明らかにするために，納税義務者はいくつかの義務を負う。例えば，情報提供義務（法93，97，100条），資料提出義務（法134条以下），記帳義務（法140条以下），課税標準申告義務（法149条以下），協力義務・受忍義務（法200，208，211条以下）。

また，ドイツにおいて，しばしば議論されるのが，課税庁がどの程度の心証を以って，はじめて賦課処分をなしうるのか，である。言い換えると，課税庁は賦課処分を行う前に諸々の人証・物証をベースとして特定の納税義務者に賦課処分をなすか否かを決定する。その際の，証拠の評価が問題である。Tipke教授の整理によると，課税庁は，自由な，かつ手続全体から得られる確信に基づいて，賦課処分をなすという[134]。それは，ドイツ財政裁判所法96条1項1文から類推される。

さらに，問題となるのは，税務行政手続における主張・立証責任である。所論によると，立証責任，その中でも，客観的立証責任が問題である。何故なら，賦課処分をなすか否か，という課税庁による意思決定は，当該事案が課税庁により調査・検討される以上，必ず賦課処分を行うか否か，が決定されねばならないからである。さて，この点，課税庁による事実関係の解明の範囲は，個々のケースごとに異なる。すなわち，必要に応じて，解明の程度が異なるということである。なお，右の課税庁の事実関係には納税義務者も共同で責任を負う。これが，先に指摘した協力義務と関係している（協働原則。Kooperationsgrundsatz）。したがって，仮に，納税義務者が非協力的な態度を見せる場合には，課税庁の事実関係解明義務も減少する。何故なら，事実関係の解明は納税義務者の協力があってはじめて可能となると考えられているからである。

なお，事案解明が十分になされないことが，納税義務者の協力義務違反に因らない場合，①納税義務を根拠付ける事実関係を解明できないことは課税庁の不利に作用し，②納税義務を根拠付けない，または納税義務を減少させる事実関係を解明できないことは，納税義務者の不利に作用する。

また，税務行政手続においては，その関係者に対して不利益的な行政行為が

---

[134] Tipke, StRO Ⅲ (Fn.120), S.1488.

第6章　行政電子化の立法政策

発せられる場合には，原則として，聴聞の機会（Recht auf Gehör）が与えられねばならない（法91条1項。例外は，同2項）。その際，当該関係者は，右の不利益的処分が課税庁によりなされるか否かの判断について，重要な事実を述べることとなる。

②　課税標準申告書の内容に係るチェックのコンピュータ化

では，課税標準申告書の内容をコンピュータによってチェックする方法について検討することとする。

(i)　制度の概要

現在のドイツにおいては，以下に述べるような賦課処分手続が妥当している[135]。勿論，納税者は納税申告のベースとなる書類を課税庁に提出する。そこで，課税庁は納税者の申告の内容が真実であるか否かを確認する必要がある。このとき，課税庁は，三パターンに分けた対応を行う。一に，通常のケース，二に，集中的に処理するケース（intensive zu bearbeitende Fälle，通称Iケース），三に，簡略に扱うケース（einfach zu bearbeitende Fälle，通称Eケース）がそれである。問題になるのは，後二者である。Iケースでは，申告書の記載事項につき，課税庁は詳細な検討を行う。そして，逆にEケースについては，極めて簡略なチェックしか行わない。そして通常のケースはその中間である[136]。では，如何なる納税者がIケースに分類されるのであろうか。それは高所得者であるとされる。申告所得額が200.000ユーロ超，または純損失が100.000ユーロ超である場合には100パーセント，申告所得額が150.000ユーロ超の場合には40パーセント，同じく100.000ユーロ超の場合には10パーセント，75.000ユーロ超の場合には5パーセント，そして75.000ユーロ未満，または純損失が100.000ユーロ未満の場合には0.3パーセントが調査の対象にな

---

(135)　基本的には，BStBl. I 1996, 1391; BStBl. I 1981, 270を参照。また，その概要については，参照，Hoffmann, Ralph, Neue Grundsätze für die Arbeitsweise in den Veranlagungsstellen der Finanzämter（GNOFÄ），DStR 1997, 1189ff. また，参照，Seer（Fn.121），StuW 2003, 42;Kruse（Fn.125），FR 1995, 526.

(136)　なお，通常のケースについては申告書記載の内容が納得のいくものであり（schlüssig），かつ信頼できるものである（glaubhaft）場合には，申告書記載事実に基く税額が確定する。納得がいくものである場合とは，申告書記載の事実が，所定の法律効果を発生させるものであり，かつ右事実が明らかに納得がいかないものでない場合を指す。そして，信頼できるものである場合とは，申告書記載の事実が極めて高い蓋然性を持って存在する場合を指す。そのことは，申告書に添付されている書類を通じて明らかにされる。以上につき，参照，Seer（Fn.123），StuW 2003, 42.

242

る(137)。これは，紛れもなく申告所得額（Einkünftskennzahlen）を基準として申告書記載事実に係る調査の実行に差異が生じていることを示している。

(ii) コンピュータを用いた賦課課税制度の運用上のメリット

まず，申告納税制度の許におけるように，納税義務者のなす申告書の内容に極めて大きな重要性を認める場合について検討する。納税義務の確定について，賦課課税方式の許では，課税庁が納税者によって提出された書類をベースとして賦課処分を行い，右処分により具体的な納税額が確定する。しかし，賦課処分を行うに際して，課税庁が納税者により提出された書類について，その内容上の不実を理由として書類に記載された数値から計算される税額よりも大きい税額を確定するに際しては，課税庁の立証責任が極めて重くなり，税務行政の円滑な執行に支障をきたす恐れが指摘されていたのである。加えて，わが国の申告納税制度の採用の背景となった事実として指摘されるところであるが[138]，ドイツにおいても，納税者は自らの経済活動について最もよく知るのであるから，そうした者に自己の経済活動の成果を課税庁に申告させるのが合理的であることも認識され始めている(139)。

以上のことから，納税義務者は，最早，賦課課税方式の許におけるように，課税庁による税額確定のための補助者，協力義務者とは位置付けられない。むしろ，納税義務者は，税額確定手続の主体（Verfahrenssubjekt）である(140)とされているのである。それは，右手続に積極的に参加する権利を有する者として位置付けられる。無論，依然として，かかる手続に参加して自らの納税義務の具体的中身を明らかにする義務を負うという点も見逃されてはならない。なお，Kirchhof教授により，申告納税制度は実体法および申告事務（申告用紙等）の簡素化により実現されうるものであると主張されている(141)。

(iii) コンピュータを用いた賦課課税制度の運用上のデメリット

その反対に，右の立場とは異なる立場に立つ見解を見てみよう。右の如きコンピュータを利用するという提案は，確かに，一定の行政資源の効率的運用を

---

(137) 以上の数値につき，参照，Seer（Fn.123），StuW 2003, 42f. m.w.N.
(138) 注(114)の文献を参照。
(139) Tipke, StRO Ⅲ（Fn.120），S.1419.
(140) Seer（Fn.121），StuW 2003,
(141) Kirchhof Paul usw., Karlsruher Entwurf zu Reform des Einkommensteuergesetzes, Heidelberg 2001, S.52.

第6章　行政電子化の立法政策

　可能にすることは明らかである(142)。しかし，何らかの問題点も付着するであろう。それは，批判として認識する必要がある。それを Eckhoff 教授による論述に従って検証してみる。Eckhoff 教授は，申告納税方式の運用を通じて納税義務者の自由権の侵害が生じ，そして複雑難解な租税法を私人たる納税義務者に解釈させることの負担・コストがあまりに高くなることを批判しておられる(143)。これは，いわゆるタックス・コンプライアンスに着目した批判であると思われる(144)。

　私見によると，さらに，次の様な批判もありうるであろう。賦課課税方式の許では，納税義務者から提出された書類について，その記載事項につき課税庁が検討した上で税額を確定する処分を行うのが通常である。その際，記載事項の調査につき大きな資源を割り当てねばならない。確かに，申告納税方式の許では，その反対に，記載事項につき納税義務者の記載内容を一応ベースとして税額が確定されるため，調査に当てられる資源は，一見，賦課課税方式と比べて少ないようにも思われる。しかし，課税庁が，申告内容を鵜呑みにできないことは実際上明らかである。したがって，何らかの調査が必要となることは間違いない。例えば，前数年間の申告内容を調査し，奇異な点を明らかにすること，事業所得については，同業他社と比較して検討すること等，様々な活動が予想され得る。そうした点に鑑みれば，賦課課税方式と比べて必要とされる行政資源は決して少ないとは言えないと思われる。申告納税方式に範を求めることを以って，税務行政の効率化，資源の節約を目指そうとするのであれば，何

---

(142) Hoffmann 氏は，本文の如く，コンピュータの導入によって複雑なケースであっても処理することが可能で，将来的には，E ケースであっても，コンピュータの導入によって処理速度が速まることが期待されうる，という。以上につき，参照，Hoffmann (Fn.135), DStR 1997, 1194. さらに，Hoffmann 氏と同旨として，参照，Jenetzky, Johannes, Die Misere der Steuerveraltung:Über die Wirklichkeit der Steuerrechtsanwendung durch die Steuerbehörden, StuW 1982, 273ff., 277. また，Eckhoff 教授の指摘にもあるように，行政の許での資源の有限性に鑑みてやむを得ないとも考えられうる。参照，Eckhoff (Fn.129), StuW 1996, 121f.

(143) Eckhoff, Rechtsanwendungsgleichheit (Fn.131), S.469. また，参照，Schick, Walter, Außen (Betriebs-) Prüfung, Effizienz und Rechtsstaat, BB 1986, 137ff., 140.

(144) なお，わが国でも，タックス・コンプライアンスコストは，従来より，問題となっている。例えば，貝塚啓明教授は，日本，アメリカの税務執行の場面におけるタックス・コンプライアンスコストの試算に言及されている。それによると，場合によっては，タックス・コンプライアンスコストは税収の一割にも及ぶことがある。参照，貝塚啓明「所得税」日税研論集 3 号 7 頁。

らかの運用上の工夫がなされてしかるべきであろう。おそらく，前に述べた，Ⅰケース，Eケース，通常のケースと三分類を行った運用の形態は，この点を企図したものと思われる。

しかし，そうした，極端ともとれる類型化は許容されるのであろうか。すなわち，そうした類型化された法執行は，平等課税の原則と適合するのであろうか，という疑問が当然提起される。

具体的に，次の問題提起をベースとして検討してみよう。何故，高所得者のみが，大概においてⅠケースに分類されるのであろうか。言い換えると，場合によっては中低所得者も，の申告額を故意に低くすることは十二分にありうるのではないか。この点が，問題となろう。そもそも申告所得の額の真実性如何は，申告所得額そのものには関わりなく，ただ，例えば，典型的には，同業他社等と比較してあまりに所得額が低額である場合には，そこに脱税あるいは租税回避がなされた蓋然性が認められるというのが通常であろう。しかし，前叙の制度を見るならば，高所得者は，一般的に税理士に会計処理を依頼すること，所得を低く申告する動機付けが，低所得者よりも大きいと考えられること等を根拠に，高所得者はⅠケースに分類されるのであろう。こうした法の執行，税務手続の進行は，確かに，申告書を詳しく調査する対象を選択する際の基準が所得の絶対額という画一的なものであるため，簡略な法の執行を期待でき，まさに，税務行政の人的，物的キャパシティーを斟酌したものであるとも言い得る。しかし，これは，あまりにも実体的真実を犠牲にして，簡素な法の執行を企図したものということすらできよう[145]。

(iv) まとめ——制度構築の指針——

ここでは，主としてコンピュータを用いた申告書内容の調査に係るメリットとデメリットに係る諸説が論証されたが，それらを検討してみよう。

一に，納税義務者の納税意識向上が挙げられよう。すなわち，自らが積極的に自らの税額を課税庁に対して明らかにするということは，納税義務者が自らの経済活動に係る租税を自らの責任において納付することに繋がる。自らが進んで納税申告を行うことを以って，本来的な納税スタイルと観念される。これについては，わが国でも同じことが指摘される。

---

(145) なお，Tipke教授は，所得額ではなく，個々の案件における"調査の必要性"によって課税庁の調査の是非を決定するべきである，としておられる。参照，Tipke, Klaus, Das Dilemma der Finanzverwaltung:Zeitnahe oder gesetzmäßig- gleichmäßige Besteuerung, StWa 1994, 221ff., 223.

第6章　行政電子化の立法政策

二に，筆者が指摘した如き法制度およびその運用が法的に見て如何に評価されるか，を論ずる必要がある。まず，ドイツにおけるここ数年で課税庁の人的資源の削減，事務処理量の増加，という現象に鑑みて，右に述べた制度構築もやむを得ない，とする立場もありえよう[146]。しかし，右の根拠だけでは法的論証としては不十分である。この点，Seer教授の整理[147]によると，法律の執行を①個別案件の処理という視点，②執行作用全体という視点というように分けて論ずる必要があるという。前者について，平等課税の原則に形式的に拘泥すると，わずかな案件に有限の資源が過剰に投入されてしまい，その他の案件，ひいては全体としての執行作用が極めて不十分なものになってしまい，妥当でない，とされる。すなわち，個別の案件のみに課税庁という公権力が介入することとなり，当該納税義務者の自由権に過重な負担を課すこととなり，また，かかる課税のありようは恣意的な課税である，ということとなる[148]。したがって，平等課税，課税の法適合性の原則，そしてある特定の納税義務者に対して，つまり個別の案件について過剰な調査がなされることに反作用を効かす自由権という三者を相互に調整し，最適な形で実現させる，ということが求められる[149]。しかし，課税庁の個々の案件についての調査が，あまり詳細でなくなる，不十分となる，ということを納税義務者が感知すると，納税義務者は課税標準申告書の内容を真実と異なって作成するかも知れず，その点で，納税義務者の協力（誠実な租税法上の義務の履行）が必要不可欠となるところ，大きな制度執行の欠陥が生ずるおそれもある[150]。したがって，コンピュータを通じた各納税義務者の属性に着目した結果なされる調査と並んで，適宜課税庁が何らかの基準（ランダムに調査をなす，あるいは所得額，風評等を契機とすること

---

(146)　Neckels, Peter, Über die Mitverantwortung des Exektive:Eine unkonventionelle Betrachtung zur Misere des duetschen Steuerwesens und zu Möglichkeiten ihrer Überwindung, StWa 1993, 61ff., 62;Egge, Hinnerk, Lage der Steuerverwaltung und Folgerungen, StuW 1994, 272ff., 273.

(147)　以下の叙述について，参照，Seer, Roman, Möglichkeit und Grenzen eines "maßvollen" Gesetzesvollzugs durch die Steuerverwaltung, FR 1997, 553ff., 557ff.

(148)　参照，Pelka, Jürgen, Zum maßvollen Gesetzesvollzug, DB 1996, 699ff., 700. 特に，租税通則法163条，同277条にも注意されたい。

(149)　Seer（Fn.147), FR 1997, 557;ders., Verständigung im Steuerverfahren, Köln 1996, S.296;Spitaler, Armin, Der maßvolle Gesetzesvollzug im Steuerrecht, StbJb 1961/62, S.461ff., 462f., 472;Häberle Peter, Effizienz und Verfassung, AÖR Bd.98, 625ff., 631.

(150)　Seer（Fn.147), FR 1997, 559.

がありうる）に基づいて調査を補充的に行う必要がある[151]。

　以上の検討から，課税庁の有限の資源を各案件に割り振ること（いわゆる経済的法律執行（öknomischer Gesetzesvollzug）），特定の個別の案件にのみ課税庁が調査等を行わないような法執行（いわゆる抑制的法律執行（maßvoller Gesetzesvollzug））[152]が正当化されるのである。これは，相対的平等の実現を意味する[153]。

　また，三に，その反対として，消極的な側面として，課税庁のコスト削減効果は第一次的に挙げられ得るメリットとは思われない。何故ならば，Seer教授の論述から明らかなように，課税庁は納税者の申告内容を鵜呑みにするわけではないからである。課税庁は，いかなる場合においても，原則として，申告書の内容を検討することが求められる[154]（すなわち，"完全な真実性の確信（volle Wahrheitsberzeugung）"が必要であるとされるが[155]，しかし，実務上右の如き運用はなされていない。かかる運用をなすと，課税庁は先にも指摘した人的・物的資源の有限性により，事実上わずかな案件しか処理できない[156][157]）。加えて，

---

(151)　Schick (Fn.143), DB 1986, 140f.
(152)　Pelka (Fn.148), DB 1996, 699;Arndt, Hans-Wolfgang, Praktikabilität und Effizienz:Zur Problematik gesetzesvereinfachenden Verwaltungsvollzuges und der "Effektuierung" subjektiver Rechte, Köln 1983, S.82f., S.94;Lohmann, Hans Henning, Die Praktikabilität des Gesetzesvollzug als Auslegungstopos im Verwaltungsrecht, AÖR Bd.100, 413ff., 426f.
(153)　Seer (Fn.147), FR 1997, 557.
(154)　Lambrecht, Claus, Normative Bindung und Sachverhaltserfassung, in:Friauf, Karl Heinrich (Hrsg.), Steuerrecht und Verfassungsrecht, Köln 1989, S.79ff., S.81.
(155)　Osterloh, Lerke, Gesetzesbindung und Typisierungsspielräume bei der Anwendung der Steuergesetze, Baden-Baden 1992, S.221.
(156)　Seer (Fn.147), FR 1997, 556f. また，右の確信は，訴訟法上裁判官が事案について裁断をなす際の確信と同じであるとされるが，訴訟の場面では，訴訟物，当事者の訴訟行為等を通じて争点が相当程度明確になるので，課税庁のなす事実関係解明活動ほどの負担を裁判所に課すことにはならない，ともされる。参照，Seer (Fn.147), FR 1997, 556. また，訴訟法上の規律に係る詳細は，参照，Seer, Roman, Der Einsatz von Prüfungsbeamten durch durch das Finanzgericht:Zulässigkeit und Grenzen der Delegation richterlicher Sachaufklärung auf nichtrichterliche Personen, Berlin 1993, S.73ff.;Martin, Suse, Wechselwirkungen zwischen Mitwirkungspflichten und Untersuchungspflicht im finanzgerichtlichen Verfahren, BB 1986, 1021.
(157)　また，課税庁は事実関係の職権調査が可能であるが，その際，心証の程度とは別に，如何なる事実関係が課税にとって必要であるかを識別する際の基準は課税庁の裁量の許にある，と解されている。参照，Osterloh, Gesetzesbindung (Fn.155), S.224.

第6章　行政電子化の立法政策

既に5(2)②(i)で述べたように，制度の運用の流れにおいて，課税庁は納税額の大きい納税者について申告書の内容を精査するのであって，言うなれば，申告額に比例して，申告書記載内容の検討の密度が上がっていく。これは，制度の運用に係る便宜のために構築された運用指針であって，絶対的な運営指針ではない。

　四に，以上のような平等原則違反とも観念されうる運用形態は，本来あるべき姿とはいえないであろう。よって，申告納税方式の経験をドイツよりも多く有するわが国でも，当所は，納税意識を高めることにその主眼が置かれていたのであり，税務行政の効率化という効果に過大な期待を持つことはできないのではないか。したがって，申告段階よりも別の箇所で，所得の把握を確実にする制度も同時に構築されるべきである。その意味で，法30条（租税秘密）の改正も議論される必要がある。また，申告内容自体の正しさを担保するためには，納税義務者の積極的な協力が欠かせないところ，納税義務者による税理士の積極的活用，課税庁による広報活動，納税義務者からの税務相談に対する誠実な対応等が求められる（いわゆる"公私協働"。さらに，租税実体法の複雑化もあって，法の意味内容が必ずしも納税義務者に独力で明らかにできない状況がある。したがって，課税庁が納税義務者の税務相談に応じるべきともいえる（法89条）[158]）。なお，チェック方式自体のさらなる改善が求められることは言うまでもなく，実例がいくつか存在する[159][160]。

---

(158)　Eckhoff（Fn.129），StuW 1996, 110.
(159)　ドイツにおいては，申告内容のチェック方法を改革することが企図され，そのうちの一部を以下に挙げておく。最終的にリスク・インディケーターを決定し，その高さでチェックをするか否かが決定される。問題は，右のリスク・インディケーターを如何にして計算するかである。所論によると以下の如し。

　　まず，二つの基本要素が確定される。一に，税収喪失（Schadensintensität, 通称 I)，二に，税収喪失のポテンシャル（Schadenseintritswahrscheinlichkeit, 通称 W）である。そして，I は所得額であり，P1 とする。W は二つの構成要素に分けられる。抽象的ファクター（Abstrakte Faktoren）として，所得の類型，その必要経費，現金取引，税理士の有無，税理士の信頼性，Existenzgründer 等が挙げられている。これらの指標の合計を P2 とする。そして，租税生活（Steuervita），すなわち，納税者の租税法と関連する行動として，納税申告，予納，期限後納付，執行，記帳の適正性，税務調査の回数等が挙げられている。これらの指標の合計を，同じく，P3 とする。最後に，I と W のウェイト付けをして，その和がリスク・インディケーターとなる。Schmarbeck によって I が30パーセント，W が70パーセントとされている。したがって，式は "$R = I + W = 0.3 \times P1 + 0.7 \times (P2 + P3)$" になる。なお，各賦課期間の最初の時点で，課税庁が，チェックを行うべき R の値の下限を決定するものとされる。これに並行する形で，リスク・イ

ンディケーターと関係のない，本章(1)で論述されたドイツで目下行われているチェック方式が実施される。以上につき，参照，Seer（Fn.123），StuW 2003, 49f.
(160) オランダにおいては，アメリカに類似して，納税者に係る様々な要素を総合して事後的なチェックの対象となるケースが選択されている。その要諦は，特に，客観的リスクと主観的リスクをベースとしてチェック対象が選択されていることである。客観的リスクとは，租税法上関連性を有する事実が申告書類に記載されていない，または不十分にしか記載されていないという蓋然性である。そして，主観的リスクとは，当該納税者について租税法上"怪しさ"がないこと（Integrität）である。

特に，議論の対象となっているのは，主観的リスクの決定方法である。特に，事業者のそれが問題となる。Ahrens の Dissertation（Ahrens, Susanne, Der Vollzug von Steuergesetzen durch den niederländischen Belastingdienst im Vergleich zur deutschen Finanzverwaltung, Diss. Bochum 2003）によると，次のチェック・カタログによって，それは決定される。一に，起業者の性質，二に，支店・子会社のリスク（Branchenrisiko），三に，ケースが租税法上の複雑性，四に，従来の予納額，五に，従来の納税態度（納期限内か，あるいは納期限の徒過後か），六に，従来の申告態度（無申告，期限後申告），七に推計（Schätzung）の必要性，八に，記帳および付属書類が適正に行われているか，九に，従来，税務調査の回数が特に多かったか否か，一〇に，租税回避行為があったか否か，である。

一方，非事業者については，事情は異なる。オランダの課税庁は，非事業者のする申告内容に係るリスクを純粋に客観的な視点から判断する。すなわち，右に述べた客観的リスクのみが問題となる。さらに，ドイツのチェック体制と類似して，特にチェックを集中的に行うケースを予めテーブル（Prüffelder）上で定義しておき，そしてその一部が公開される。そして，全体の申告数の一パーセントを無作為に抽出して，その抽出されたものについて，集中的なチェックが行われる。

しかし，右に見たように，オランダの税務行政においては，現行のドイツの制度と比べて理論的に優れている側面を有している。すなわち，単純な客観的な所得額等を基準とした等級によるチェックの対象の選択が行われるのではなく，納税者の具体的な事情に応じたチェックが行われている。これにより，はじめて適正な課税がなされることは容易に理解できる。そして，右のようなチェック方式を，納税者は納得して受け入れるであろう。何故なら，チェックの対象の選択が適正であって，本来チェックをされる必要のない納税者がチェックの対象となることはないからである。それにより，納税者は自らをリスクの少ない納税者であることを課税庁に示そうとする。これは，タックス・コンプライアンスについて好影響を与え，租税法律の遵守を動機付けることになる。同時に，それは，納税者の協働的行為を促進する。人曰く，「あまり納税申告の経験がない納税者を放っておいたり，あるいは後の強制措置の発動に任せたりするのでなく，当初より面倒を見ることはとても意義のあることである。課税庁の職員がそうした納税者の許を定期的に訪れ，税理士立会いのもとで，納税義務の履行に係る基本的問題について話し合うことも，それに属する」。以上につき，参照，Seer（Fn.123），StuW 2003, 49.

第6章　行政電子化の立法政策

しかし，ある局面では展望は開けている。すなわち，個々の納税義務者に係る租税法上のデータを相当程度蓄積し，かかる蓄積されたデータが個々の納税義務者の属性をかなり正確に表現している場合には，本章で概観した租税手続もありうるところであると言えよう。

6　補論②——電磁的記録に係る税務調査——

　税務行政法は，納税義務者の権利義務を手続的側面に照らして実現するためには不可欠のフレームワークであり，かつ我が国では従来よりその充実を企図して様々に議論が展開されてきた[161]。そうした税務行政法において税務調査は課税庁による納税義務者の権利制約が顕著に現れる分野として認識されてきた。

　しかし，税務調査は適正かつ公平な課税の実現のためには不可欠である。言い換えると，税務調査は納税環境整備の一手段として極めて大きな位置を占めている[162]。すなわち，課税は納税義務者の納税申告，そしてその際に提出される資料をベースとして行われるわけであるから，資料等から所得が十分に把握されないのであれば，先の適正かつ公平な課税は実現されえず，それは租税法における重大な実際上の問題と言える。

　わが国では，税務調査を論じる際に，強制的調査の可否（すなわち，調査態様），反面調査の可否，身分証明書の提示義務の有無，調査の日時，場所，理由等の通知義務の有無，事前通知の要否等が議論されてきた。しかし，調査対象物件の範囲については必ずしも詰めた議論がなされているわけではない（「帳簿書類その他の物件」の意味内容を解釈を通じて明らかにする作業）。そして，近時の帳簿書類等の電磁化の進展もあり，いわゆる電磁帳簿保存法の制定によ

---

(161)　例えば，税務行政手続において，課税庁の有する資料に係る閲覧請求権を納税者に憲法上認めることを通じて，納税者の手続的地位を向上させる試みとして，参照，木村弘之亮「税務行政手続上の情報開示請求権と文書閲覧」慶應義塾大学産業研究所編『正田彬教授退職記念論文集　法と経済の基本問題』（慶應義塾大学産業研究所，1990年）89頁以下，同「行政手続及び行政訴訟法における手続的基本権の保障——聴聞請求権，情報自己決定権，公正手続請求権を中心に——」法学研究62巻12号81頁以下。さらに税務訴訟におけるそれについて，参照，木村弘之亮「租税裁判手続における文書閲覧請求権」成田頼明他編『雄川一郎先生献呈論集　行政法の諸問題・上』（有斐閣，1990年）473頁以下。

(162)　金子・前掲注(10)744頁。

250

り，新しい議論の要素も付加されつつある。それにより，納税義務者の税務情報がコンピュータによって保存される途が法律上開かれ，昨今の私人の取引記録の電磁化に伴う実務に税務行政法は適合されつつある[163]。

しかし，学説の整理するところによると，特に税務調査の際には，①電磁的情報を調査の際に可視的な状態に置く必要があること，②コンピュータに対する税務調査をどのように行うか，という実際上の問題が指摘されている[164]。

さて，以上のように行政実務上の実益，そして，その反対に実際上の問題点も持つとされる電磁的記録に係る税務調査は，従来までの税務調査に新たなパースペクティブを開くものである。よって，その法理論的検討を加えておくことは重要であると考える。近時，ドイツにおいても，同様の改革が実現され，学説の展開を見ることができる[165]。それ故，本章ではドイツにおける電磁的記録に係る税務調査を検討対象とする[166]。そして，本章では，紙幅の都合上，電磁的記録に係る税務調査の制度を，従来の制度を参照しつつ，概観し（(1)），続けてそうした新制度の立法の当否に係る学説を見，そしてそれに関する若干の検討を行う（(2)）。

(1) 税務調査の現状と改革措置

そもそも税務調査とドイツで如何なる法的構成がなされているかに若干触れおくこととする。Birk 教授[167]および Seer 教授[168]の論述にしたがって，ドイ

---

(163) なお，わが国でも税務行政自体のコンピュータ化は既に進展しており，相当程度の展開を見せていると言ってよい。それを端的に指摘する優れた論稿として，参照，金子宏「行政機械化の法律問題」成田頼明編『行政法の争点』（有斐閣，1980年）28頁以下。

(164) 水野・前掲注(11)66-67頁，72頁。

(165) ドイツにおける税務調査の法制度の概要につき，参照，Drüen, Klaus-Dieter, Verfassungsfragen der digitalen Außenprüfung, StuW 2003, 205ff.;ders., Ermessensfragen der digitalen Außenprüfung, StuW 2003, 365ff.

(166) 本章で論じる電磁的記録に係る税務調査は，先の企業税制改革のベースとなっている減税法（Steuersenkungsgesetz）によって規律されている。すなわち，企業課税の改革のみでなく，租税通則法の改正による税務調査の改革も企図されたのであった。それは，税務調査という所得の把握にとって不可欠な制度を現実の社会経済活動に適応させる努力の現れであろう。すなわち，企業課税の改革による税負担の引き下げと並んで，所得の正確な把握は税制改革に際しては常に追及されるべき課題であると考える。それ故，減税法において右の改革が規律されたのではないであろうか。

(167) Birk, Steuerrecht（Fn.45）, Rz.447ff.

(168) Seer, in:Tipke/Lang（Hrsg.）, Steuerrecht（Fn.37）, §21 Rz.245ff.

第6章　行政電子化の立法政策

ツにおける税務調査の概要を簡単に概観しておく。

① ドイツ税務調査の概要

　税務調査は，実定法上は，法193条以下に規律されているが，しかし，実際は企業調査という言われ方がされる。このことは，税務調査が大概において企業に対してなされるものであることと関連している。加えて，今日の税務調査の前身が帳簿に対する調査および経営検査がその対象であったことにもよる。しかし，法193条2項は，企業のみでなく，私人も税務調査の対象となることを明らかにしている。したがって，税務調査とは，課税庁外で管轄権を有する官吏が法193条以下の特別の規定を斟酌しつつ行うそうした事実関係の解明作用である。

　税務調査が許容される形式的要件は，実際に調査を行う課税庁が法195条により管轄権を有し，かつ税務調査の範囲が，文書により発行され，権利救済に係る教示を伴うそうした調査命令が納税義務者に対して適時に周知されることである（法196条，197条）。同じく実質的要件は次の如し。法193条1項によると，税務調査は，一般的には，事業，農林業，自由業を営んでいるそうした納税義務者について許容される。他の各種所得類型を稼得する納税義務者については，若干それと異なる規律がなされており，法193条2項に規律されており，同1号においては賃金税に係る税務調査，同2号においては課税庁の経験に基づき，納税義務者の課税標準申告がなされないか，若しくは不完全または不正確である蓋然性が明らかになった場合の税務調査に関する規律がなされている。

　税務調査は，課税庁が法85条に規律された事務を執行するために活動することもその許容性に係る要件である。したがって，税務調査を行っても，租税法上有意義な効果が得られないことが予め判明している場合には，それは許容されない（比例原則からの帰結）。例えば，課税庁によりなされる賦課処分に係る除斥期間の途過が典型例である。かかる場合になされた税務調査は課税庁による裁量権の濫用として法的に性質決定される。しかし，連邦財政裁判所の見解によると，脱税または租税回避により賦課処分に係る除斥期間が延長されることは，当該案件について税務調査を行うことによってはじめて明らかになるのであるから，右の如き立場は実際には採りえない，という批判がある。

　さらに，右の論点に関連するものとして，事後調査の留保（Vorbehalt der Nachprüfung）を取り消した後に，税務調査を行うことができるか否か，が問

252

題となる。少数説によると，事後調査の留保が取り消されたことは，当該案件について課税庁による調査活動が完結的に終了したことを意味するので，それにも拘わらず，さらに税務調査が実施されることは，事後調査の留保の取り消しという法制度の趣旨と合致しない，という。納税義務者自身も右の取り消しを以って，調査活動が終了したことに対する一定の信頼を有する，という。しかし，連邦財政裁判所は，納税義務者の信頼は税務調査に基づいて発給される決定に対して置かれる，と反論する。

　税務調査の客観的範囲も問題となる。例えば，自由業者に関しては，自由業者としての活動に係る事実関係のみでなく，合目的的であれば，当該自由業者の私的領域も調査対象となりうる。その他にも，人的会社に対する税務調査におけるその持分権者への税務調査も，同様の観点から，論じられる。すなわち，比例原則等の憲法上の制約に服しつつも，合目的性の観点からその範囲は画される，ということである。また，先に指摘した税務調査に際して発給される調査命令に調査範囲は限定されることはいうまでもない。納税義務者は行政行為としての属性を持つ調査命令に対して，不服申立を提起でき（法347条以下），取消訴訟を提起できる（財政裁判所法40条1項）。しかし，仮に納税義務者が不服申立を提起しても，税務調査は執行停止とはならない。

　税務調査が終了すると，法201条によって，調査の結果が原則として最終協議（Schlussbesprechung）がもたれねばならない。それとともに，納税義務者に対して，調査報告（法202条）を作成する前に，法的聴聞の機会が保障される。その際，納税義務者は拘束的同意（verbindliche Zusage）を求めることができる。右の同意の中で，納税義務者と課税庁との間で，調査に係る事実問題に関して合意がなされる。

　また，税務調査に瑕疵がある場合も問題である。しかし，税務調査の瑕疵については，二類型が識別されている。①税務調査の結果または納税義務者の協力義務に影響を与えない程度の軽微な瑕疵，②税務調査の結果に影響を与える重度の瑕疵，である。前者は，例えば，調査者による調査開始時点での身分証の提示義務（法198条）等の手続規定の違背である。後者は，調査者が予め発給された調査命令に違反する，または彼が被調査者に係る基本権侵害を行う等が想定されうる。右の如き重大な瑕疵が認められ，かつ被調査者の申立に基づき調査が取消された場合にのみ，調査に係る当該瑕疵は，調査によって得られた知見を課税手続において利用することを禁止する効果を有する（但し，争いあり）。

②　ドイツ税務調査の課題

　ドイツにおける税務調査に係る規定は租税通則法に配備されている。それによると，税務調査は紙面による記録に対する税務調査（Buchprüfung）が想定された構造を予定していると考えられている。しかし，現在では，会社関係の書類はコンピュータ・ソフトを用いて作成・保存・管理されることが日常化していることは言うまでもない。それは，わが国の実例を見ても容易に想像が出来ることである。それ故，そうした電磁的記録に係る税務調査を行うことが可能であるように法制度を整備する必要がある[169]。

　直前でも指摘したが，税務調査は従来ドイツにおいては紙面に対するそれが予定され，電磁的記録に対するそれは何ら規律されておらず，その許容性が問題となっていた。税務調査に際しての納税義務者の協力義務として，法200条1項1文において，情報を提供すること，各種書類（Aufzeichnungen），帳簿等（Bücher），業務用文書（Geschäftspapier）およびその他の記録等（Urkunden）を閲覧および調査のために供すること，そして右の書類等の理解のために必要な説明を行うことを納税義務者は義務付けられている。この規定から，電磁的記録に対する税務調査も行いうるという見解を採用する論者もあった。しかし，それは少数説であり，圧倒的通説は具体的な根拠条文の欠如を理由として，それを否定的に解していた（確かに，電磁的記録の提示等は明文では規律されていない）。さらに，その他の根拠としては，調査活動の負担軽減は納税義務者の役割とは観念されえないこと，調査活動を円滑に行うことを目的とした電磁的記録の整備は納税義務者にとって大きな負担となること等が挙げられていた。

③　商法における実務と租税法への影響

　しかし，所論によると，現在では電磁的記録に係る税務調査を規律する必要性が極めて高まっているという。それは，ドイツ商法の規律を参考にして考えることが可能であるという。

　ドイツにおいては特定の企業について年度決算書（損益計算書および貸借対照表の総称），業況報告書が監査役の監査の対象となる（ドイツ商法316条以下）。そして，さらに，ドイツ商法320条1項2文によると，監査役は法人の帳簿および各種帳簿書類等（Bücher und Schriften）を監査する権限を有する。一般的な理解によると，ここで"帳簿（Bücher）"という概念は，その外的形態を問わないと解されており，それ故，右の理解をベースとすると，コンピュータ上

---

[169]　以下の②〜④の叙述につき，参照，Drüen（Fn.165），StuW 2003, 206ff.

の電磁的記録をセーブした結果のデータの総体も帳簿に含まれると考えられる。そして，それとともに，そうしたコンピュータの操作に関する一連の関係文書も帳簿に含まれることとされている。

その結果，ドイツ商法320条1項は，監査役に電磁的記録一般について監査を行う権限を付与していると解されている。勿論，企業は監査が円滑に行われるように，①電磁的データが適正な期間内に読み取りが可能なように，同じく②右データが必要に応じてプリントアウトができるように，準備をすることを義務付けられている。

以上のような企業の現実を直視して，例えば，Stephan Schmitz 氏は納税者の許にストックされている電磁的記録に係るデータに対する税務調査を可能にする法的ベースを明文で立法することを提案したのであった（1998年のことである）。そして，立法過程における諸々の議論，調整を経て，2002年1月1日以降，電磁的記録に係る税務調査は実施されることとなった。

こうしたことは，既に指摘したように，企業実務に鑑みれば当然配備されるべきものであったと言える。しかし，他のヨーロッパ諸国と比較してドイツの立法上の対応は遅れていたと言われている。電磁的記録に係る税務調査は今日的視点によると平等課税の実現には不可欠であり，今後とも拡大の整備が必要であり，その際，調査期間をできるだけ短縮する調査方法の採用が望まれる（これは，経験的に蓄積されていく知見であろう。税務調査から得られる経験のフィードバックが実務では重要である）。

④　電磁的記録に係る税務調査の形態・類型

では，ここで，大まかな範囲ではあるが，電磁的記録に係る税務調査の立法化を実現した減税法（Steuersenkungsgesetz）における規律を概観する（減税法は，企業税制改革を実施する法律として周知である）。

法146条5項，147条2項，同6項，そして200条1項2文が重要である。

まず，法147条6項により，課税庁はストックされたデータの閲覧，そしてコンピュータを用いた右データの調査をする権限を有する。そして，課税庁は加えてその実務運用準則（Vorgaben）によってデータを利用すること，あるいはストックされた各種書類等をコンピュータ上で利用できる状況に置くことも要求できる（法146条4項1文，2文）。

そして，法147条6項によると電磁的記録に係る税務調査は，次の三つの類型に識別することができるという。それは，①直接調査（または検読調査），②

間接調査，③第三者委託調査，である。凡そ①は「課税庁が蓄積されたデータを調査し，その際データ加工システムを利用するという調査」（租税通則法 147 条 6 項 1 文），②は「蓄積されたデータを一定の基準に従いつつコンピュータを用いて処理することを課税庁が要求するというもの」（法 147 条 6 項 2 文第 1 ケース），③は「蓄積された書類等がコンピュータ上で利用されうるよう課税庁が要求するというもの」（法 147 条 6 項 2 文第 2 ケース）というものである。なお，法 200 条 1 項 2 文は，右の法 147 条 6 項の権限を行使する際に，課税庁を補助することを納税者に義務づけ，協力義務の拡大を企図した。そして，法 147 条 2 項 2 文はデータが保存義務期間中に常に課税庁にとって利用が可能であり，遅滞なく読め，かつコンピュータ上利用できる状況になければならないと規律している。

(2) **電磁的記録に係る税務調査の法律問題**——若干の試論的検討——
　次に，電磁的記録に係る税務調査に関して，如何なる法律問題が発生するのであろうか。これを検討する必要がある。とりわけ，基本法から得られるアスペクトが重要である。まず，税務調査という納税者，広くは私人の私的領域に課税庁が介入するという公的行政作用が問題であるから，私人の自由権の侵害の有無が第一次的に問題となる。この点，Arndt 教授らの見解が参考になるので，以下に引用することとする。

① 電磁的記録に係る税務調査に対する反対意見
　ここで，電磁的記録に係る税務調査に対する反対意見のいくつかを引用しておく。しかし，都合上，若干抽象的かつ概括的な論述となっていることをご了解願いたい。

(i) Arndt 教授の見解[170]
　Arndt 教授によると，法 146 条，147 条，200 条は違憲のおそれがあるという。所論によると，基本法は，税務調査に即して言えば，私的領域への介入が最小限であることを求めるという。しかし，電磁的記録に係る税務調査に際しては，その限界が維持されえないという。曰く，電磁的記録に係る税務調査は，企業の"心臓部分（Herzstück）"に包括的かつ直接的に介入するものであると

---

(170) 以下の叙述につき，参照，Arndt, Hans-Wolfgang, Zur verfassungsmäßigkeit der "EDV-Zugriffsrechte" in den §146, 147 des Entwurfs zum Steuersenkungsgesetz (StSenkG), Typoskript, S.28ff., 32, 86f. zitiert nach Drüen (Fn.165), StuW 2003, 208.

いう。推測ではあるが，Arndt 教授は，電磁的記録の重要性（現在では企業のあらゆる重要な情報が電磁的記録の形でもストックされているであろう），そして，税務調査に際しての，かかるデータの保存義務，利用可能な状態にしておく義務等を想定し，それらの諸要因を総合的に勘案し，電磁的記録に係る税務調査は企業の存在およびその活動の核心部分に触れるのではないか，という事情[171]を想定しておられると考える。

　(ⅱ)　Kerssenbrock 氏らの見解[172]

　Kerssenbrock 氏ら（Arndt 教授の研究室の出身者であるという）は，Arndt 教授の論述をベースとして，さらに以下のような見解を展開している。所論によると，電磁的記録に係る税務調査は基本法 2 条 1 項（一般的行動の自由），12 条 2 項（職業の自由），同 14 条（所有権の保障）に違反するとされている。それは，ここで職業の自由については，例えば税理士業に関して，税務調査がその業務上のデータにまで及ぶ[173]，所有権については，それ自体財産的価値を有してないデータも他のデータと結びつくことによって大きな財産的価値を有することとなる[174]。そして，課税庁により獲得される右の如き情報の漏洩による当該情報濫用の危険性が指摘されており，その防止策を講じる必要性が強調されている。また，その結果として，納税義務者の側でも課税庁による調査に際して，租税法上重要でない，つまり本来的に調査対象でないデータと重要なデータを識別して管理する必要性が生ずるが，それは納税義務者に大きなコンプライアンス・コストを負わせることとなる[175]。

　② 電磁的記録に係る税務調査に対する賛成意見

　電磁的記録に係る税務調査を積極的に捉える見解は課税庁のそれである。課税庁によると，反対論者の見解は，あまりにも個人の私的領域の保護，さらには情報の自己決定権を強調しすぎており，妥当でないとする。すなわち，課税

---

(171)　同旨，参照，Bextermöller, Claus, in:Erle, Bernd/Thomas Sauter (Hrsg.), Reform der Unternehmensbesteuerung, Köln 2000, S.303.
(172)　以下の Kerssenbrock 氏らの見解の見解につき，参照，Kerssenbrock, Otto-Ferdinand Graf/Olaf Riedel/Günther Strunk, Zur Verfassungsmäßigkeit des Datenzugriffs der Finanzverwaltung im Rahmen von Betriebsprüfungen nach §147 Abs.6 AO, DB-Beilage Nr.9/2002, 1ff.
(173)　Kerssenbrock/Riedel/Strunk (Fn.172), DB-Beilage Nr.9/2002, 17.
(174)　Kerssenbrock/Riedel/Strunk (Fn.172), DB-Beilage Nr.9/2002, 17f.
(175)　Kerssenbrock/Riedel/Strunk (Fn.172), DB-Beilage Nr.9/2002, 18.

の適正な執行により得られるメリットである平等課税の原則の実現も十二分に斟酌すべきであるという[176]。

加えて、特に、大企業、コンツェルン企業の許での税務調査は、情報量が膨大であるため、簡便な情報処理の方法が必要であり、それはコンピュータによる情報の収集・管理・分析が必要不可欠であるという[177]。

③　若干の検討

では、ここで以上の議論を斟酌しつつ、電磁的記録に係る税務調査に関する許容性を検討したい。

まず、Arndt教授をはじめとする反対論者の見解は、いずれもそれなりの合理性を有すると言える。すなわち、わが国でも、最近整備が進んでいる資料情報制度も納税者のコンプライアンス・コストを上昇させ、租税法における納税義務者の各種の義務は、特に質的・量的に見て、かなりの程度に達していると言える。それは、確かに所論の指摘するように、企業活動を営む上で大きな負担となっていることは否定できないと思われる。

しかし、納税義務は現代国家において必ずと言ってよいほど観念される義務であり、それについて一義的な限界値を合理的な手法で以って明らかにしないにも拘らず、Arndt教授らのように基本権の条文を援用し、ひいては違憲の"おそれ"があることを以って、電磁的記録に係る税務調査を制度として基本権解釈上否定するということは、平等課税の実現という租税法の基本原則の実現にとって極めて不健全な解釈のシェーマであると考える。極論であるとの批判があるであろうが、平等課税の実現のために課される納税義務者の義務は過重である場合を除いて、法律上ある程度配備する必要があるであろう（勿論、あまりに過重な義務はArndt教授らの所論のように違憲であると解してよいと思われる。尤も、いずれにせよ"過重"とはどの程度の義務を指すのかが一義的に明らかではないゆえ、その限界を定量的に決するのは困難である）。

しかし、電磁的記録に係る税務調査によって、憲法上の権利の侵害のおそれが生ずることは否定できないので、実際に税務調査を実施するために、調査対象となる電磁的記録の範囲および利用目的等を予め法律上明らかにしておくことが望ましい（現在は行政立法でかかる手当てが部分的になされているのみである

---

(176)　Drüen (Fn.165), StuW 2003, 207.

(177)　Drüen (Fn.165), StuW 2003, 207.

ため，不十分である，という批判がある[178]）。さらに，税務調査の過程で調査に不必要な記録までも課税庁が得ることとなった場合には，課税庁は即座に当該記録を納税義務者に返還しなければならず，その内容が他の知るところとならないような制度を設けるべきである（それが，情報の自己決定権を侵害しないための措置と言えるかもしれない）。

　いずれにせよ，本章の補論で述べた，申告納税制度の制度構築および電磁的記録に係る税務調査の制度構築については，別の箇所で詳細に論ずる予定である。

---

[178] BMF-Schreiben v.16. 7. 2001 によると，税務調査の範囲・ありようを限定するに関係するものとして，"データ調査に係る規律（本章で概観した新法を指す・筆者注）を通じて税務調査の客観的範囲は拡大されない"，"データ調査に係る規律により調査方法は現代的な記帳技術に適合されねばならない" というものしかない，とされる。参照，Kerssenbrock/Riedel/Strunk（Fn.172），DB-Beilage Nr.9/2002, 3.

第7章　立法過程における政策形成と法
　　──ドイツ立法学に係る議論の一端の概観──

1　はじめに

(1)　問題の所在

　法律は実効性・効率性を有していなければならず，それ故，その有無を評価すること，つまりアセスメントを実施することは，法律の実効性・効率性を実現する不可欠の要素であり，理論的にも，実務上もその必要性は否定することはできない。

　しかし，議論としては，それだけでは不十分である。すなわち，法律のアセスメントを実施する際に，如何なる形で実施されるかが実際上の問題として観念される[1]。通常，政策過程の中に立法過程を含んで考えるならば，政策の立案者が如何なる者であっても，政策の実効性と効率性は，当該政策の適否を考える上で本質的な事項であるから，それを必ず検討するであろう（実効性・効率性のアセスメントの"制度化"の問題[2]）。そして，右の検討は，法律の実施の前後を問わず，行われてしかるべきものである。したがって，後に述べるが，ドイツにおいては凡そ"法律の実施によって生ずる諸々の影響を把握し，それをベースとして当該法律の実効性・効率性等を評価する作用"[3]と定義できる「法律の影響アセスメント」（Gesetzesfolgeabsächtzung。法律に係る影響の予測の意であろう。以下，「法律アセス」と略称することがある）が理論的に推奨されて

---

(1)　筆者は，別の箇所で，いわゆる時限法律に関する議論を概観し，その有用性と限界の一端を論じたことがある。当該箇所での議論を要約すると，つまり，時限法律という形で以って，立法者が定期的に，法律上の政策に係る実効性・効率性を評価する契機を創出することが重要なのであった。参照，本書第8章。さらには，参照，Schneider, Hans-Peter, Gesetzgebung und Einzelfallgerechtigkeit:Zum Verständnis von Legislative und Judikative im sozialen Rechtsstaat, ZRP 1998, 323ff., 324f.

(2)　参照，Böhret, Carl, Gesetzesfolgabschätzung:Soll sie institutionalisiert werden?, in: Grupp, Klaus/Michael Ronellenfitsch（Hrsg.），Planung-Recht-Rechtsschutz:Festschrift für Willi Blümel zum 70.Geburtstag am 6. Januar 1999, Berlin 1999, S.51.

(3)　Brocker, Lars, Gesetzesfolgenabschätzung und ihre Methodik, in:Hof, Hagen/Gertrude Lübbe-Wolff（Hrsg.），Wirkungsforschung zum Recht I:Wirkungen und Erfolgesbedingungen von Gesetzen, Baden-Baden 1999, S.35.

第7章　立法過程における政策形成と法

いるのである[4]。

　ここで，ドイツにおいては，立法過程のうちに，狭義の議会における立法手続のみならず，例えば，政策が政府部内で企画・立案される段階をも立法手続として分類し，分析の対象としている[5]。ドイツにおいても，議会を構成する国会議員ではなく，政府内の行政官僚による政策立案およびそれに基づく法案提出が立法活動を支配している[6]。右のことをさらに具体的に述べると，人は，議会における立法過程を"形式的立法手続（äußeres Gesetzgebungsverfahren）"と呼び，それだけでなく，法律案を作成し，それに基づいて実施される政策を企画・立案する過程を"実質的立法手続（inneres Gesetzgebungsverfahren）"と呼ぶ。前者は，具体的には，基本法上規律されている法案の提出（基本法76条），議決（同77条），成立（同78条），公布（同82条）にいたるまでの一連の手続を指す[7]。後者は"合理的な立法"を行うための手続と呼称されることがある。しかし，実質的立法手続は，基本法上明文で規律されていないため，解釈等によって導出する必要がある。また，それが憲法から導出されうるか否かについても争いがある[8][9]。したがって，右のカテ

(4)　近時の実務を含めた詳細な研究として，Konzendorf, Götz, Innovationen im Rechtsetzungsprozeß durch Gesetzesfolgenabschätzung, ZRSoz 1999, 106ff.

(5)　わが国において，近時，立法過程について法的アプローチを試みる，優れた論稿として，西村枝美「立法過程への法的アプローチ」東北学院大学論集57号1頁以下。右論稿はドイツの立法過程についての学説を巧みに整理・叙述している。宇佐美誠「政策としての法」井上達夫他編『法の臨界〔Ⅲ〕法実践への提言』（東京大学出版会，1999年）143頁以下，特に，157頁以下。また，わが国の立法過程のありようを概観・検討する優れた業績として，中島誠『立法学──序論・立法過程論──』（法律文化社，2004年）。

(6)　Hill, Hermann, Einführung in die Gesetzgebungslehre, Jura 1986, 57ff.;ders., Impulse zum Erlaß eines Gesetzes, DÖV 1981, 487ff., 489. また，租税法の領域においても，事情は同様であり，行政内部で租税政策が決定され，議会の審理は，政策の詳細な内容に及ばず，いわば承認・非承認の択一的意思決定のみが行われているに等しいという指摘もある。右の点につき，Hill, Hermann, Steuerreform als Chance zur Verbesserung der Steuergesetzgebung, ZG 1987, 238ff., 250f.

(7)　本文中の分類につき，例えば，参照，Hesse, Konrad, Grundzüge des Verfassungsrechts der Bundesrepublik Deutschland, 19.Aufl., Heidelberg 1993, Rz.510ff.;Hoffmann, Gerhard, Das verfassungsrechtliche Gebot der Rationalität im Gesetzgebungsverfahren:Zum "inneren Gesetzgebungsverfahren" im bundesdeutschen Recht, ZG 1990, 97ff.

(8)　例えば，参照，Hoffmann（Fn.7）, ZG 1990, 99.

(9)　右の用語法につき，例えば，参照，Schwerdtfeger, Gunther, Optimale Methodik der Gesetzgebung als Verfassungspflicht, in:Stödter, Rolf/Werner Thieme（Hrsg.）,

1 はじめに

ゴライズ[10]からは，たとえ議会において展開されるわけではない手続であっても，実質的に法律案の作成と関係を有している作業を立法過程に含めて議論するべきである，という思考が読み取られる[11]。これについては，先に指摘したドイツにおける立法実務を支配する行政官僚の優位という現象もその遠因を構成しているのかもしれない。

そして，法律の実効性・効率性が実質的に検討される場面は，実質的立法手続であることが多い。そこで，本章では，法律上の政策に係る実効性・効率性の評価のありようを，ドイツの学説・実務を参照しつつ論ずることを目的としたい[12]。確かに，実質的立法手続は，狭義では，法律案の"作成"の段階に係るものであるが[13]，しかし，"法律実施後の事後的審査"にそれを当てはめることが性質上排除されるものではないであろう[14]。

また，現在では，租税法，経済法等をはじめとする様々な経済政策的な立法

Hamburg, Deutschland, Europa:Beiträge zum deutschen und eurpäischen Verfassungs-, und Verwaltungs- und Wirtschaftsrecht;Festschrift für Hans Peter Ipsen zum 70.Geburtstag, Tübingen 1977, S.173ff.;Deckert, Martina R., Zur Methodik der Folgeantizipation in der Gesetzgebung, ZG 1996, 240ff., 241.

(10) なお，ドイツの学説上，形式的立法手続と実質的立法手続とが識別されているが，これらが相互に完全に排斥し合うわけではないと思われる。すなわち，確かに，すぐ後に言及するように，実質的立法手続は事実上行政内部で展開されているという認識もできなくはないが，しかし，立法活動の主たる段階が，議会での手続にあると認識すれば，議会の審理手続（＝形式的立法手続）において，政策の企画・立案に係る一連のプロセス（＝実質的立法手続）が展開されることとなり，両者は相当程度重なり合う。

(11) 我が国において，右の指摘をするものとして，参照，大橋洋一『行政法──現代行政過程論〔第二版〕』（有斐閣，2004年）56頁以下，同『対話型行政法学の創造』（弘文堂，2001年）314頁。

(12) 我が国でも，同様の問題意識は認められる。例えば，参照，浅野一郎編著『立法技術入門講座 第一巻 立法の過程』（ぎょうせい，1988年）135頁。

(13) 例えば，本章が示唆を受けたものとして，Böhret, Carl, Zuerst testen – dann verabschieden:Erfahrungen mit der Prüfung von Gesetzentwürfen, ZG 1992, 193ff.

(14) なお，いわゆる政策評価法（"行政機関が行う政策の評価に関する法律"）においては，その主体が"行政機関"となっているが，行政機関の実施する政策のベースには，法律も含まれるはずであり，その結果，行政機関のパフォーマンスには，当該法律およびそのありようも一定の影響を及ぼす可能性が高い。したがって，政策評価法に規律されているフィードバック作用（同法4条，19条，21条）は，立法にも少なからず影響を与える。加えて，同法が事後評価（7条，8条）のみならず，限定された形ではあれ，事前評価を制度化していることについては，積極的に評価されてよい。また，参照，宇賀克也『政策評価の法制度』（有斐閣，2002年）。

がなされている(15)。それらは，社会における経済取引にとりわけ大きな影響を及ぼしている。したがって，右の如き性質を有する法律を例としても，それ自体が持つ影響を無視して立法することは，場合によっては経済に対する甚大な悪影響を及ぼすことは容易に創造できよう。租税法を例とすれば，各種の租税特別措置の導入による税収の喪失に見合う経済的影響が発生していない以上，右の特別措置は廃止されるべきものである。そうした国家財政への影響，現実の経済への影響は随時把握されるべきである。そうした審査は，法律制定の事前・事後を問わずに行われてしかるべきものであると言えよう(16)。

(2) 本章における検討の視角

したがって，本章では，政策を一定の観点から定期的に評価することの意義それ自体を深く論ずるのではなく，ドイツ立法学をベースとして，政策を一定の観点から定期的に評価することのありようの概観を行うことが目的である(17)。筆者による別稿(18)および前節における論述を通じて，政策を一定の観点から定期的に評価することの重要性および有用性は明らかである。

さて，本章では，以下の構成で論ずることとする(19)。まず，法律の実効性・効率性が評価される必要性の理論的根拠が論じられる。これにより，ドイツにおいて，法律案の作成の段階において，その実効性・効率性の評価を制度化する理論的意義が明らかにされるであろう（本章2）。そして，評価の際に，如何なる基準で以って法律（案）の適否を決するか，が問題となるが，効率性については，"費用・便益分析"が重要である。勿論，本章では，右の費用・便益分析そのものを検討する余裕はないので，右に挙げた実効性・効率性概念に限定して検討する。とりわけ，右の指標は政策形成において極めて重要なも

---

(15) 租税法に係る立法過程については，次の論稿が有益である。Hill (Fn.6), ZG 1987, 238ff., 250ff.

(16) 租税法における政策効果の審査の重要性を指摘するものとして，参照，Herzig, Norbert/Christoph Wartin, Betriebswirtschaftliche Anforderungen an eine Unternehmenssteuerrefrom, StuW 2000, 378ff, 384.

(17) 近時のドイツ立法学の顕著な業績として，Lücke, Jörg, Die Allgemeine Gesetzgebungsordnung:Zu den verfassungsimmanenten Grundpflichten des Gesetzgebers und der verfassungsrechtlichen Notwendigkeit ihrer gesetzlichen Konkretisierung und Ausgestaltung, ZG 2001, 1ff. 等。

(18) 本書第8章。

(19) 本章の論点導出につき，特に，Köck, Wolfgang, Gesetzesfolgeabschätzung und Gesetzgebungslehre, VerwArch. 2002, 1ff.; Lücke (Fn.17), ZG 2001, 1ff. 等が参考になる。

のであることは改めて強調するまでもない。具体的には，実効性については法律に付着する"影響"概念を明らかにする。そして効率性については法律の実施に伴い生ずる"費用"に含まれるコスト類型を概観する（本章3）。それとともに，実効性・効率性の評価に係るインプリケーションが得られよう。それに加えて，法律（案）は憲法に適合することも重要である（本章4）[20]。我が国でも指摘されることではあるが，法律上の政策は憲法上の価値と適合し，それを実現するものであることを要する。しかし，平等原則や比例原則といった実体的規範（右の如き実体的規範の遵守は立法者が法律という国法形式[21]を以って規律を行う以上，自明であるとも言いうる）の他に，立法者が立法過程において履行すべき義務を憲法上如何にして構成するか，その不履行の法効果を如何にして把握すべきであるか，を論じたものは多くはない。以上の議論をベースとして，最後に若干の検討をなす（本章5）。そこでは，今後の立法準則のありよう，立法過程における利害関係者の参加のありよう等が検討される。

2　立法過程における法律の影響アセスメント——理論的根拠——

本節は，法律の実効性・効率性の評価が行われることを要請することに係る理論的根拠を概観する。その点に関して，Köck教授は，次のような論述を展開している。

(1)　現代における法律に付着する問題点
① 　法律の過多[22]

---

(20)　日本文献として，参照，小林直樹『立法学研究——理論と動態——』（三省堂，1984年）22頁，林修三『法令作成の常識』（日本評論社，1975年）18頁。

(21)　別の箇所でも指摘することではあるが，今日，立法者の定立する法律だけが法政策を論ずる素材ではない。それよりも下位の行政立法を用いても制度構築はなされるのである。例えば，立法による法律上の不確定概念を具体化することを行政庁はしばしば行う。したがって，そこに行政庁による法規定の意味内容の具体化，実質的な立法がみられるのである（尤も，右のような私見による用語法に異議はありうる）。また，とりわけ，ドイツでは，法律を以って政策を実施する前に，いわば"実験的に"行政立法のレベルで行政庁がある政策を実施する実務が見られるという。右の点につき，参照，Kloepfer, Michael, Gesetzgebung im Rechtsstaat, VVDStRL 40, 1982, S.63ff., S.95.

(22)　この点に関して，手塚貴大「立法技術の基礎理論——法律の認識可能性を達成するための方法論——」法学政治学論究52号281頁以下。さらにドイツでは，法律の過多現象も，国家のスリム化を促進する一要因とされ，議論の対象となっている。詳しくは，

第7章　立法過程における政策形成と法

　憲法・行政法領域において，しばしば指摘されることであるが，法律の役割（・機能）の変化がある[23]。すなわち，夜警国家時代においては，法律は私人の行動を規律することとなるが，しかし，それは，あくまで消極的意味を持ち，そして，必要最低限の事項を定めるという傾向があった。しかし，現代においては，国家は福祉国家化の様相を呈しており，法律が社会統制を積極的に行っていくための道具であると認識され，右の社会統制を広範に行っていく必要が認められ，それとともに，そのための社会統制の道具である法律の数が大幅に増大してきた，という事情がある[24]。その点をScheunerは，「19世紀においては，法律の役割は，確固とした恒久的秩序の設定であり，かかる秩序の中で社会生活は自由に伸張されるべきものとされた。法律は，こうした共同生活の枠組みのみを規律していたのである。これに対して，社会国家は，個人そのものに代わり，社会的成長の名のもとに，公共の福祉の実現をもたらそうとしていた。そして，社会国家は，経済生活を嚮導し，景気状況に照らして失業率を少なくし，安定させ，人間を生活上の危険から守り，所得の再分配を大規模に行っている。これに関連して法律は，社会生活を構築し，それを超えて，特定の政治的指導理念の許で社会構造の変革をもたらすことを企図している。」と指摘している[25]。Scheunerは，それに続けて，右のごとき法律の機能変化が，立法者の活動を活発化させ，また，立法者の活動範囲を広げていると指摘する[26]。その他にも，法治国家原則の貫徹[27]，ドイツ法のヨーロッパ化の影響を受けて，国内法を国際法に調和させるための調整立法が一層必要とされてい

　　　参照，Hofmann, Haus/Klaus G. Meyer-Teschendorf, Ein Kongreß zur Verschlankung des Staates:Erkenntnisse zur Reform der öffntlichen Verwaltung und zur Gesetzgebungsmethodik, ZG 1997, 283ff.
(23)　例えば，参考になる論稿として，参照，Hill, Hermann, Gesetgebung in der postindustriellen Gesellschaft, ZG 1995, 82ff.
(24)　Köck (Fn.19), VerwArch. 2002. 1;Scholtz, Rupert/Klaus G. Meyer-Teschendorf, Reduzierung der Normenflut durch qualifizierte Bedürfnisprüfung, ZRP 1996, 404.
(25)　Scheuner, Urlich, Die Funktion des Gesetzes im Sozialstaat, in:Recht als Prozess und Gefüge:Festschrift für Hans Huber zum 80.Geburtstag, Bern 1981, S.134.
(26)　Scheuner, Die Funktion des Gesetzes (Fn.25), S.134. なお，本文中において論じた事柄と並んで，法律を通じて国家が社会を嚮導することにより，市民の自由は制約される。
(27)　Köck (Fn.19), VerwArch. 2002. 2. このことはScheunerも指摘しているが，すなわち，"法律上多くの事項を規律するので，それを通じて，行政に多くの授権をすることはなく，裁量を制限し，そして行政内部をも法律で規律する"という傾向が生ずる。参照，Scheuner, Die Funktion des Gesetzes (Fn.25), S.134.

ること(28)，といった事情が挙げられる(29)。

② 法律の質の低下

さらに，右の如く法律の数の増大のみでなく，法律の質自体も低下してきているという。その根拠として，法律の過多現象に関連して触れられたが，所論によると，法律の古典的属性である一般性・抽象性の喪失，社会に散在する利益の多元化（政治における複数政党の存在）等が挙げられている(30)。

③ 法律の量・質の変化からの帰結

以上の如き，法律の質・量の変化（両者はいずれも重複する点が多かったが）から次の如き要請が立法には向けられることとなる。確かに，社会国家の進展によって，社会生活の法化が始まっているが，法律そのものの古典的役割は失われていない(31)。しかし，新たに，"社会国家は市民的法治国家およびその一表現である法律の一般性という社会的前提が消滅することに対しての反応である"という言明が付け加えられねばならない，という。すなわち，立憲国家学的な意味（国家・社会が厳格に峻別された二元論に代表されるもの）における"法律の一般性"という社会的ベースが消滅し，国家は社会の維持という目的のために，社会プロセスの成果に一層影響を与えることが期待されることとなるのである。この点，Böckenförede 教授は凡そ次の如く論述しておられる(32)。法治国家は市民的・形式的法治国家から社会的・実質的法治国家に移行することとなる。右の属性のうち法治国家の社会性に着目すると，従来は，身分制的，封建的，団体的な枠組みの中で市民が生活していたが，そうした枠組みが消滅

---

(28) Köck (Fn.19), VerwArch. 2002. 2;Schuppert, Gunnar Folker, Gute Gesetzgebung: Bausteine einer kritischen Gesetzgebungslehre, ZG 2003（Sonderheft）, 72ff.

(29) また，Hill 教授によるかかる論点についての叙述は有益である。参照，Hill (Fn.6), DÖV 1981, 487ff. Hill 教授によると，例えば，ドイツ国内における連邦および州に認められる立法権限の多元性（尤も，立法管轄権の競合についての調整措置は当然配備されている）（487f.），本文でも指摘した国際法およびEC法の存在（488.），4条3項2文（信仰・良心の自由），6条5項（非嫡出子の扱い），21条3項（政党）等をはじめとする「詳細な事項」を法律で定めることが予定されているもの（489.），ある法律が別の法律の制定を予定しているもの（導入法律，執行法律，有効期間延長法律等）（489f.），等を通じて法律の過多が生じうるであろう。

(30) Köck (Fn.19), VerwArch. 2002. 2.

(31) Köck (Fn.19), VerwArch. 2002. 2.

(32) 以下の叙述につき，参照，Böckenförede, Ernst-Wolfgang, Entstehung und Wandel des Rechtsstaatsbegriffs, in:ders., Recht, Staat, Freiheit:Studien zur Rechtsphilosophie, Staatstheorie und Verfassungsgeschichte, Frankfurt am Main 1991, S.143ff., S.158ff.

第7章　立法過程における政策形成と法

し，国法の枠内で平等で，自由な，経済活動を営む市民像が出現してきたのである。それとともに，かかる経済活動の結果として（特に社会階級に基づく）経済格差が市民間に生じ，そこに新たに不平等が生じ，階級的対立が生ずることとなった。右の不平等によって生ずるおそれのある（法治国家の枠組みで保障されることとされる）自由・平等の喪失を防ぐために，国家が社会に介入し，生活配慮を行い，富の再分配を行ったりする。

したがって，以上のBöckenförede教授の論述をベースとすると，国家が最早秩序維持（ここで，個人は右の秩序に基づき，自己の目的を追求する）のみでなく，国家自らが行う社会統制の道具である法律の効果に対する責任が大きくなり，かかる責任を果たすために効果の予測・評価が一層重要になってくるのである。そして，仮に，法律の数を減らす努力がなされたとしても，各法領域において法律が相当程度に規律され，そしてそれらが相互に関連しあって法体系を構築している現在，かかる努力は実現性に乏しい[33]。したがって，今後立法する法律について諸々の基準を想定し，立法すべきであるか否かを厳格に審査することによって，法律の過多が解消されるかもしれない[34]。ここに，現代における法律アセスの重要性に係る理論的根拠がある。また，Scholtz/Meyer-Teschendorfの言葉を借りると，特定の事務を国家が自ら行う事務としてアプリオリに仮定することなく[35]（いわゆる"開かれた国家事務（offene Staatsaufgaben）"の概念），国家が行おうと企図する事務について，必要性，比例性，経済性等の観点から国家自らが審査・検討すること，それと並んで，行政費用・社会費用が相当な範囲のものであることも要求される[36]。

なお，Böckenförede教授によると，法律の一般性は，「法律は一般的なルール（一般的規範）であり，国民代表の同意の許，議論および公開をその特徴とする手続において成立する。法治国家にとって本質的なあらゆる原則はかかる法律概念の中に制度上表されており，形作られている。国民代表の同意（によって法律が議会で立法されること・筆者註）は，市民の自由および市民の主体的地位の原則を守るものであり，法律の一般性は，一般的な，つまりあらゆる

---

(33)　Hofmann/Meyer-Teschendorf (Fn.22), ZG 1997, 283ff., 286.
(34)　Hofmann/Meyer-Teschendorf (Fn.22), ZG 1997, 286.
(35)　参照，Hill (Fn.23), ZG 1995, 83. それは，環境法における環境検査（Audit）あるいは認証（Zertifikation），または地方自治体に見られるNPMに通ずる。
(36)　参照，Scholtz/Meyer-Teschendorf (Fn.24), ZRP 1996, 404;Hill (Fn.23), ZG 1995, 83.

者に対して平等に妥当するような形で権利義務の範囲を画する（Eingrenzung bzw. Ausgrenzung）という意味を超えた市民的および社会的自由という領域への意図的な介入を防ぎ，議論と公開とによって決定付けられた手続は法律内容の合理性をできるだけ保障する。」[37]という叙述で表されており，右の叙述からも，法律が一般性を有するという古典的言明の背景には，国家が私的領域に極力介入しないというドグマがあったのであり，右の言明が後退し，そして法律で以って社会形成を行う際には，国家による私的領域への侵害が強化されるという状況が明らかとなろう。その侵害は，まさに，法律による社会統制の結果なのである。

(2) **立法学からの要請**──法律の影響アセスメントの実施──
① 立法学における法律の影響アセスメント──位置付け──

右に述べた如く，Köck 教授の整理によると，法律の質・量の問題点が指摘されており，その改善が望まれている。その際には，法律の実効性・効率性を審査し，実効的でない法律は改廃し，非効率である法律は効率化させるように改善される余地が認められる。それが，法律アセスである[38]。

次に，前節で指摘した，法律の過多の他に，法律のアセスメントを要請する理論的根拠を示すこととする。法律の過多が，法律アセスの実際的要請とすれば，次に論ずることは，法律アセスの理論的要請である。

そもそも，法律，ひいては法律を制定する立法とは一体如何なる国家作用であるかが問題である。Lücke 教授の整理によると[39]，法律は原則としてその有効期間について限定がなく，いわば恒久的に妥当することとなる。そして，法律が右の如く妥当することは，その妥当している間，その名宛人が立法された当該法律に対する信頼性が毀損されないことを意味し，そのような状況が創出できるときのみ，原則として法律は立法され得る。そして，新規に法律が立法されるときには，従来当該法律が存在しなかった状況が，新たに立法される法律の出現により，法状況が新たに創出されることとなる。そして，既存の法律が改廃される際には，同じく従来の法状況が変化することとなる。立法による右の如き法状況の変化は，名宛人の信頼性に大きな影響を与えるゆえ，慎重

---

(37) Böckenförede, Entstehung und Wandel des Rechtsstaatsbegriffs (Fn.32), S.149.
(38) あるいは，Folgeorientierung とも呼称されうる。参照，Deckert, Martina Renate, Folgeorientierung in der Rechtsanwendung, München 1995.
(39) 以下の叙述につき，参照，Lücke (Fn.18), ZG 2001, 5f.

第7章　立法過程における政策形成と法

でなければならず，その必要性が十分に審査されねばならない，とされているのである[40]。加えて，そうした法状況の変化がもたらす影響も審査対象であることは言うまでもない。

したがって，法律アセスの研究をする際に，勿論文字どおり法律の効果を審査することが重要であることはいささかも変わりがないが，しかし，法律アセスの実施の際に問題とされるべきはそれだけではない。当該法律を制定することの必要性等が問われねばならないのである[41]。また，法律アセスに係る実際的要請と理論的要請とは，その性質上，相互に密接に関連しているようにも思われる。

さて，そうした法律の影響を分析することは，制定される法律が社会に如何なる影響を与えるのか，を探求することを意味する。それは，予測を伴う意思決定である。この点，Kloepfer教授は，「まさに，ここで，予測的意思決定を行う立法を拡大・合理化することは不可欠のことである」とされている[42]。それは，先にも指摘した如く，法律の制定過程においても，法律が制定・執行された後にその実効性・効率性を事後的に評価することについても，妥当する。Böhret氏は，例えば，法律アセスについて「法律アセスは，――特別の意思決

(40) また，本文中におけるLücke教授の見解の他にも，法律の必要性の審査に係る理論的根拠とされているのは，比例原則（Eichenberger, Kurt, Gesetzgebung im Rechtsstaat, VVDStRL 40, 1982, S.24.）・過剰の禁止（Kloepfer, VVDStRL40（Fn.21）, S.79f., S.86.），補完性（Pestalozza, Christian, Gesetzgebung im Rechtsstaat, NJW 1981, 2081ff., 2083.），補完性および（立法者に対する立法理由書の提示の義務付けを通じた）立法権濫用の抑制（Mengel, Hans-Joachim, Grundvorraussetzungen demokratischer Gesetzgebung:Zur Notwendigkeit einer Proßeordnung des inneren Gesetzgebungsverfahrens, ZRP 1984, 153ff., 155, 159.）といった根拠も挙げられている。これらの見解を単純に総合すると，立法によって，私人の領域が侵害されるおそれが強く，それを自由主義的観点から抑制するという視点が背後にあるように思われる。それは規制緩和に連なるものであろう。
(41) 尤も，ここで"法律の影響"，"法律の必要性"等の評価を如何なる基準に置き換えて実施するか，も重要である。すなわち，法律の影響には如何なるものが含まれるべきか，といったことや，法律が必要であると立法者が判断するためには如何なる基準を充足すればよいか，といった問題はなお残るのである。さらに，後にも指摘するが，論者によって，必要性，実効性等挙げられる基準に一致がなく，過不足が認められ，さらには，意味内容にも相違が見られるかもしれない。したがって，本章ではそれらに敢えて拘泥することはしていない。
(42) Kloepfer, Michael, Planung und prospective Rechtswissenschaft, in:Erbguth, Wilfried/Janbernd Oebbecke/Hans-Werner Rengeling/Martin Schulte（Hrsg.）, Planung:Festschrift für Werner Hoppe zum 70 Geburstag, München 2000, S.111ff., S.119.

2 立法過程における法律の影響アセスメント

定分析として——，予想されうる負担も含めて，意思決定権者に政策選択肢に係る潜在的影響および既に発生した影響に対する評価についての重要な情報を供しうるものである。その際，政策選択肢が存在しない，という判断がなされることもあり，そうした場合には，立法はなされないこととなる。ある法規定があらゆる領域において発生させることになるかもしれないそうした中長期的な影響が計算され，そして評価される。発生したコストと並んで評価の対象となるのは，ある法規定に原因があると思われるあらゆる非金銭的な負担および計算可能な効用である」と述べておられる[43]。

以上のことから，今尚，立法学の意味内容は多義的であるが，凡そ"政策を法律として表現するための理論・技術"をその意味内容の一つとしていることにコンセンサスを認めることはできるであろう。したがって，立法学は，ここで，一つのありようとして，法律アセスの理論的研究に努めるべきである（但し，立法学が他の方向に展開することを筆者は否定するものではない）。

さて，近時では，法律アセスを法律学の分野においても積極的に評価される傾向があるが[44]，しかし，法律アセスは規制緩和を正当化することに用いられている，という批判に通ずる言明が妥当するかもしれない。しかし，右の批判は，本章で確認したドイツの理論状況を直視すれば，当らないであろう[45]。また，法律の影響に対する統制をなすことは，立法者に認められる立法の自由という概念と調和しない，という批判がなされたこともあった[46]。しかし，

---

[43] Böhret, Gesetzesfolgeabschätzung (Fn.2), S.53f. なお，法社会学的に，ある既存の法の効果，欠陥および実効性等を審査する，ということについて，それを将来に向けて時間的に移行させれば，それは予測的な影響の審査に連なるという。参照, Schulze-Fielitz, Helmuth, Gesetzgebungslehre als Soziologie der Gesetzgebung, ZG 2000, 295ff., 309f.

[44] Köck 教授は，一般的に，法律アセスには凡そ次の如き動機があるという。それは，①法の簡素化，特に，過剰規制の除去，社会を活性化させる潜在力を引き出すことを通じてそれは企図される。②国家，経済界および消費者に対して当該法律を通じて課される負担について啓蒙すること，③当該法律案に係るその他の影響（費用・便益）について啓蒙すること，である。以上につき，参照, Köck (Fn.19), VerwArch. 2002. 4f.

[45] ドイツにおける法律アセスの推奨が，本文中でも指摘した如く法律の過多現象から生じ，そして，それを規制緩和を通じて解消する，というシェーマが想定されている以上，GFA と規制緩和は必然的に結びついているといえる。参照, Wagner, Hellmut, Gesetzesfolgeabschätzung——Modeerscheinung oder Notwendigkeit?, ZRP 1999, 480ff., insbesondere 481f.;Brocker, Gesetzesfolgenabschätzung (Fn.3), S.37.

[46] Kindermann, Harald, Gesetzgebungstheorie als Forschungsaufgabe:Bericht über das im Oktober 1982 in Salzburg veranstaltete Symposion "Rationalisierung der

第7章　立法過程における政策形成と法

　右の見解は，連邦憲法裁判所の司法審査が消極的であるオーストリアの研究者によって主張されたものであるから[47]，ドイツや他の諸国については一概に妥当する議論ではない，いわば特殊な見解であると言えよう．

　なお，法律アセスは，実際には，従来より，実務上は行われてきたはずである[48]．すなわち，ある法律が行政により提案されるものであれ，議員立法の形で発案されるものであれ，およそ立案の段階で，政策的効果が斟酌されることなく，政策が構想されることなど有り得ないはずである．したがって，近時の法律アセスの導入・積極的評価は，つまり法律アセスを何らかの形で一般的な制度として位置付けることを企図するものであると考える[49]．

　②　法律アセスの展開——立法学におけるその限界？——

　しかし，立法学（あるいは法律学）が法律アセスの理論を深化させるだけの素材を内包しているか，という問いを想起する際に，人は，法律アセス研究について躊躇を感じることとなる．すなわち，法律アセスは，法律が運用される際に発生する諸々の効果，つまり事実を研究するものであり，法律のテクストの意味内容を明らかにするといった法律学特有の規範的な素材を研究するものではない．したがって，この点を敷衍させると，法律アセスの研究は，あくまでも経済学・政治学・行政学といった隣接諸科学の学問領域であると考えることなり，そうした点に難しさがある[50]．しかし，法律アセスの効用として，かつて，Rheinland-Pfaltz 州で実践されたように，多くの関連する者あるいは機関が学際的観点から政策を審査するという法律アセスのありようそのものに法律アセスのメリットが認められること[51]も指摘されねばならない[52]．

　　　Gesetzgebung", ZRP 1983, 204ff., 205.
(47)　Kindermann（Fn.46），ZRP 1983, 206.
(48)　実例の一端として，参照，Höland, Armin, Zum Stand der Gesetzesevaluation in der Bundesrepublik Deutschland, ZG 1994, 372ff.;Strempel, Dieter, Perspektiven der Rechtswirkungsforschung, ZG 1998, 116ff., 120ff.
(49)　この点，実は，Konzendorf 氏によると法律アセスは，従来実務上は制度化された形では実施されておらず，1970 年代以降，Rheinland-Pfaltz 州で実施されたのを最初に，それが 80 年代以降連邦レベルに拡大してきたとされている．すなわち，法律アセスを以ってデータを収集・分析・利用した上で立法をなしたという経験をドイツは豊富には有していないという．以上につき，参照，Konzendorf（Fn.4），ZRSoz 1999, 106f., 111f.
(50)　Höland（Fn.48），ZG 1994, 372f.
(51)　Konzendorf（Fn.4），ZRSoz 1999, 111f.
(52)　この点についての異説として，参照，Badura, Peter, Die parlamentarischen Volksvertretung und die Aufgabe der Gesetzgebung, ZG 1987, 300ff., 310.

しかし，既に指摘したように，立法は法規範の定立であるため，立法活動に際しては必ず法的価値判断が行われねばならない。それは，少なくとも，諸々の法的価値を尊重した形で立法活動が営まれることを意味している。その最も典型的な例は憲法価値である。その他にも，既に制定法の形で実現されている政策との整合性も問われるべきである。例えば，ある政策が一定の価値を具有するとしたら，右の政策実現を阻む新規立法，改廃立法は避けられねばならない。さもなくば，法秩序内に価値判断の首尾一貫性が実現されないこととなる。

　以上の如き考察を以ってすれば，私見によれば，法律アセスのあり方の検討（およびその背後にある立法学）はなお法律学の一分野として認識することができるであろう。詳しくは後に論述するが，たとえ，法律の影響を測る法律アセスが論じられる際にも，法律の影響（実効性・効率性）が法的価値と相克する場合には，右の法律を違憲・違法と評価することも不可能ではない。さらに，かかる影響を持つ法律を立法する際に，その立法過程の合理性が問われねばならない。その際の基準はまさに典型的には憲法が提供することとなろう。具体的には，立法者が当該法律を立法する際のプロセス・立法者の活動形態が問題となる（詳細は，本章第3節および第4節を参照）。したがって，このような点に，法律の影響を測定しなければならない必然性を読み取ることができよう。

3　法律の影響アセスメント——実効性および効率性——

　直前までにおいて，法律（案）の実効性・効率性を評価することの理論的・実際的意義は認められたと思われる。既に述べた如く，法律の影響を測る必要性に議論は集中している。法律の影響の中には，例えば，法律上の政策を実施するために必要な費用，当該政策を実施する際に，政策の名宛人に対して与える影響，さらに広く社会に与える影響等が含まれ得るのである[53]。すなわち，大まかに言えば，一般的傾向として，政策の実効性を問う際に考慮されるべき影響，そして，同じく，政策の効率性を問う際に考慮されるべき費用に内包される要素が拡大しているのである。その内実を以下に概観することとする。

　本章においては，具体的に，法律に対する評価として，如何なるありようが提唱され，実践されているのか，について論ずる。その際，まず，ドイツにおける学説と実務を概観し（(1)），その後，実効性（(2)）と効率性（(3)）という重

---

(53)　詳しくは，参照，Deckert（Fn.9），ZG 1996, 242f.

第7章　立法過程における政策形成と法

要な基準について問題点として指摘されていることを検討する。

(1) 法律の影響アセスメントの基準——その多様性——

本節においては，立法過程において，法律の評価が如何なる態様においてなされるのか，を学説および実務について概観する。とりわけ，立法過程において，立法者が立法によって解決すべきと考える問題を認識し，分析・評価し，それに基づいて具体的に立法作業を展開する，というプロセスの実質が問題となる。したがって，本章冒頭で指摘した実質的立法手続に該当するといいうる[54]。また，それと並んで，実効性・効率性[55]の他に，立法者に対して要求される如何なる斟酌事項があるのか，そして，法律アセスには如何なる類型が観念されているのか，についても概観しておく。

① 学　　説

学説上，多くの論者が立法過程の展開のありようについて言及している。そこでは，斟酌されるべき事項，基準としていくつかのものが取り上げられているが，論者によって様々であり，かつ過不足が認められ，一様ではない。したがって，本章は，そのすべてについて言及することはできないので，適宜ピックアップして論ずることとする。

(i) 立法過程の展開

以下に，代表例を簡単にまとめておく。

例えば，Hill 教授は[56]，一に，問題の認識および定義，二に，基本的事項の分析，三に，原因の分析，四に，目的の定義および評価，五に，目的実現の可

---

(54) 租税立法過程を例とすると，しかし，そこには妥協による意思決定の支配から"合理的立法"をなすことが困難であるという。すなわち，政治的な影響力は，議会における立法手続のみではなく，行政内部での租税政策立案の段階にまで諸利益の錯綜が及び，蔓延している。参照，Hill (Fn.6), ZG 1987, 251.

(55) 効率性は，時として，平等という基準と相克することがある。しかし，立法に際しては，その双方を斟酌することが重要なのである。詳細な点については，参照，Wallerath, Maximilian, Der ökonomisierte Staat:Zum Wettstreit zwischen juridisch-politischem und ökonomischem Paradigma, JZ 2001, 209ff., 214. さらに一般的に法制定における効率性の斟酌を提唱するものとして，参照，Kübler, Friedrich, Effizienz als Rechtsprinzip:Überlegung zum rechtspraktischen Gebrauch ökonomischer Argmente, in:Bauer, Jürgen F./Klaus J. Hopt/K. Peter Mailänder (Hrsg.), Festschrift für Ernst Steindorff zum 70.Geburtstag am 13. März 1990, Berlin 1990, S.687ff., 703.

(56) Hill, Hermann, Einführung in die Gesetzgebungslehre, Heidelberg 1982, S.66ff.

能性の分析，六に，目的体系の評価，七に，意思決定および意思決定に係る理由付け，八に，成果の統制，である。

また，Hoffmann教授[57]によるそれも見ておこう。一に，問題の契機（Problemimpulse）の認識，二に，問題の分析，三に，調査された諸要素および諸根拠の評価，四に，法律案によって追及されるべき目的の審査，五に，法形式の選択，六に，法律の内容についての意思決定，七に，法律案に係る影響の予測，八に，法律案の修正，そして，当該法律案が実際に施行された後の事後改善のための調査，である。

なお，Hill教授は，租税法についても，同様の整理をしておられる[58]。

(ii) 立法者の斟酌事項

例えば，Böhret/Huggerによると，実効性と効率性のみが立法作用およびその成果に係る審査基準ではない。本節において，参考までに，Böhret/Huggerによって構築された立法の審査基準を挙げ，それを以下に紹介する（それは，講学上のものである）[59][60]。

① 司法審査と法の執行に際して，適正性を維持していること。これについては，法令文，体系性，包摂可能性等が重要である。

② 名宛人にとっての適正性。名宛人に属するのは，（直接または間接の）規範に関係する者並びに規範を適用する者（法適用者）である。ここで，重

---

(57) 以下の叙述につき，参照，Hoffmann（Fn.7），ZG 1990, 97ff., 100ff.
(58) 詳細は，参照，Hill（Fn.6），ZG 1987, 252ff.
(59) 参照，Böhret, Carl／Werner Hugger, Test und Prüfungen von Gesetzentwürfen: Anleitung zur Vorabkontrolle und Verbesserung von Rechtsvorschriften, Köln／Bonn 1980, S.22ff.;Deckert（Fn.9），ZG 1996, 242f.
(60) また，別の問題として，ボン基本法72条2項に係る解釈問題がある。以下では，Scholz/Meyer-Teschendorfの論述に負いつつ議論をなす。所論によると，ドイツにおける立法実務上，原則として連邦と州との立法高権が二元的に認められ，その際，事項的に見た立法管轄権は原則として州に分配されている。しかし，実務上は，連邦が大幅に事物管轄権を有している如き立法活動をなしている，とされている。すなわち，旧基本法72条2項において，連邦は"連邦内において統一的規律をなす必要性（Bedürfnis nach bundeseinheitlicher Regelung）"が認識されるときには，連邦による立法がなされる，とされている。また，連邦による立法がなされるのは，いわゆる連邦と州との"競合的立法高権"が認められる領域である。そして，右の必要性の要件の充足如何は相当程度連邦の政治的裁量に基づいているとされているのである。なお，1994年に，基本法72条2項が改正された。その企図するところは，州の立法高権行使の活性化である。以上につき，参照，Scholz/Meyer-Teschendorf（Fn.24），ZRP 1996, 405.

要であるのは，理解可能性，情報費用，市民との親和性，権利救済の途が確保されていること等である。
③ 目的の充足と合目的的性。ここでは，目的の充足を以て，法規定を通じて追求される目的に係る原則的かつ具体的な充足可能性が想定されている。目的についての適正性は，法律上規定された個々の措置が，目的の充足にとって親和性を有するか否かが重要である。法律と社会的事実の関連性，目的の首尾一貫性，法律で規定される事項と当該事項の原因との関連性等が，ここでは，斟酌される。
④ 影響（Wirkung）・波及的影響（Auswirkung）。影響によって，Böhret/Hugger は，当事者の反応態様（つまり，服従，逸脱，回避，利用，非利用，濫用）並びに法社会での実効性についての直接的影響を想定している。波及的影響は，事後的影響（Spätwirkung），付随的影響（Nebenwirkung），影響によって生じる影響（Folgewirkung）である。
⑤ 実効性。ここでは，目的と影響を比較するという評価基準が問題となっている。
⑥ 効率性。効率性は，ある規定の費用と便益を比較するそうした評価基準である。
⑦ 規定形態。この基準に当てはまるのは，法の体系上の位置づけ（Stellung），規律密度（Regelungstief, Regelungsdicht 等）である。
⑧ 規定の必要性。規範の洪水と法化が一層進展することを直視して，ある法規定の必要性，そしてそれとともに規定を設けないこと，並びに他の方法で問題を解決することに関する斟酌が，ここでは要請される。
⑨ 実行可能性。この基準は，複数の側面を有する。法制定に係る政治的プロセス，規範の制定者が法適用段階について想定する実行可能性がそれである。

なお，租税法においても，Hill 教授の整理によると[61]，右の指標と同様のものが妥当する。

(iii) 法律アセスの諸類型

また，その他にも，法律の審査を類型化しつつ概観する業績がある。その中でも，代表的なものは，Böhret 氏によると[62]，立法過程における法律の審査

---

(61) 詳細は，参照，Hill（Fn.6），ZG 1987, 255f.
(62) Böhret, Gesetzesfolgenabschätzung（Fn.2），S.54f.;Konzendorf（Fn.4），ZRSoz 1999,

を，一に，事前法律アセス，二に，並行的法律アセス，三に，事後法律アセスに識別している。まず，事前法律アセスは，いわば立法過程の前段階において，とりわけその影響に着目しつつ政策選択肢の取捨選択を行う作業を意味する。立法の計画策定とも言えよう。並行的法律アセスは，立法過程において法律案の規律事項についてのシュミレーション等を行うことを意味する。事後法律アセスは，実務におけるある法律の影響に係る事後的な評価をなすことを意味する。

② 実　　務

ドイツにおいても，実務上，本章冒頭で指摘した法律の過多現象等を直視して，一定の取り組みがなされてきた。それは，法律の立案過程における事前・事後の評価に及んでいる。

ここで，ドイツにおいて妥当している審査基準[63]について概観する。まず，1984年12月11日の段階で，連邦レベルにおける行政内部で審査基準が作成された。わが国同様，ドイツでも行政府により提出される法案は相当数に上っている。したがって，行政府内部における審査基準が立法府におけるそれよりも先行したのかもしれない[64]。それは，通称"Blaue Prüffragen（法案チェックポイント）"と呼ばれるもので，法律の立案に際して立案者の斟酌すべきものとされている合計10の基準がある。以下に逐条的に挙げることにする[65]。一に，立法の必要性があるのか，二に，法律で以って規律を行う必要があるのか，三に，現在立法がなされなければならないか，四に，当該規律は必要であるのか，五に，有効期間は限定されるべきか否か，六に，連邦が立法を行わなければならないか，七に，如何なる政策選択肢があるのか，八に，当該規律が市民にとって馴染みやすく，理解可能であるか，九に，当該規律は実行可能であるか，十に，費用と便益とが適正な関係にあるか，である。要するに，立法

108;Schuppert（Fn.28），ZG 2003（Sonderheft），25f.

(63) なお，ドイツ等における審査基準について，参照，Kindermann, Harald, Ministerielle Richtlinien der Gesetzestechnik:Vergleichende Untersuchung der Regelungen in der Bundesrepublik Deutschland, in Österreich und der Schweiz, Berlin u.a. 1979.

(64) 本章は都合により，立法府における基準については言及しない。

(65) 諸般の事情で原典に接することができなかったので，取り敢えず，以下の文献に依っている。参照，Bussmann, Werner, Rechtliche Anforderungen an die Qualität der Gesetzesfolgeabschätzung, ZG 1998, 127ff., 129. さらに，その制定事情については，参照，Fliedner, Ortlieb, Vorprüfung von Gesetzentwürfen:Eine Bilanz der Anwendung der Blauen Prüffragen, ZG 1991, 40ff.

第7章　立法過程における政策形成と法

の必要性，実効性，および理解可能性等を立法の際に審査すべきものとされているのである[66]。

そして，その後に，"法案チェックポイント"を斟酌すべきことを規律し，さらに内容を具体化した各省共通業務命令（GGO）の制定に至っている（なお，各省共通業務命令自体も1996年および2000年に改正を経ているが，それについてはここでは触れない）[67]。右の各省共通業務命令は行政府内部の審査基準で"Gemeinsame Geschäftsordnung der Bundesministerien"の略である。その中でも，本章における実効性・効率性の審査と関連する条文を挙げる。例えば，各省共通業務命令43条1項は，凡そ次のように規律している。すなわち，立法理由書において，法律案およびそれに関連する個別規定の目的および必要性（同1号），如何なる事実関係が当該法律案のベースとなり，そして如何なる情報源からそれが認識されたか（同2号），他の解決法があるのか否か，そして法律で規律するのではなく私人によって解決できる問題であるか否か，場合によっては，法律案を否決する根拠をもたらすものがあるか否か（同3号），報告義務，その他の行政上の義務あるいは許認可の留保が，それに相応する国家による監督および許認可手続を伴いつつ導入されるのか，または拡張されるのか，そして規範の名宛人による自律的義務を規律することによらないことの根拠は何か（同4号），法律の影響（同5号），法律に有効期限を付することができるか否か（同6号），当該法律案が法および行政規則の簡素化を予定しているか否か，特に，当該法律案が現行の規定の簡素化あるいは廃止を予定しているか否か（同7号），当該法律案がEU法と調和するか否か（同8号），当該法律案の成立に伴う現行法の改正予定部分（同9号）が，記載されねばならない。同条2項は省略する。次に，その44条は，法律の影響に関する規律をなしている。すなわち，"法律の影響"について，法律の持つ本質的影響がその意味内容であるとされる。本質的影響とは，意図された影響と意図せざる影響を含む。予測される影響は，それぞれ分野ごとに管轄権を有する連邦大臣と共同で算定されねばならず，そして財政上の影響については，その計算根拠および仮定が示されねばならない。連邦内務大臣は，法律の影響の計算のために勧告を行うことができる（以上，1項）。当該法律案の持つ公財政に係る収入および支出への影響は，執行によって生じうる予測的影響も含めて立法理由書に記載されねばならない。連邦財務大臣は，連邦内務大臣と共同で，これについての一般的

---
(66)　Bussmann（Fn.65），ZG 1998, 129.
(67)　Bussmann（Fn.65），ZG 1998, 129.

3 法律の影響アセスメント

基準を定立することができる。連邦財政に関する収入・支出は，連邦に係る複数の財政年度計画の期間について，編成されねばならない。その際，複数の財政年度計画における超過収入および超過支出があるのか否か，それがどの程度のものか，そして，如何なる方法でその調整がなされるのか，が記載されねばならない。右の調整額は，場合によっては，連邦財務大臣と共同で計算されねばならず，緊急の際には，推計されねばならない。もし，当該法律案について財政上の影響が生じないと予想されるのであれば，そのことが立法理由書に記載されねばならない（以上，同2項）。当該法律案の持つ州およびゲマインデの財政への影響は，特別に記載されねばならない。当該法律案について管轄を有する連邦大臣は，このことについて，州および地方自治体の許から，支出に関する資料を適時入手しなければならない（以上，同3項）。連邦経済・技術大臣と共同で記載されねばならないのは，当該法律案について，経済，とりわけ中小企業について生ずるコスト（同4項1号），個々の財の価格，価格水準への影響，消費者への影響である（同4項2号）。当該法律案について管轄権を有する連邦大臣は，関係する専門家集団・団体，特に中小経済のそれに係る資料を入手しなければならない。連邦経済・技術大臣はそれに早期から関与しなければならない（以上，同4項）。また，当該法律案の立法理由書において，管轄権を有する機関は，法律の制定によって意図する効果が実現されたか否か，発生するコストが獲得される成果と相当な関係に立っているか否か，そして如何なる付随的影響が発生したか，について事後的に審査がなされるのか否か，そしてどの程度の期間経過後に審査がなされるのか，を記載しなければならない。

③ まとめ

次に述べるようなドイツにおいて問題とされていることは，とりわけ実務上見られる。それは，一に，立法に際しての右のような審査基準を運用する外部機関が存在しないことである[68]。それらは，あくまでも行政内部の自己統制に終始している。勿論，行政内部での自己統制にも，専門知識の蓄積あるいは当該政策立案過程での情報の蓄積等に鑑みて，合理性は認められる。しかし，外部機関によれば，第三者の立場で中立的な審査が行いうること，行政内部での自己統制による行政コストの上昇が避けられること，といった一層重要なメリットが得られるはずである。したがって，できるだけ外部的立法審査機関が行政内部機関と並んで設置されるべきであると言いうる。

---

(68) Köck（Fn.19), VerwArch. 2002, 12.

第7章　立法過程における政策形成と法

　二に，各省共通業務命令においては，データの収集およびその加工の方法が何ら規律されていない[69]。これらは，各法領域で異なることである可能性はあるが，各省共通業務命令において明らかにしておくことが望ましいとされている[70]。

　三に，右に関連して言えることであるが，事前法律アセスについては，それがあくまでも予測に限定される，という限界はある。すなわち，正確性を欠いており，それが予測ゆえ蓋然性の域を出ないのである[71]。それは，予測のベースとなるデータの質によるところが大きいであろうが[72]，それと並んで予測後の客観的情勢の変化にもよるところである。

　四に，事前法律アセスに規律されている義務に立法者が違反した場合には，制裁が課されるべきであるとするが[73]，それも規律されていない[74]。

　五に，法律の審査についての基準を各省共通業務命令のように，行政規則という形式で定めるのではなく，法律で定めるべきである，という考え方もありうる（この問題については，四(3)を参照）[75]。それとともに，法律のアセスメントに係る重みが，行政規則で規律する場合と比べて，異なるのであろう。

(2)　実効性概念

① 　実効性概念とその周辺

　実効性とは，法律の目的と密接に関連している[76]。すなわち，ある法律を制定する際に，実現することを企図された目的が，当該法律によって実現された場合には，その法律には実効性がある，という言い方ができる。しかし，その逆であれば，実効性がない，ということとなろう。

---

(69)　Köck (Fn.19), VerwArch. 2002, 12.
(70)　Köck (Fn.19), VerwArch. 2002, 12.
(71)　それを解決するのが，予測に専門家を投入し，高度にプロフェッショナルな見地から予測を行うべきことが提唱されている。右の点について，Schulze-Fielitz (Fn.43), ZG 2000, 310. の Fn.81 を参照。
(72)　その際，予測のデータをできるだけ広範囲にわたって含めて予測する，というスタンスを採用するとした場合，"データの中に非金銭的で，かつ定量化が困難なデータを含めべき" という要請と，"それに伴い生ずる予測の困難性という事情" とが相克することとなる。
(73)　Köck (Fn.19), VerwArch. 2002, 13.
(74)　Köck (Fn.19), VerwArch. 2002, 13.
(75)　参考として，参照，Köck (Fn.19), VerwArch. 2002, 13.
(76)　Deckert (Fn.9), ZG 1996, 243ff.

3 法律の影響アセスメント

　ここで、実務上、法律の目的の多様性に言及されねばならない。例えば、租税法を例とすると[77]、ある一つの租税法律によって、複数の目的が追求されることはしばしばあり、また、そうした複数の目的同士が相克することがある、といわれる。典型的には、平等課税と税制簡素化は対立するものとして観念されている[78]。また、そうした税制における目的は、租税法、財政学の領域において数多く観念されており[79]、そのことも事態を複雑にしている。

　したがって、ある租税法律において、目的を明確にすることは、極めて重要であり、かつ実は困難である。しかし、法律の目的を明らかにすることは政策の企画・立案の導きとなり、事後的に法律の実効性を審査するために重要であるため[80]、何らかの方法を以って明らかにする必要がある。この点、目的規定を配備し、目的を限定的に明らかにするか、あるいは、立法理由書を公表し、そこに目的を限定的に記載する、という方法がありうるであろう[81]。

　また、法律において実効性を論ずることは、いわば、法律の持つ影響（Folge）を論ずることと同じである。何故なら、法律が社会に対して持つ影響に着目し、その影響が目的を実現するものであるか否か、が重要だからである。

　しかし、右のような影響は、法律を制定する際に想定された影響のみではない。様々な付随的影響を伴うことはしばしばあることである。したがって、とりわけ好ましくない付随的影響は、実効性の評価は勿論、効率性の評価に際しても斟酌される。右の状況は、次の設例を通じて明らかになる。例えば、付随的影響の発生により、それが目的を達成するべく現れる影響を減殺する可能性もある。それは、実効性に関する問題であるが、同時に、付随的影響は、目的を実現する影響を伸張させるべく、消去されねばならないので、そのためにコストが生じよう。そうだとすると、効率性はその分減殺される。これは、立法過程における予測的シュミレーションの重要性を示唆するものでもある[82]。

　さらに、法律の影響を詳細に見ると、多様である。ここで一例を挙げる。例えば、Strempel氏は[83]、一に、法律が何をもたらすか、二に、法律が何故拒

---

(77)　以下の叙述は、Hill（Fn.6）, ZG 1987, 252f. に大幅に負っている。
(78)　しかし、簡素化を通じた租税正義の実現という言われ方をすることもあるので、必ずしも先の両者の間に相克があるものと解することはできない。
(79)　この点については、さしあたり、例えば、参照、Lücke（Fn.18）, ZG 2001, 18.
(80)　Hill（Fn.6）, ZG 1987, 255f.
(81)　参照、Lücke（Fn.18）, ZG 2001, 30ff.
(82)　Böhret（Fn.13）, ZG 1992, 194.
(83)　Strempel（Fn.48）, ZG 1998, 117.

第7章　立法過程における政策形成と法

絶されたか，三に，法律はどのようにしてその目的を実現するか，が着目点であるという。第一点および第三点を論ずべきことは当然であり，ここで注意すべきは第二点である。法律はその名宛人が存在することは当然であるが，彼らの法律に対するリアクションは極めて重要である[84]。もし，名宛人による不服従が観念されうる場合には，実効性も効率性も減殺するので，改善が必要である。

最後に，影響も多様であるので，予測を立てることは目下極めて困難である[85]。また，一つの法律で複数の目的が追求されることもあるため，一層それは困難となる（本節(3)において詳しく言及する）[86]。

② 影響の具体例

本款では，立法過程において論ずべき影響を箇条書き的に挙げておく[87]。あくまで抽象的なものであるが，各法領域に応用は可能である。

（i）意図した影響と意図せざる影響

立法者は，意図した影響と意図せざる影響（付随的影響（Nebenwirkung），影響によって生じる影響（Folgewirkung），ある法律を以って発生することは予定されておらず，例えば，場所的・時間的に見て意図した影響とはまったく異なって生じる影響（Fernwirkung））を斟酌しなければならない。意図した影響と意図せざる影響の見極めは，立法者の目的によって明らかとなる。

（ii）その他の類型

立法者の目的とは異なった事実上の影響を法規定はしばしば持ちうる。そのため，Böhret/Hugger は，当事者の反応態様（服従，逸脱，回避，利用，非利用，濫用）並びに法社会の現実に係る直接的影響（例，ゴミを除去する義務を遵守し

---

(84) なお，政策立案における費用を論ずるに際し，次の如き指摘がある。法改正に際しては，私人が意思決定のベースとなる枠組みが変わり，法改正が私人に利益をもたらすような形でなされるように，すなわち，私人に対して与える影響を勘案する形で法改正作業はなされることとなる，という。それは，言い換えれば，法の名宛人たる私人に与える効果を勘案しつつ立法作業はなされる，ということではないであろうか。参照，Wallerath（Fn.55），JZ 2001, 213f.

(85) Böhret（Fn.13），ZG 1992, 193f.

(86) Deckert（Fn.9），ZG 1996, 244f. さらには，参照，Hofmann/Meyer-Teschendorf（Fn.22），ZG 1997, 288.

(87) 以下の論述につき，参照，Deckert, Folgeorientierung（Fn.38），S.113ff. また，政策による効果を論ずるものとして，参照，足立幸男『公共政策学入門　民主主義と政策』（有斐閣，1994年）56頁。

282

ないことは，地下水の汚染に行き着く），より長期的スパンで生ずる影響（例，国家の貯蓄奨励措置を利用することは，自宅の建設を促進し，風景を宅地化により損なうこと，地価の上昇，Uターン現象をもたらす）を分析対象とした。以上のように，影響の類型を多く認識すれば，法律アセスの実施は政策形成について大きな意義を有する。

(3) **費用概念**——効率性のアセスメントにおけるその意義——
① 費用概念の外延の広さ[88]

多くの者は，"費用"という言い方をする際に，金銭的あるいは定量的な単位を想定する。国家による政策の実施には費用が必要であり，まさに，かかる費用の大小が政策の効率性を測る主要な基準となることは否定できない。日本でも，例えば，先に言及した政策評価法を見ても，同法3条1項において，"政策効果"について，「当該政策に基づき実施し，又は実施しようとしている行政上の一連の行為が国民生活に影響を及ぼし，又は及ぼすことが見込まれる影響」と定義し，続けて，「必要性，効率性又は有効性の観点」から，右の影響を評価するとしているのである。右の条文の文言からは，金銭的に把握可能な費用のみを同法が念頭に置いているとは考え難い[89]。

したがって，政策の効率性を判断するためには，そうした金銭的な基準のみでは不十分である。すなわち，政策を実施するためには，政府部門においてのみ費用が発生するわけではない。例えば，租税法を例とすると，徴収は国家のみによって行われるのではなく，使用人に係る給与所得については，源泉徴収事務をその雇用者である法人が負っている。さらには，事業所得等については帳簿を作成し，それをベースに納税申告を行う義務を納税義務者が負っていることについて，かかる帳簿および納税申告書の作成に関しては納税義務者が税理士等の租税専門家を以って行わねばならない[90]。それは，国あるいは地方公共団体の許で生ずる金銭的な費用ではないであろう。

また，社会保障法の領域においては，国のみでなく，地方公共団体もその社

---

(88) Deckert (Fn.9), ZG 1996, 246ff. また，参照，足立・前掲注(87)57頁，平井宜雄『法政策学〔第二版〕』（有斐閣，1995年）74頁以下。
(89) その他の実定法上の例として，参照，大橋・前掲注(11)49頁以下，宇賀克也「ベーシック行政法 第2章 行政法の基本原則」法学教室284号28頁。
(90) いわゆる，コンプライアンスコストとして観念されているものである。それは，最早量的に無視し得ないものとなっている。例えば，参照，貝塚啓明「所得税」日税研論集3号3頁以下，特に，7頁。

会保障事務を担当することとしているし[91]，また，社会保障の給付については国等が責任を負うとしても，実際に給付事務を行うのは，社会保険を例とすると，健康保険組合，厚生年金基金，共済組合等でありえて[92]，必ずしも国であるわけではない。

右の如き法状況に照らせば，政策に要する費用は，政策実施主体の許で生ずる金銭的なそれに限られると解すべきでない。それよりも広く，非金銭的なそれ，さらには第三者の役務提供等により生ずる費用も含むと解し，それを何らかの方法で以って認識し（最終的には金銭的・定量的に把握可能な指標に置き換える），政策立案に反映させねばならないと解すべきである。

② 拡大される費用概念——各種類型——

では，前節において指摘した如く，如何なるものを費用として認識すべきかが問題となる。それを以下に紹介することとする[93]。

(i) 機会費用

法と経済学は，新古典派の議論に続けて，費用概念を修正した。最早，費用（Kosten）は，経費，支出または金額とは何ら関係ない。費用は，むしろ，人が，他の何かを得たり，行ったりするために，何かを犠牲にしなければならないときに存在する。その限りで，人は，機会費用という言い方をし，それを次のように定義できる。経済上の財に係る費用は，その財が最善の代替的な方法によって作り得たであろうそうした収益と同じである。例をあげると，ナイアガラの滝を観光する者が，この自然の観光資源の費用に言及するとき，機会費用が想定される。何故なら，その滝の水が，何らの電力に換えられることなく，深い滝の中に消えてしまっているからである。

(ii) 社会費用

社会費用概念についての研究は，Karl W. Kapp の "The Social Costs of Private Enterprise" においてなされた。この中で，Kapp は，確かに企業の中で生み出されるが，しかし，その企業自体の費用には含まれず，第三者（例えば，全体社会，環境／自然）に転嫁されるそうした費用の存在を想定した。社会費用とは「第三者または公衆が，無制約な経済活動の効果として，担わねばならないそうしたあらゆる直接または間接の損失」をいう。社会費用は，健康の

---

(91) 堀勝洋『社会保障法総論〔第二版〕』（東京大学出版会，2004年）32頁。
(92) 堀・前掲注(91)33頁。
(93) なお，本款は，Deckert, Folgeorientierung (Fn.38), S.99ff. を紹介するものである。

侵害，所有権の価値の減失または減少，そして自然の埋蔵物を早く枯渇させてしまうという形で現れる。これらは，前述の企業を例にとって言えば，事業者自体によっては担われず，第三者に転嫁されるそうした社会的な負の効果を表すといえる。

(iii) 外部費用

外部費用は，経済・社会政策を批判する手段としてこの概念は，Kapp，そしてCoaseにより発展させられた。外部費用とは，いうまでもなく，市場において内部化できない費用であり，それを除去するために政府による政策介入が必要とされることがある。

(iv) 影響費用

影響費用（Folgekosten）という概念は，ドイツでは，1970年代にBöhret/Huggerによって構築された。彼らは，費用を測る際に支出（狭義の費用）のみでなく，影響をも斟酌すべきであると提言した。影響を費用に含めて論じるという発想は，費用概念の拡張が進展したことの帰結として位置付けられる。すなわち，このアプローチは，伝統的な費用・便益アプローチを方法論上補っているといえる。そこで，以下に，影響費用に含まれるべきと想定されているカテゴリーを列挙する。

まず①社会環境費用。Leipertは，産業社会における環境・社会的影響を，社会環境費用に含めている。それを，彼は，「発展のための費用」と呼称する。Leipertは，全体としての（付加的）損失を想定している。それは，ある社会が，特定の発展スタイルを採用している場合に，担われねばならないそうした費用である。

因みに，Kappの社会費用との異同が問題となるが，Leipertの定立する社会環境費用は，次の二点でKappのそれとは異なると言われている。Kappは影響費用概念を市場経済の中の生産プロセスに基く影響費用に限定しているが，一に，Leipertは，産業社会全体の発展形態に係る影響費用（環境に負担を課す効果）をも含めてそうした概念構築をしている。それ故，消費・生活態様に基く影響費用も含まれる。二に，Leipertは，外部費用のみでなく，一定の内部費用をも影響費用に含めている。内部費用とは，例えば，法律によって企業に対して要請される環境保護措置に係る費用である。すなわち，そうした費用も，環境に負担を与える成長プロセスの一環として発生する費用なのである。

次に，②公的取引費用／規制費用。こうした費用は，規制を設ける政策，法

第7章　立法過程における政策形成と法

化によって，発生する。例えば，ドイツおいてはReckenwaldが配分の欠陥と効率性の喪失を国家の規制政策を実行することによって発生するとした。つまり，公的取引費用（Öfffentliche Transaktionskosten）／規制費用（Bürokratiekosten）とは，国家が市場に介入することにより，マクロ経済に係る全体としての負担が大幅に上昇するそうした追加的負担であり，そうした影響費用である。

(4)　小　括
① 　実効性・効率性の評価に係る意義と限界・問題点
　本章の論述は，若干抽象的であったが，実効性および効率性の評価に際して，斟酌すべきファクターが極めて多様であることは明らかとなった。
　本章で指摘した事項は，特に，事前の予測について極めて困難なものとなる。仮に時限法律あるいは政策評価条項に基づくこのような評価はデータの蓄積があろうが，現実の立法過程においては，必ずしもそうではない。そうなると，後にも若干言及するが，立法過程における専門家の投入の重要性[94]，外国法制等の参照が極めて重要となろう。さらには，如何なる範囲の利害関係者が立法過程に参加するか，という問題も付随的に論じられうる（詳細は，5を参照）。
　勿論，右に見たように，予測が困難であるからという根拠で，予測義務（5を参照）が免除されるものではない。しかし，興味深いのは，事前の予測が右に述べたような事情で困難であることから，立法過程において，立法者が予測義務を履行したか否か，について裁判所が判断する際に，資料・データ不足を根拠に予測義務の程度が低下するということはありうるかもしれない[95]。
　次に，右の予測の困難に係る問題点を論ずる。とりわけ実効性に係る評価を行う際の問題点がをDeckert教授は次のように指摘する[96]。先にも言及した如く，実効性の有無につき問題となるのは，立法の目的を実現するのにある法規定は相当であるか否かである[97]。しかし，場合によっては，それが抽象的であることもあり[98]，また，一つの法律により複数の目的が追求されていることもある[99]。右のような場合には，実効性の基準となる目的が明らかでは

---

(94)　Böhret (Fn.13), ZG 1992, 197ff.
(95)　参照，Höland (Fn.48), ZG 1994, 374.
(96)　参照，Deckert (Fn.9), ZG 1996, 244ff.
(97)　なお，参照，Voß, Monika, Symbolische Gesetzgebung:Fragen zur Rationalität von Strafgesetzgebungsakten, München 1989, S.55.
(98)　Voß, Symbolische Gesetzgebung (Fn.97), S.55f.
(99)　Voß, Symbolische Gesetzgebung (Fn.97), S.57f.

ないため，評価が行い得ない。こうした事態を避けるためには，立法者が，ある法律を制定する際に，目的規定を配備することが重要となろう[100]。

なお，実効性を測定するには法律の目的が多様である，あるいは十二分に確定できない，という場合には，Voß 氏によると，次のような解決策がありうる。すなわち，複数ある目的のうち一つの目的のみを抽出して，それをベースとして実効性を審査すること，そして，ある法律が施行されて社会の中で実現する現実を基準として実効性を評価すること，がそれである[101]。

また，右のような事情は次のような考察により根拠付けることもできよう。実効性・効率性の評価を行うことの意義は，既に言及した如く，最早否定する者はいないであろう。しかし，強調されるべきは，立法された法律の解釈との関係である[102]。すなわち，法適用者は法律を解釈する際に，当該法律の目的を斟酌して解釈することがある。その際，当該法律の目的が明らかでない場合には，法適用者が当該法律の（予定する）目的さらには（想定されうる）影響を明らかにしなければならない。しかし，立法者により想定される目的と法解釈者により獲得された目的とが異なる場合には，とりわけ当該法律の実効性は相当程度減殺されるものと判断されざるを得ないことにもなりうる。したがって，「目的が明確にされ，そして影響分析に基づいて法律に係る影響が最適化されるのであれば，法適用者は主観的・目的論的解釈のみを行えばよいこととなる。すなわち，〔立法に続いてなされる〕法適用が最早影響の評価を行う必要がないような〔そうした明確な目的を定める〕規範を立法過程において構築することが問題となっている」[103]と言えよう。

最後に，右にみたように，ドイツにおいては，政策に係るコストが古典的なものよりも広く観念されているといってよいであろう。このことは，おそらく，政策に関係する諸要素，特に，政策の影響を受ける人的・物的要素が拡大してきていることの証左である。

② 補　論——シュミレーションの具体例——

立法過程におけるシュミレーションについて簡単に触れておく。具体的な立法過程において，実効性・効率性について如何なる態様で実効性・効率性が評価・検討されているのか，を概観しておくことは有意義であろう。但し，素材

---

(100) Meßerschmidt, Klaus, Gesetzgebungsermessen, Berlin 2000, S.917.
(101) Voß, Symbolische Gesetzgebung（Fn.97），S.58f.
(102) Deckert（Fn.9），ZG 1996, 254.
(103) Deckert（Fn.9），ZG 1996, 254.

第 7 章　立法過程における政策形成と法

が若干古く，近時の各省共通業務命令の内容およびその改正作業とは何らの関係をも有していないという限界はある。

　シュミレーションとして，Böhret 氏はいくつかの類型を考察する[104]。例えば，一に，ある法律に暫定条項（実験条項と同義であろう）を定め，それに基づいて現実の社会における事象に特定の法律を適用することによって，当該法律の実効性・効率性が実現されるのか，を検討すること，さらには，二に，右のように法律を制定しないまでも，ある法律が制定されたと仮定して，それに基づいて行政官が行政作用を執行し，その知見をベースとして実際に法律が制定された場合の実効性・効率性を検討する，といった方法がありうる。前者については，時限法律であるので運用の如何によっては法的安定性に係る諸問題が生ずる可能性がある[105]。加えて，法律を制定する立法手続に鑑みても，時間的コストの発生は避けられないところである。後者については，暫定行政規則を制定してそれに基づいてシュミレーションが実施されるため，シュミレーションが行政内部において完結しているので，実験条項を設ける前者の場合と比べてコストは少ないといいうる。その他にも問題点は指摘できるが，本章ではここで止めておく。

　なお，Böhret 氏によると，法律制定前のシュミレーションを通じて，運用の際の問題を予め発見することが可能となり，現実の立法作業に多くの示唆を与えることができるとされている[106][107]。その際，既に挙げられた法律の評価基準を当てはめることによって法律アセスが可能となるのであるが，いくつ

---

(104)　Böhret (Fn.13), ZG 1992, 194ff., 197ff. また，参照，Hill (Fn.6), ZG 1987, 256.
(105)　詳細については，参照，本書第 8 章。
(106)　現実に，名宛人にとって理解可能な法律を制定するという指標を実現するための法令文の再起草，といった効用が認められているという。参照，Böhret (Fn.13), ZG 1992, 196.
(107)　Böhret 氏は，例えば，防災行政法をベースとして議論しておれる。すなわち，災害処理に際し複数の行政庁の間で管轄権が分配されているとき（Böhret 氏は，鉄道災害について，"駅構内で発生した火災について消防署が鎮火にあたろうと考えても，鉄道施設内での火災は鉄道会社に管轄権がある"，というケースを挙げておられる），場合によっては機動的な対処がなされえないことがありうる。したがって，右のごとき管轄権に関する法律を起案する際には，予め諸々のケースについてシュミレーションを施し，適正な立法をなすことに努めるべきであるとする。参照，Böhret (Fn.13), ZG 1992, 201ff.

かの代替的な政策選択肢を比較できるというメリットもある[108][109]。Brocker 曰く，"過去に獲得された経験をベースに，ある複数の政策選択肢の比較および複数の問題提起の呈示が可能となり，それによって将来予測の実施，規範制定プロセスの透明化が実現される"[110]と指摘される。

4　政策と憲法——その適合性の審査——

　先にも指摘したが，法律上の政策は，一定の目的の許，右の目的を達成するための手段から構成されていると言える。すなわち，法律には，立法者によって，目的と手段とが規律されている。確かに，立法者の立法裁量の枠組みが相当程度広いことは，日本でも，ドイツにおいても，指摘されている。しかし，そこに何らの制約が認められないはずはない。すなわち，目的および手段には制約がある。それは，性質上，法律よりも上位の規範から導出されると考えるべきであるから，それが憲法であると言ってよい[111]。右の言明は，憲法価値の実現[112]あるいは憲法価値の遵守といってもよいであろう。

　したがって，憲法との適合性は法律上の政策には必要条件と言える。したがって，効率性，実効性といった，経験的側面からの法律上の政策の評価とは別に（厳密に区別できない場合もあろうが，ここでは除外する），憲法との適合性が審査されることとなる。しかも，Köck 教授によると，凡そ，法律（および，それによって実施される政策）と憲法との適合性は二通りの観点から審査される。それは，個々の政策の内容（目的・手段の双方を含むであろう）と憲法との適合性を求める①実体法的側面，法律が一定の手続に則って成立したか否か[113]，そして，立法の過程で立法者が考慮すべき要素を考慮したか否か，が問われる②手続法的側面[114]，または考慮義務的側面である。

　なお，所論によると，それぞれの憲法適合性を検討した際に，憲法適合性が確認できない場合の，その効果が実際的問題として認識されねばならない。

---

(108)　Böhret（Fn.13），ZG 1992, 214f. また，参照，足立・前掲注(85)58 頁以下，187 頁以下，さらには，宮川公男『政策科学の基礎』（東洋経済新報社，1994 年）207 頁以下。
(109)　これについては，参照，Brocker, Gesetzesfolgenabschätzung（Fn.3），S.38f.
(110)　Brocker, Gesetzesfolgenabschätzung（Fn.3），S.38f.
(111)　Lücke（Fn.18），ZG 2001, 1ff.
(112)　参照，本書第 2 章。
(113)　Köck（Fn.19），VerwArch. 2002, 13.
(114)　Köck（Fn.19），VerwArch. 2002, 14.

第 7 章　立法過程における政策形成と法

　さて，右に挙げた実質的側面および形式的側面，そして考慮義務的側面に照らして，法律の合憲性を審査することを以下に検討する。

(1)　**憲法適合性の審査のありよう**
① 　実体法的側面からの憲法適合性の審査
　立法が実質的側面から憲法に適合しているか否かを問うことは，立法の内容が憲法と適合しているか否か，を問う作業である。例えば，法律の内容が平等原則に違反しないか否か，ある目的を達成するために法律中に規律された手段が比例原則に違反しないか否か，といった問題が論じられる。そして，実体法的側面に照らして立法が憲法に適合しないと判断された際の法効果は，Köck 教授の見解によると，①絶対無効（Nichtigkeitserklärung），②適用違憲の宣言（Unvereinbarkeitserklärung），③立法者が事後的に改善措置をとることを条件とした合憲がありうる[115]。
　そして，実際に，違憲という判断が連邦憲法裁判所によってなされるか否かは，立法者の法律形成の自由（立法裁量）がどの程度広いか，そして連邦憲法裁判所の違憲立法審査権の権限そのものに依っていることとなろう。例えば，立法者による法律形成の自由が広い場合には，違憲と判断される余地がそれだけ小さくなる。しかし，違憲の程度が著しい場合であれば，違憲と判断される可能性は大きい（基本権侵害の程度）。しかしそれは，いずれも結果論であって，立法者の裁量の広狭と，当該法律の憲法適合性とは必ずしも一義的には結びついてはいない。

② 　手続法的側面からの憲法適合性の審査
　憲法においては，立法手続が定められている。その際，手続を明確に規律することによって，民意（国会構成員の活動の中に擬制されてはいるが）を確実に反映させることがその目的である。逆にいえば，所定の手続を逸脱した議会の行動を通じて可決される法律は，民主主義的な価値を有していないと言わざるを得ず，無効の瑕疵さえ帯びるかもしれない[116]。
　この点，Köck 教授の見解によると，法律の内容を法律形成する立法者の構築の自由が非常に広いことを直視すると，所定の手続に則って立法活動が営まれることが，まさに法律の内容上の正しさを担保する不可欠の前提要件である

---

(115)　Köck（Fn.19），VerwArch. 2002, 13.
(116)　Köck（Fn.19），VerwArch. 2002, 14.

から，明白な手続違反は法律の無効をもたらす[117]。

以上の議論は，既に指摘した形式的立法手続に関するものであると言えよう。

③　立法者に対して課される義務——その類型——

Gusy 氏は，立法者に対して立法過程におけるその動態に付着するとされる義務を主張する[118]。もっとも，Gusy 氏は，以下に挙げる諸義務の根拠を明示していない。それらの義務を，いわば，立法という国家作用に性質上内在する当然の義務と解するか，または，別の根拠を援用するか。いずれにせよ，かかる義務は憲法から導出するまでもなく認められる可能性があると筆者は考える。さらに，それが憲法から導出されるか否かに関する議論は，次の(2)にて検討する。

(i)　事実関係確認義務

立法は，現実の世界においてなされる社会構築である。そのことは，構築する必要性および構築される相当性を有する現実の存在を前提とする。そして，そうした現実については，法律による規律の必要性が存在することとなる。ある現実が右の如き法律の規律対象であるか否か，そしてそうした規律が如何にして充足されるか，については個々の領域ごとに一義的に明らかではなく，多かれ少なかれ現実の与件を調査する必要がある。そうした調査を立法者は義務付けられている。

以上が，Gusy 氏の主張する事実関係確認義務の内容である[119]。

(ii)　考慮義務

立法者は，立法作用を営む際に，関連する様々な要素を勘案したうえで，意思決定を行う義務があるといってよい。それは，あくまでも手続的な義務であると観念されうるが，しかし，右の義務が履行されないと，内容的に正しくない法律が立法されることとなるので，それ故，右の義務はすぐれて実体的な意味をも持っていると言うことができよう。したがって，考慮義務は，いわゆる実質的立法手続に関わっていると言える。

さて，考慮義務は，関係する事実関係を調査すること，予測を立てること，基本権あるいは憲法上の価値が相克する際に公益および私益を適切に衡量する

---

(117)　Köck（Fn.19），VerwArch. 2002, 14.
(118)　以下の叙述につき，参照，Gusy, Christph, Das Grundgesetz als normative Gesetzgebungslehre?, ZRP 1985, 293ff.
(119)　Gusy（Fn.118），ZRP 1985, 292f.

第7章　立法過程における政策形成と法

こと，といった諸々の義務が立法者には課されているという指摘がある。右の諸々の義務は，法治国家原則，比例原則，恣意の禁止原則といった憲法上の原則から派生する。しかし，右の如き諸義務がどの程度厳格なものであるのか，そして違反の法効果について一体如何なるものが想定されているのかは一概に明らかにはされていない。

　以上が，Gusy 氏の主張する考慮義務の内容である[120]。

　(iii)　予測義務

　連邦憲法裁判所は，その確立した判例において，あらゆる法律が将来的に生ずる法律の影響（Auswirkung）についての立法者の予測をベースとしている，という言明から出発している。それによると，立法者は，法律に基因して生ずる影響を斟酌しなければならない。このことは，既存の事実が将来生ずる影響を認識するためにどの程度価値を有しているかの観点から検討されるという態様で，そして，考慮という形態で，法律上の規律に係るメリットおよびデメリットについて情報を提供するそうした信頼できる予測が定立される，という態様でなされることとなる。なお，右のような予測は，入手可能なあらゆる素材に則ってなされることとなる。

　以上が Gusy 氏の主張する予測義務の内容である[121]。

　(iv)　斟酌義務

　法律の実施によって，立法者の企図する効果が発生しているのか否かが明らかになる。最適な法律の立法を追及する最適な立法は，その実施に伴い獲得される認識および経験を無視することはできない。時間の経過とともに，当初法律のベースとなった事実関係に変化が生じたのであれば，法改正を必要とするか，またはそれを想起させるそうした当初の予測の修正がなされる。すなわち，立法者は，法律制定後の事情を簡単には無視できない。むしろ，その限りで，立法者は法律制定後も斟酌義務を負っている。最適な立法手続は，法律の公布によって終了するのではない。その後も潜在的には継続する。事後的に生じた新しい事実による事実を完全に把握すること，それを継続的に考慮すること，そして，右の事柄により法律の審査を改めて行い，差異化（Differenzierung）を行い，場合によっては予測の修正を行うことが立法者にとって必要となる。

---

(120)　Gusy（Fn.118），ZRP 1985, 293.
(121)　Gusy（Fn.118），ZRP 1985, 293f.

以上が，Gusy 氏の主張する斟酌義務の内容である[122]。

(v) 事後改正義務
　立法者の意思決定についてベースとなるものが事後的に変化した場合には，立法者は新しい意思決定のベースに基づいて事後的な改正を義務付けられる。それとともに，立法者は，当初の事実調査，考慮および予測が不完全性であるために必然的に生ずる帰結を自ら招いている。法と事実との間に要請される対応関係が要請される結果，事実が動態的であるので，法も動態的でなければならないことになる。法がそのようなものであるならば，立法者も動態的でなければならない。法が現実を構築するように，現実も法を構築する。斟酌義務および事後改正義務は潜在的にはあらゆる法秩序に関連している。そして，その際，当初の事実および予測に係る不確実性が高ければ高いほど，立法者に対して事後的に課される義務の程度は高くなるであろう。
　以上が Gusy 氏の主張される事後改正義務の内容である[123]。

(2) **立法過程における立法者の動態と憲法——諸義務の位相——**
　さて，ここで，直前の 4(1)までにおいて挙げた立法過程において立法者に対して課されることとなる諸義務に係る法構造を概観する。右に見た諸義務は，その違反について如何なる法効果が生じるかが問題となる。すなわち，既に指摘したが，立法者は，いわゆる良い立法（gute Gesetzgebung）を行うために，慎重に立法手続を追行する手続上の義務を負うが，しかし，その義務は立法の内容にも係るもの（実体法上の義務）でもあるとされる[124]。そうした手続上の義務違反が法律の内容に憲法違反をもたらす可能性があるだろう。とりわけ，この論点について，Köck 教授の整理によると[125]，Schwerdtfeger[126] と Schlaich[127] との間で議論の対立が見られるという。その対立点とは，立法に対する憲法適合性の審査の対象を，①立法の成果たる法律の憲法適合性と並んで立法過程における立法者の行動も含む，とする見解，そして②立法の成果た

---

(122) Gusy (Fn.118), ZRP 1985, 294.
(123) Gusy (Fn.118), ZRP 1985, 294f.
(124) Burghart, Axel, Die Pflicht zum guten Gesetz, Berlin 1995, S.206.
(125) Köck (Fn.19), VerwArch. 2002, 15ff.
(126) Schwerdtfeger, Gunther, Optimale Methodik (Fn.9), S.173ff.
(127) Schlaich, Klaus, Die Verfassungsgerichtbarkeit im Gefüge der Staatsfunktionen, VVDStRL 39, 1981, S.103ff.

第7章　立法過程における政策形成と法

る法律の憲法適合性のみにそれを限定する見解，の対立である。①を Schwerdtfeger が，②を Schlaich 教授が主張している。

なお，両説の差異は，③仮に，立法者が，前款において言及された如き諸義務を立法過程において履行しない場合に，かかる行動が当該法律の違憲無効を招来するか否か，にある[128]。したがって，本節で検討する議論は，極めて実務的意義をも有するものである。

以下に，その議論を紹介する。

① Schwerdtfeger 説

まず，Schwerdtfeger の見解によると，「立法者は，関連する諸要素，諸利益，諸観点，つまりできるだけ完全かつ正しい内容を有する諸データを斟酌しなければならない。従来の状況を分析し，考えられうる目的を提起し，現状が如何にして改変されうるかを突き止め，そして，様々な目的を達成しうるそうした道具を開発し，最後にあらゆる効果を調査することによって，立法者は右のようなことをなしうる。そのようにして生ずる別途の解決策（現状の維持または改変，改変される結果としての複数の可能性，様々な手段）を，立法者はその政策的価値判断に適合するか，あるいは矛盾するか，という観点から相互に考慮しなければならない」[129]となる。

Köck 教授は，Schwerdtfeger 説について，次のように要約する。まず，法律の憲法適合性審査の対象は，法律のみでなく，その立法の過程も含まれる。すなわち，立法過程における立法者の行動は，法律の質を担保するものとして極めて重要なものであるとする。さらに敷衍すると，"立法者が法律を合理的に正当化できる形で立法したのか否か，つまり，立法作用について関連する諸素材を斟酌し，注意深く分析・処理し，並びに適正な考慮を加えたか否か，が問題である"[130]。

また，ここで，右の考慮について，Schwerdtfeger は，連邦行政裁判所の判決において言及されることのある"考慮"概念[131]を憲法に借用し[132]，それを以って，立法者による立法過程における諸要素・諸利益等の考慮義務を憲法上のそれとして論じている。

---

(128) Burghart, Die Pflicht (Fn.124), S.202.
(129) Schwerdtfeger, Optimale Methodik der Gesetzgebung (Fn.9), S.173.
(130) Köck (Fn.19), VerwArch. 2002, 16.
(131) BVerwG──Urteil vom 5. 7. 1974, BVerwGE 45, 309, 312f.
(132) Köck (Fn.19), VerwArch. 2002, 16.

なお，Schwerdtfeger 説を支持するものとして，Kloepfer 教授[133]およびLücke 教授[134][135]らがみられる[136]。

② Schlaich 説

先にも言及した如く，Schlaich 教授は，法律の憲法適合性の審査は，法律の内容自体に限定されるべきであると説く。彼は，「規範の統制は，立法者を，学説および判例において考案されている立法過程を行政手続のように扱う考え方の中に入れ込むことを許さない」[137]と述べ，さらに，「立法者は，まさに，法律に対して責任を負う。今日広まっている"憲法上の義務として最適な立法の方法"という標語はそれとは異なったものとなろう。かかる標語は，立法者

---

[133] Kloepfer, Gesetzgebung im Rechtsstaat, VVDStRL 40, 1981, S.90. Kloepfer 教授は，立法学の議論において，合理的な内容を有する立法を行うための憲法上の最低限の仕組みを確立することが今後一層重要になっていく，と指摘しておられる。さらに，参照，Ders., Abwägungsregeln bei Satzungsgebung und Gesetzgebung ——Über Regelungen für Erlaß von Rechtsnormen——, DVBl 1995, 441ff., 442. Kloepfer 教授は，条例の制定のための準則は，実定法上明文では規律されていないので，解釈によって導出されるのがドイツの現状であるが，これとは対照的に，法律の立法については事情は異なり，まず，いわゆる良い立法（gute Gesetzgebung）を実現するための幾つかの要請は法的なそれかあるいはあくまで政策的なそれか，という問題があるとし，Kloepfer 教授自身は法治国家的民主主義は，単に正しい結果のみでなく，それに相応する方法をも必要としている，とする。

[134] Schuppert 教授は，Lücke 教授の見解を引用し，実体法的義務と手続法的義務とに識別し，さらに，前者を規範安定性の原則，規範明白性の原則，規範明確性の原則，規範の無矛盾性の原則，規範の首尾一貫性の原則とし，後者を事実関係の調査・分析義務，理由付け義務に細分している。以上につき，参照，Schuppert（Fn.28），ZG 2003（Sondeheft），11.

[135] 例えば，Lücke（Fn.18），ZG 2001, 26. 基本法76条3項6文は，連邦議会は法律案につき適当な期間内に意見を述べ，議決するものとされており，議決のために意見を述べるとすると，当然当該法律案に関連する様々な事項を連邦議会は認識していることが必要となる。その場合，連邦議会に対しては，かかる事項の認識のためにはそれに対応する事項を調査する義務が課されている，と構成せざるをえない，とされている。したがって，Lücke 教授は，憲法に規律されていること（法案提出および議決）を実行するための前提としての義務（事実関係の調査）は，すなわち憲法上の義務である，と理論構成しておられる。

[136] 参照，Schulze-Fielitz, Helmut, Gesetzgebung als materials Verfassungsverfahren: Die Befugnisse des Vermittelungsausschusses und die Aufspaltung von Gesetzen, NVwZ 1983, 709ff., 711. 立法活動の成果としての法律の内容如何のみでなく，それを生み出す立法過程の重要性を説く。

[137] Schlaich, Die Verfassungsgerichtbarkeit（Fn.123），S.109.

第 7 章　立法過程における政策形成と法

に対して，その意思決定過程の合理性を根拠付けることを課す。そうした義務は，基本法からは導出されえない。専門的知識を駆使して立法活動を営み，利用できるデータおよび経験則を誠実に利用し，そして必要な考慮を行ったという"立法者"は存在しない。そして，仮に，議会がある法律の立法理由書を決議しても，事情は変わることはない。立法は，行政ではなく，選挙によって選ばれ，選挙民の意向を受けて活動する者（der gewählte Mandatsträger）は一時的にも行政公務員ではない」[138]と述べているのである。このように，Schlaich 教授は，立法手続と行政手続とを同視することを許さないとして，Schwerdtfeger 説を批判する。

　Köck 教授の整理によると，Schlaich 説のポイントは，立法過程において立法者に対して課されるとされる考慮義務を憲法から導出することに対する批判である[139]。Gusy 氏は右の Schlaich 教授に同調して次のように主張される。曰く「立法手続への要請に係る議論は，しばしば，基本法についての様々な前提理解の許でなされる。"法治国家"というアスペクトが規律密度を強調し，そして，憲法上の原則および不文憲法を参照しつつ，立法府にかかる義務を課そうとする一方で，逆に，"民主主義"というアスペクトは，基本法が法律形成の自由を立法府に対して与えることによってのみ可能となるそうした社会形成に際して，立法府の優位を強調する。」[140]。そして立法について，その属性を凡そ次のようにまとめておられる。それは，法律と行政行為および裁判所の判決との違いである[141]。立法者によって規律がなされる領域は，時間的には将来を指向しており（行政行為および判決は過去の事実に対してなされる），そして，その範囲は広範であり（行政行為および判決は個別具体的なケースを扱う），したがって，完全な予測をたてた上で立法をなすことは無理である[142]。したがって，もし，それを立法者に要求し，義務と観念するならば立法が機能不全に陥るであろう，としている[143]。次に，立法機関の属性について言及され，立法機関は議決機関であり，詳細な政策形成は行政府に委ねられ，それ故，現実にも，情報の多くは行政府に集中しており，立法府独自にそれと同程度の情

---

(138)　Schlaich, Die Verfassungsgerichtbarkeit（Fn.123），S.109.
(139)　Köck（Fn.19），VerwArch. 2002, 18.
(140)　Gusy（Fn.114），ZRP 1985, 291ff.
(141)　Gusy（Fn.114），ZRP 1985, 296f.
(142)　Gusy（Fn.114），ZRP 1985, 297.
(143)　Gusy（Fn.114），ZRP 1985, 297.

報を収集・分析することはできない[144]，とされている。最後に，Gusy 氏は，立法手続について言及され，立法手続とは意思決定手続であり，そこでは合意を得ることが重視されており，決して法律案の内容の正しさにプライオリティーを置いた手続が進行しているわけではない[145]，とされている。

　要するに，Gusy 氏の見解によれば，立法の属性，つまり社会形成という課題の遂行については，一義的にその内容が明らかではなく，立法者の裁量を以って，その課題が遂行されるのであるから，そのプロセス，つまり立法過程に義務を観念することは困難であり，まして憲法からそれを導くことは実定憲法上も無理である[146]ことになろう。

③　まとめ

　立法者が立法過程において如何なる作業をなすべきか，が立法過程において重要な要素であるか否かについて問題が提起された。本章における検討の視角からすると，Schwerdtfeger 説を以って正当と考えたい。例えば訴訟の過程において法律の憲法適合性が審査の対象となることはしばしばであるが，その際，立法内容の合理性は，確かに，当該法律の文言およびその適用の結果に着目してなされるべきことは争いようがない。しかし，それだけでは，視点が少ない。すなわち，そもそも立法とは，かつては一般的かつ抽象的な法規範であると定義づけられたことからも推論されうるように，社会のあらゆる者あるいは対象

---

(144)　Gusy（Fn.114），ZRP 1985, 297f.

(145)　Gusy（Fn.114），ZRP 1985, 298.

(146)　Gusy（Fn.114），ZRP 1985, 298f. ここで，Gusy 氏による言明を引用しておく。「立法者は，法律以外の何ものについても責任を負わない。立法者は，手続における憲法上の最適化義務にも，自身がとる措置についての説明義務にも服さない。それに対応して，法律の内容への要請である実体法的憲法規範を，（手続法上の・筆者注）統制基準に転換することは許容されない。この意味において，連邦憲法裁判所は，基本法と法律との調和を審査しなければならないが，独立した形で基本法と立法手続との調和を審査することは許されない。規範統制は，規範の統制であって，最適な規範定立手続の統制ではない。この意味において，立法府は，憲法に適合する法律を立法することに責任を負うが，その目的および論拠が憲法と適合していることについては責任を負わない。とりわけ，手続の憲法適合性から法律の憲法適合性を推論することはトリック的な推論である。＞正しい＜手続と＞正しい＜手続の目的との間には，何らの論理的関連性は存在しない。そして，基本法がまさに憲法と法律との内容的調和にアクセントを置いていることは偶然ではない。それとともに，基本法が──正当にも──手続に疑念を有していることが明らかになっている」。また，参照，Meßerschmidt, Gesetzgebungsermessen（Fn.97），S.875. Meßerschmidt 氏は，合理的な立法手続を実現することを立法者の責務と解しておられる。

に適用されうる法規範として捉えられていたのであるから，立法の際には，立法者は，広漠な社会事象を把握している必要があり，そして，そうした社会事象には，様々な利益が内在しているはずである。また，立法者自身，つまり議会の構成員自体も，その背後に様々な社会利益を代弁する存在である。

それ故，立法作用には，利益調整機能が内在していると考えることができる。そうすると，社会利益調整にこそ立法作用の本質の一つが認められるとするならば，かかる利益調整の成否が立法作用の帰趨を決するものとして捉えられるはずである（勿論，それだけではないであろう）。

したがって，基本法も，立法について規律している以上，右に検討した如き立法概念を前提としていると解される。例としてのGusy氏が主張する諸義務の違反は憲法上の"立法"作用を営んでいるとは言い難く，それを以ってかかる法律は違憲と解すべきである。また，以上のように考えると，Schlaich教授が述べる"立法過程の重視は，立法と行政とを混同するものである"という批判があるが，これは行政作用においては目下行政手続法により行政上の意思決定につきその名宛人の権利を十分に斟酌した慎重な手続が求められるが，他方で立法過程は行政手続とはまったく異なるものであり，行政手続と同じような慎重な手続は必要ないということを意味している。確かに，所論が述べるように，立法手続および行政手続は異なるものであるが，しかし上記の検討によればSchlaich教授の批判はそもそも採り得ない。

(3) 小　括

残された問題について検討しておく。

① 立法者による諸義務の履行

4(1)，(2)においては，立法者による立法過程において果たすべき義務について言及がなされた。筆者は，Gusy氏が主張する諸義務を憲法上のそれと解する立場をとった。確かに，右の立場について理論的には正当であると考えるが，しかし，実際上の点から考えると，若干の疑義がある。

すなわち，立法者による右の如き諸義務を立法作用そのものの属性から導出することはできようが，"かかる義務を果たした"，と言えるための基準もそこに必要となってくる。しかし，立法者の行動は各立法過程において多様であろうから，それは原則としてケース・バイ・ケースで考えることとなろうが，それだけでは理論としては不十分である。しかし，ここで安直に回答を提示すべ

き問題でもない。加えて，立法過程の司法審査については，ドイツの判例は消極的な審査態度に止まっているという(147)。したがって，この点についての問題の検討は他日を期したい。

② 立法準則の規律のありよう

また，ドイツにおいて各省共通業務命令という形態で構築されているドイツの立法準則を，そうした行政規則（連邦内務省によるそれである）としてではなく，法律として制定する，という見解も主張されている(148)。実際に，ブルガリア(149)，南アフリカおよびポーランドにおいては，それが実務上既に実施されている(150)。そうした法律レベルで立法準則を制定することの意義を，人は，凡そ法律レベルに引き上げることによって，その重要性を宣言的にアピールするということに認めることができるのかもしれない(151)。しかし，そうした宣言的効果が認めることが実際にできるとしても理論的問題点は残る。すなわち，法律上の立法準則が憲法上の規律事項をいわば確認的に規律したものである，という立場に立脚すると，右の立法準則に強い拘束力が生じ（参照，基本法20条3項），後法に対して拘束力を保つこととなる。何故なら，右の場合，立法準則は憲法そのものだからである。それは立法者による立法準則の遵守を促進する契機となろうが，しかし，当該立法準則の改正，あるいは特殊な事情による立法準則を逸脱した立法を許容しないという結論も導かれ得る。逆に，法律上の立法準則は，立法者が憲法上の原則を具体化したものである，という立場に立てば，立法準則はあくまでも一法律にすぎないこととなり，前者ほど強い

---

(147) この点について，参照，Schenke, Wolf-Rüdiger, Der Umfang der bundesverfassungsgerichtlichen Überprüfung, NJW 1979, 1321ff., 1324f.;Schneider, Hans-Peter, Verfassungsgerichtsbarkeit und Gewaltenteilung:Zur Funktionsgerechtigkeit von Kontrollmaßstäben und Kontrolldichte verfassungsgerichtlicher Entscheidung, NJW 1980, 2103ff., 2105, 2106f.
(148) Lücke（Fn.17), ZG 2001, 39ff.
(149) Karpen, Urlich, Zum Stand der Gesetzgebungswissenschaft in Europa, in: Schreckenberger, Waldemar/Detlef Merten (Hrsg.), Grundfragen der Gesetgebungslehre: Aktualisierte Vorträge eines Seminars zur Gesetzgebungslehre (1996) an der Hochschule für Verwaltungswissenschaften Speyer, Berlin 2000, S.11ff., S.25f.
(150) Lücke (Fn.17), ZG 2001, 39ff. また，憲法の内容については，参照，Lücke, Jörg, Die Entstehung der neueren südafrikanischen Verfassung und deren ≫ Bill of Rights ≪, JÖR 1999, 467ff.;Kindermann (Fn.46), ZRP 1983, 205.
(151) これは，いわゆる政策理念を提示する規定あるいはシンボル立法に相通ずるものである。

第 7 章　立法過程における政策形成と法

拘束力をもたないこととなる。そして，同時に，改正も相対的に容易となる。しかし，前者とは逆に，拘束力が弱いゆえ，立法準則の重要性が軽視されるおそれも生ずる。

　では，ここでいずれの立場に立つべきか，を議論する必要がある。確かに，この点，平等原則，首尾一貫性の原則，明確性の原則等は，憲法上の原則として，認識されている。そして，現在では，実効性，効率性といった基準も憲法上の原則であると主張されることもあるかもしれない。そして，いずれの原則も各法領域において具体化する営為は継続されており，その意味で，右の諸原則の意味内容は明らかであり，仮にそれらを立法準則として法律上規律するとした場合，それは，憲法上の原則の確認的規定である，と言いうるかもしれない。しかし，そうした具体化の営為自体が，憲法上の原則の具体化について各法領域ごとの具体化の必要性を示しているのであり，今後も社会事情の変化に対応する形でさらなる具体化作業の結果，別の意味内容が与えられるかもしれない[152]。また，実効性，効率性を評価する場合には，本章での検討を通じて明らかになったように，評価実施者が評価の際に斟酌する要素を取捨選択する余地が相当程度認識されている。以上のように考えるならば，立法準則を法律上規律することは，憲法上の原則の確認的規律を行うことと同義であるとは到底言えない。したがって，立法準則を法律上規律することは，当該立法者による憲法上の原則の具体化[153]，と解すべきである。

---

(152)　同趣旨の裁判例として，例えば，参照，BVerfG-Urt. 28. 5. 1993 ──2 BvF 2/90 und 4, 5/92──, BVerfGE 88, 203ff., 254, 263. 立法者は妊婦の安全について適正かつ実効的な保護を与えねばならず，そして，それは慎重な事実関係の調査および十分な予測的評価に基づいている必要がある。加えて，妊婦のみならず胎児を実効的に保護するために妊娠中絶に対して刑罰を用いる場合に，その実効性等の効果を十分に信頼できる予測に基づきなさねばならない。そして，胎児および妊婦を保護するために採られる立法者の措置に関して，事実関係の展開および当該措置の規律に係る効果についての予測をベースとして，当該措置が規律されるのであれば，それは合理性があり，そしていわゆる過少保護の禁止の要請をも充足するように構築がなされねばならない。右判決から，立法者の規律による措置が適正かつ実効的である程度は事実関係の変化に応じて，同じく変化するので，そうした変化を斟酌して立法活動がなされる必要がある，という命題を導出することが許されよう。

(153)　また，本文中で指摘した"具体化"の他に，形成（Ausgestaltung）という言葉がある。形成は，具体化と異なり，憲法の条文の意味内容を明らかにし，それを具体化するのではなく，憲法の条文のテクストを超え，結局のところ憲法の条文の意味内容とは直接の関係を有しない言明を獲得する作業である，と定義づけることが許されよう。Lücke 教授によると，形成がなされる際には，その獲得さらた言明は最早憲法上のそれ

4 政策と憲法

したがって，立法準則を規律する法律には，憲法としての位置付けを与えられるべきでなく，制定法と同じ位置付けがなされることとなる。しかし，そうであると解すると先に指摘した如く，その改正・逸脱が容易になるという問題がありうる。実は，その背景には，現行の基本法上憲法の内容を具体化する法律はごく例外的にしか認められていないので[154]，ここで問題となる立法準則法律も単なる一制定法に過ぎないことになる。したがって，立法準則法とそれをベースにして立法される制定法が同位に置かれ，後法優位の原則を単純に貫くと，そのような法律レベルでの立法準則法を無視した立法も可能となる。しかし，立法準則としての性質上，改正・逸脱について簡単にそれを認めることは妥当ではなく，この点，同位にある法律の効力が問題となる[155]。その限りにおいて，ドイツにおいては，"一般的・抽象的法律は，それを執行する法律（Ausführungsgesetz）に優位する，したがって，例えば，ゲマインデ法（ゲマインデに関する一般法）は，ゲマインデ設置法（Eingemeindungsgesetz）に優位する"[156]，"同位にある法の中で，階層を識別することはよくあることである。その根拠はいくつかあるが，例えば，憲法改正について考えると，憲法の基本的意思決定について改正は許されず，憲法制定者にそれは留保される。その他に，法規命令にもかかる識別がなされることはあるが，それは当該法規命令を

ではないのであるから，憲法の拘束力を論ずる余地はなくなる，という。以上に尽き，参照，Lücke（Fn.18），ZG 2001, 40f.

(154) 参照，Lücke（Fn.18），ZG 2001, 41, Fn.204; Tiemann, Burkhard, Die Grundsatzgesetzgebung im System der verfassungsrechtlichen Gesetzgebungskompetenzen, DÖV 1974, 229ff., 230ff. 詳細な実例の列挙は右のTiemann論文を参照されたい。

(155) Püttner, Günter, Unterschiedlicher Rang der Gesetze? DÖV 1970, 322ff., 322f.

(156) Maurer, Hartmut, Allgemeines Verwaltungsrecht 12.Aufl., München 1999, §4 Rz.41. また，参照，Würtenberger, Tohmas, Staatsrechtliche Probleme politischer Planung, Berlin 1979, S.346ff. Würtenberger教授は，計画法律およびプログラム法律を挙げ，計画法律等に違反する後の法律の効力を論じる。彼曰く，後の法律に対して計画法律等の拘束力を及ぼすことはありうるが，しかし，実際には，それに違反する法律も制定することはできるであろう。なお，参照，Breuer, Rüdiger, Selbstbindung des Gesetzgebers durch Programm- und Plangeseze, DVBl. 1970, 101ff., 105. 実際に，計画法律等と矛盾する法律が制定される場合には，①計画法律の存在自体にそれと矛盾する後法に優先するという推定を認める，②計画法律の属性から，目的論的解釈を通じて，計画法律に拘束力を認める，という立論によって，計画法律に拘束力を認めることもできる，とする見解がある。

第7章　立法過程における政策形成と法

制定する行政庁間のヒエラルヒーを反映している"[157]と解されている。なお，続けて，Maurer 教授は"憲法を具体化し，そして改正する法律"について言及され，本来，憲法に規律されるべきものが，憲法に詳細な規律をすると憲法に過重な負担を課してしまうので，いわゆる形式的意味の法律に規律される事項がある，としている。その例として，予算改正法，ゲマインデ設置法が挙げられている[158]。右の論述から，憲法上の規律事項が，制定法レベルにおいて規律されることが実務上ありうることが確認できよう[159]。

　以上のような素材をベースとして考えると，立法準則を規律する法律にも，他の法律に対する優位を認めてよいとする余地が生じる（具体的には，その際，当該法律が立法準則法であることを示す名前を付すべきであるとされるのである[160]）。すなわち，それを以って，立法者は，立法準則を遵守しつつ，立法活動を営むことを義務付けられる[161]。

　また，立法準則法に違反して立法された法律の効力も問題となるが，実体憲法上の規定（基本法76条以下，同93条1項2号および2号a，100条1項）に照らして，無効とすることもできる[162]。しかし，例えば，経過規定が付されているか否か，といった個別事情を斟酌することにより，一律に無効とするのではなく，別の効果も付しうると解すべきであろう[163]。

　なお，現在においては，立法準則は行政規則の形態で規律されているが，それでもなお，本章で論じられたように，法律アセスの重要性，そして実務上の必要性は否定すべくもない。そして，現実にも，法律アセスは相当程度の重きを置かれつつ運用されているといってよい。したがって，仮に立法準則が法律

---

(157)　Maurer, Hartmut, Vollzugs- und Ausführungsgesetze, in:Bartlsberger, Richard/Dirk Ehlers/Werner Hofmann/Diertrich Pirson (Hrsg.), Rechtsstaat, Kirche, Sinnverantwortung:Festschrift für Klaus Obermayer zum 70.Geburtstag, München 1986, S.95ff., S.101f.
(158)　Maurer, Vollzugs- und Ausführungsgesetze (Fn.157), S.103f.
(159)　その他にも，参照，Würtenberger, Staatsrechtliche Probleme (Fn.156), S.352.
(160)　具体例も含めて，参照，Lücke (Fn.18), ZG 2001, 42.
(161)　なお，立法準則法も，その性質上，その改廃についてあまり頻繁になされるべきでないこととなる。改廃は，"他の手段によって立法準則法と同じ効果が実現できる場合に許容される"と解される。参照，Lücke (Fn.18), ZG 2001, 43.
(162)　違憲の効果は，原則として，"無効"が想定されているといってよい。参照，Ipsen, Jörn, Rechtsfolgen der Verfassungswidrigkeit von Norm und Einzelakt, Baden-Baden 1980, S.166;Lücke (Fn.18), ZG 2001, 44.
(163)　Lücke (Fn.18), ZG 2001, 45.

で規律されなくとも，十分に機能するとも言い得る。したがって，立法準則を法律レベルで規律するか，あるいは行政規則で規律するかは，実のところは理論的な問題に過ぎないのかもしれない。しかしながら，議会が法律アセスを適性に実施することお不確実なものと認識する議会活動悲観論に立てば，立法準則を法律で規律したほうがよいと考えられる。この問題は，議会活動の現実を直視して決定するべきことと言えよう。

立法過程はあくまで政治的プロセスなのであるから，それに法的な枠組みを設けることは，その政治的プロセスたるを軽視している，という批判も立法準則を制定法において定めることに対して提起されている[164]。さらに，基本法の許における立法者は民主的立法者であり，基本的事項を定めた基本原則法（Grundsatzgesetz）であっても，それが一制定法である場合には，その改廃について特段厳格に運用がなされることはない，という[165]。また，財政法を参照し，連邦が規律する財政基本原則法が，連邦および州の予算のありように拘束力を有するとしても，それは憲法がそれを予定しているからであり，基本原則法（Grundsatzgesetz）という法形式を採っているためではない，という批判もある[166]。こうした批判は，立法準則の存在形態として拘束力を持つ基本原則法は憲法上予定されていない，ということの裏返しであろうか。

5 結　語

本章では，問題発見かつ問題確認にとどまる論述ではあるが，法律の実効性・効率性の審査のありように関する学説，そしてその理論的位置づけを明らかにするに努めた。とりわけ，時限法律の効用，そして法律上の政策に係る実効性・効率性の評価は必要である。このことから出発すると，法律アセスの実施のプロセスにおいて，若干の問題点が指摘されうるように思われる。

---

(164) Schulze-Fielitz, Helmuth, Grenzen rationaler Gesetzgesgestaltung, insbesondere im Leistungsrecht, DÖV 1988, 758ff., 767.
(165) Becker, Joachim, Forderung nach einem Maßstäbegesetz——Neue Maßstäbe in der Gleichheitsdogmatik?, NJW 2000, 3742ff., 3744f.;Wieland, Joachim, Das Konzept eines Maßstäbegesetzes zum Finanzausgleich, DVBl. 2000, 1310ff., 1313.
(166) Becker (Fn.160), NJW 2000, 3745. 同旨，参照，Tiemann (Fn.154), DÖV 1974, 234f. また，参照，Pieroth, Bodo, Die Missachtung gesetzlicher Maßstäbe durch das Maßstäbegesetz, NJW 2000, 1086f., 1087. 彼は，憲法上の原則を具体化する基本原則法と立法者自らが規律する諸基準を定める基準法（Maßstäbegesetz）とを識別する。

第 7 章　立法過程における政策形成と法

① 問題点の指摘

一に，まず，実効性・効率性の評価の際に，政策目的の実現・考慮されるべき費用の範囲の拡大は，それらの計量化に問題点が認められる。すなわち，狭義には，目的実現・当該政策の実施に必要な金銭的費用は計量化に最も容易であるが，例えば，政策の実施に影響を受ける者の"満足度"，"必要性"といった主観的要素は容易に計量化しがたく，それとともに，実効性・効率性の評価を難しいものにする。

そして，右のことに関連して，二に，法律案を立案する際にも，そして，法律上の政策を事後的に評価する際にも，関連する者の意見を聴取することが有効であることがあろう[167]。政策の影響は，その政策の（正負の）影響を受けた者の意見からも明らかになることがあろう。そして，右の者は政策を立案した者が有していない情報を有していることが多いであろう。すなわち，諸々の立法事実は政策の立案者には不明確であることが多く，政策立案に必要な情報を立案者自らが容易に入手できない，ということもありうることである。したがって，意見聴取は政策評価に有効な手段として観念されうるのである。しかし，それにも，一定の限界が指摘されているのである。政策に影響を受ける者は，自らに有利な情報のみしか提供しない可能性もある[168]。当該政策が廃止されることを望んでいる者は，当該政策につき負の情報を提供するであろうし，当該政策が存続されることを望んでいる者は，それと反対の行動をとるであろう。したがって，右の予想され得る問題点を除去する必要性が認められるのである。

なお，右の評価手続に参加する主体は，政策の直接の名宛人に限られない。むしろ，個人，経済団体，学識経験者，関係する省庁等幅広く想定され得るで

---

(167) 例えば，参照，Hartmann, Peter, K.T., Institutionelle Möglichkeiten der Gesetzgebungsabschätzung, ZG 2003, 74ff. さらに，立法過程において，独立的な組織（委員会あるいは特別な機関等）を設けて立法の準備作業をなすことを推奨うるものとして，参照，Hill (Fn.23), ZG 1995, 84. それは，場合によっては，"協働的法制定" あるいは "法制定の民営化" とも言いうる。また，わが国の業績として，櫻井雅夫『国際経済法　国際投資』（成文堂，1992 年）731 頁以下を挙げることができる。櫻井教授によると，わが国の旧通産官僚は，日常的かつ恒常的に会社，業界団体，政治家などに接触し，情報を収集・分析・蓄積し，また各種の勉強会に参加しており，政策は右の如き過程で発生することが多い，とされている（同 746 頁）。

(168) Hartmann (Fn.167), ZG 2003, 77f.

5 結　語

あろう[169]。右の如き，分野横断的あるいは学際的な協働作業によって，関係者の間に政策形成の知識が共有され，学習能力の高度化が見込まれる[170]。

　さらに，様々な者が立法過程に参加することに右の如く積極的意義を見出すこともできるが，しかし，その反対に消極的意義も認めることとならざるを得ない。例えば，立法の民主化という言葉がある。この点，立法が民主的であることは，確かに望ましいと思える。しかし，今一度考えると，立法の民主化は如何なる意味内容を持っているかが実は明らかではないのではないか。そもそも立法が民主的であることは，議会における憲法上予定された手続に則って立法がなされるそうした状態を指すとすれば，大概の法律は民主的な立法の成果であることとなる[171]。したがって，立法の民主化を説く場合には，それ以上の意味内容がそこに求められるべきである。この点，先にも述べた如く，議会の構成員のみでなくある法律に関連する者を立法過程に何らかの形で参加させ，その意見を当該立法に反映させることが民主的立法の実現である，と結論付けることもできよう。しかし，租税法を例とするとその弊害を認めることができる。様々な利害関係者の意見を立法に反映させることによって，現実として，様々な租税特別措置が設けられてきた，という租税原則の実現といった租税立法の視点からすると看過しがたい難点が見られた。勿論，民主的な立法も憲法的価値であるが，右の如き弊害を除去するためには，立法の民主化といった概念もさらなる具体化の作業が必要であろうし，利害関係者の意見の反映のされ

---

(169)　参照，Hartmann (Fn.167), ZG 2003, 75f. ドイツにおいては，先に指摘したように，2000年まで，法律上の政策を評価するに際して，連邦大蔵省が財政的側面からの評価を可能にすべく，右の評価手続に参加していた。しかし，近時では，例えば，①あらゆる省庁は，法律案の立法理由書に，法律の影響 (Gesetzesfolgen) を記載することを義務付けられ，②連邦内務省，バーデン・ヴュルテンベルグ州内務省，シュパイヤー行政科学大学の共同作業によって，法律の効果を評価するマニュアルが作成された。以上の如く，法律の効果について，政策の立案過程において，特に斟酌して立法がなされる環境作りが進められている。さらには，参照，Hofmann/Meyer-Teschendorf (Fn.22), ZG 1997, 288.

(170)　Konzendorf (Fn.4), ZRSoz 1999, 121f. また，参照，Hill (Fn.6), ZG 1987, 254. 事後的な政策評価の段階に限定されず，政策の企画・立案を行う際に，行政は，既存の法制度の枠内でのみ政策を考案する傾向が見られるという。したがって，外部の専門家を企画・立案手続の関与させることにより，右の弊害が打破される余地が生ずる。

(171)　但し，民主的立法といった場合，その他にも，"政治的妥協を排除する"，あるいは，"十分に審議を尽くした上で，議会としての意思決定をなす"といった要請もありうるかもしれない。

第7章　立法過程における政策形成と法

方についても改善の余地があると言えよう[172][173]。

②　立法評価機関の設置
（i）理論的基礎

　本章では，立法に係る実効性・効率性の審査を中心に立法過程の法理論を概観したが，右のような評価を一体如何なる者が行うか，という問題がドイツでは提起されている。すなわち，立法評価の主体の問題である。この点，ドイツにおいては，独立した評価機関は設けられておらず，各省庁が政策立案を行う際になされるインフォーマルな形での評価が行われるが，その他に，議会事務局，会計検査院等も間接的にそうした役割を担いうるものである[174]。しかし，各省共通業務命令という形での評価方法が制度的に実施されている以上，評価主体も何らかの形で制度化されることが望ましい。近時のドイツにおける行政改革の政策提言ペーパーによると，そうした独立した立法評価機関の設置が勧告されている[175]。Wagner客員教授によると，"Schlanker Staat"委員会は，連邦官房内にそうした機関を設け，立法評価を実施させ，それに加えて外部の機関に評価結果をチェックさせるという方法を提案している[176]。右のような方法がベストなものであるか否かは，今後の検討課題ではある。しかし，立法評価機関の導入は，政府内部に存在してはいるが，政府内部の政策を官房という調整機能を有する部局において法律案の評価がなされることによって，政府

---

(172) 例えば，本文の論述と関係して，近時のパブリックコメント手続を想起されたい。右の手続で以って，政策形成に一定の利害関係者は勿論，広く市民一般に対して参加の途が開かれることとなる点は評価できる。また，それに関連して，租税法における通達の立案に際して，利害関係者の参加を提言する見解がある（首藤重幸「税務情報の公開と保護」租税法研究27号5頁を参照）。しかし，とりわけ租税法の領域においては法律も含めた規範制定に利害関係者の関与を排除することにも相当程度の合理性が看取されるとするものもある（詳細な点は，品川芳宣『租税法律主義と税務通達』（ぎょうせい，2003年）41頁以下を参照）。品川説によれば，政府税制調査会から利害関係者とくに元財務省関係者や産業界関係者は排除されるべきことになろう。なお，連合王国（UK）は，大蔵省内部の秘密会により税法案は立案されるという。

(173) また，議会の立法活動の衰退を根拠に，立法支援機関の設置を提言するものもある。参照，浅野編著・前掲注(12)80頁以下。

(174) Wagner (Fn.45), ZRP 1999, 485.

(175) 本文中で言及された政策提言ペーパーは，Sachverständigensrat "Schlanker Staat" (Hrsg.), Bd.1 Abschluberichit, Bd.2 Materialbd である。

(176) Wagner (Fn.45), ZRP 1999, 485;Hofmann/Meyer-Teschendorf (Fn.22), ZG 1997, 285f.

5 結　語

内部であるという組織的限定は付されるものの，政府の法律案に対するチェックが法案提出前に働くことが可能となる。このことにより，一部の強力な官庁の政策が独善的に推進されることが未然に防止されうる途ができるかもしれない。また，議員立法にも右のチェック機能が働くか否かWagner客員教授の論述からは明らかでないが，議員立法についても，何らかの独立した評価機関が設けられてもよいであろう。また，第三者機関ではなく，立法者自身の行う法律の評価の重要性・必要性が減殺されるわけではない[177]。さらには，立法府と行政府とのかかる点での協働が極めて重要である[178]。

(ii) 立法評価機関の具体的設置態様

以上のような理論的基礎を有する立法評価機関の設置は合理性を有することは論証可能であるものと思われる。しかし，問題はそれを具体的に如何なる形で設置するかである。ここで先行する研究業績[179]をベースに若干の提言を試みる。

まず，立法評価機関に必要とされる属性は，一に，独立性，二に，専門性，三に，評価報告公開可能性，四に，問題解決可能性であるとされる[180]。さらには，柔軟性[181]も要求されてよい。では，この五つのメルクマール（本来は，深く検討をする場合に，右の五つには限られないであろう）をベースとして，如何なる評価機関を設置することが望ましいかを若干検討する。

この点，如何なる機関が立法審査を行うか，を論ずる際に，それが如何なる機関の許に設置されるかが問題である。まず，行政内部についても，①各省単位か，または内務省や連邦官房等の総合調整機能を少なくとも部分的に有する部局か，あるいは②議会か（それに関連して，政党内部に評価機関を設置することもありうる），さらには，③会計検査院か，④政府外の独立した第三者（例えば，研究者・有識者で構成する専門家機関）か，といったように問題が提起されうる。

それらの詳細なありようは，注(175)で挙げた論稿を参照されることを期し，ここでは右の四類型を，先の基準に照らして簡単に検討しておく。一見，④が

---

(177)　Brocker, Gesetzesfolgenabschätzung (Fn.2), S.41f.
(178)　Brocker, Gesetzesfolgenabschätzung (Fn.2), S.40.
(179)　Böhret, Gesetzesfolgeabschätzung (Fn.2), S.57ff.
(180)　von Armin, Hans Herbert, Grundlagen der Kontrolle von Gesetzgebung und Verwaltung, DÖV 1982, 917ff., 923f.
(181)　Böhret, Gesetzesfolgeabschätzung (Fn.2), S.63.

第7章　立法過程における政策形成と法

最もいずれの条件をも満たすように思われる（実際にもそうかもしれない）。しかし，それだけでは，不十分な点があるように思われる。すなわち，仮に，④の外部の専門家によって構成される機関が評価に当るとしても，現実の政策立案作業に必ずしも精通していない者が存在する可能性がある。したがって，行政あるいは立法において，当該法律案の企画・立案を担当した者がかかる機関に参加するべきである。そして，専門家の中にも立法実務家のOBが参加することが望ましい。その根拠は，同じく，特殊実務的な知識を評価機関全体で共有がなされるべきことである。

なお，立法評価機関の設置はいくつかの州において実施されている[182]。

③　今後の立法過程論の議論のありよう
　　──例としての租税法の視点からの要請──

本章では，ドイツにおける立法過程論について，確かに，租税法とは離れた形で，一般的に議論されたが，しかし，租税法についても，大きな示唆を与えてくれるようにも思われる。以下では，本章のまとめとして，立法過程論のありようを試論的にまとめてみたい。

まず，ドイツにおいては，立法に対する統制として，本章で挙げた立法過程や立法者等による事後的な評価の他に，やはり，裁判所，とりわけ連邦憲法裁判所による司法審査を通じた統制も無視しえないものであることは，ここで繰り返すまでもない。しかし，租税法のような専門技術性の強い法律については，（結果論かもしれないが）いきおい司法審査が抑制的にならざるをえないかもしれない。これは，司法審査の実効性という観点からは決して好ましいことではない。すなわち，租税法等に関しては，実質的には，立法者等の，それを制定した者による自己統制のみしか統制手段がない，という様相すら呈することになるかもしれない[183]。右の如き状態は，法治国家の観点からすると，重大な問題であると思われる。したがって，租税法に対する司法審査を実効化するための方策が提案されるべきであると思われる。

では，如何なる方策が妥当であるのであろうか。立法者が立法過程において企画・立案する法律案に係る効果および費用等に関する情報を様々なソースから得て，それをベースに立法し，さらには，立法評価機関が，事後的に実効

---

(182)　そのありよう，およびパフォーマンスについては，参照，Böhret, Gesetzesfolgeabschätzung（Fn.2），S.59.
(183)　大島サラリーマン訴訟の最高裁判決においてそれは認識されよう。

性・効率性等のメルクマールを評価し，それによって立法者の立法活動がチェックを受ける。加えて，そうした評価が憲法上の義務であると立論することもありうる。このように考えると，立法過程論は立法者の望ましい立法のありようを規律する作用を有しており，それとともに，それが裁判所による審査の可能性を示しえた[184]。何故なら，裁判所そのものは租税法，租税政策に関する知見をさほど有していなくとも，裁判所は立法者の立法活動を個別ケースごとに憲法および先に摘示した諸義務に照らし，それに適合するか否かに関する審査を十分にできるからである。すなわち，裁判所は，立法者による立法の結果としての法律が，適正な立法活動によって生み出されたものであるか否か，ということを判断するための諸基準を提供することができるであろう。

　法律の評価は，従来，立法者自身による立法の自己統制としての性格を強く有していたことは否めない。しかし，それと並んで，今後は，立法過程における立法者の立法活動のありようが立法評価機関および裁判所によって評価されることも重要であり，それの充実に向けた議論を押し進めていく必要があろう。したがって，今後は，立法過程における立法者の立法活動のありようを研究することが立法学の中心的な議論になっていくものと考える（勿論，立法学という性質上，法律学以外の隣接諸科学の知見を統合・融合すること等も極めて重要であることは言うまでもない）。

---

(184) 行政機関に係る政策評価についてではあるが，同旨，木佐茂男「政策評価の意義と課題」芝池義一他編『行政法の争点〔第三版〕』（有斐閣，2004 年）144 頁以下，特に，145 頁。

第8章　政策過程における時限法律の運用・機能
——ドイツ経済行政法を素材とした立法学研究——

1　はじめに

　わが国においては，法律で具体化された政策の実現を期すために様々な手法が存在する。そうした政策実現のための政策過程において，法律も政策実現のため一要素・一手段として確たる位置を有している[1]。広い意味で，法律も，現代行政の課題を実現するための道具の一つであると言いうる。例えば，租税法の領域においては，環境税（と，本稿の視角から見た場合，環境税を規定する法律）は，近時のホット・イシューの代表格である[2]。その他，租税特別措置法の存在も忘れてはならない[3]。勿論，そうした響導的手法は租税法の領域に限らず，広く存在する。

　加えて，昨今では，財政構造改革の名のもとに，わが国政府は財政支出を抑

---

(1)　本稿との関連で啓発されたものとして，大橋洋一『対話型行政法学の創造』（弘文堂，2001年）280頁，同『行政法——現代行政過程論〔第2版〕』（有斐閣，2004年）60頁以下，372頁以下。その他にも，租税法の領域におけるものとして，金子宏「経済政策手段としての租税法——景気調整税制とその憲法上の限界」法律時報46巻7号39頁以下。なお，政策過程という言葉について言及する。政治学の領域において政策過程の意義についていくつかの論者による指摘があるが，ある主体がいくつかの可能な選択肢の中から他を切り捨て，ある一つの行為をとるという政策決定と，そうした選択肢を構築する政策形成をなすプロセス，と定義しておけば十分であろう（右の定義について，草野厚『政策過程分析入門』（東京大学出版会，1997年）28頁以下，特に33頁に負っている）。右の定義であるならば，本稿が問題意識として想定している"法律上に規律される政策の，まさに決定・形成に係る一つのツールたる時限法律"も議論の射程に入る。

(2)　特に，租税体系における位置付けという点で，環境税の諸相に関して詳しくは，参照，木村弘之亮『租税法学』（税務経理協会，1999年）190頁以下。さらに，OECDレベルでの国際的動向を描写するものとして，参照，水野忠恒「環境政策における経済的手法——OECD報告書（1993年 – 1995年）の検討——」小早川光郎他編『行政法と法の支配——南博方先生古稀祝賀論文集——』（有斐閣，2000年）253頁以下，中里実「環境政策の手法としての環境税」ジュリスト1000号122頁以下，大橋・前掲注(1)創造16頁以下。

(3)　概要と問題点につき，参照，金子宏『租税法　第18版増補版』（弘文堂，2013年）85頁以下。

第8章　政策過程における時限法律の運用・機能

制するスタンスを採用すべしと提言するものが多い[4]。その有効性はさておくとして，歳出抑制の手段として諸々の特別措置（例えば，補助金・各種控除）の廃止がその一選択肢とされていることは周知である[5]。そうした特別措置の形を採用している補助金や各種控除といった政策は，それが有効なものであれば，当該措置の恒久的実施は首肯できよう。しかし，反対に，その有効性に疑義がもたれている場合には，立法者は早急に当該措置の是正・廃止を試みねばならないであろう[6]。これは，ある意味で，不確実性が支配する政策実現過程におけるインクレメンタリズム思考の一表現である[7]。まさに，こうした財政構造改革の真っ只中では，政策当局には，そうした敏感な姿勢が求められる。

　しかし，そうした政策の有効性を測る手段は多様に存在しよう。その中で法律学がなしうる政策効果の適切な判定手段は何か？これを追求するのが本稿の目的である。近時，本稿が検討対象とするドイツも含めて欧米諸国においては，時限法律（Zeitgesetz）という概念に関する研究が現れている[8]。時限法律とは，凡そ「法律の実効性のコントロールを目的として，その妥当性が時間の観点から制限を伴う」そうした法律であり[9]，立法者は，そうした法律上の政策

---

(4)　例えば，参照，内閣府編『平成13年版　経済財政白書』（財務省印刷局，2001年）177頁。

(5)　税制を例とすれば，参照，加藤寛監修『わが国税制の現状と課題　21世紀に向けた国民の参加と選択』（大蔵財務協会，2000年）136頁，168頁以下。

(6)　例えば，参照，宇賀克也『政策評価の法制度』（有斐閣，2001年）13頁以下，特に45頁以下。政策評価法についてであるが，行政機関の行う政策であっても，所管法令の改廃も政策評価の対象に含まれているので，なお本稿とも関連する。

(7)　詳しくは，参照，足立幸男『公共政策学入門』（有斐閣，1994年）40頁以下。同旨，参照，大橋洋一『行政法学の構造的変革』（有斐閣，1996年）43頁。

(8)　示唆的なものとして，例えば，参照，Böhret, Carl/Werner Hugger, Test und Prüfung von Gesetzentwürfen, Köln/Bonn 1980, S.50ff.;Chanos, Antonis, Möglichkeiten und Grenzen der Befristung parlamentarischer Gesetzgebung, Berlin 1999. また，その他，本章の検討事項について関連するものとして，現代の立法に付着する問題に言及したKloepfer, Michael, Gesetzgebung im Rechtsstaat, VVDStRL40 Berlin 1980, S.63ff. も重要である。さらに，Hill, Hermann, Einführung in die Gesetzgebungslehre, Jura 1986, 57ff., 62 にも時限法律に関する叙述がある。

(9)　参照，Chanos, Möglichkeiten und Grenzen (Fn.8), S.11. ここで，時限法律と類似した法律の類型との異同を明らかにしなければならない。一般的に，それは，①法案，②措置法，③仮の法律，④実験法律，である（詳細は，Chanos, S.25ff.）。それらの差異の詳細は別稿に譲り，ここでは，紙幅の都合上，④についてのみ論究する。④の実験法律は，当該法律で実験された施策に係る評価に，その有効期間は依存している一方で，時限法律は，前述の如く，予め定められた暦年の末日において，その有効期間が終了する

の実効性をその有効期間経過後に審査する[10]。そして，実効性を確認できた場合には，立法者は有効期間を延長させることもありうる。この時限法律は，わが国で馴染みがないわけでなく，むしろ立法実務においては，周知であるといえる[11]。しかし，わが国では，基礎理論に照らした時限法律に係る検討が不十分であることに加えて，問題であるのは，ある種の政策が，例えば，その時々の政治力学を原因として，その実効性に疑義がもたれているにも拘らず，恒久的に存続している点である。右の如き状況が，いわゆる法律の過多をも生み出しているのである[12]。

すなわち，そうした政治力学に依拠しない政策形成を実現するために，諸々の政策は定期的に，その実効性が問われるべきであるといえる。それを実現するのが，有効期間に予め限定が付されているそうした時限法律である[13]。しかし，そうした時限法律は手放しで政策過程に挿入されるべきであろうか？そ

という点で，両者は異なる（Chanos, S.33ff.）。この実験法律の定義について，参照，大橋・前掲注(1)創造281頁以下。但し，以上のいずれの法律も有効期間が何らかの形で限定されている点では，同様である。よって，その意味で，いずれの類型も時限法律としてカテゴライズすることが可能である。

(10) 参照, Chanos, Möglichkeiten und Grenzen (Fn.8), S.11ff.

(11) 筆者が依拠したものとして，参照，林修三『法令作成の常識』（日本評論社，2001年）199頁以下。林氏によると，わが国では，時限法律は「限時法」と呼称され，「法令の有効期間が，法令自体の中ではっきりと限定されており，その失効時期の到来とともに特別な立法行為を必要としないで，当然にその効力が失われることになるもの」と定義づけられている。例えば，「この法律は施行の日から3年を経過した時にその効力を失う」，「この法律は昭和50年9月30日限り，その効力を失う」という立法例が代表的である。わが国の時限法律につき論点として挙げられているのは，時限法律上の罰則規定に係る時間的適用範囲である。林氏によると，時限法律上の罰則規定に定められた構成要件に該当する行為を当該時限法律の有効期間中に行った者については，当該時限法律の失効後もなお罰則規定が適用される。何故なら「法律に罰則ついている場合その失効期間が迫ってくると，人は，その法律の罰則を犯しても，いずれ間もなく，その法律は効力を失うことになるのだから，現実に処罰されることはあるまいというような予想をもって，その法律を見ることになることが考えられる。しかし，それでは，法の権威は保たれないし，刑罰法規の適正・衡平な運用という点からいっても，はなはだよろしくない」からである。さらに，参照，林修三『法令作成の常識』（日本評論社，2001年）199頁以下。

(12) これについては，別の箇所で詳細に言及される。

(13) 時限法律は，特に，行政法の領域において用いられる。参照, Chanos, Möglichkeiten und Grenzen (Fn.8), S.5, S.37. さらに参考までに，参照, Wolff, Hans.J/Otto Bachof/Rolf Stober, Verwaltungsrecht Band I 11.Aufl., München 1999, §37 Rn.1.

第 8 章　政策過程における時限法律の運用・機能

うした諸問題の検討も本稿でなされる。まず，続く2において，時限法律が政策過程において，如何なる機能を有するか，を概観した後，ドイツにおける運用状況に言及する。その際，ドイツにおいて妥当している立法審査基準が重要である。3において，時限法律を現実に運用する上で問題となる理論的問題に言及する。そこでは，時限法律という通常の法律とは異なる属性を有するがゆえに，その改廃に際し，いくつかの憲法上の原則との間で生ずる相克が論じられる。そして4において議論を総括し，時限法律の有用な活用のあり方を提示したい。

2　時限法律の運用とその機能

　時限法律の凡その形態・概要は1における論述で明らかになったと思われる。以下では，時限法律が実際の政策過程において運用されている状況を概観する。そして，そうした運用状況をベースとして，時限法律が持つ機能を，その属性を明らかにする形で，叙述する[14]。
　まず，確認しておくべきであるが，法律は，凡そその古典的定式に従えば，「一般性」と「抽象性」を備えた法規であり，そして，何よりも本稿の検討対象たる時間との関係で言えば，有効期間の「継続性（Dauerhaftigkeit）」をその特徴的属性としていることは，ドイツにおいても，わが国においても，既知の事項である[15]。それは，有効期間について制約を加えられている時限法律とは，まさに異なった属性である。したがって，そうした古典的属性を備えた法律を，本稿では，取り敢えず，古典的法律と呼称し，時限法律と識別して議論を展開したい。

(1)　時限法律の機能
① 狭義の時限法律と広義の時限法律

---

(14)　以下の法律の属性に係る叙述につき，Lücke, Jörg, Die Allgemeine Gesetzgebungsordnung:Zu den verfassungsimmanenten Grundpflichten des Gesetzgebers und der verfassungsrechtlichen Notwendigkeit ihrer gesetzlichen Konkretisierung und Ausgestaltung, ZG 2001, 1ff., 4ff.

(15)　参照，手塚貴大「立法技術の基礎理論——法律の認識可能性を達成するための方法論——」法学政治学論究52号398頁注(50)。さらには，参照，Maurer, Hartmut, Kontunitätsgewähr und Vertrauensschutz, in:Isensee, Josef/Paul Kirchhof (Hrsg.), Handbuch des deutschen Staatsrechts Bd. III, Heidelberg 1988, §60 Rn.1f.

昨今，古典的法律の実効性の低下が指摘されている[16]。そのため，有効期間に期限を設けることによる法律を通じた統制手法のうち，法律を廃止するための立法者の技術として，時限法律は理解される[17]。ここで，時限法律を二種類に分けることがなされる[18]。それは，一に，単に，一定の期日を以って，主として暦年単位で有効期間に限定が付されているそうした狭義の時限法律，二に，法律の目的の達成によりその有効期間が終了すると規定されているそうした広義の時限法律である。

② 政策過程における時限法律の機能

次に，時限法律を以って如何なる政策実現のためのインプリケーションが導出されるかが問題となる[19]。すなわち，時限法律は政策過程において如何なる機能を有するか，という問題がそれである。

(i) 議会における妥協の構築[20]

法律の有効期間に期限を付することは，少なくとも，将来の発展可能性に係る戦略を，二つの対象に対して供する[21]。一は，立法システムに対して，二は，時限法律によって規制される社会の中の部分秩序に対して，である。政策

---

(16) 参照, Schmidt-Aßmann, Eberhard, Zur Reform des Allgemeinen Verwaltungsrechts ——Reformbedarf und Reformansätze——, in : Hoffmann-Riem, Wolfgang/Eberhard Schmidt-Aßmann/Gunnar Folke Schuppert（Hrsg.）, Reform des Allgemeinen Verwaltungsrechts:Grundfragen, Baden-Baden 1993, S.47f. 但し，Schmidt-Aßmann 教授は，同箇所で，なお，古典的法律中心の立法が行われるべきであると述べておられる。
(17) Chanos, Möglichkeiten und Grenzen（Fn.8）, S.38;Oertel, Clemens, Der Zeitfakter im öffentlichen Wirtschaftsrecht, Köln u.a. 1992, S.48ff.
(18) Chanos, Möglichkeiten und Grenzen（Fn.8）, S.39.
(19) Müller, Georg, Elemente einer Rechtssetzungslehre, Zürlich 1999, Rz.69. において簡潔にまとめられている。
(20) また，Benda 教授の叙述は，興味深い。所論によると，かつて，とりあえず，あらゆる立法を五年の有効期間を伴う時限法律として立法し，右の有効期間を経過する際に，民法典や刑法典のような基本的法律については，議会における三分の二以上の多数で以って，議決された際に有効期間が延長され，それ以外は，失効する，という法律システムが Koch 氏により提案された，という。これにより，基本的法律が妥当するか否か，について与党のみでなく，野党にも責任ある対応を求める，ということがその背景にあった。それ自体，政治的には興味深い提案であるが，法的には採りえない，という。基本法 42 条 2 項は，多数決主義を採用しており，それに右提案は違反する，と Benda 教授は述べておられる。参照, Benda, Ernst, Gesetze mit Verfallsdatum, NJW 1996, 2282ff.
(21) Chanos, Möglichkeiten und Grenzen（Fn.8）, S.40.

的・法的判断が行われる際に，時限法律は，政策形成の特殊な手段として資する。立法は，民主的法治国家における，特に，政策的・法的妥協を構築する制度的コンテクストにおいて進行するそうした政策的な妥協判断および多数決のプロセスとして理解されねばならないという点から出発すると，時限法律は，こうした妥協の特別な一形態である[22]。すなわち，時限法律は，最終的な立法を行う前にデータを集め，そして後の革新への第一歩を踏み出すベースとなる[23]。それとともに，暫定的解決を通じて危機的状況に対処するために，時限法律上の規定の持つ暫定性または実験性を視野に入れつつ，妥協によって政治的に激しい議論がなされている立法過程の政策的対立を克服することに時限法律は資する[24]。

(ⅱ) 政策の試行——実験法律・実験条項——

(ⅰ)を踏まえて言うならば，有効期間に期限を付されたそうした広義の時限法律たる実験法律，そして実験条項および評価条項は，現代の議会による立法実務において妥協を発見するための手段である[25]。例えば，実験法律等の政策的意義およびそのレレバンスは，「特に，それらが，改正に対して開かれていることにより，妥協の可能性が潜在しており，政治秩序に対して柔軟に対応することを可能にする」ことである[26]。そうした法律は，改革を推進しようとする者にとっては，執行戦略の一部として利用され，改革に反対する者にとっては，革新を阻止する手段となる[27]。最終的かつ恒久的な規定を立法化する

---

[22] Mengel, Hans-Joachim, Gesetzgebung und Verfahren:Ein Beitrag zur Empirie und Theorie des Gesetzgebungsprozesses im föderalen Verfassungsstaat, Berlin 1991, S.241ff.

[23] Chanos, Möglichkeiten und Grenzen（Fn.8), S.40.

[24] Lücke (Fn.14), ZG 2001, 6;Schulze-Fielitz, Helmuth, Zeitoffene Gesetzgebung, in:Hoffmann-Riem, Wolfgang/Eberhard Schmidt-Aßmann (Hrsg.), Innovation und Flexibilität des Verwaltungshandelns, Baden-Baden 1994, S.159.

[25] Schulze-Fielitz, Helmuth, Theorie und Praxis parlamentarischer Gesetzgebung – besondes des 9.Deutschen Bundestages (1980-1983)——, Berlin 1988, S.422. 大橋・前掲注(1)創造 290 頁。

[26] Richter, Ingo, Experiment und Begleitforschung bei der Grundrechtsverwirklichung, in:Hassmer, Winfried/Wolfgang Hoffmann-Riem/Jutta Limbach (Hrsg.), Grundrechte und soziale Wirklichleit, Baden-Baden 1982, S.88. 大橋・前掲注(1)創造 290 頁。

[27] Hoffmann-Riem, Wolfgang, Experimentelle Gesetzgebung, in:Becker, Bernd/Hans Peter Bull/Otfried Seewald (Hrsg.), Festschrift für Werner Thieme zum 70.Geburstag,

ことを思い止まれば，それとともに，政治的手詰まり状況が，当面，取り除かれる[28]。その際，時間のアスペクトは，実験法律等が「システムを改革する第一歩となるか，または，逆に，従来のシステムを維持するという判断を行うことに行き着くか」という意思決定に影響を与える[29]。

(iii) 政策の事後的改善への誘因

そもそも，民主的政治は，政策判断の修正を可能なものとする。何故ならば，その判断は，新しい議会の多数派によって変更されうるからである。法律の効力を時間的に制約することは，民主主義国家の枠内で組織化された法システム内部で，周期性によって刻印付けられる構造を立法プロセスに持たせることについて政治が同意すること，そして，特に，政策判断を開放することを通じて，政治的コンセンサスを得ることを可能にする[30]。それとともに，あらゆる者にとって，ある法律状況の維持，持続または変革のチャンスが開かれる。すなわち，事後的な政策の修正・改善の余地を法律自体に明確に与えることによって，民主主義体制のもとにおいて，立法者は，時間の枠内で権限を行使するのみでなく，時間を用いて権限を行使するのである。それは，「時間を用いた目的の実現」という一つの戦略的態度である[31]。

(iv) 一定期間の嚮導措置の実施

勿論，一定期間において，特定の名宛人に一定のメリットまたはデメリットを付与するという形で営まれる嚮導機能も忘れられてはならない。

③ 時限法律のありよう

(i) 狭義の時限法律のありよう

狭義の時限法律は，2(1)①で定義した如く，特定の期日を区切りとして，有効期間に限界が持たされている。具体的には，暦年の末日が，それに選ばれることが多い[32]。その他には，企業が適用対象とされる法律では事業年度の終了の時点が，それに選ばれることもある[33]。失効日のみでなく，施行日や一

　　Köln u.a. 1993, S.60.
(28)　Richter, Experiment（Fn.26），S.88.
(29)　Chanos, Möglichkeiten und Grenzen（Fn.8），S.41.
(30)　Chanos, Möglichkeiten und Grenzen（Fn.8），S.41.
(31)　Chanos, Möglichkeiten und Grenzen（Fn.8），S.41f.
(32)　Chanos, Möglichkeiten und Grenzen（Fn.8），S.40.
(33)　Oertel, Der Zeitfakter（Fn.17），S.51.

第 8 章　政策過程における時限法律の運用・機能

定の間隔を伴う有効期間も規定される[34]。

　ちなみに，そうした期日等は，①時限法律自体，②他の法律，③憲法等によって規定される[35]。①は，単年度法律であり，具体的には，予算法律である[36]。租税法もそれに該当することもある。②は，施行される本体の法律と同時に議決・成立され，本体の法律の有効期間を規定している施行法律，有効期間に期限を付された法律の有効期間をさらに延長する延長法律，連邦の枠組み法律（Rahmengesetz）を州が施行する際に，その州による施行法律中で偶然発生する有効期間についての規定を欠く，そうした欠缺を補う調整法律等がそれである[37]。③は，例えば，基本法115k条2項（「合同委員会が議決した法律，およびそれらの法律の根拠に基いて発布された法規命令は，防衛上の緊急事態の終了後，遅くとも六ヶ月でその効力を失う」）であろう[38]。

　狭義の時限法律は，社会における障害を取り除き，新しい法によって，社会の政治的・経済的・文化的需要等に応えるために，現行法の支配領域に時間の観点から一定の制約を付している。

　(ⅱ)　広義の時限法律のありよう

　広義の時限法律は，2(1)②で述べたように，有効期間の終了が，一定の事実に依存している。それは，狭義の時限法律と異なり，法律の存在自体を一定の期日の徒過に依存させることでなく，ある事実関係の包摂可能性を時間の観点から制約することに用いられる。すなわち，ここでは，予測可能な，時間の観点で特定可能な，そうした立法を根拠付ける事情および規定対象を有する規定が問題となっている[39]。法律の有効期間，すなわち拘束力を持ち，適用される期間が，後に成就する条件（解除条件）たる事実関係に結び付けられている[40]。しかし，機能的には，狭義の時限法律と大差はない[41]。

---

(34)　Winkler, Günter, Zeit und Recht:Kritische Anmerkungen zur Zeitgebundenheit des Rechts und des Rechtsdenkens, Wien/New York 1995, S.51.
(35)　Chanos, Möglichkeiten und Grenzen（Fn.8），S.44.
(36)　Schulze-Fielitz, Theorie und Praxis（Fn.25），S.69.
(37)　Schulze-Fielitz, Theorie und Praxis（Fn.25），S.52.
(38)　Chanos, Möglichkeiten und Grenzen（Fn.8），S.45.
(39)　Chanos, Möglichkeiten und Grenzen（Fn.8），S.46.
(40)　Chanos, Möglichkeiten und Grenzen（Fn.8），S.46.
(41)　Chanos, Möglichkeiten und Grenzen（Fn.8），S.46.

2 時限法律の運用とその機能

(2) 時限法律の運用状況
① 時限法律の運用に係る典型例とその特徴

　時限法律は，行政法，特に，経済行政法および経済計画法の中で用いられる政策実現のインフラストラクチャーである[42]。時間というアスペクトは，特に，競争，生産および立地条件に関係する要素として，経済上重要な役割を演じる[43]。時限法律は，「実現の時点を変えることによって影響を受けるそうした状況に関連した目的を実現するための措置を通じて発揮される将来に関連した計画機能，嚮導機能，促進機能が問題となっているとき合目的的であると見なされる」[44]。時限法律は，「まさに，経済政策に則った，より短期的に想定された法律上の措置の領域において」，議会の多数を一つの新しい議題に向かわせ，そして効率的な統制を行わせるための代替案の探求を促進させるという目的を伴いつつ，効果および実効性のコントロールを行うようにさせる[45]。したがって，経済分野における時限法律は，将来の経済情勢を決定付け，統制する手段である。このことは，経済嚮導立法，経済計画立法，給付立法等に妥当する[46]。

　次に，時限法律の運用の特徴を，市場介入法を例として考えてみよう。市場は，原則として，自律的に作用し，需要と供給の均衡へと動態的に営まれる。立法者は，立法にあたっては，市場の自律性を損なってはならない[47]。例えば，ある目的をもって政府が市場に規制を行う趣旨で介入するとき，当該目的が実現されたとき，または当該目的が全く実現され得ないときには，介入の合理性は存在しない[48]。その際，なお介入しつづけるときには，その介入は市場の自律性に反する[49]。よって，そうした介入措置の有効期間が限定されて

---

(42) Faber, Heiko, Verwaltungsrecht 4.Aufl., Tübingen 1995, S.380ff., S.383ff.
(43) Wolff/Bachof/Stober, Verwaltungsrecht (Fn.13), §37 Rn.23.
(44) Schulze-Fielitz, Zeitoffene Gesetzgebung (Fn.24), S.158.
(45) Schulze-Fielitz, Zeitoffene Gesetzgebung (Fn.24), S.158.
(46) Chanos, Möglichkeiten und Grenzen (Fn.8), S.48.
(47) Müller-Graf, Peter-Christian, Unternehmensinvestitionen und Investitionssteuerung im Marktrecht:Zu Maßstäben und Stärken für die berbetriebliche Steuerung von Produkutionsinvestitionen aus dem Recht des wettbewerbsverfaten Marktes, Tübingen 1984, S.358.
(48) Chanos, Möglichkeiten und Grenzen (Fn.8), S.48.
(49) Müller-Graf, Unternehmensinvestitionen (Fn.47), S.360. これが経済学上の効率性概念と連なる。参照，水野・前掲注(2)259頁，266頁以下，中里・前掲注(2)124頁。

第8章　政策過程における時限法律の運用・機能

いることは，市場の自律性という原則と適合する[50]。投資助成立法，経済安定化立法は，しばしば，その有効期間に期限が付されることが多いのは，以上のような事情が存在するためである。さらに，有効期間の制限は，関係の人々がその期間中に政策目的の実現に資する行為を行うときに限って，その者は何らかの報酬を受け得る。逆に，期間の徒過は，その報酬を逸失することを意味しよう。

② 時限法律の主要な運用例

時限法律は，特に，経済行政法の領域で，頻繁に利用される。例は，1975年エネルギー経済法である[51]。この法律は，石油製品，ガスの輸入が危機に晒されたとき，または阻害されたときに，エネルギー供給を安定化させる目的で，1979年12月31日まで妥当するものとされた。この法律は二重の目的を追求していた[52]。一は，ドイツにおける石油，ガスの輸入が困難であるときに，生活に必要なエネルギー需要に対応するため，合目的的手段を国家が行えることを可能にすること，二は，IEP条約上規定された，将来発生すると予想される条約加盟国の間でのエネルギー供給不足状態に対処するための危機管理メカニズムを創出する法的ベースを作ること，である。五年というその妥当期限は，そのためのデータ収集のための期限であった[53]。

さらに，時限法律の中で，個別的領域において，個別的に有効期間に対して異なって期限が付されていることが多い。これは，個別領域の特殊性を顧慮した発展を可能にする。例えば，1970年7月23日の景気浮揚法がそれである[54]。これは，1970年7月31日から1971年7月1日までの間，所得税，賃金税および法人税について，その10パーセントにつき特別金を支払う義務を規定していた（この特別金は，後に払戻が可能）。さらに，1993年9月23日公布の特定分野援助法である。これは，1996年12月31日までの旧東ドイツの州においてなされる投資につき，50パーセントの特別減価償却率を設けている[55]。最後に，新経済促進法は，1991年1月1日から1996年12月31日まで，50パーセントの特別減価償却が認められる投資を列挙し，加えて，それによれば，

(50) Chanos, Möglichkeiten und Grenzen (Fn.8), S.49.
(51) BGBl. I 1974, S.3681.
(52) Chanos, Möglichkeiten und Grenzen (Fn.8), S.50.
(53) Chanos, Möglichkeiten und Grenzen (Fn.8), S.50.
(54) BGBl. I 1970, S.1125.
(55) BGBl. I 1993, S.1654.

有効期間内に取得・建造した建物について，その後少なくとも五年間居住の用に供されるときには，1997年以降，25パーセントの特別減価償却率が適用される[56]。

また，租税法の領域においても，時限法律の投入を推奨する見解がある[57]。

(3) 時限法律の統制
① 法律の実効性等の統制の必要性

時限法律は，立法手続において，立法に対する評価機能を手続上強化することに資する[58]。時間に則った立法は，経済行政法の領域において，行われた立法上の意思決定を動態化させるために発展させられた事後掌握と事後改善（Nachfaßen und Nachbessern）のためのメカニズムである[59]。「まさに，経済政策上特に行われた，そして一層短期間の通用を意図した法律の措置が行われる領域において，時限法律は，議会の多数を以って新立法を行うことを誘因し，そして実効的な代替的規定の追求を促進するという目的を伴いつつ，実効性の統制を行う」[60]。そして，時限法律は，経済法の法律を執行することから得られたデータをフィードバックという方法によって，加工し，そして一層直接的に議会立法の統制および適合化プロセスに組み込むことに貢献する[61]。

ドイツにおいて戦後行われてきた国家作用のスリム化に係る議論の中で，立法技術の改善に係る要請も，度々指摘されている[62]。すなわち，特に，連邦の立法者に対して提起される法律制定のインフレーション（法律の過多現象がまさにそれである）に係る批判を直視して，量的に見て，高度に複雑化し，見

---

(56) Spanke, Elisabeth, Jahrssteuergesetz 1996:Verlängerung des Investitionszulagengesetzes und des Fördegebietsgesetzes und Einführung steuerbegünstiger Fördergebietsdarlehen, DB 1995, 1980ff.
(57) 参照, Hill, Hermann, Steuerreform als Chance zur Verbesserung der Steuergesetzgebung, ZG 1988, S.238ff., 255.
(58) Hellstern, Gerd-Michael/Hellmut Wollmann, Wirksame Gesetzesevaluierung: Wo könnten praltikable Kontrollverfahren und Wirkungsanalysen bei Parlament und Rechnungshof ansetzen? ZParl 1980 556ff., 557ff.
(59) Chanos, Möglichkeiten und Grenzen（Fn.8), S.54.
(60) Schulze-Fielitz, Zeitoffene Gesetzgebung（Fn.24), S.158.
(61) Chanos, Möglichkeiten und Grenzen（Fn.8), S.54.
(62) Hofmann, Hans/Klaus G. Meyer-Tschendorf, Ein Kongreß zur Verschlankung des Staates:Erkenntnisse zur Reform der öffenlichen Verwaltung und zur Gesetzgebungsmethodik, ZG 1997, 283ff., 291f.

第 8 章　政策過程における時限法律の運用・機能

通しの効かない，そして部分的には実効性を持たない法律を減少させることに資し，そして立法の質の改善を保障する手段が追求される[63]。その手段は，まさしく，法律の審査・統制であろう。しかも，それが，制度的に固定化される必要がある[64]。そのためには，本来，審査準則，審査機関が設けられる必要があろう[65]。

② 法律の効果の統制

法律の効果に対する統制は，①予測に基きつつ（事前の（ex-ante）統制），②立法活動とパラレルに，そして③法律の公布の後（事後の（ex-post）統制）にも行われる[66]。本稿では，事前の統制（①），事後の統制（③）のみを扱う。

事前の統制は，予測的な分析に基いて行われる。特に，テストカタログを用いたチェックを通じた立法，そしてシュミレーション等を通じた法律制定の必要性が審査され，代替案の比較検討がなされる[67]。Chanos 氏が紹介する 1984

---

(63) Chanos, Möglichkeiten und Grenzen（Fn.8），S.55.
(64) Chanos, Möglichkeiten und Grenzen（Fn.8），S.55.
(65) この点については，別の箇所で詳細に検討される。本書第 7 章を参照。そして，さしあたり，参照，Böhret, Carl, Gesetzesfolgeabschätzung:Soll sie institutionalisiert werden?, in:Grupp, Klaus/Michael Ronellenfitsch（Hrsg.），Planung-Recht-Rechtsschutz: Festschrift für Willi Blümel zum 70.Geburtstag am 6. Januar 1999, Berlin 1999, S.51ff.
(66) König, Klaus, Evaliation als Kontrolle der Gesetzgebung, in:Schreckenberger, Waldemar/Klaus König/Wolfgang Zeh（hrsg.），Gesetzgebungslehre:Grundlage——Zugänge——Anwandung, Stuttgart u.a. 1986, S.99f.;Schulze-Fielitz, Theorie und Praxis（Fn.25），S.293f.
(67) 本文中で言及した"代替案の検討"は，立法の審査において極めて重要な意義を有する。その法理論上の意義については，別の箇所で詳しく論ずる。手塚・前掲注(65)を参照。また，さらに，政策の代替案の検討方法としては，いくつかのものが提唱されている。この点についても別の箇所で詳しく言及するが，簡単に概観しておくこととする。本稿の論述からも分かるように，時限法律は，現実には一定の有効期間内に法律上の政策を実施するが，しかし，シュミレーション（Planspiel）についてはそうではなく，モデルを構築した上で，適当な数値をそれに当てはめ，その結果をベースとして，ある政策の効果を予測する，というスタイルが採用される。しかし，それと異なり，実践テストとして，法律を制定しないまでも，行政庁が例えば，自身の制定する行政立法をベースとして，あたかもある政策が法律上制定されたかの如く，具体的な行政作用を営なむことにより実施されるものもある（Praxistest）。いずれも，時限法律と並んで，極めて重要な政策形成手段である。以上につき，参照，Böhret/Hugger, Test und Prüfung（Fn.8），S.49ff., S.59ff., S.73ff., 97ff.;Hill（Fn.8），Jura 1986, 62. なお，Hill 教授によると，右の如きシュミレーションの技法として，行政庁が，その失効する法律の名宛人の立場に立ちつつ法律の執行をおこなうようにして，法律の審査を行うこともある

年12月11日の連邦の法規定に関する決定は10の主要なチェックリスト（「Blaue Prüffragens」[68]と呼ばれる）を用意している[69]。これは，事後的な法律評価を最適化するために，立法の必要性を将来予測的に判定する基準として制定されている[70]。そのうち，「有効期間に期限が付されるべきか？」が，本稿との関連性を示している。Blaue Prüffragens に係る連邦内務・司法大臣の補充的チェックリストには，「連邦の立法計画の必要性，実効性そして理解性についてのチェックリスト」が存在し[71]，次の項目が，本稿と関連を有する。「規定は一定の期間についてのみ必要であるのか？」，「そうした有効期間について限定を伴う規定は，（実効性・効率性の）テストに耐え得るか？」がそれである。そうした枠組みの許でなされる審査は，法律の実効性と効率性である[72]。実効性とは，立法目的を実現するために，当該法律上の規定が相当であるのか否か，に係る審査基準である[73]。市民が，当該法律に追従し，行政庁および裁判所が当該法律の適用を円滑に行った場合に，当該法律は実効的であると言いうる[74]。そして効率性とは，公布される法律のコスト面からの評価を行う基準である[75]。行政庁，裁判所，市民が課されるコストと，法律の執行によって得られる便益との比率が問題である[76]。

次に，事後の統制は，法律の必要性の統制ではなく，実効性・効率性の統制を行うものである。具体的には，法律が廃止されるべきか，有効期間が延長さ

(Entscheider——Adressat の許での Rollenwechsel），という。参照，Hill（Fn.57），ZG 1987, 256.

(68) 諸般の事情で原典は参照し得なかった。しかし，例えば，Fliedner, Ortlieb, Vorprüfung von Gesetzentwürfen:Eine Bilanz der Anwendung der Blauen Prüffragen, ZG 1991, 40ff.; Hoffmann, Gerhard, Das verfassungsrechtliche Gebot der Rationalität im Gesetzgebungsverfahren:Zum "inneren Gesetzgebungsverfahren" im bundesdeutschen Recht, ZG 1990, 97ff. において確認可能である。

(69) Chanos, Möglichkeiten und Grenzen（Fn.8），S.56.

(70) Chanos, Möglichkeiten und Grenzen（Fn.8），S.56.

(71) Chanos, Möglichkeiten und Grenzen（Fn.8），S.56.

(72) Deckert, Martina Renate, Folgenorientierung in der Rechtsanwendung, München 1995, S.113ff.

(73) Deckert, Martina Renate, Zur Methodik der Folgenantizipation in der Gesetzgebung, ZG 1996, 243.

(74) Karpen, Urlich, Gesetzgebung-, Verwaltung- und Rechtssprechungslehre Beiträge zur Entwicklung einer Regelungstheorie, Baden-Baden 1989, S.40.

(75) 参照，Deckert（Fn.73），ZG 1996, 244, 246ff.

(76) Chanos, Möglichkeiten und Grenzen（Fn.8），S.57.

第 8 章　政策過程における時限法律の運用・機能

れるべきか，そして，その際，内容上改正されるべきか，等が議論される。時限法律を用いつつ，有効期間徒過前に，当該法律の実効性・効率性の統制を行うことを義務付けるのであれば，事後の統制を確実化することが可能である。

但し，事前の統制は，組織上確実に行われることが多いが，事後の統制についてはそうではない。連邦レベルでは，具体的には，各省の担当部局内で，事前の統制は行われ，州レベルでは，必要性に応じてその都度行われる。事後の統制は，一般的には，政府に対して，法律の実効性・効率性に係る報告書を提出させることを通じて行われている[77]。

③　法律の効果の統制主体

法律の効果の統制主体は二種類存在すると想定されている[78]。それは，一に，内部的統制主体，二に，外部的統制主体である。内部的統制主体は，立法者である[79]。立法者は，立法段階にあっては，潜在的な法律の効果についてのデータ情報，そして法律が執行されている段階そして事後的な段階にあっては，既に獲得された行政または法実務についてのデータ情報を調達して，実効性評価を行う[80]。こうした統制を制度化することは，法秩序の学習能力を高め，情報のフィードバック効果を実現する[81]。外部的統制主体は，時限法律の効果に係る定期的な報告書提出，モデルを用いたテスト，そして統計的データの確認等を行うそうした政府等である[82]。

④　法律の効果の統制対象

時限法律の必要性の有無の他に統制の対象とされるのは，時限法律の有効期間を延長させるべきか否か，である[83]。例えば，時限法律の有効期間中に当該時限法律の目的が完全に達成されたか，または何らかの事情によって全く所定の目的が達成されなかったときには，有効期間徒過後に，有効期間を再延長

---

[77] この点について，第2章3(2)④においても示したように，定期的な報告書の提出は時限法律との組み合わせで行われうる。

[78] Chanos, Möglichkeiten und Grenzen（Fn.8），S.59.

[79] Chanos, Möglichkeiten und Grenzen（Fn.8），S.60.

[80] Höland, Armin, Zum Stand der Gesetzesevaluation in der Bundesrepublik Deutschland, ZG 1994, 374ff.

[81] Chanos, Möglichkeiten und Grenzen（Fn.8），S.60.

[82] Hellstern/Wollmann（Fn.58），ZParl 11, 556;Schulze-Fielitz, Theorie und Praxis（Fn.25），S.511ff.;Höland（Fn.80），ZG 1994, 337f.;Hill, Hermann, Einführung in die Gesetzgebungslehre, Heidelberg 1982, S.81.

[83] Chanos, Möglichkeiten und Grenzen（Fn.8），S.61.

するという意思決定はなされない[84]。逆に，時限法律の目的が，未だに完全に達成されてはいないが，しかし，当該目的を達成するのに相当な手段を当該時限法律が帯有していると考えられる場合には，有効期間の延長がなされうる[85]。

(4) 小　括
ここでは，以上の如く概観した時限法律の運用上の問題点について，あくまでも試論的かつ概論的に検討することによって，結びに代えることとしたい。

① 時限法律の運用上のメリット

以上の概要から，概ね次のことが確認される。法律の通用・適用可能性に時間の観点から制約を付することは，一方では，規制を行う個別領域の経過（Prozeß）を時間の観点から構造化し，そして，その限りで，一層適切にかつ一層実効的に，当該規制対象分野の統制を行うことに資しよう。他方で，それは，立法に内在する事後的な法律の実効性に係る統制を制度化し，手続上確定するための手段である。加えて，時限法律は，政治的に議論のある法律・計画にあっての議会の多数派・少数派の間の政策的・法的な妥協の構築を行うための手段を供することにもなろう。

② 時限法律の運用上の問題点
(i) 時限法律における複数類型の認識の必要性

また，ここで問題点の指摘も怠ってはならないであろう。まず，一に，時限法律について認識される右の"妥協の構築"という点を検討しよう。実は，立法における妥協とは，本稿で述べた如く時限法律により獲得されるメリットでもあると解しえようが，しかし，法律の実効性・効率性の審査について[86]，右の如き概念の中に党派性を読み取ることのできる妥協は審査に混入してはならないのである[87]。すなわち，時限法律の効用として，法律の審査の確実化ではなく，仮の妥協の構築には見出すことは避けられねばならない場合があろう。これは，時限法律の中に下位類型を設け，各類型ごとに時限法律の利用の

---

(84) Chanos, Möglichkeiten und Grenzen (Fn.8), S.61.
(85) Chanos, Möglichkeiten und Grenzen (Fn.8), S.61ff.
(86) Kloepfer, Gesetzgebung (Fn.8), S.90.
(87) Kloepfer, Gesetzgebung (Fn.8), S.89f. 立法は，右の本文中の如き問題をその核心に有している。Kloepfer教授によると，そうした状況が法律の質を著しく低下させているのである。

第8章　政策過程における時限法律の運用・機能

あり方が検討される必要性を示すものである。

(ⅱ)　実験法律を素材とする時限法律の機能的限界

　直前に述べたことに関連して，時限法律の運用上の欠点を検討する必要がある。この点，3で検討する，時限法律の改廃に際しての憲法上の原則との相克のみでなく，ここではその運用の過程における実際上の問題点に言及したい。それは，すなわち，時限法律に馴染む法分野とそうでない法分野がある，ということである。直前の2(4)①で論じた如く，確かに時限法律が政策形成手段として優れていることは認めざるを得ないが，しかし，時限法律の一類型である実験法律を想定してみても，実験に馴染む事項とそうでない事項が識別されねばならないであろう。以上の如き問題意識の許，ここでは，便宜，Kloepfer教授による実験法律に係る叙述[88]をベースとして右の問題を論ずることとしたい。

　まず，Kloepfer教授は，実験法律はパイロット・プロジェクトの呼称の許，教育法，メディア法，経済法の領域において投入されてきた，という。それに加えて，理論的には憲法上，実験法律が許容される領域，そして反対に，許容されない領域を識別しておられる。実験法律が許容されない領域としては，例えば，①法意識に敏感な正義を規律する法律（例，刑法），②本来有効期限が付されない法律（例，公務員法）である。以上のKloepfer教授の論述を総じて言えば，実験法律によって侵害されるおそれのある法益が高次のそれ（刑法については，自然人の身体的自由が適例であろうし，公務員法については公務員によって担われる公共の福祉の円滑な実現が適例であろう）であるものである（しかし，右の設例は，その性質上，法制度の構築をなすデータの収集・分析のツールとしての実験に馴染まない，という批判であって，法律に有効期限を付すること自体に対する批判であるとは必ずしも言えないように思われる。但し，時限法律の議論として，実験的要素は多分に含まれていることは先の論述から明白なのであって，批判的言明として必ずしも的外れではないと言いうると思われる）。したがって，少なくとも，高次の法益に係る規律を実験を通じて企画・立案することは許容されない，ということは言いえよう。

(ⅲ)　時限法律の立法に係る許容要件

　次に，同じく(ⅱ)と関連しているが，時限法律の立法に係る許容性について検討する。そもそも立法者は，立法する際に，構築の自由を有する，という。す

---

(88)　以下の叙述につき，参照，Kloepfer, Gesetzgebung（Fn.8），S.91ff.

2 時限法律の運用とその機能

なわち，単純に言えば，ある問題を認識し，その問題を法律を以って規律するか否か，如何なる規律を行うか等について，立法者は裁量を有するのである。したがって，確かに，実定憲法，行政内部の審査基準，あるいは講学上の基準等いくつか立法にあたって立法者が斟酌しなければならない基準はいくつか認められるが，しかし，立法者は比較的自由に立法を行うことができると言えよう。ところが，法律は場合によってはその名宛人の権利を制限し，義務を課するものであるがゆえに，何らかの正当化を必要とするものであると言えよう。また，時限法律に関して言えば，古典的法律でなく，時限法律を立法することについての正当化もまた特別に問われることとなるのである。

したがって，ここでは，時限法律の立法に必要とされる要件について論じてみたい。ここでも，時限法律を用いた政策形成のための試行というそうした時限法律自体の属性に鑑みて，実験法律を以って議論を展開することをお許し願いたい。

Kloepfer 教授の叙述は以下の如し[89]。それは，①テストの不可欠性，②テストの相当性，③テストの必要性，④テストの比例性，⑤テスト前に議会において意思決定がなされていないこと，⑥テストに期限が付され，かつ現実に適合した形で実行されること，⑦テストの結果については，テスト後にそれを客観視し，先入観をもって認識しないこと，⑧テストの結果について専門的に評価・判断できる独立した人的リソースを確保すること，並びに関係者に受忍しがたい犠牲をもたらすものでないこと，⑨既に開始された実験について十分な根拠なしに，途中で中止しないこと，⑩立法者はテストによって得られた知見を事後の立法に十分に活かすこと，である。ここから以上の Kloepfer 教授の論述をベースとして議論するが，ここで，⑨の要件は，3で論ずる法律に有効期間を予め設定することそのものから生ずる問題であると思われるので，ここでは措き，残りの要件について若干指摘する。これらの要件は，その意味内容からして，いずれも比例原則に関係していると推論することができる。すなわち，ここでは実験法律であるが，時限法律を用いてある政策を施行する際には，その試行につき十分な意義および根拠が必要であることとなる。さもなくば，かかる立法行為は，私人の領域への不合理な介入，立法という国家作用の非効率性を生み出すこととなろう。

---

[89] 以下の叙述につき，参照，Kloepfer, Gesetzgebung (Fn.8), S.94ff.

第8章　政策過程における時限法律の運用・機能

3　時限法律の法的問題点

　Chanos 氏によると，時限法律に係る法的問題点は，憲法上のそれに連なるとされる。具体的には，時限法律の憲法上の許容性である。ここでは，それぞれ憲法上の原則として承認されている，一に法的安定性原則との関係，二に信頼保護原則との関係，そして，三に，一般的平等原則との関係で，そうした憲法上の問題は提起される[90]。特に，法的安定性原則は，法治国家原則の客観的側面であり，信頼保護原則はその主観的側面であり，両者は緊密に関係している。こうした諸問題は，時限法律の投入の際に，その可否を考える上で大きなレレバンスを有し，重要である。但し，時限法律と上述した憲法上の諸原則との相克は，多様であり，問題となるアスペクトも各原則間で異なる。

　ちなみに，以下で議論を展開するために，前提となる共通の分析概念が存在する。それをまず，ここで述べる。それは，立法者に係る自己拘束性（Selbstbindung）である[91]。それは，立法者は，原則として，法律を任意に改廃することができない場合があることを意味する[92]。すなわち，自己の意思を通じて，つまり，本稿との関連で言えば，立法者は，時限法律を制定することを通じて「予め付された有効期間内については，必ず，成立当初の形で当該時限法律を妥当させる」という確約類似の意思（Zusicherung）[93]を表明したことになり，例えば，原則として当該法律の改廃を行い得ないという形で，立法者が自己の立法行為に拘束される状況がある。こうした，法律の制限的改正可能性および自己拘束性は，立法府自体にも（内部的存続力（以後，単に「存続力」と呼ぶ），Bestandskraft），それ以外の国家機関（行政府，司法府），さらに名宛人（私人）にも関係している（外部的存続力（以後，「制定力」と呼ぶ），Gesetzeskraft）。

---

(90)　Chanos, Möglichkeiten und Grenzen（Fn.8），S.82ff.
(91)　Maurer, Kontinuitätsgewähr（Fn.15），§60 Rn.57.
(92)　Maurer, Kontinuitätsgewähr（Fn.15），§60 Rn.57f.
(93)　但し，確約類似の意思（Zusicherung）なる自己拘束力を理論的に承認するか否かについて批判はあるかもしれない。本稿執筆時点では，かかる観点から論じた文献は参照し得なかった。この点についての検討は他日を期したい。

(1) 法的安定性原則からみた時限法律の許容性

① 法的安定性と時限法律とのレレバンス

　法的安定性の原則は，法律について，明確性，予測可能性，ひいては法律の存続を要求する。古典的法律は，通常，前述の如く，継続的な妥当性を有するものとされているため，それに基けば，そうした法律の改廃は，頻繁に行われないこととなる[94]。したがって，古典的法律の妥当性は安定性を獲得することになり，その意味で法的に安定している。その反対に，時限法律は，一定の有効期間の後は，廃止される。そのため，一見，法的に安定していないから，そうした時限法律は違憲であるとの結論を導き得る。しかし，ここで注意を要する。まず，時限法律は，予め定められた一定の時点の到来によって，必然的に，一応はその妥当性を失う。そのため，期限を付されていない法律が，改廃の時点を予測できないことと比べて，妥当性の喪失の時点が明確になっている点で，実は，時限法律は，古典的法律と比べて一層計算可能であると言い得る[95]。それ故，少なくとも時限法律の制定の可否という点で，法的安定性原則の視点では，それが一般的に否定されることはない。

　なお，時限法律は，有効期間徒過後，その存続力と制定力を失う。

② 有効期間徒過前の改廃の可否

　古典的法律は，立法者によって，その長い有効期間において，改廃される可能性が高く，加えて，その時点を予め特定することはできない。しかし，前述の如く，時限法律は，予め有効期間に制限を設けられることによって，立法者は，その有効期間について，法律を確実に妥当させようとする。その点で，時限法律の有効期間内で，時限法律を成立当初の形で確実に妥当させるように立法者に義務が課されるという意味での自己拘束性は上昇する[96]。すなわち，ここでの法的安定性原則の損壊の有無は，立法者が行う立法活動が判断の基礎とされる。それは，前述した「法的安定性原則は，法治国家原則の客観的側面である」ことの帰結である。したがって，かかる存続力に鑑みれば，有効期間徒過前の時限法律の改廃は，原則として，許されない。

　しかし，実際上，右の様な形で，単純に割り切れない。以下の二つのケース

---

(94)　Chanos, Möglichkeiten und Grenzen（Fn.8）, S.65f.

(95)　Lücke, Jörg, Begründungszwang und Verfassung:Zur Begründungspflichte der Gerichte, Behörden und Parlamente, Tübingen 1987, S.39.

(96)　Peine, Franz-Josef, Systemgerechtigkeit:Die Selbstbindung des Gesetzgebers als Maßstab der Normenkontrolle, Baden-Baden 1985, S.66.

第8章　政策過程における時限法律の運用・機能

がそれを明らかにする。まず，一に，2で述べた如く，立法者は社会の変化に対応するため，必要に応じて法律の改廃を行い，とりわけ法律の状態を現状と適合するようにするために，改善しなければならない。それとともに，立法の実効性が実現される[97]。ところが，自己拘束性を根拠に，有効期間中，そうした作用が営めないならば，立法作用は実効的でない。

後述の本章(4)でも若干触れるが，時限法律の有効期間徒過前の改廃を根拠付ける公益の存在が認められれば，そうした改廃は肯定される。すなわち，利益衡量により，決せられる。

二に，Chanos氏によると，現在発生している存続力が，将来の立法者を拘束するとき，法的安定性と立法の実効性という双方の要請が相克する。敷衍すると，それは，次の様にいえる[98]。時限法律が，ある国会議員の任期中に（彼は，議会内の多数会派に属している），彼の属する多数会派によって，可決・成立したとする。しかし，その任期後の選挙により，議会内の多数会派は変化し，新しい多数会派は，当該時限法律をその有効期間終了前に廃止したがっている。このとき，時限法律は古典的法律と比べて，前述の如く，強い存続力を有する点，そして現在の議会の多数会派は過去の多数会派の意思決定に拘束されないという点（参照，基本法42条2項，52条3項，54条6項，63条，67条1項，77条4項）とが相克し，その結果，当該時限法律の廃止の可否が問題となるのである。かかる相克，そして問題点を回避するためには，議会の多数派が選挙を通じても変化しないとき，又は時限法律の有効期間が，議会の多数派が変化しないうちに終了するとき，時限法律の制定は許容されると考えるべきことが，時限法律の運用を有効なものとしよう[99]。

③　有効期間の徒過前の有効期間の延長の可否

時限法律について，法的安定性の視点からさらに問題とされるのは，予め規

---

[97]　Maurer, Kontinuitätsgewähr（Fn.15），§60 Rn.57.

[98]　以下の叙述につき，参照，Chanos, Möglichkeiten und Grenzen（Fn.8），S.67ff.

[99]　なお，Kloepfer教授は，古典的法律を念頭に置き，次のように論じておられる。日く「民主的代替案の実現に過重な負担をかけ困難にしないようにするためには，今日の立法者は将来の立法者の意思決定をできるだけ尊重しなければならない。法状況，事実状況の変更を不可能あるいは困難にするような自己拘束性を生じさせるのは，立法者がそれらを客観的に不可能であるような場合は限られるべきである」と（S.84）。場面は違うにせよ，時限法律を用いても，一応は承認されている自己拘束性が生ずるのであれば，国会の構成員の変化による法律改正という民主的立法が困難になるかもしれないのであれば，時限法律の運用はできるだけ抑制されねばならない，と解することもできよう。

3 時限法律の法的問題点

定された有効期間の経過前の有効期間の延長の可否である[100]。法的安定性という視点から見ると，前述の存続力により，予め定められた「一定」期間について当該時限法律を妥当させることを立法者は義務付けられているから，有効期間徒過前の有効期間の延長はこのような義務に対する違反であるとも言えよう。それ故，有効期間の徒過前の有効期間の延長は原則として許されない（因みに，日本の実務では，それは，一般的に頻繁に行われている）とされている[101]。

なお，有効期間徒過後の有効期間の延長は，存続力の消滅を根拠に，それを肯定してよいであろう[102]。

(2) 信頼保護原則からみた時限法律の許容性
① 信頼保護原則と時限法律とのレレバンス

一般的に，ドイツの論者の指摘するところによると，信頼保護原則の視点から，時限法律の立法を通じて，以下の二つの属性が時限法律に見られる。一は，「予め付された期限を越えて，法秩序の一部として，時限法律が妥当するということに対する市民の信頼（Geltungsvertrauen これを以下，「妥当性に対する信頼」と言う）を排除・限定すること」，二に，「予め付された期限内に，当該時限法律は，原則として改廃されないことに対する市民の信頼（Kontinuitätsvertrauen これを以下，「継続性に対する信頼」と言う）を創出すること」がそれである[103]。特に，継続性に対する信頼が，ここでは，重要である。継続性に対する信頼の創出は，存続力発生の一表現である[104]。つまり，それとともに，私人が，時限法律の有効期間の間は，当該時限法律が改廃されずに妥当するというそうした一層強い信頼が根拠付けられる。それ故，信頼保護原則という視点から，時限法律の立法の可否が一般的に否定されることはない。

なお，妥当性に対する信頼，継続性に対する信頼は，有効期間徒過後に消滅する[105]。

---

(100) Chanos, Möglichkeiten und Grenzen (Fn.8), S.71ff.
(101) Chanos, Möglichkeiten und Grenzen (Fn.8), S.71.
(102) Chanos, Möglichkeiten und Grenzen (Fn.8), S.71.
(103) Leisner, Walter, Das Gesetzesvertrauen des Bürgers Zur Theorie der Rechtsstaatlichkeit und Rückwirkung der Gesetze, in:Blumenwitz, Dieter/Albrecht Randelzhofer (Hrsg.), Festschrift für Friedrich Berber zum 75.Geburtstag, München 1973, S.280ff.
(104) Chanos, Möglichkeiten und Grenzen (Fn.8), S.75.
(105) Chanos, Möglichkeiten und Grenzen (Fn.8), S.76.

第8章　政策過程における時限法律の運用・機能

②　有効期間徒過前の改廃の可否

　前述の様に，信頼保護原則は法治国家原則の主観的側面であり，信頼保護原則の損壊の有無は，法律の名宛人の主観的側面を判断の基礎とされるべきところ，信頼保護原則の視点から，法律の名宛人が持つ前述の継続性に対する信頼の創出に鑑み，有効期間徒過前の時限法律の改廃が許容されないことに争いはない[106]。なお，法的安定性原則について述べた様に（3(1)②），有効期間徒過前の改廃を許容するそうした公益の存在が認められれば，有効期間徒過前の時限法律の改廃は，許容されることになる。

③　有効期間徒過前の有効期間延長の可否

　時限法律の制定を通じて，妥当性に対する信頼が排除されることは既に述べた。有効期間を延長することによって，むしろ，その信頼が回復されるために，有効期間徒過前に有効期間を延長しても何らそれを制限する法理は存在しないとも思われる。しかし，それは，次の様な形で問題になるとされる[107]。この点，所論によると，確かに，古典的法律が持つ有効期間の継続性と，時限法律の有効期間を事後的に延長することによって獲得される有効期間の継続性との間には，原則として，大きな差異が存在せず，有効期間徒過前の有効期間の延長を一般的に肯定する。すなわち，右設例では，有効期間徒過前の有効期間の延長を通じて，妥当性に対する信頼が回復されている。しかし，私人に不利益を課す時限法律の有効期間の延長については，事情は異なるという[108]。Schulze-Fielitz教授によると，その際，当該時限法律とレレバンスを有する私人の基本権をベースとして，延長の必要性の有無を検討することが求められ，不利益に該当するそうした基本権に対する制約が相当なものでなく，またはその基本権が時限法律を必要とすれば，原則として，特別な理由がない限り，その延長は許容されないとされる[109]。

(3)　**一般的平等原則からみた時限法律の許容性**

①　一般的平等原則と時限法律とのレレバンス

　立法に際しては，通常，古典的法律を立法するのが原則である。それを通じ

---

(106)　Chanos, Möglichkeiten und Grenzen (Fn.8), S.78.
(107)　Chanos, Möglichkeiten und Grenzen (Fn.8), S.78.
(108)　Schulze-Fielitz, Zeitoffene Gesetzgebung (Fn.25), S.161.
(109)　Schulze-Fielitz, Zeitoffene Gesetzgebung (Fn.25), S.161;Oertel, Der Zeitfaktor (Fn.17), S.62f.

3　時限法律の法的問題点

て，法律の前の平等が実現される。しかし，場合によっては，時限法律を立法する必要もある。その際，ある事象を規定する際に，古典的法律を用いるか，又は時限法律を用いるかについて，勿論，恣意的な判断がなされれば，平等原則に違反する[110]。本稿における一般的平等原則という視点から，時限法律を用いるか否かに関して合憲・違憲を決定する基準は，ドイツ法において一般的に承認されている「ある事実関係の許での，差別扱い，すなわち平等原則違反を正当化する客観的事由の有無」であって，したがって，時限法律を立法できるのは，時限法律を立法することによる法律の存続力の増強が客観的に正当化できるときである[111]。そうした「客観的に正当」であるのは，一に，時限法律を立法する必要性があるとき，二に，古典的法律により恒久的な規定を設けるには成熟性を欠いているとき，である[112]。

　Chanos氏による時限法律を立法する必要性と成熟性の欠如という二要件を見てみよう。ここで，一例をあげる。住宅取得促進に関する連邦政府による法律案について[113]，連邦参議院は，期限を付することに賛成している[114]。この法律案で規定され，かつ以下の引用文と関連しているのは，通常，ドイツ民法典により，賃貸借契約上の賃貸人の解約権行使について，賃借人保護の観点から制約が付されているところ，その制約を撤廃する措置である。それとともに，賃貸人が，従来，解約権行使上の制約から持家の賃貸を躊躇していた状況を改善し，市場に住宅が放出されることが企図されている。曰く，「…それを通じて（期限を付することを通じて・筆者注），一定の期間のうちになるべく早く，促進措置の存在を理由として，新しい住宅を取得することへの誘因を関係者に対して強めるであろう」と[115]。右引用文の「一定期間のうちになるべく早く」が重要である。すなわち，時限法律を立法する必要性とは，時限法律を制定することを通じて当該時限法律の存続力を高め，私人が当該期間中に法律

---

(110)　Chanos, Möglichkeiten und Grenzen (Fn.8), S.91f.
(111)　Chanos, Möglichkeiten und Grenzen (Fn.8), S.91.
(112)　Chanos, Möglichkeiten und Grenzen (Fn.8), S.91f.;Lücke, Jörg, Vorläufige Staatsakte:Auslegung, Rechtsfortbildung und Verfassung am Beispiel vorläufiger Gesetze, Urteile, Beschlüsse und Verwaltungsakte, Tübingen 1991, S.44f.
(113)　Entwurf eines Gesetzes zur Erleichterung des Wohnungsbaus im Planungs- und Baurecht sowie zur Änderung mietrechtlicher Vorschriften (Wohnungsbau-Erleichterungsgesetz──WoBauErlG).
(114)　BT-Drucks. 11/6508 Anlage 2, S.21.
(115)　BT-Drucks. 11/6508 Anlage 2, S.21.

333

第8章　政策過程における時限法律の運用・機能

中の措置を利用する強い誘因を創り出すというそうした"必要性"である[116]。そして，次に，成熟性の欠如については，「…法律中の規定は，既存の建物の中において新しい部屋を作り出すことを容易にし，そして，利用されていない部屋・住宅を，特に住宅を強く需要する者に供する誘因を与える。…しかし，目下のところ予想できないが，住宅市場の逼迫が緩和されると，この規定は存在意義を失うであろう」と述べられており，引用文中において，将来消滅する可能性を有する「住宅市場の逼迫」という現下の不確実な状況が，法律の有効期間に期限を付す理由とされている。それは社会経済条件の不確実性を意味するとされている[117]。不確実性の強い状況では，継続性を有する古典的法律の立法は適当でない。すなわち，古典的法律の立法をなすための成熟性の欠如とは，継続性を有する古典的法律を立法して問題を解決するには尚早なそうした規定対象たる事実関係の現下の不確実性を意味することになる。本設例でいえば，本設例の法案の立法理由たる「住宅市場の逼迫」は将来解消するかもしれないのであり，その場合，賃貸人の解約権行使に係る制約を恒久的に撤廃する必要があるとは必ずしも言い切れないこととなる。そして，そうした不確実性は，「…かかる状況の許で，何年か後に，改正が必要であるか否かが議論される必要がある。もし，その必要性が肯定されるのであれば，その規定はドイツ民法典に組み入れられる」と述べられているように，事後審査の必要性と結びついている[118]。

② 有効期間徒過前の改廃の可否

私人に利益を付与する時限法律を，有効期間の徒過前に改廃すること，特に廃止することは，当該時限法律により利益を得た者と，そうでない者との間に平等原則違反となる差異をもたらし得る[119]。Peine 教授によると，時限法律の有効期間は，通常，比較的短く，それ故，時限法律を制定した場合，そうした短い有効期間中に当該時限法律の執行・適用がなされる際に発生する問題は，立法者にとって，予測し得るであろう。その際，かかる問題が発生したとしても，その問題を回避するために，当該時限法律を改廃することは，一に，立法者がそうした問題を予測したとき，二に，立法者がそうした問題を予測し得たとき，許されないと解すべきであろう。すなわち，有効期間の徒過前に，その

---

(116) BT-Drucks. 11/6508 Anlage 2, S.21.
(117) BT-Drucks. 11/6508 Anlage 2, S.21.
(118) BT-Drucks. 11/6508 Anlage 2, S.21.
(119) Peine, Systemgerechtigkeit (Fn.96), S.174.

334

改廃を行うことを客観的に正当化する事由はにわかに見出し難い[120]。したがって，かかる場合，一般的平等原則から見た有効期間徒過前の時限法律の改廃は，否定的に解すべきであろう。

(4) 小　　括

では，ここで以上に概観したドイツの議論をベースとして，それについての若干の検討をなす。

立法者は，有効期間に期限を付した法律を制定することによって，任意に自己拘束力を増強させ，そして，立法に係る確実性を創出する。それとともに，時限法律は，法的安定性と信頼保護のベース（Vertrauentatbestand）を保障するための基礎を作る。それにより，有効期間徒過前の時限法律の改廃，有効期間の延長が排除される。一般的平等原則の観点でも，以上のことは，否定的に解されるであろう。

しかし，時限法律の有効期間の途過前の改廃がいかなる場合においても許容されないわけではない。実は，特に，有効期間徒過前の改廃について硬直的である時限法律も，立法者の自己拘束性，存続力を凌駕する重大な公益の存在が認められる場合には，有効期間徒過前の改廃も許容され得る。その際，有効期間徒過前の改廃の肯否につき，利益衡量が行われている。一般的に，立法者は，法状況を現実の事実状況に適合させる義務を負っている。したがって，本章各節で挙げた憲法上の原則と改正の必要性との調整を，アドホックではあるが，立法者自身が行っていくこととなる。この点，結論如何は最終的には個別事情に拠ることになるとして，ここでは，詳細な検討をなしえないので，法律の改正一般の議論を参照しつつ，若干の試論的コメントを付することとする。

まず，確認しておくべきことは，直前において指摘したが，有効期間途過前の改廃が，利益衡量という，極めてアドホックな方法において最終的にその可否が決せられる，ということである。加えて，原則的に有効期間途過前の改廃の原則的な禁止が確約類似の意思という，いわば，ドグマによって導出されている。右の二点にこの議論の特徴が見られる。したがって，この問題についてはここでは，①法律改正のありようとその許容性，そして②確約類似の意思の根拠について，若干の試論的検討をなし，後日の議論のベースとする。

---

(120)　Peine, Systemgerechtigkeit（Fn.96）, S.174.

第8章　政策過程における時限法律の運用・機能

①　法律改正のありようとその許容性

まず，①について。そもそも，法律改正については，立法者は構築の自由を有している。そこで，彼は，必要性，合理性等を認識すれば，原則として，その裁量において改正は行い得ると思われる。加えて，伝統的見解によると，法規範が，将来的に，存続していることについての信頼は原則として保護されない，という[121]。しかし，法律改正を右の如く一概に把握することはできないと思われる。すなわち，Kloepfer教授も論ずるように，「法治国家は，(法の・筆者注)一定の法的存続性というものなしには，存在し得ないのであるから，法の存続性は憲法上の保護に値する」[122]と解すべきである[123]。右の如く考えると，法律の改正は，少なくともその存続性に対する信頼の毀損であり，したがって，法律の改正は決して立法者の恣意の許に置かれているのではない（通常は，古典的法律の改正については，改正の合理性・法秩序の柔軟性という利益等と名宛人の信頼保護との相克の調整が問題となり，また，妥当期間が長ければ長いほど，改正されないことへの名宛人の信頼保護利益は減少していく，と考えられている[124])[125]。以上の言明は，時限法律にも凡そ妥当すると解してよいであろう。

ここで，便宜，議論を便宜信頼保護原則と時限法律の改廃との関係に限定して考えることとする。右の点について議論のポイントとなるのは，法律改正の類型である。私見によると，法律改正の類型に応じて，改廃の許容性にも差異が生ずるのではないか，と思われる。一応思いつくだけ挙げるが，典型的には，

(121)　Kloepfer, Gesetzgebung (Fn.8), S.81.
(122)　Kloepfer, Gesetzgebung (Fn.8), S.86.
(123)　法律は恒久的な有効期間を持つことが原則である，と既に本文中で論じた（二を参照）。それが，まさに法的安定性原則，信頼保護原則の表現である。しかし，逆に言えば，ある領域について，法律で以って規律するのには，従来法の網が被さっていない領域に，法が存在することとなるので，その意味で，当該領域に関係を有していた市民にとっては，それは法状況の変更を意味する。その意味で，信頼保護が毀損されていると言いえまいか。すなわち，新しい立法がなされる際に，立法者は，その新しい立法について，必要性に関して審査をしなければならない。このように，法状況の変化が生ずる際には，立法者による審査が必要とされると解される。
(124)　Kloepfer, Gesetzgebung (Fn.8), S.87.
(125)　なお，古典的法律の改正についても，ある法律が改正された後，当該法律を改正する場合には，修正する意図でなされる改正（おそらくミスの修正等を意図しているのではないかと推察される)，あるいは重要性の低い改正のみが許容されると考えるべきである，という。参照，Lücke (Fn.14), ZG 2001, 7.

3　時限法律の法的問題点

A.ある政策を一定期間実験的に試行するための時限法律，B.ある政策を党派的妥協の産物として取り敢えず実施し，その成果を観察して，後に改善を予定する時限法律，C.ある特別措置を定め，何らかの政策目的を以って一定期間その名宛人にかかる優遇措置を享受させようとするもの，である。以上の類型をベースとして検討を試みる。なお，BはAと厳格に識別することができないようにも思われるので，便宜AとCについて検討を行うこととする。

　まず，Aは，確かに，実験的・試行的であるとはいえ，現実の社会において運用されているのであるから，恣意的な改正が許されないのは当然と言える。しかし，実験・試行という属性に着目すると改正が一概に困難であるとも言い切れないと考える。すなわち，例えば，その名宛人が当該時限法律上の政策をあくまでも実験的なそれであると認識していれば，当該法律により得られるメリットが改廃を通じて得られなくなったとしても，信頼保護原則の毀損の有無が名宛人の主観に依存している以上，名宛人は"自分が享受しているメリットはあくまで将来の政策立案のための，いわば仮のものであるゆえ，本来的に得られるメリットではない"と考えるはずである。しかし，その際には，ある時限法律が実験的性格を有しているものであると，その公布・施行の時点で周知せしめる措置が採られるべきである。また，Kloepfer 教授は，実験法律が使用される際には，法治国家原則から要請される予測可能性，それと並んで，立法者の規律対象に係る調査・予測義務の程度が減少するという[126]。そもそも実験・試行というものは，テスト進行中も客観的状況の変化に応じて，テスト方式の変更がその性質上必要とされることがその根拠として挙げられている[127]。このことから，実験法律は少なくとも多少の改正については頻繁に生じうることであり，それについて憲法上の原則との適合性を問うことは，実務上はありえないかもしれない。また，信頼保護原則の毀損の有無は，個別事情にもよるであろうから，最終的には個々の事案ごとに認定してゆく他はない。

　次に，Cについて。優遇措置については，それは一定の嚮導目的に基づいていることから，その背景には立法者の一定の政策的配慮があり，そして，その専門的・技術的配慮がある。したがって，立法者は，その際社会的・経済的予測を十分に行った上でかかる措置を設けたのであるから（同時に，設定される有効期間も，何らかの合理的根拠に基づいていると考えられる），その有効期間途

---

(126)　Kloepfer, Gesetzgebung (Fn.8), S.96.
(127)　Kloepfer, Gesetzgebung (Fn.8), S.96.

第8章　政策過程における時限法律の運用・機能

過前の改廃は，名宛人の信頼を原則として毀損すると考える[128]。

②　確約類似の意思について

次に，②について。Kloepfer教授は，時限法律について，有効期間内における継続性が上昇している，と論じておられる。そして，そうした上昇する継続性と改廃に係る柔軟性との間で相克が生じ，そこで利益衡量が行われ，改廃の可否が決せられる。続けて，そうした継続性の上昇は自己拘束性に求められる，という。自己拘束性には，計画法にその典型例を見ることができるとする。すなわち，当該計画法律において規律された事項を実施するのに必要な措置を定める法律が事後的に必要となる。ここで，立法者にはかかる実施措置を定める義務が生じていることとなる。これが法秩序の首尾一貫性を担保する，とされる。右の如き，自己拘束性を時限法律に当てはめてみると，時限法律を制定した段階で，有効期間中はその改廃を行わない，という立法者の意思決定が拘束力を持つこととなる。

以上の如く立論するとするならば，時限法律の有効期間途過前の改廃は，法秩序の首尾一貫性の損壊を正当化する事情が問われることとなる。その正当化が困難であるか否かは，関連する諸法益の比較衡量によって決せられるであろうから，必ずしも一概に"原則的に許容されない"と割り切ることは困難であると考える。

4　結　語

筆者は，ここで以上の論述からさらに進めて，時限法律に係る展望を述べたい。

まず，法律の妥当性に期限を付することは，今日型の情報社会・知識社会において，議会により制定される法律に対する統制を可能にする手段である。時に，立法活動がかなりの不確実性の許で行われざるを得ない場合には，立法・

---

(128)　ある判決は，時限法律上に規律された優遇措置について，その有効期間途過前の改廃が許容されない根拠として，時限法律上の優遇措置は，それが有効期間の経過まで存続して，はじめて優遇措置によって期待されうる効果が見込まれるのであるから，その改廃は当該優遇措置を無意味にする，という事情を挙げている。それとともに，名宛人の当該時限法律の存続に対する信頼保護が実現される，という。参照，BVerfG——Beschluß des Zweiten Senats vom 23. März 1971 ——2 BvL 17/69——, BVerfGE 392ff., 404. また，Kloepfer, Michael, Vorwirkung von Gesetzen, München 1974, S.98のFn.419も参照。

4 結　語

法律に係る情報が一層多く必要とされる。立法活動の成果に対する事後審査可能性，適合性およびその変更可能性が必要とされる場合には，必然的に，法律の有効期間に期限が付されることに行き着くとされた。何故なら，変化する経済的，政治的，文化的およびその他の社会的条件の許で，法律が自律的に革新し，そして，それを以てそうした法律自体をアクチュアル化することに貢献するだろうからである。

しかし，以上のような長所を持つ時限法律も万能ではない。一に，議会は，今日，党派的な活動に支配されていること，そして，後にも述べるが，社会統制について法律に対して過剰な期待がかけられていることによって，時限法律は機能上限界を持つ。時限法律のような「時間に対して開かれた（zeitoffen）」法律は，立法者に対して政策の実効性に係る評価を行わせる点について，過剰な負担を課すこととなる。よって，一つの選択肢として，そうした評価を下位の国家機関に委ねることが推奨され得よう。具体的には，行政機関に対して，行政立法レベルでの時限法の制定を許容することがそれである。これは，立法者に対する負担軽減にも連なる。

さらに敷衍すると，二に，継続的妥当性を有することを想定された古典的法律と，時限法律とを厳格に区別し，後者に対して絶対的なプライオリティーを認めてはならない。確かに，法律の実効性を評価するという側面では，本稿で強調されたように，時限法律は優れている。時限法律は，学習能力を有しており，政策的・法的意思決定が行われる場面において，大きな柔軟性を獲得する。しかし，各法分野ごとに観察すると，古典的法律によって規定を行った場合に，初めて，法律による実効性を伴う規律をなし得ることもある。すなわち，時限法律の制定に馴染む分野と馴染まない分野とが存在し，Chanos氏の言葉を借りると，法分野ごとに，特殊な動態性が存在し，その動態性の中で，規定対象たる諸要素・諸事象の発展プロセスが展開されるのである[129]。したがって，立法にあってのメタ原則としての位置付けを，法律の有効期間に一般的に期限を付することに対して与えることは到底できない。この点，時限法律は特定の期間について妥当することを，特に，保障する性質を有するのであるから，発生から消滅までが比較的短期間であるそうした事実関係を時限法律で規定するに馴染むと言えよう。かかる状況のもとでは，本章で検討したような憲法上の法原則との相克も生じにくいであろう。

---

(129) Chanos, Möglichkeiten und Grenzen (Fn.8), S.112. なお，実験法律に係る具体例につき，参照，大橋・前掲注(1)創造284頁以下。

第8章　政策過程における時限法律の運用・機能

　しかも，三に，時限法律を通じた実効性・効率性の審査は，立法者の態度にも依存している。すなわち，立法者による十分な審査が必要とされる。しかし，実際にそれが行われなかった例が，既にアメリカで存在するのである[130]。

　四に，時限法律を敢えて用いなくとも，政策評価条項を法律中に設ければ，実効性・効率性の審査は可能である。それによって，三で挙げた諸問題のうち幾つかを回避し得る。しかし，時限法律は，当初の有効期間の徒過によって，必ず失効するため，その時点での実効性・効率性の審査の動機・誘因は，政策

---

(130)　ここで，参考までに，アメリカでの実際の施行例を述べることが意義を持とう。Chanos 論文においては，アメリカにおける時限法律，いわゆる Sunset Legislation の状況が描写されている。本稿では，紙幅の都合上触れることはできなかったが，時限法律の運用を測る上でも示唆的であると考え，アメリカの状況を，Chanos の叙述を中心に，以下に述べる。Sunset Legislation の構想は，1970年代半ば，法律上の規定と行政機関の管轄に係る時間上の限界について，その評価および有効期間の延長についての判断を，その有効期間中に行うことをいわば手続き的に立法者に義務付けるという意図を持ちつつ（参照，Hellstern/Wollmann (Fn.58), ZParl 1980, 557.），アメリカの憲法・行政法上の議論の中に登場した（参照，Langner, Peter, Zero-Base Budgeting und Sunset Legislation Instrumente zur Rückgewinnung öffentlicher Handlungsspielräume?, Baden-Baden 1983, S.274ff.）。その背景には，当時のアメリカにおける行政府の活動の非効率性に係る指摘があり，立法府に対して，行政府の非効率性に共同責任を負わせる意味で，立法者にかかる義務を課そうとした（Langner, S.274f.）。その後，各州で実際に Sunset Legislation が立法化された（詳細な点については，参照，Chanos, S.99f.;Langner, S.281ff., 特に S.282f. の図）。それは，凡そ，国家プログラムについて，その実効性・効率性に関して制定者である立法者，そしてその執行者である行政府が，定期的に審査を行うというものであった（Langer, S.261f., S.277.;Rürup, Bert/Gisela Färber, Programmhaushalteder《zweiten Generation》──Idee, Arbeitsweise und Leistungsfähigkeit von ZBB, Sunset und RCB──, DÖV 1980, 665.）。それは，具体例をとって言えば，例えば，行政機関への事務の委任が望ましいか否か，そして，そうした事務は追求される目的に沿って実効的かつ効率的に執行されたか否か，というタイプのものである（Rürup/Färber, 668.）。

　しかし，1980年代の半ばになると，Sunset Legislation は，最早議論の俎上に乗ることはなかった。その原因は，主として，①時限法律への期待は過剰なものであったこと，②追求されるべき法律上の政策目的が明らかでないものが多くあったこと，さらには③立法府における本来なされるべき事後的コントロールが不十分にしか行われなかったこと，等である（Chanos, S.103.）。特に③について，その結果，意味もなく，時限法律の有効期間の延長がなされた（参照，Hoffmann-Riem, Wolfgang, Die Reform staatlicher Regulierung in den USA, Der Staat 1984, S.42.）。よって，Sunset Legislation の制定の全盛は，過ぎ去ったといえるが，なお，現在でも妥当しているものは存在する。なお，租税特別措置に係る Sunset Legislation につき，参照，畠山武道「租税特別措置とその統制」租税法研究18号1頁以下，特に，8頁以下，26頁以下。

4 結　語

評価条項と比べて，一層強いとも言いうる。

　五に，時限法律に係る厳格な立法者の自己拘束性が，時限法律上の措置の実効性を減殺し得る。例えば，土地取引の過熱を抑制するために，二年間土地取引に対して特別税を課すとする。その際，確かに，二年間は，かかる特別税により右目的は達成されようが，二年後にかかる措置が廃止されることを人々は予期して，二年間土地取引を手控え，二年後に再び土地取引を活発に行うことがありうる。あくまで単純な例であるが，大きな問題であろう。こうした状況を直視すると，時限法律の意義は，理論上は，当面，法律の実効性・効率性の審査・統制を手続上確実化するということに見出すべきであろうか。

　以上のように，時限法律について，積極・消極の両面があることを指摘したが，本章の締めくくりとして，次の事情を強調したい。確かに，本章で検討した時限法律の他にも，政策を有効に実現すると考えられる手法を考案する努力が様々に続けられている。しかし，加えて，ここで特筆すべきは，法律の社会統制能力の喪失現象である。Winfried Brohm 教授は，それを，凡そ以下の様に指摘する[131]。すなわち，法律による社会統制が可能であったのは，社会における事実関係の見通しが相対的に容易であり，特定の社会的観点の許で，一致した価値観が妥当し，国家の役割が秩序維持に限定されていた時代である。しかし，今日におけるような，社会関係が複雑化し，価値観が多様化した場合には，法律の規定が複雑化することは避けられない。そうしたことはあらゆる法領域に広がりつつある。ここで，法律の古典的属性に係る定式たる「一般性，抽象性」は失われている傾向にある。そのため，様々な個別的事象に対応する個別的解決が試みられる必要があるが，法律レベルでは，それは十分な形ではなし得ない。何故なら，法律は，本来的に，一般的な形での解決を，平等に，かつ一気に与えるものだからである。そして，今日型の複雑性を帯有する問題は，「試験的に（tentativ），帰納的に（rekursiv），修正を施されつつ（revisible）」解決される。

　まさに，以上のような Brohm 教授の洞察する状況を直視すれば，漸進的な問題解決を可能にする時限法律の存在は，法律一般の社会統制可能性に疑義が呈されているにも拘らず，なおこれから重要になり，その活用が求められてい

---

(131)　参照，Brohm, Winfried, Alternative Steuerungsmöglichkeiten als "bessere" Gesetzgebung?, in:Hill, Hermann（Hrsg.), Zustand und Perspektiven der Gesetzgebung, Berlin 1989, S.217ff.

第8章　政策過程における時限法律の運用・機能

ると言えよう[132][133]。

---

(132) ドイツにおける，今後の時限法律の活用は，重要である。それに関する，若干の状況を，ここで，付言しておく。1996年に，ドイツにおける専門家委員会"スリムな国家（schlanker Staat）"（これは，連邦政府内に設置され，過剰な官僚的規制の廃止を目指して議論が行われた独立の専門家委員会であった。特に本稿との関連で言えば，立法の合理化，予算法の柔軟化，行政機関の簡素化，行政諸基準の廃止，公行政の質の管理，現代的情報技術を用いた効率性の上昇を実現するべきであると議論された）は，立法の合理化，最適化のための勧告を行った。その中で，立法者による法律の定期的かつ事後的な実効性のコントロールが提案された。例えば，具体的には，ある時限法律の存続についての需要が存在するか否か，が検討される必要がるとされる。そして，そうしたコントロールにより，ある時限法律を存続・延長させることに係る当該時限法律の中にある欠陥を明らかにする可能性も提供されると言われる。最後に，一時的には，当該時限法律の必要性が，二次的に，その実効性の評価が，いわば二段階にわたって，行われるべきであるとされる。この点につき，参照，Meyer-Teschendorf, Klaus G./Hans Hofmann, Zwischenergebnisse des Sachverständigenrats "Schlanker Staat"――Qualifizierte Aufgabenkritik――Testkatalog für den Gesetzgeber ――Flexibilisierung des Haushaltswesens――, DÖV 1997 Heft 7, 268ff. さらには，参照，米丸恒治『私人による行政――その法的統制の比較研究――』（日本評論社　1999年）3頁以下。

(133) 同旨，大橋・前掲注(1)創造295頁以下。

第9章　本書より得られたインプリケーション
──その概要──

　では，ここで，本書を閉じるに際し，本書で議論された内容の重要部分をもう一度簡潔に概観し，得られた示唆をまとめておくこととしたい。

　本書では，ドイツ租税法学を素材として租税政策の形成と租税立法のありようを論じたが，その際，租税原則（およびその法的表現である憲法）が大きな役割を演じていることも確認できたと思われる。

　言うまでもなく，租税原則の首尾一貫した実施は，平等原則等が純化した形態で租税制度に結実するのであるから，租税立法の作業においては必要不可欠の作業であると言えよう。しかし，それだけでなく，租税立法においては，その専門性・技術性，経済的影響力の大きさ等から，租税立法者に大きな構築の余地が認められていることは周知であるが，その恣意的な行使に対する理論的歯止めが求められているところ，第2章でみたドイツ租税法学の有力説は，理論的には，租税原則を首尾一貫して実施し，租税特別措置等を極力排除することを試みることを通じて，その上で租税立法を正義に適った形で実現する一つのベースを構築するのであろう。

　また，租税法の領域に限定してみても，そうした作業は，実体法および手続法に及ぶ。

1　企業税法（所得税・法人税）と租税手続法

　本書は，既に見たように，実例を素材として議論したが，詳細な問題は，本書における各論稿に譲るとして，ここでは，そこから大まかに導かれる帰結の概要に基づき，一般的な点についてコメントしたい。

　租税政策の形成および租税立法については，租税法領域における租税原則の実現のありようが問題であった。一に，応能負担原則等を首尾一貫して実施することが重要である。それは，平等原則として憲法上規律されている原則の租税法領域における具体化である。それは，文字どおり税負担の平等を実現するだけではない。実際には，さらに多くの効果を有している。例えば，税負担を平等にすることによって，納税義務者の租税法律への受容を創出する。右の如

第9章　本書より得られたインプリケーション

き名宛人による受容は法律の実効性の極めて重要な要件である。租税法においてこれが欠けた場合，納税義務者は，租税手続における諸義務を履行しようとせず，取引を国外において行おうとし，それとともに，国家にとって，税収の喪失という事態を招来するであろう。

　二に，応能負担原則，つまり平等課税の原則は，実は，中立性の原則をも充足することがある。平等課税の原則の意味内容として"等しきものを等しく扱う"というものがある。そして，中立性の原則は，租税法を例とすれば，"租税法を根拠として経済的意思決定が歪曲されてはならない"ということを意味する。両者の言明から，平等課税を実現すれば，税負担，つまり租税法が等しいのであるから，それを根拠に，意思決定が歪曲されることはない，と言いうる。すなわち，いわゆる水平的平等と効率性の実現は同じ効果を有する。

　三に，それに基づき，企業課税の構築のありようについて言えば，例えば，企業の異なる法形態といえども，法形態自体が独自に異なる担税力を表現するものでなければ，法形態が異なることは担税力を異にする，ということを直接は導かない。したがって，あくまでも，企業の構造を直視して，課税方式が決定されるべきである。その結果，各法形態間で税負担が異なっても，平等課税の原則，中立性の原則に違反するものではないこともある。逆に，それは，担税力を斟酌した適正な課税と位置付けられる。

　また，四に，とりわけ，本書で論じたように，ドイツにおいて，企業課税の領域において，法人税を課される法人と所得税を課される人的企業とが並存する二元主義が妥当する。その際，平等原則，中立原則を実現する一つのありようが，法人税率と最高所得税率との一致であった。しかし，本書で検討された現実の税制改革においては，右の一致はなされず，法人税率が相対的に大幅に引き下げられた。したがって，所得税率の引き下げと並んで，事業税の負担軽減を人的企業に対してのみ認める立法がなされた。本来であれば，税率の一致を超えて，法人にも人的企業にも統一的課税方式を適用することが理論的に望ましいのであるが，先に言及された二元主義の存在，そして事業税の存在（ゲマインデの税収確保を考慮して，代替的な税源なしに廃止することはできないとされている）から，人的企業に係る事業税負担の軽減という租税法体系が複雑化する解決法が立法上採用されたこととなる。これは，平等原則等をはじめとする体系を担う原則を首尾一貫して実施しないことの弊害を明確に示している。尤も，そうした事業税負担軽減措置のような立法は立法技術上"相殺"という枠組みで正当化を企図することができようが，しかし，右の相殺立法はあくま

344

でも例外的手段と捉えるべきである，と考えられているのである。以上を要するに，立法に際しての体系を担う原則の首尾一貫した実施は極めて重要である。

　五に，最近では，租税法領域でも，財政学，経済学の知見を斟酌した租税立法の提案がなされる。それらは決して経済学的な効率性・中立性のみを指向しているのではなく，平等課税の実現を視野に入れたものである。とりわけ，所得税の消費指向化という経済学の領域において獲得された知見が，法律学においても承認されており，それが，本書で検討したJoachim Lang教授による企業税提案に結実している。したがって，立法の漸進的発展のためには，経済学をはじめとする諸科学の知見を活かすことが不可欠である。また，企業税提案の背景には，先に言及された法形態の中立性の要請，さらには，租税競争という税負担引き下げ競争がある。その意味で，憲法上の原則は勿論，立法を取り巻く環境も，立法に大いに影響を与え得るのである。右の如き環境要因として，その他に，インフレーションといった経済情勢，または会計理論等もあるのであり，それが各国の企業・投資課税の改革（案）に活かされつつあるのである。

　そして，六に，税負担の程度も，最近では問題になっているが，それについて憲法上税負担の上限を画するという試みは，確かに，有意義ではある（凡そ「税負担は標準収益の半分を超えてはならない」といういわゆる五公五民原則）。しかし，かかる基本法14条2項の解釈に対しては，無理がある，との批判もあり，また補完性原則から導くことにも，それが補完性原則の本来の意味内容からは導けない，との批判もあった。したがって，税負担の上限は憲法上正確に定量的に画することはできず，あくまでに一つの指標という位置付けをすることができるに過ぎないと思われる。

　そして，七に，租税手続の領域においても，平等原則，効率性原則は妥当することは言うまでもない。本書の冒頭でも論じたように，租税手続の構築により実体法の実効性は大きく影響を受けるのである。本書では，まず，租税手続においては，近時のコンピュータの発達に鑑みて，その租税法実務への浸透が図られるべきであるという立場に立脚している。しかし，その際，コンピュータの利用によって実現されようとしていることのうち，大量な案件処理に伴う煩雑を解消することのみに着目しては不十分である。確かに，手作業および紙面を以って案件処理を行うよりも，コンピュータを用いた方が，案件処理のスピード，関係書類の保管等の面で大幅な税務行政の改善が実現されることは言うまでもない。しかし，租税法の最上位原則である平等課税の原則を直視して，案件処理の際には，どうしても各納税義務者の個別事情を斟酌せざるを得ない。

第9章　本書より得られたインプリケーション

　したがって，既に述べたように，納税義務者に対して税務調査を行う際の被調査者の選定に際し，過去の性向を指標化したものをコンピュータに入力し，一定の値を示したものについて，税務調査を実施する，または大企業に対して中小企業と比較して相対的に頻繁に税務調査を実施する，といった実務運用は，その性質上厳密さがある程度犠牲にされるため，本来調査を実施しなければならない納税義務者に対する調査が行われないことになりかねない。とはいえ，他方で，課税庁の人的・物的リソースは有限であり，かかる点をも直視すると，個別案件をある程度概算的に処理することも止むを得ないとも考えられる。そして，かかる処理は，課税庁による行政立法を通じて確立されるので，その意味で，行政レベルでの立法論を論ずることとなる。さて，この局面においては，平等課税という形で具体化・要請されている正義と事案の効率的処理という要請，つまり効率性とが相対立することとなる。いずれの要請も斟酌することが必要なので，右の問題を解決する手法は，納税義務者に係る関連情報をできるだけ詳細かつ多く収集し，それをベースにとしてコンピュータ処理を可能にするシステムを実務に導入すること，であろう。
　また，コンピュータを用いて，課税庁と納税義務者との間での意思の交信を行う際には，セキュリティーには万全の注意を払うことは当然であるが，コンピュータの故障により，お互いの意思の交信が不調におわった場合には，期限の遵守に関して，柔軟な対応をする，メンテナンス体制を整える等のケアが必要である。さもなくば，コンピュータを利用した課税庁と納税義務者との間の意思の交信をしようとする者は多くないであろう。すなわち，新技術を法実務に定着させる場合には，立法者は単に新制度を導入するだけではなく，それに対応したケア法制をも立法する必要がある。
　八に，そうしたコンピュータをはじめとして，課税庁と納税義務者との間に複数の通信手段がある場合には，できるだけ各種手段の間で差異を設けるべきでなく，すなわち，いずれも代替的手段として利用することが可能なように立法をなすべきである。それが，租税手続における平等および中立の実現である。
　最後に，九に，コンピュータの企業実務，ひいては市民生活への浸透は，課税庁にとっても，税務調査の領域で新しい手段，すなわち，電磁的記録への税務調査を規律する必要性を生じさせた。その際，確かに，現実の社会的与件の変化に対応して課税庁も新たな調査手段を持つことは必要であるが，しかし，そうした必要性を直視しても，電磁的記録に係る税務調査に限界が敷かれねばならないことは言うまでもない。とりわけ，かかる形態の税務調査の限界とし

て斟酌されねばならないことは、電磁的記録に係る税務調査をある案件の許で行うことが必要か否か、また如何なる態様で行うのか、について調査実施の際に、比例原則の観点から、課税庁が検討することである。そして、その際、重要なことであるが、一つのありうる選択肢として、立法によって、調査対象となる電子的記録の範囲を必要最小限に止める旨の規律を行い、そして、その記録の具体例を行政立法で挙げ、規律しておくことが望ましい。

2　租税法に係る立法過程論

　立法者が租税立法を行う際には、租税立法者が実際にそうした憲法上の原則の実現を企図して立法作用を営むことを担保する制度は差し当たって立法者の熟慮および自省しかない。事後的に租税訴訟において、結果論とは言え、租税立法の違憲・無効を争うことが現在では制度的には定着しているのであろうが、本来は立法者が、立法の際に、厳格に憲法上の原則の首尾一貫した実現をなさねばならない。その意味で、立法過程論の理論的深化が必要である。

　すなわち、一に、立法者が立法過程において履行する義務を予め定立し、立法者がそれに違反した場合の法効果を何らかの形で定め、明らかにしておくことが必要である。さもなくば、立法過程に対する統制は実効的になされえない。

　二に、右の如き立法過程における立法者が履行しなければならない義務の定立によって、立法事項に係る諸々の情報を確実に得る契機が制度的に創出され、そして、政策立案の際に、いくつかの代替案を比較検討し、そのうちの最良のそれを選択することができる。ここに立法過程を法的に論ずる一つのポイントがある。従来、立法者の立法過程におけるあるべきパフォーマンスをイメージし、予め理論的に確立し、あるいは立法準則といった形で制度化しておかないために、代替案の比較検討がなされず、立法の成果たる法律の質の低下がもたらされたことがあった。

　三に、代替案の比較検討に深く関連するが、立法の成果たる法律の効果を事前に審査し、政策波及効果、そして、とりわけ好ましからざる二次的効果を予め予測し、その結果に基づいて政策立案の実施する、ということも重要である。それによって、政策の実施の是非が審査されうる。

　なお、右の二点は、租税法という国民生活、経済に与える影響の極めて大きい領域においては必要不可欠のものと言えるであろう。

　四に、そうしたツールの一つとして時限法律が挙げられるであろう。

第9章　本書より得られたインプリケーション

　五に，立法過程において，立法審査機関の設置が必要であり，そこでは，有識者等の専門家を独立的に配置して，その任に当らせることが必要である。それとともに，立法の効果を客観的に審査する制度的担保が実現されたこととなる。なお，このことは，立法過程論と立法機関論との強い関連性を示している。さらに，それを敷衍して言えば，立法過程の如何なる段階で，如何なる者に，如何なる役割を与えるか，という問題も立法過程論の重要な検討事項であろう。

索　引

あ　行

一回課税の原則……………………………… 91
一般的企業税………………………………… 115
インクレメンタリズム……………………… 312
インピュテーション方式…………………… 86
影　響………………………………………… 281

か　行

外的体系……………………………………… 45
各省共通業務命令…………………………… 278
過剰の禁止…………………………………… 177
課税の繰延…………………………………… 154
課税標準申告書……………………………… 242
活動基盤保護説……………………………… 169
完全な真実性の確信
　（volle Wahrheitsberzeugung）………… 247
簡素化目的規範……………………………… 31
企業税………………………………… 134, 140
基準利子……………………………………… 36
机上調査……………………………………… 209
狭義の時限法律……………………………… 315
行政行為のオートメーション化…………… 217
協働原則……………………………………… 241
経済的成果着目説…………………………… 167
形式的立法手続……………………………… 262
源泉徴収型調整税（Abgeltungssteuer）… 94
効果着目・間接的保護税…………………… 170
広義の時限法律……………………………… 315
公私協働……………………………………… 248
拘束的同意…………………………………… 253
効率性………………………………………… 283
　──の原則………………………………… 25
考慮義務……………………………………… 291
国際的租税競争……………………………… 117
五公五民（Halbteilungsgrundsatz）…… 156

さ　行

最高所得税…………………………………… 73
財産価格保証説……………………………… 168
最終協議……………………………………… 253
財政目的規範………………………………… 27
最適化原則（Ootimierungsgebote）……… 48
事業税………………………………………… 74
事業税改革…………………………………… 103
事業の廃止…………………………………… 101
事後改正義務………………………………… 293
事実関係確認義務…………………………… 291
実効性………………………………………… 280
実質的立法手続……………………………… 262
資本参加持分の譲渡益課税………………… 98
絞め殺し的課税……………………………… 165
社会目的規範………………………………… 29
授　権………………………………………… 220
出資者税……………………………………… 113
首尾一貫性…………………………………… 49
準備書面……………………………………… 220
消費型所得税………………………………… 131
所得再分配政策……………………………… 198
所得税の消費指向化………………… 131, 136
署名法………………………………………… 207
申告納税方式………………………………… 235
斟酌義務……………………………………… 292
人的企業に係る内部留保利益について
　の特別の課税方式………………………… 96
政治的抵抗…………………………………… 120
税収確保……………………………………… 118
制定力………………………………………… 328
税務調査……………………………………… 250
税率の乖離…………………………………… 78
説明責任条項………………………………… 37
相　殺………………………………………… 120
送　達………………………………………… 221

349

索　引

租税競争 …………………………………… *136*
租税原則 …………………………………… *16, 43*
租税特別措置 ……………………………… *264*
租税法律主義 ……………………………… *19*
存続力 ……………………………………… *328*

た　行

多元的民主主義 …………………………… *13*
タックス・コンプライアンス・コスト …… *210*
タックス・プランニング ………………… *20*
タックスシェルター ……………………… *84*
中立性の原則 ……………………………… *23*
通常のケース ……………………………… *242*
適格電子署名 ……………………………… *214*
手続法における形式性指向 ……………… *204*
テレビ会議 ………………………………… *221*
転　嫁 ……………………………………… *190*
電子申告 …………………………………… *208*
伝統税 ……………………………………… *165*
投資課税のカオス ………………………… *137*
投資所得に対する軽課税 ………………… *149*
透明性原則 ………………………………… *81*
独立的かつ継続的である市場での稼得
　活動 ……………………………………… *148*
独立的かつ継続的な稼得所得 …………… *142*
独立法人 …………………………………… *92*

な　行

内的体系 …………………………………… *45*
二元主義 …………………………………… *59, 110*
二元的所得税 ……………………………… *151*
二分の一所得免除方式 …………………… *86*
納税義務者行動基準説 …………………… *171*

は　行

費　用 ……………………………………… *283*
費用・便益分析 …………………………… *264*
平等原則 …………………………………… *22*

開かれた国家事務 ………………………… *268*
賦課課税方式 ……………………………… *237*
部分免除方式 ……………………………… *94*
分離原則 …………………………………… *81*
法案チェックポイント …………………… *277*
法形態の中立性 …………………… *59, 62, 107, 137*
法人税選択権付与 ………………………… *112*
法人税率 …………………………………… *73*
　──の最高所得税率への適合 ………… *76*
法制定の平等（Rechtssetzungsgleichheit）
　の原則 …………………………………… *44*
法治国家原則 ……………………………… *19*
法律の影響アセスメント ………………… *261*
法律の過多 ………………………………… *265*
法律の洪水 ………………………………… *14*
法律の質 …………………………………… *267*
法令の交付 ………………………………… *233*
補完性原則 ………………………………… *176*
補償（Kompensation） …………………… *121*

や　行

良い租税立法
　（gute Steuergesetzgebung） …………… *50*
抑制的法執行 ……………………………… *247*
予測義務 …………………………………… *292*

ら　行

立法者の判断余地 ………………………… *119*
立法準則 …………………………………… *299*
立法評価機関 ……………………………… *306*
類型化 ……………………………………… *38*
ロックイン効果 …………………………… *146*

欧　文

ELSTETRプロジェクト …………………… *208*
Eケース …………………………………… *242*
Iケース …………………………………… *242*
Rent-Seeking ……………………………… *57*

350

〈著者紹介〉

手塚 貴大 (てづか たかひろ)
広島大学大学院社会科学研究科法制システム専攻准教授
2004年4月より，広島大学助教授，2007年4月より，同准教授（職名変更による），現在に至る。

〔主要著書〕
「所得税改革と租税政策論」『租税の複合法的構成』（清文社，2012年），「法人税改革と租税政策論」『行政と国民の権利』（法律文化社，2011年），「連結納税制度の導入」『租税法の発展』（有斐閣，2010年），「ドイツ企業結合税法の法構造と諸問題」『企業結合法の総合的研究』（商事法務，2009年），「調整行政法の意義と立法政策」『慶應の法律学 公法Ⅱ』（慶應義塾大学出版会，2008年），「環境税の法構造」『納税者保護と法の支配』（信山社，2007年）等。

学術選書
125
租税法

✿ ❋ ✿

租税政策の形成と租税立法
──ドイツ租税法学に見る租税政策論──

2013（平成25）年8月30日 第1版第1刷発行
6725:P368　¥9800E-012:040-025

著　者　手　塚　貴　大
発行者　今井 貴 稲葉文子
発行所　株式会社 信山社
〒113-0033　東京都文京区本郷 6-2-9-102
Tel 03-3818-1019　Fax 03-3818-0344
henshu@shinzansha.co.jp
笠間才木支店　〒309-1611 茨城県笠間市笠間 515-3
Tel 0296-71-9081　Fax 0296-71-9082
笠間来栖支店　〒309-1625 茨城県笠間市来栖 2345-1
Tel 0296-71-0215　Fax 0296-72-5410
出版契約 2013-6725-9-01011　Printed in Japan

Ⓒ手塚貴大, 2013　印刷・製本／ワイズ書籍Miyaz・牧製本
ISBN978-4-7972-6725-9 C3332　分類323.944-b001 租税法

JCOPY 〈(社)出版者著作権管理機構 委託出版物〉
本書の無断複写は著作権法上での例外を除き禁じられています。複写される場合は，そのつど事前に，(社)出版者著作権管理機構（電話03-3513-6969，FAX03-3513-6979，e-mail: info@jcopy.or.jp）の許諾を得てください。

学術選書

民事紛争解決手続論	太田 勝造 著	7,140円
人権論の新構成	棟居 快行 著	9,240円
労災補償の諸問題(増補版)	山口 浩一郎 著	9,240円
訴訟と非訟の交錯	戸根 住夫 著	7,980円
行政訴訟と権利論(新装版)	神橋 一彦 著	9,240円
立憲国家と憲法変遷	赤坂 正浩 著	13,440円
立憲平和主義と有事法の展開	山内 敏弘 著	9,240円
隣地通行権の理論と裁判(増補版)	岡本 詔治 著	10,290円
陪審と死刑	岩田 太 著	10,500円
国際倒産 vs. 国際課税	石黒 一憲 著	12,600円
企業結合法制の理論	中東 正文 著	9,240円
ドイツ環境行政法と欧州	山田 洋 著	6,090円
相殺の担保的機能	深川 裕佳 著	9,240円
複雑訴訟の基礎理論	徳田 和幸 著	11,550円
普遍比較法学の復権	貝瀬 幸雄 著	6,090円
国際私法及び親族法	田村 精一 著	10,290円
非典型担保の法理	鳥谷部 茂 著	9,240円
要件事実論概説 契約法	並木 茂 著	10,290円
要件事実論概説 II	並木 茂 著	10,080円
国民健康保険の保険者	新田 秀樹 著	7,140円
違法性阻却原理としての新目的説	吉田 宣之 著	9,240円
不確実性の法的制御	戸部 真澄 著	9,240円
外交的保護と国家責任の国際法	広瀬 善男 著	12,600円
人権条約の現代的展開	申 惠丰 著	5,250円
民法学と消費者法学の軌跡	野澤 正充 著	7,140円
ドイツ新債務法と法改正	半田 吉信 著	9,240円

価格は税込価格(本体+税)

学術選書

債務不履行の救済法理	潮見 佳男 著	9,240円
刑事訴訟法の理論的展開	椎橋 隆幸 著	12,600円
家制度の廃止	和田 幹彦 著	12,600円
人権論の間隙	甲斐 素直 著	10,500円
通行権裁判の現代的課題	岡本 詔治 著	10,290円
適合性原則と私法秩序	王 冷然 著	7,875円
民事判決効の理論(上)	吉村 徳重 著	9,240円
民事判決効の理論(下)	吉村 徳重 著	10,290円
比較民事手続法	吉村 徳重 著	14,700円
民事紛争処理手続	吉村 徳重 著	13,650円
労働組合の変貌と労使関係法	道幸 哲也 著	9,240円
フランス社会保障法の権利構造	伊奈川 秀和 著	14,490円
子ども法の基本構造	横田 光平 著	11,000円
憲法学の倫理的転回	三宅 雄彦 著	9,240円
雇用終了の法理	小宮 文人 著	9,240円
家事調停論(増補版)	髙野 耕一 著	12,600円
表現権理論	阪本 昌成 著	9,240円
商標権侵害と商標的使用	大西 育子 著	9,240円
報道の自由	山川 洋一郎 著	10,290円
低炭素社会の法政策理論	兼平 裕子 著	7,140円
放送の自由の基層	西土 彰一郎 著	10,290円
所得支援給付法	木村 弘之亮 著	13,440円
18世紀フランスの憲法思想とその実践	畑 安次 著	10,290円
環境行政法の構造と理論	髙橋 信隆 著	12,600円
労働者代表制度と団結権保障	大和田 敢太 著	10,290円
国際知的財産権保護と法の抵触	金 彦叔 著	10,290円

価格は税込価格(本体+税)

学術選書

広範囲応答型の官僚制	原田 久 著	5,460円
武器輸出三原則	森本 正崇 著	10,290円
英国M&A法制における株主保護	冨永 千里 著	10,290円
著作権と憲法理論	大日方 信春 著	9,240円
核軍縮と世界平和	黒澤 満 著	9,240円
詐害行為取消権の法理	中西 俊二 著	12,600円
行政法学の方法と対象	遠藤 博也 著	12,600円
行政過程論・計画行政法	遠藤 博也 著	14,700円
行政救済法	遠藤 博也 著	12,600円
国家論の研究	遠藤 博也 著	8,400円
フランス信託法	小梁 吉章 著	9,240円
21世紀国際私法の課題	山内 惟介 著	8,190円
対話が創る弁護士活動	大澤 恒夫 著	7,140円
近代民事訴訟法史・ドイツ	鈴木 正裕 著	8,925円
公的年金制度の再構築	石崎 浩 著	9,240円
最低賃金と最低生活保障の法規制	神吉 知郁子 著	9,240円
雇用関係法Ⅰ	秋田 成就 著	15,750円
雇用関係法Ⅱ	秋田 成就 著	11,550円
国際法論集	村瀬 信也 著	9,240円
憲法学の可能性	棟居 快行 著	7,140円
労使関係法Ⅰ	秋田 成就 著	10,500円
支配株主規制の研究	朱 大明 著	10,290円
行政裁量とその統制密度(増補版)	宮田 三郎 著	7,140円
民法の体系と変動	小野 秀誠 著	12,600円
戦後日本の経済外交	高瀬 弘文 著	9,240円
北朝鮮外交と東北アジア	高 一 著	8,190円

価格は税込価格(本体+税)